全 世 界 无 产 者，联 合 起 来！

列宁全集

第二版增订版

第四十八卷

1917年10月—1919年6月

中共中央　马克思　恩格斯　著作编译局编译
　　　　　列　宁　斯大林

人民出版社

《列宁全集》第二版是根据
中国共产党中央委员会的决定，
由中共中央马克思恩格斯列宁
斯大林著作编译局编译的。

凡　　例

1. 书信卷正文和附录中的文献分别按篇或组的写作或签发时间编排并加编号。

2. 在正文中,文献标题下括号内的日期是编者加的,文献本身在开头已注明日期的,标题下不另列日期。

3. 1918 年 2 月 14 日以前,在俄国写的书信的日期为俄历,在国外写的书信则为公历;从 1918 年 2 月 14 日起,所有书信的日期都为公历。

4. 目录中标题编号左上方标有星花 * 的书信,是《列宁全集》第 1 版刊载过的。

5. 在正文中,凡文献原有的或该文献在列宁生前发表时使用过的标题,其左上方标有五角星☆。

6. 未说明是编者加的脚注为写信人的原注。

7. 著作卷《凡例》中适用于书信卷的条文不再在此列出。

目　　录

1918 年

1919 年

附　录

1917 年

1918 年

插　　图

前　言

　　本卷收载列宁在 1917 年 11 月（俄历 10 月）至 1919 年 6 月期间的书信、电报、便条、批示等。这一时期的列宁著作编入本版全集第 33—36 卷。

　　本卷所载书信显示了列宁作为世界上第一个社会主义国家的领导人、无产阶级执政党的领袖在各方面的活动。苏维埃政权诞生后，反动势力妄图把它扼杀于襁褓之中，重新恢复失去的旧政权。列宁领导俄国无产阶级为保卫新生的革命政权而进行斗争。俄国无产阶级的十月武装起义刚胜利，沙俄将军克拉斯诺夫即率资产阶级临时政府的残余部队发动叛乱，进犯彼得格勒，严重威胁革命首都的安全。本卷开篇的两份文献是列宁 1917 年 10 月 29 日（11 月 11 日）给彼得格勒军事革命委员会的安·伊·弗罗洛夫的命令以及第二天给赤卫队司令部的命令，他要求做好应对准备和立即镇压这次叛乱。苏维埃政权建立之初旧势力发动的一些叛乱如杜托夫、卡列金等人的叛乱及其遭到的镇压在本卷的若干书信中都有所反映。为了维持革命秩序，列宁的一些书信指示，要严厉打击抢劫、破坏等反革命活动，要把掠夺人民财产、抗拒政府法令的人交付法庭审判。

　　召开立宪会议是苏维埃政权建立之初的一个重大政治问题。布尔什维克党成为执政党之后，尊重人民的意愿，决定召开立宪会议，并积极进行准备。1918年1月5日（18日），立宪会议开幕。但由于立宪会议中的反革命多数派拒绝承认苏维埃政权及其各项法令，并否决了全俄中央执行委员会提出的《被剥削劳动人民权利宣言》，以列宁为首的布尔什维克党团以及左派社会革命党人先后退出会议。1月6日（19日），全俄中央执行委员会颁布法令解散了立宪会议。本卷收载有反映这一事件的有关命令、信件和指示。

十月社会主义革命胜利之初是多党共存的局面。本卷中列宁的一些书信反映了布尔什维克同社会革命党（包括左派社会革命党）的复杂关系。社会革命党人直接反对苏维埃政权，在一些地方和部门策动罢工和叛乱，参加白卫军所建立的傀儡政府。他们多次对布尔什维克采取政治暗杀手段，1918年8月30日谋刺列宁，使列宁受重伤。列宁曾就弗·沃洛达尔斯基被害事件在6月26日写信给格·叶·季诺维也夫指出，在极端军事时期必须支持群众为了对付反革命分子而采取的恐怖手段。左派社会革命党是从社会革命党派生出来的一个政党，他们的代表曾参加苏维埃政府（人民委员会）。列宁1918年7月间的一连好几封信揭示了左派社会革命党人反对布尔什维克的阴谋活动。左派社会革命党人为了使苏维埃俄国继续同德国作战，7月6日在莫斯科刺死德国大使，并发动叛乱。这次叛乱遭到镇压。叛乱的失败导致左派社会革命党分化，该党领导人之一、担任农业人民委员的安·卢·柯列加耶夫在叛乱发生后表示反对该党的政策，后脱离该党，于同年11月加入俄共（布）。此外，列宁在8月间写的一些书信、电报涉及左派社会革命党参加富农暴动的事实。列宁多次指示必须最坚决、最迅速、最无情地镇压富农的暴动。

停止同德帝国主义的交战状态、签订布列斯特和约是苏维埃政权建立之初为摆脱国家在国际上的极端困难的处境而采取的重大决策。列宁为使苏维埃俄国退出帝国主义战争,力主签订和约。他在同列·达·托洛茨基和以尼·伊·布哈林为首的"左派共产主义者"集团进行顽强斗争之后,才使这一和约得以签订。列宁1918年1月14日(27日)在给卡·伯·拉狄克的信中批评拉狄克持"左派共产主义者"的立场,陷进两个帝国主义集团为苏维埃共和国设下的圈套。列宁在2月25—27日三天中拍发的三份电报(给和谈代表团的电报、给瓦·瓦·沃罗夫斯基的电报、发往伊尔库茨克的电报)以及3月1日所拟的致各级工人、农民和红军代表苏维埃的号召书都是有关签订布列斯特和约问题的。和约最终于3月3日签订。苏维埃政权赢得了和平喘息时机。

　　苏维埃政权建立后,列宁即领导俄国无产阶级和广大人民群众着手恢复被破坏的经济、发展生产、保障供给。列宁十分关心俄国农业的恢复。1918年初,由彼得格勒奥布霍夫工厂工人倡议,第一个俄国共产党员共耕社组织起来了。列宁对这个共耕社的筹建工作给予很大帮助。这从他在1月30日(2月12日)分别给安·卢·柯列加耶夫和格·叶·季诺维也夫的便条可以看出来。对于农业人民委员部总结1918年在农业协作社、劳动组合、公社、村社、国营农场和劳动农民之间分配和使用没收的私有农具的经验,列宁极为重视,他在1918年底给谢·帕·谢列达的便条谈的就是这件事。而他给阿·伊·李可夫的一张便条(不晚于1918年5月14日)涉及生活必需品的分配问题。鉴于通货膨胀、币制混乱,列宁主持制定了关于以新纸币代替旧纸币的法令。他1918年1月31日(2月13日)给尼·彼·哥尔布诺夫的便条、4月23日给阿·伊·李可夫的便条以及7月11日给伊·埃·古科夫斯基的五张便条都是有关发行新币、改革币制的。由于国内战争和外国武装干涉的干扰,苏维埃俄国的这次币制改革未能实现。涉及财政、金融业务以及工业生产和邮电交通工作的书信在本卷中不少。本卷中有一些书信是关于如何利用消费合作社、使其在组织居民的供应工作中发挥重要作用这一问题的,列宁在1918年12月25日给北方区域公社委员会的电报中批评破坏合作社合法经营的做法,指示"恢复被停业和收归国有的合作社,归还其商品,务必将合作社与苏维埃商店同等看待,纳入分配网"(见本卷第392—393页)。人民委员会为了建立统一的分配机构,1919年3月通过法令,把城乡各消费合作社合并成消费公社。列宁在4月20日给坦波夫省执行委员会的信中指出:"全世界合作社运动的伟大创始人几乎无不指出这个运动将转变成社会主义。现在这个时候来到了,合作社的一切优秀分子都赞同变合作社为**包括全体劳动者的**消费公社的法令所体现的这种**发展**。"(见本卷第509页)这反映了列宁当时对合作社、对社会主义的看法。

　　连年战争和经济破坏留给苏维埃俄国的是十分严重的饥馑。俄国无产阶级为取得粮食、消除饥饿而斗争。列宁在1918年5月28日给亚·加·施略普尼柯夫的便条中说,中央委员会决定把党的力量最大限度地转移到粮食工作上去,如果在最近几个月内不能战胜饥荒,显然就会断送整个革命事业。随着国内战争和外国武装干涉的加剧,到1918年夏,粮食紧张状况更为突出。列宁在8月26日的一份电报中认为"现在粮食工作最重要"(见本卷第297页)。在本卷中,关于粮食工作的书信为数甚多。这些书信涉及粮食工作各方面的具体事务,如解救城市饥饿、支援前线、组织征粮队下乡、同投机倒把和隐藏余粮的行为作斗争、搞好粮食运输等。为了加快收购粮食的进度、更多地取得粮食,列宁在一些书信中提出实行奖励制。

列宁在反对外国武装干涉、进行国内战争的时期关于作战以及其他军事问题的书信在本卷中占的分量最大。列宁的这些书信反映了协约国帝国主义者策动捷克斯洛伐克军举行叛乱及叛乱被镇压的情况。从本卷中的书信可以看出列宁在反外国武装干涉前期如何领导各条战线的军事工作,如制定作战计划、下达作战指示、调动部队、了解战况(部署、兵员数量及士气)、收集战报、总结作战失利的经验。列宁的书信还谈到了巩固后方、支援前线的问题,如补充和征集兵员、搞好对部队的供应(粮食、武器、弹药、装备、服装等)。他特别注意军工企业、铁路和水路运输、通讯联络等工作。有一部分书信专门谈到了对旧军事专家的任用和监督的问题。他要求指挥人员恪尽职守,若贻误军机,须受惩处;他整饬部队纪律,消除腐化、犯罪现象。他还在一些书信中谈到动员工人和共产党员上前线的问题。有一些书信是关于苏维埃俄国民族地区反对外国武装干涉的斗争的。

列宁认为,为了苏维埃政权的生存,必须利用帝国主义国家之间的矛盾。他在一封信中曾经谈到:"**目前只有帝国主义者之间的**矛盾、冲突和斗争才能解救我们。要善于利用这些冲突,**现在就要**学会搞外交。"(见本卷第135页)苏维埃政权希望取得和平,希望通过谈判的方式来终止协约国帝国主义者的武装干涉。1918年10月10日,列宁写信要格·瓦·契切林和列·米·卡拉汉向美国总统威尔逊发照会表示,苏维埃政权在任何情况下——甚至对资本家和亿万富翁的政府——都有义务提议媾和,以便设法停止流血。列宁的另一些信件说明,外国武装干涉开始后,苏维埃俄国曾不止一次向美国、英国和法国政府提出缔结和约的建议。

关于政权建设的各种问题的书信在本卷中也占有不小的分量。从本卷前面的一些书信即可看出,列宁领导了人民委员会各个部门的组建工作,并为这些部门挑选得力的领导干部,确定工作方针。许多书信涉及对国家的管理和国家机关的工作作风的问题。列宁认为巩固地方苏维埃政权是当时最重要的任务之一,他非常关心地方苏维埃和贫苦农民委员会的活动,强调它们同广大群众的联系。他认为对党和国家的领导的原则是集体领导、分工负责,他本人的工作作风充分体现了这一原则。本卷中的书信说明,凡党和国家的大政方针,他必定提交党的中央委员会、苏维埃国家的人民委员会审议和作出决定;凡重要问题他都要同有关主管人员磋商。他在给玛·费·安德列耶娃的一封信中说:"我不能违背委员会同事们的意愿和决定。"(见本卷第83页)列宁坚决反对机关工作中的官僚主义、玩忽职守、纪律松懈、办事拖拉、违反制度的现象。在一些书信里,他着重谈到了国家监察人民委员部以及全俄肃反委员会的职能的问题。

本卷中有不少书信说明列宁如何处理群众的控告。凡接到对政府部门和国家工作人员的控告,他都责成有关单位认真查证、处理。1919年1月18日他命令人民委员会办公厅主任,立即向他报告人民委员会办公厅收到的一切控告,并认真督促贯彻他就这些控告所作的批示。他还指出,必须严厉惩罚那些迫害控告者的工作人员。他强调依法办事,早在1918年4月15日就在信中向司法人民委员部提出,要编纂法典、出版苏维埃政权的法令汇编,在人民群众中大力宣传法制,吸收贫民参加审判工作(做陪审员)

和侦查工作等等。他对违法乱纪现象毫不宽容,他指示同营私舞弊、盗窃公款等现象作坚决斗争,建议对贪污分子定出严厉的惩罚办法,他更要求所有政权机关工作人员不得徇私枉法。人民委员会办公厅主任违反法令,擅自提高列宁的薪金,他宣布给以处分(见本卷第 192 号文献);人民委员会秘书要求他不顾法令的规定,允许亲属同在一个苏维埃机关中工作,他认为提出这样的建议就该送交法庭审判(见本卷第 606 号文献)。

本卷中的一些书信反映了列宁对苏维埃国家的文化建设的关注。1918 年 4 月苏维埃国家曾通过法令,拆除在历史和艺术方面没有价值的沙皇及其仆从们的纪念碑,建立革命的纪念碑和革命家的雕像,并用反映革命的、社会主义的新标语、新标记、新街名去替换旧标语、旧标记、旧街名。列宁在 5 月间先后给帕·彼·马林诺夫斯基的信和给阿·瓦·卢那察尔斯基的电报以及此后的若干信件、电报、指示谈的就是这类问题;他批评有关部门执行法令极不得力,多次责成这些部门的领导人尽快实现法令所规定的内容。1918 年 12 月 26 日、28 日、30 日和 1919 年 1 月 13 日的信件和电报谈的是征用图书以设立和扩充图书馆的问题。在 1918 年 11 月 26 日给人民委员会办公厅主任的批示中,列宁赞同拨出大克里姆林宫的一部分以开辟博物馆。列宁建议《全俄中央执行委员会消息报》和《真理报》宣传地方工作的模范事例,刊登地方上的实际材料(1918 年 5 月 30 日和 9 月 18 日),他指示加强对外宣传(1919 年 6 月 2 日),他还多次提出要注意收集国外的报纸以供了解和研究情况。对科学、技术的发展,列宁尽力促进。米·亚·邦契-布鲁耶维奇和 B.M.列辛斯基在 1918 年创办的下诺夫哥罗德无线电实验室是十月社会主义革命后第一批研究所之一,列宁多次给以支持,这从本卷所载的书信中也可以看出来。

列宁在进行紧张的实际工作的同时,始终赋予理论斗争以巨大意义。为此,他于1918年10—11月间撰写《无产阶级革命和叛徒考茨基》一书。他曾在9月20日的一封信中谈到写这本书的动机:"为什么我们对考茨基**从理论上**把马克思主义庸俗化的行为不作任何斗争呢? ……难道可以这样削弱自己的阵地吗?"(见本卷第318页)他在信中指出考茨基"纯粹机会主义地歪曲了"马克思关于国家的学说、关于无产阶级专政的学说、关于资产阶级民主的学说、关于议会制的学说、关于巴黎公社的作用和意义的学说,等等。在收载于本卷的与该书的写作有关的一些书信中,列宁还提到,必须在国外刊印他十月社会主义革命前夕所写的《国家与革命》一书,既要批判卡·考茨基的理论观点,也要批判埃·王德威尔得等人的理论观点,"因为王德威尔得把国家学说的**整个主要部分都玷污了**、掩盖了、歪曲了"(见本卷第351页)。列宁认为,考茨基、王德威尔得以及让·龙格等人歪曲马克思主义、攻击苏维埃俄国的书籍,都应该收集起来,加以研究后给予驳斥。

列宁在这个期间关于国际共产主义运动的书信散见于本卷的前前后后。1918年1月(公历)底芬兰爆发革命后,列宁在2月6日(公历)给库·曼纳等人的电报中指出,必须驳斥资产阶级报刊对芬兰事件的极端荒诞的报道。在德国革命急速发展的形势下,列宁在10月1日写信给雅·米·斯维尔德洛夫和列·达·托洛茨基,热烈支持德国革命,要求全俄中央执行委员会召开联席会议,作几个关于德国革命的报告。列宁在信中提出,要同德国工人群众结成兄弟联盟,给予他们粮食和军事援助,为支援德国工人把业已开始的革命推向前去而献身。同月23日,列宁打电话给阿·

阿·越飞(俄罗斯联邦驻柏林大使),要他为斯巴达克派领袖卡·李卜克内西出狱一事转致祝贺。11月9日,他在发给奥廖尔和库尔斯克的省执行委员会和省党委的电报中通报了刚刚获得的德国工人和士兵已掌握政权的消息。他曾在给美国国际主义者社会党人的信(1918年4月24日前后)中说:"我坚信,社会革命终将在所有的文明国家中获胜。当这种革命在美国爆发时,它将远远超过俄国革命。"(见本卷第114页)列宁在国际共产主义运动中非常注意理论和信息的交流。从本卷的一些书信可以看出,他多次索要国际社会民主党左派如李卜克内西、罗·卢森堡等人的著作以及左派的报刊和其他出版物;他也认为应该使有关俄国社会主义革命的重要文献传播到国外去。李卜克内西和卢森堡惨遭杀害后,他协助德国的工人在苏维埃俄国出版这两位革命烈士的全集。

列宁自第一次世界大战开始第二国际各党大多数领袖转到社会沙文主义立场后,即为筹建第三国际(共产国际)而奋斗。1919年3月,共产国际第一次代表大会终于召开。本卷收有列宁1918年12月27日或28日给格·瓦·契切林的信,这是一篇有关这次代表大会筹备工作的文献。在信中,列宁谈到了如何为第三国际制定纲领的基本原则和规定组织方面的基础。

本卷还收载有列宁为给某个革命同志证明经历和身份、安排生活和工作、解决某种实际困难而写的一些书信。这充分表现了列宁对同志的关怀和爱护。

在《列宁全集》第2版中,本卷编入函电883件(组),其中绝大部分是第1版所未收载的。本卷《附录》刊载的是列宁签署的书信,有的由有关部门起草,有的无法肯定系列宁所写或口授。

1917 年

1

致安·伊·弗罗洛夫[1]

（10 月 29 日〔11 月 11 日〕）

10 月 29 日晚 10 时前作好火炮出动准备。

人民委员会主席　　列宁

载于 1942 年《列宁文集》俄文版
第 34 卷

译自《列宁全集》俄文第 5 版
第 50 卷第 1 页

2

给赤卫队司令部的命令[2]

（10 月 30 日〔11 月 12 日〕）

请采取一切措施立即执行。

弗·乌里扬诺夫（列宁）

载于 1942 年《列宁文集》俄文版
第 34 卷

译自《列宁全集》俄文第 5 版
第 50 卷第 1 页

3

给斯·维·柯秀尔的委托书

(10 月 30 日〔11 月 12 日〕)

持件人柯秀尔同志是军事革命委员会代表,有权征用军队和革命委员会所必需的一切物品。

军事革命委员会主席

弗拉基米尔·乌里扬诺夫(尼·列宁)

1917 年 10 月 30 日于彼得格勒

载于 1957 年《历史文献》杂志
第 5 期

译自《列宁全集》俄文第 5 版
第 50 卷第 1—2 页

4

致俄国社会民主工党(布)
彼得格勒委员会

(11 月 2 日〔15 日〕)

致**彼得格勒委员会**

务请彼得格勒委员会**立**即作出反对妥协的决定并将决定报中

В П.К.

Очень прошу П.К.
тотчас вынести
рѣшеніе против со-
глашательства и при-
несть в Ц.К.

Ленин

1917 年 11 月 2 日（15 日）列宁给
俄国社会民主工党（布）彼得格勒委员会的便条

央委员会。**³**

列　宁

译自《列宁全集》俄文第5版
第50卷第2页

5

致亚·格·施利希特尔

（11月7日和10日〔20日和23日〕之间）

致施利希特尔同志

　　亲爱的同志：我在狠狠地骂您，我们大家也都在骂您。在这种时刻不能拖延和动摇。不能当逃兵。需要您担任农业部长，您应立即赶来。因为您拖延，我们都在痛骂您。**⁴**

　　盼早日见面！

您的　**列宁**

发往莫斯科

载于1922年《无产阶级革命》杂志
第5期

译自《列宁全集》俄文第5版
第50卷第2页

6

给 H. 苏马罗科夫的电报[5]

1917 年 11 月 9 日

致 H. 苏马罗科夫

斯拉夫旅馆

莫斯科

请向当地农民代表苏维埃请求帮助。

列　宁

译自《列宁文集》俄文版第 39 卷
第 181 页

7

致雅·米·斯维尔德洛夫

（不早于 11 月 9 日〔22 日〕）

致斯维尔德洛夫同志

来人持有地方苏维埃的委托书。

他想**在彼得格勒**工作。

给人印象极好。

想做"战斗性的"群众工作(当鼓动员等等)。

恳切建议您给他一个机会,让他能立即在彼得格勒的群众工作中一显身手。[6]

列　宁

载于 1957 年《历史文献》杂志
第 5 期

译自《列宁全集》俄文第 5 版
第 50 卷第 5 页

8

致军事革命委员会

(11 月 9 日和 12 月 5 日

〔11 月 22 日和 12 月 18 日〕之间)

军事革命委员会是否已发出文件,要求酒精和酒**不受损失**,**立即**销往斯堪的纳维亚?[7]

立即写一个这样的文件。

列　宁

载于 1960 年《苏共历史问题》杂志
第 3 期

译自《列宁全集》俄文第 5 版
第 50 卷第 5 页

9

☆致美、法、英工人报刊国际通讯协会[8]

（不晚于 11 月 10 日〔23 日〕）

我准备回答你们的问题,如果你们能完全正式而准确地向我保证:第一,你们将把消息提供给**一切**工人报刊,即同样也提供给**国际主义派**(美国的海伍德和美国社会主义工人党,英国的汤姆·曼和英国社会党,法国的洛里欧及其朋友们,等等)的机关刊物;第二,我的答复发表时**不作任何更动**,就是说你们有权不发表我的答复,但是如果发表,你们无权对我的文字作任何改动。

你们的"国际协会"驻此地以及驻伦敦、纽约和巴黎的负责代表是谁?

列 宁

原文是法文

用法文(影印件)和罗马尼亚文载
于 1960 年 1 月 26 日《火花报》
(布加勒斯特)第 4740 号

译自《列宁全集》俄文第 5 版
第 50 卷第 5—6 页

10

致马·亚·萨韦利耶夫[9]

(不早于11月11日〔24日〕)

马克西同志:您**决**不能扔下《真理报》不管,因为没有您,那里的工作有垮台的危险。宁可暂时牺牲一下经济会议或在经济会议上稍许花些时间,但《真理报》请您**决**不要扔下不管。

您的 **列宁**

载于1959年《列宁文集》俄文版
第36卷

译自《列宁全集》俄文第5版
第50卷第6页

11

致谢·伊·奥金佐夫

(11月15日〔28日〕)

您建议我成立一个小组,由受过高等军事教育并愿意研究停战的军事技术问题的参谋和将军组成,这次停战应能使俄国在其利益不受损害的情况下获得暂时停止军事行动的机会。

鉴于这个问题极端紧迫,务请于明晨召集起您那个小组,并于明晚给我送来一份哪怕是简短的提纲,谈谈停战协定的基本问题、要点和设想(停火线的划定、军队不撤往其他战线的条件、监督措施,如此等等),还要说明哪个人或哪些人对情况十分了解,可以直接参加谈判。

务请派通信员将回信送我。

载于 1959 年《列宁文集》俄文版
第 36 卷
译自《列宁全集》俄文第 5 版
第 50 卷第 6—7 页

12

给军事革命委员会的电报

(11 月 16 日〔29 日〕)

莫斯科

人民委员会确认莫斯科工兵代表苏维埃颁布的关于解散莫斯科市杜马的法令。

人民委员会主席　**列宁**

载于 1917 年 11 月 18 日(12 月 1 日)
《莫斯科工兵代表苏维埃消息报》第
209 号(总第 216 号)
译自《列宁全集》俄文第 5 版
第 50 卷第 7 页

13

给波多利斯克苏维埃的电报

（11 月 18 日〔12 月 1 日〕）

工人、农民和红军代表苏维埃

波多利斯克

　　解散市杜马和选举新杜马的组织工作由地方工人、农民和红军代表苏维埃进行。[10]

列　宁

载于 1957 年《苏维埃政权法令
汇编》第 1 卷

译自《列宁全集》俄文第 5 版
第 50 卷第 7 页

14

给秘书的指示[11]

（11 月 19 日〔12 月 2 日〕）

　　发无线电报通知**克雷连柯**采取措施（并审查沃洛琴科可信赖的程度），并且通知陆军部也这样做。

载于 1942 年《列宁文集》俄文版
第 34 卷

译自《列宁全集》俄文第 5 版
第 50 卷第 8 页

15

给莫斯科工兵代表苏维埃
主席团的电报[12]

(11 月 19 日〔12 月 2 日〕)

全部权力都在苏维埃。无需确认。你们的任免决定就是法律。

载于 1927 年 11 月 7 日《工人
莫斯科报》第 255 号

译自《列宁全集》俄文第 5 版
第 50 卷第 8 页

16

发往基什尼奥夫的电报

(11 月 19 日〔12 月 2 日〕)

基什尼奥夫　三个受电单位：

第 175 团

第 1 摩尔达维亚团

工人、农民和红军代表苏维埃

立即释放因政治案件被捕入狱的所有布尔什维克和左派社会

革命党人。[13]

人民委员会主席　列宁

载于1959年《列宁文集》俄文版
第36卷　　　　　　　　　　　　　　　　译自《列宁全集》俄文第5版
　　　　　　　　　　　　　　　　　　　第50卷第8页

17

☆致波罗的海舰队立宪会议选举委员会

(11月23日〔12月6日〕)

　　务请委员会把我的当选证书寄来或者由舰队的哪位代表捎来,地址:彼得格勒斯莫尔尼学校人民委员会主席弗拉基米尔·伊里奇·乌里扬诺夫(列宁)收。我曾向一位法学家同志请教过,他说这样寄送证书在法律上没有障碍。

人民委员会主席

弗·乌里扬诺夫(列宁)

1917年11月23日于彼得格勒

载于1937年《海军文集》杂志
第11期　　　　　　　　　　　　　　　译自《列宁全集》俄文第5版
　　　　　　　　　　　　　　　　　　第50卷第9页

18

致俄国社会民主工党(布)
彼得格勒委员会

(11 月 25 日〔12 月 8 日〕)

致彼得格勒委员会

哪位同志能写封短信告诉我,昨天彼得格勒苏维埃是否通过了关于法院的决议? 已采取哪些**实际措施**?[14]

列　宁

载于 1959 年《列宁文集》俄文版
第 36 卷

译自《列宁全集》俄文第 5 版
第 50 卷第 9 页

19

命　　令

1917 年 11 月 25 日

准许福克上校使用直达电报同普斯科夫通话,此令。

人民委员会主席

弗·乌里扬诺夫(列宁)

译自《列宁文集》俄文版第 39 卷
第 181 页

Народный Комиссаръ
по
Министерству Финансовъ.

Петроградъ.
191 г.
№

1917 年 11 月 26 日（12 月 9 日）列宁给
尼·伊·波德沃伊斯基或弗·亚·安东诺夫—奥弗申柯的便条

20

致尼·伊·波德沃伊斯基或

弗·亚·安东诺夫–奥弗申柯[15]

1917 年 11 月 26 日

司令部

(波德沃伊斯基或安东诺夫)

来人是奥伦堡的铁路职工同志。要求**紧急**军事援助,以镇压杜托夫。请从速讨论并作出**切实可行的**决定。如何决定,盼简告。

列　宁

载于 1927 年 2 月 23 日《真理报》　　　译自《列宁全集》俄文第 5 版
第 44 号　　　　　　　　　　　　　　　第 50 卷第 10 页

21

给作战集团军的电报

(11 月 26 日〔12 月 9 日〕)

作战集团军

第 21 步兵军所属各师编外

部队委员会主席谢缅尼克

土地连同耕畜和农具一并移交土地委员会。这是人民的财产,应严加保护。[16]

列　宁

载于 1959 年《列宁文集》俄文版
第 36 卷

译自《列宁全集》俄文第 5 版
第 50 卷第 10 页

22

命　令

1917 年 11 月 27 日

兹命令释放被逮捕的全俄立宪会议选举委员会委员。[17]

人民委员会主席
弗·乌里扬诺夫(列宁)

载于 1931 年《列宁文集》俄文版
第 18 卷

译自《列宁全集》俄文第 5 版
第 50 卷第 13 页

23

致莫·索·乌里茨基

(11 月 27 日〔12 月 10 日〕)

乌里茨基同志:

简单写几句告诉我,立宪会议有什么新情况。

您知道我们已经**释放**被捕者了吗？

是否已采取措施**不放**他们进入**楼**[18]内？

您是否就逮捕他们一事写一份总结（原因、意义及益处）。

列　宁

载于1931年《列宁文集》俄文版　　　　　　　　译自《列宁全集》俄文第5版
第18卷　　　　　　　　　　　　　　　　　　　第50卷第13页

24

致彼·伊·斯图契卡、
彼·阿·克拉西科夫和
美·尤·科兹洛夫斯基

（11月27日或28日〔12月10日或11日〕）

致斯图契卡、克拉西科夫和科兹洛夫斯基同志

务请查一下立宪会议选举法，看看**撤销**当选人资格（以及用名单中的其他人替换他们）**有无期限规定**。[19]

列　宁

载于1931年《列宁文集》俄文版　　　　　　　　译自《列宁全集》俄文第5版
第18卷　　　　　　　　　　　　　　　　　　　第50卷第13页

25

☆致全俄立宪会议选举委员会

(11月28日〔12月11日〕)

请把我算做芬兰陆海军选出的代表①。在我当选的其他选区,请算我放弃当选资格。

弗·乌里扬诺夫(列宁)

1917年11月28日于彼得格勒

载于1926年《红色史料》杂志
第1期(总第16期)

译自《列宁全集》俄文第5版
第50卷第14页

26

致俄国社会民主工党(布)中央委员会

(不早于11月29日〔12月12日〕)

加涅茨基问题

中央委员会核心组就加涅茨基问题通过一项决定:**不任命他**为驻斯德哥尔摩的代表。

---

① 即波罗的海舰队选区选出的代表。——编者注

这就是说，**撤销了**中央委员会的原决定。

我建议撤销现在这个决定，理由如下：

反对加涅茨基有什么根据呢？

他从 1903 年以来就为大家所熟悉，是波兰党中央委员会委员，多年担任中央委员工作，在克拉科夫我们见过他的工作情况，他的多次俄国之行等等；见过他参加历次代表大会，等等，等等。

根据无非是资产阶级的诬蔑，扎斯拉夫斯基的叫喊。

工人政党这样轻信知识分子的谣言，简直丢脸。**随便什么人**先来证实一下加涅茨基的不良行为，否则我们不应该将他免职。

"但是加涅茨基同帕尔乌斯做过买卖呀"，——"大家"这么说。

加涅茨基为了糊口，在帕尔乌斯担任股东的一家商行里当过**职员**。加涅茨基对我是这么说的。这是无可辩驳的。

是否禁止过在资本家的商业企业里做事？在哪儿禁止的？党的哪项决定禁止的？

我们中间就没有人在**俄国的**、英国的以及其他国家的资本家的商行里做过事吗？

也许给**俄国**资本家当技师、经理、职员是可以的，而给**德国**资本家当就不行了，即使是住在中立国里？？ 一个"国际主义的"党竟会这样解决问题吗？？

那就请直截了当地解决这个问题，请作出总的决定，请说明对加涅茨基采取这一手段的理由。

布哈林曾想去帕尔乌斯那里做事，当一名**写作人员**，我们劝阻了他，因为那毕竟不是商行。我们虽然**劝阻了**，但是并未追究在帕尔乌斯那儿做事的**孟什维克**。对祖拉博夫和其他一大批人，我们都没有追究，没有指责。

谁在什么地方指责过他们呢？

为什么**迄今**我们没有查问当时住在哥本哈根、了解加涅茨基做买卖的情况而**没有**对他加以谴责的**孟什维克**等人呢？我们本来是可以而且应该这样做的。

不利于加涅茨基的事实一项也认定不下来，禁止在各国资本家商行里做事的决定也没有作出过，对像扎斯拉夫斯基这样**明显的**诽谤分子的造谣诬蔑也未核实——这样就能"撤职"吗？？这是"惧怕"不负责任的造谣分子的谣言，除此之外没有任何别的解释。

工人政党这样轻信谣言，是丢脸的。如果轻信谣言的那些同志感到"焦虑"和"不安"，他们为什么不稍微**花点气力**呢？花点气力去弄清真相不比重复谣言要好吗？在彼得格勒与在莫斯科一样，可以(如果焦虑的同志愿意花点气力，而不是想不费气力便来解决问题的话)找到在哥本哈根住过的**见证人**。为什么我党队伍中匿名指责加涅茨基的人不这样做呢？？

这样对待一位工作了十多年的不在场的同志，是极**不公正的**。

载于 1959 年《列宁文集》俄文版
第 36 卷

译自《列宁全集》俄文第 5 版
第 50 卷第 14—16 页

27

给北方面军选区
立宪会议选举委员会的电报

(11 月 30 日〔12 月 13 日〕)

普斯科夫

我只做波罗的海舰队的代表,请用布尔什维克名单中的下一个候选人替换我。①

乌里扬诺夫(列宁)

载于 1958 年《苏联海员》杂志　　　　　　　译自《列宁全集》俄文第 5 版
第 5 期　　　　　　　　　　　　　　　　　第 50 卷第 16 页

28

致亚·加·施略普尼柯夫和
费·埃·捷尔任斯基

(11 月底)

致施略普尼柯夫同志和捷尔任斯基同志

来人是乌拉尔的代表沃罗比约夫同志,地方组织的介绍对他

---

① 向彼得格勒和莫斯科也发了类似内容的电报。——俄文版编者注

评价很高。乌拉尔的问题很尖锐,应立即**逮捕这里的**(设在彼得格勒的)乌拉尔各工厂董事会全体董事,应警告他们,对在乌拉尔制造危机者将向法院(革命法庭)起诉,并应**没收**乌拉尔的一切工厂。请从速拟定法令草案。[20]

列　宁

载于 1920 年 4 月 22 日《乌拉尔工人报》(叶卡捷琳堡)第 95 号(影印件)

译自《列宁全集》俄文第 5 版第 50 卷第 16 页

29

给奥斯特罗戈日斯克苏维埃主席的电报[21]

(12 月 8 日〔21 日〕)

开一份精确的贵重物品清单,把贵重物品保藏在安全的地方,由你们负责保管。庄园是人民的财产。抢劫者要交付法院审判。请把法院的判决通知我们。

列　宁

载于 1933 年《列宁文集》俄文版第 21 卷

译自《列宁全集》俄文第 5 版第 50 卷第 17 页

30

致俄国社会民主工党(布)
彼得格勒委员会

1917 年 12 月 8 日

致彼得格勒委员会

请至少派 100 名**绝对**可靠的党员到三楼 75 室反暴行委员会去。(准备担任**政治委员**。)²²

此事极为重要。党要负责。找各区和各工厂协助。

人民委员会主席

弗·乌里扬诺夫(列宁)

载于 1959 年《列宁文集》俄文版第 36 卷

译自《列宁全集》俄文第 5 版第 50 卷第 17 页

31

致弗·亚·安东诺夫-奥弗申柯

(12 月 8 日〔21 日〕)

即将取道莫斯科去南方开展镇压卡列金的军事行动的安东诺

夫同志[23],必须**每天**用直达电报(亲自或通过副官)向人民委员会报告他或军事当局其他人究竟派**谁负责**安排各个战役的工作,尤其是军队的调动、集结和指挥工作。

人民委员会主席
弗·乌里扬诺夫(列宁)

载于1942年《列宁文集》俄文版　　　　译自《列宁全集》俄文第5版
第34卷　　　　　　　　　　　　　　第50卷第17—18页

32

致格·伊·布拉贡拉沃夫和
弗·德·邦契–布鲁耶维奇[24]

1917年12月8日

致布拉贡拉沃夫和邦契–布鲁耶维奇同志

根据彼得斯同志的指示即将进行的搜捕**极为**重要,应大力进行。[25]应采取**特别**措施,防止销毁文字材料、潜逃、藏匿文件之类事情发生。

人民委员会主席
弗·乌里扬诺夫(列宁)

译自《列宁全集》俄文第5版
第50卷第18页

33

致费·埃·捷尔任斯基

(1917年12月8日〔21日〕和1918年初之间)

捷尔任斯基同志:

随函附上的几个文件明晨打印出来。

您是否认为**夜间**按指定地点,即在区委员会内,进行逮捕有好处? 或许能够找到反革命分子的线索和联系;特别重要的是,这里(恐怕是第一次)有枪杀者同社会革命**党**联系的正式证件。

列　宁

译自《列宁文集》俄文版第37卷
第114页

34

致雅·米·斯维尔德洛夫[①]

1917年12月9日

致斯维尔德洛夫同志

来人波波娃,婚前姓卡斯帕罗娃(她是我很了解的、多年从事

———————————
① 手稿上方有列宁的附注:"二楼39室"。——俄文版编者注

党的工作、不久前死于瑞士的卡斯帕罗夫的妹妹)。她和她的丈夫
住在彼得格勒,都想参加工作。请您同她谈谈或请您派中央委员
会秘书同她谈谈并予以安排。

列　宁

载于 1957 年《历史文献》杂志
第 5 期

译自《列宁全集》俄文第 5 版
第 50 卷第 19 页

35

给 A. И. 卡赞采夫的指示

1917 年 12 月 9 日(12 月 22 日)

致彼得格勒军区代司令卡赞采夫

向塔夫利达宫派遣卫兵,须按卫戍部队首长布拉贡拉沃夫或
警卫长普里戈罗夫斯基的指示行事,此令。

人民委员会主席

弗·乌里扬诺夫(列宁)

译自《列宁文集》俄文版第 37 卷
第 61 页

36

给尼·瓦·克雷连柯的直达电报[26]

1917 年 12 月 11 日(24 日)

我们同意您的政策。我们同意最高总司令通过选举产生。您动身之前,请向最得力的人员传达命令,以求在哈尔科夫尽快集结更多的完全可靠的部队,不论遇到什么障碍和出于任何其他考虑,都不能停止部队调动。

列　宁

我们极为不安的是,部队从前线向哈尔科夫的调动进展不力。为了最坚决地而且是大量地把部队调往哈尔科夫,请采取一切措施,直至最革命的措施。

列　宁

译自《列宁文集》俄文版第 37 卷
第 61—62 页

37

致五金工会[27]

1917 年 12 月 12 日

致五金工会

请在你们工会所在地为来人马克西姆·拉扎列维奇·希尔温

特安排一个房间,供银行职员于 1917 年 12 月 13 日晚 8 时和 12 月 14 日上午 10 时开会用。

人民委员会主席

弗·乌里扬诺夫（列宁）

译自《列宁文集》俄文版第 38 卷
第 196 页

38

致扬·安·别尔津

（不晚于 12 月 12 日〔25 日〕）

亲爱的帕维尔·瓦西里耶维奇：

您的来信已收到。[28]匆匆答复,尚请原谅。

应当治疗,再治疗。

我劝您暂时不要来。

我们会请您参加**立宪会议**的。请告诉我离您最近的电话的号码,并再来一封信。眼下请休息。

您的 **列宁**

译自《列宁文集》俄文版第 37 卷
第 62 页

39

致瓦·瓦·奥博连斯基

1917 年 12 月 18 日

奥博连斯基同志：

　　向您推荐来人索洛维约夫同志(电话：265—24)，他是石油专家，国有化草案的起草人。应加以使用！

弗·乌里扬诺夫

　　他的报告(关于石油问题的)我已交施略普尼柯夫。**还有给您的一份**(在施略普尼柯夫处)。

译自《列宁全集》俄文第 5 版
第 50 卷第 19 页

40

致彼·阿·科兹明

1917 年 12 月 20 日

科兹明同志：

　　昨天等您来，想谈谈卡缅斯克村第二铸钢厂代表们提出的问题。他们请求停止资助并撤销那个他们认为是反动的和白吃饭的委员会。如果今晚我们见不着面,请给我来个电话。[29]

列　宁

载于 1927 年 11 月《苏联磨面业和　　　译自《列宁全集》俄文第 5 版
面包烤制业》杂志第 8 期　　　　　　第 50 卷第 20 页

41

致沙尔·迪马[30]

1917 年 12 月 21 日

亲爱的沙尔·迪马公民:

　　我同妻子极其愉快地回忆起我们同您在巴黎博尼埃街结识的那段时光。对于您当时同我们交流思想和十分准确地介绍法国社会主义运动的情况,我们非常感谢。

　　我很遗憾,极其深刻的政治分歧使我们疏远,我们之间的私人关系从此再也不能保持了。我在整个战争期间都一直反对"举国防御"的倾向,主张分裂,因为我深信那种倾向会完全破坏社会主义运动。

　　不言而喻,我不是以政府成员的身份,而是以个人的身份写这封信的。

　　亲爱的公民,请接受我和我妻子的敬意和最良好的祝愿。

列　宁

原文是法文　　　　　　　　　　　译自《列宁全集》俄文第 5 版
　　　　　　　　　　　　　　　　　第 50 卷第 20—21 页
载于 1959 年 3 月 6 日《《泰晤士报》
文学附刊》(伦敦)第 2975 号

42

致尼·伊·波德沃伊斯基[31]

(1917 年 12 月 29 日〔1918 年 1 月 11 日〕)

列宁致波德沃伊斯基

我看应这样回答:"等待我们的命令,没有我们的特别命令不要行动。"

载于 1959 年《列宁文集》俄文版
第 36 卷

译自《列宁全集》俄文第 5 版
第 50 卷第 21 页

43

给弗·亚·安东诺夫-奥弗申柯的电报

(1917 年 12 月 29 日〔1918 年 1 月 11 日〕)

哈尔科夫　　安东诺夫司令部　　安东诺夫

衷心欢迎你们的坚决行动和反对卡列金分子的无情斗争。你们对当地那些看来已使部分布尔什维克迷失方向的妥协分子绝不让步,我十分赞成。尤其赞成和欢迎你们逮捕头等和二等车厢中那些暗中进行破坏活动的百万富翁。建议把他们押往矿区,强迫劳动半年。[32]再一次欢迎你们的果断行动,再一次谴责动摇分子。

列　宁

载于 1917 年 12 月 30 日(1918 年 1 月 12 日)《真理报》第 226 号和《中央执行委员会消息报》第 263 号

译自《列宁全集》俄文第 5 版第 50 卷第 21—22 页

44

在给 Π. 普尔温的证明上的批示

(1917 年 12 月 30 日〔1918 年 1 月 12 日〕)

我认为此事很重要,务请采取有力措施满足该同志的请求。[33]

列　宁

用俄文(影印件)和拉脱维亚文载于 1957 年在里加出版的 Ι. 凯明什《拉脱维亚步兵为争取十月革命的胜利而斗争》一书

译自《列宁全集》俄文第 5 版第 50 卷第 22 页

45

给列·达·托洛茨基的电报

(1917 年 12 月 30 日〔1918 年 1 月 12 日〕)

布列斯特-里托夫斯克

威尔逊总统 12 月 26 日在国会的演说[34]刚刚由雷蒙德·罗宾

斯上校送来。现寄上。望适当利用。

列　宁

载于 1961 年《苏共历史问题》杂志
第 2 期

译自《列宁全集》俄文第 5 版
第 50 卷第 22 页

46

给弗·亚·安东诺夫-奥弗申柯的电报

(1917 年 12 月 30 日〔1918 年 1 月 12 日〕)

人民委员会相信,安东诺夫同志今后将一如既往,同人民委员会欢迎的乌克兰中央苏维埃政权以及同人民委员会任命的特派员紧密配合,一致行动。[35]

载于 1942 年《列宁文集》俄文版
第 34 卷

译自《列宁全集》俄文第 5 版
第 50 卷第 22—23 页

47

致雅·米·斯维尔德洛夫

1917 年 12 月 31 日

斯维尔德洛夫同志:请就中央执行委员会派代表团出国问题同加涅茨基谈一下。[36]

列　宁

（您可否还查问一下：中央执行委员会国际部在**巴索克**——美列涅夫斯基问题上做了些什么？）

译自《列宁全集》俄文第 5 版
第 50 卷第 23 页

48

致陆军人民委员部

（1917 年 12 月 31 日〔1918 年 1 月 13 日〕）

兹命令立即逮捕罗马尼亚大使馆、罗马尼亚使团的全体成员以及大使馆、领事馆和罗马尼亚其他官方机构的全体职员。[37]

载于 1942 年《列宁文集》俄文版
第 34 卷

译自《列宁全集》俄文第 5 版
第 50 卷第 23 页

1918 年

49

☆致美国大使戴维·罗·弗兰西斯

1918 年 1 月 1 日于彼得格勒

先生：由于不能按约定在 2 时用电话同您联系，特此写信通知您，我很乐意于今天下午 4 时在我的办公室（斯莫尔尼学校 81 室）会见您。[38]

致以敬意！

列 宁

原文是英文

用英文（影印件）载于 1956 年在普林斯顿出版的乔·弗·肯楠《俄国退出战争》一书

译自《列宁全集》俄文第 5 版第 50 卷第 24 页

50
致彼得保罗要塞政治委员

1918 年 1 月 1 日

命　令

　　释放被捕的罗马尼亚公使和罗马尼亚大使馆全体官员,释放前要向他们声明,他们应采取一切措施放回在前线被包围和被逮捕的俄军官兵。

　　释放时要被捕的罗马尼亚人具结承认上述声明已通知他们。

人民委员会主席
弗·乌里扬诺夫(列宁)

载于 1918 年 1 月 9 日(22 日)　　　译自《列宁全集》俄文第 5 版
《工农临时政府报》第 5 号　　　　　第 50 卷第 24—25 页

51

给列·米·卡拉汉的直达电报

（1 月 3 日〔16 日〕）

布列斯特–里托夫斯克

俄国和谈代表团

卡拉汉

抄送:最高总司令克雷连柯

　关于第 8 集团军革命委员会委员库兹明和雷宗的报告[39]的来电收到。现将该电和我的下述建议转给最高总司令:不要受基辅拉达的挑拨,不要相信它,要采取武装的、有组织的和最坚决的行动反对反革命的罗马尼亚司令部,反对卡列金分子及其在基辅拉达中的帮凶。

列　宁

译自《列宁全集》俄文第 5 版
第 50 卷第 25 页

52

☆致赤卫队司令部

(1月3日〔16日〕)

　　人民委员会命令赤卫队司令部拨给塔夫利达宫特别内卫队叁拾(30)支左轮手枪。

人民委员会主席

弗·乌里扬诺夫(列宁)

载于1945年《列宁文集》俄文版
第35卷

译自《列宁全集》俄文第5版
第50卷第25页

53

同弗·德·邦契-布鲁耶维奇的来往便条

(1月3日〔16日〕)

弗·伊里奇:

　　请您马上准确地告诉我,您是几号在米哈伊洛夫练马场讲话的,几点钟向您开的枪。**40**

弗·邦契-布鲁耶维奇

　　不记得了。请查一下报纸。

译自《列宁文集》俄文版第37卷
第62页

54

同莫·索·乌里茨基的来往便条[41]

（1 月 5 日〔18 日〕）

致乌里茨基

几点钟开的枪？

10 点？

10 点一刻到 10 点半之间？

在什帕列拉街的什么地方？

是在利季约大街和兹纳缅斯卡
亚街之间吗？

是在离利季约大街不远的通向
塔夫利达宫的地方吗？

就在此条上回答！

列 宁

大约在 10 点一刻到 10 点半
之间，在复活街到塔夫利达
街之间的那段什帕列拉街
上。左面的玻璃打碎了。看
来是从右上方开的枪。
莫·乌·

译自《列宁文集》俄文版第 37 卷
第 63 页

55

☆命　令

(1 月 5 日〔18 日〕)

兹命令在塔夫利达宫内执行卫兵勤务的士兵和水兵同志不得对立宪会议中的反革命成员采取任何暴力行动,应准许所有人自由离开塔夫利达宫,但非经特别批准,任何人不得入内。[42]

人民委员会主席

弗·乌里扬诺夫(列宁)[①]

载于 1918 年 1 月 12 日(25 日) 《俄罗斯新闻》第 5 号

译自《列宁全集》俄文第 5 版第 50 卷第 26 页

56

给伊·扎·施泰因贝格的电话

(1 月 7 日〔20 日〕)

我刚接到报告,说昨夜有一伙水兵闯入玛丽亚医院,打死了盛加略夫和科科什金。兹命令立即:第一,开始最严格的侦查;第二,

---

① 　签署该命令的还有驻全俄立宪会议选举委员会特派员、保卫彼得格勒特别委员会委员莫·索·乌里茨基。——俄文版编者注

逮捕犯杀人罪的水兵。[43]

列　宁

载于 1918 年 1 月 8 日(21 日)　　　译自《列宁全集》俄文第 5 版
《真理报》(晚上版)第 6 号　　　　　第 50 卷第 26 页

57

致康·亚·梅霍诺申

1918 年 1 月 7 日

致梅霍诺申同志

来人拉希亚同志,多年从事党的工作,我本人了解他,绝对可靠。援助他(为了芬兰无产阶级)**极为**重要,请拨给他武器:步枪 1 万支左右,外加子弹;3 吋口径加农炮 10 门左右,外加炮弹。

务请照办,勿打折扣。

您的　**列宁**

载于 1942 年《列宁文集》俄文版　　　译自《列宁全集》俄文第 5 版
第 34 卷　　　　　　　　　　　　　第 50 卷第 27 页

58

给弗·德·邦契-布鲁耶维奇的指示[44]

（不早于 1 月 7 日〔20 日〕）

当然应当逮捕。

为了召开中央执行委员会会议,应将此件送斯维尔德洛夫。

列　宁

译自《列宁文集》俄文版第 37 卷
第 64 页

59

给弗·德·邦契-布鲁耶维奇的命令

（1 月 7 日〔20 日〕以后）

命　令

通知近卫海军支队水兵(让他们具结承认此命令已向他们宣读),他们要对被捕军官的生命负责,他们(水兵们)将得不到食品并将被逮捕法办。

采取紧急措施:(1)派装备精良的卫队保护建筑物;(2)尽可能

多地记下近卫海军支队水兵的**姓名**。[45]

人民委员会主席 **列宁**

载于 1930 年在莫斯科出版的弗·邦契—布鲁耶维奇《在二月革命和十月革命的战斗岗位上》一书

译自《列宁全集》俄文第 5 版第 50 卷第 27 页

60

致弗·德·邦契–布鲁耶维奇

1918 年 1 月 8 日(21 日)

致弗·德·邦契–布鲁耶维奇

逮捕凶手的情况如何,请写几句告诉我。他们不想交出**克雷斯**,是真的吗?

列 宁

译自《列宁文集》俄文版第 37 卷第 64 页

61

给列·尼·斯塔尔克的指示

1918 年 1 月 8 日(21 日)

斯塔尔克同志:

　　根据拉狄克同志的报告,关于为彼得格勒通讯社播发重大消息提供无线电设备一事,请您同绍特曼同志(邮电人民委员部部务委员)联系。

列　宁

译自《列宁文集》俄文版第 37 卷
第 64 页

62

同费·埃·捷尔任斯基的来往便条

(不早于 1 月 8 日〔21 日〕)

为什么您不提出关于下列问题的法令草案?

　　(1)关于绝对禁止向芬兰输出机油之类的物资;

　　(2)关于实行监督的检查委员会;

今天我们给您带来了这方面的报告。

(3)关于派人去托尔尼奥捉拿

贩卖者。[46]

译自《列宁文集》俄文版第 37 卷
第 65 页

63

发往哈尔科夫和莫斯科的电报

(1 月 13 日〔26 日〕)

哈尔科夫 人民书记处 安东诺夫司令部

奥尔忠尼启则

莫斯科 穆拉洛夫总司令

苏维埃主席团

我们接到报告,说奥廖尔和库尔斯克之间交通阻塞,妨碍运煤运粮列车运行。铁路运输稍有停顿,都有引起饥荒和工业停产的危险。我们怀疑该地铁路员工在怠工,因为那里不止一次发生过怠工事件。务请采取最无情的革命措施。请派一队绝对可靠的人去。要用一切办法让运粮列车开到彼得格勒,否则就有发生饥荒的危险。每辆机车上都要派几名水兵或赤卫队员。请记住,彼得格勒免遭饥荒就靠你们了。

列 宁

载于 1945 年《列宁文集》俄文版
第 35 卷

译自《列宁全集》俄文第 5 版
第 50 卷第 29 页

64

☆致粮食人民委员部和
最高国民经济委员会粮食局

1918年1月13日

来人苏沃洛夫和安特罗波夫同志是乌拉尔苏维埃区域委员会的代表。务必委托他们采取最革命的措施,保证从西伯利亚发出的运粮列车开到彼得格勒。

列　宁

载于1931年《列宁文集》俄文版第18卷

译自《列宁全集》俄文第5版第50卷第28页

65

致康·亚·梅霍诺申

1918年1月13日

致梅霍诺申同志或其副手

请给持此条的同志尽量多拨些"纳甘"转轮手枪子弹、三种型号的勃朗宁手枪子弹和其他子弹,以便转交安东诺夫。来人尼古拉·库兹米奇·库兹明是哈尔科夫专区赤卫队队长。

列　宁

载于1942年《列宁文集》俄文版
第34卷

译自《列宁全集》俄文第5版
第50卷第28—29页

66

致玛·亚·斯皮里多诺娃

(1月13日和27日〔1月26日和2月9日〕之间)

致斯皮里多诺娃同志

我实在无法离开**土地法**审定委员会会议(有社会革命党人参加)。请代致歉意,并将附件在代表大会上宣读一下。[47]

列　宁

载于1933年《列宁文集》俄文版
第21卷

译自《列宁全集》俄文第5版
第50卷第29页

67

致卡·伯·拉狄克

1918年1月14日

亲爱的拉狄克:托洛茨基或加米涅夫将把我的观点告诉您。

我原则上根本不同意您的意见,您正陷进两个帝国主义集团为苏维埃共和国设下的圈套。[48]

致最崇高的敬礼!

您的　列宁

原文是德文

载于1959年《列宁文集》俄文版
第36卷

译自《列宁全集》俄文第5版
第50卷第30页

68

致弗·亚·安东诺夫–奥弗申柯和
格·康·奥尔忠尼启则

1918年1月15日

哈尔科夫

安东诺夫和谢尔戈

务请采取最坚决的**革命**措施运来**粮食**,**粮食**,**粮食**!!! 否则彼得格勒就完了。要组织专用列车和专门队伍。抓紧粮食的征集和交送。运粮列车要护送。每天都要报告情况。

请务必执行!

列　宁

载于1942年《列宁文集》俄文版
第34卷

译自《列宁全集》俄文第5版
第50卷第30页

69

☆致海军革命委员会

1918 年 1 月 15 日

　　请采取紧急措施，立即调 2 000 名水兵归捷尔-阿鲁琼扬茨同志指挥，以便对资产阶级的拉达采取军事行动。**49**

列　宁

载于 1924 年在列宁格勒出版的　　　　　　　译自《列宁全集》俄文第 5 版
《列宁与红海军》一书　　　　　　　　　　　第 50 卷第 31 页

70

致财政人民委员部

1918 年 1 月 15 日

　　拨给捷尔-阿鲁琼扬茨同志 1 000 000（壹佰万）卢布，今天就提交人民委员会审批。

人民委员会主席
弗·乌里扬诺夫（列宁）

载于 1933 年《列宁文集》俄文版　　　　　译自《列宁全集》俄文第 5 版
第 21 卷　　　　　　　　　　　　　　　　第 50 卷第 31 页

71

致尼·伊·波德沃伊斯基和
尼·瓦·克雷连柯①

1918 年 1 月 15 日

致波德沃伊斯基同志和克雷连柯同志

附上我今天收到的**吕特兰**同志的来信,他是荷兰人,左派——"论坛派"**50**的成员。1915 年我同他在伯尔尼相识。

吕特兰请求给他路费并把他编入俄国赤卫队。

出于原则上的考虑,希望满足他的请求。在他没学会俄语之前,是否可临时把他同讲德语的拉脱维亚人或爱沙尼亚人编在一起。

列　宁

译自《列宁全集》俄文第 5 版
第 50 卷第 31—32 页

72

致外交人民委员部

1918 年 1 月 16 日(29 日)

俄国籍的萨穆伊尔·哈特金(Samuel Hatkin)1906 年曾住在

---

① 　该文献上有列宁的附注:"巴·吕特兰。荷兰阿姆斯特丹市东堡中街 59III 号"。——俄文版编者注

里加并在那里同普拉滕相识,现请求准许进入俄国,普拉滕为其担保。

请准其入境。

列　宁

译自《列宁文集》俄文版第 37 卷
第 65 页

73

致陆军人民委员部

1918 年 1 月 17 日

请发给芬兰铁路委员 25 000 支步枪和 30 挺机枪,这是保护在芬兰的俄国士兵,使他们免遭资产阶级白卫军残酷迫害所必需的。

人民委员会主席
弗·乌里扬诺夫(列宁)

载于 1942 年《列宁文集》俄文版
第 34 卷　　　　　　　　　　　译自《列宁全集》俄文第 5 版
　　　　　　　　　　　　　　　第 50 卷第 32 页

74

给弗·亚·安东诺夫-奥弗申柯的电报

（1 月 17 日〔30 日〕）

哈尔科夫　安东诺夫

祝贺胜利。[51]我即向莫斯科转达您的要求。请竭尽全力往彼得格勒运送粮食，粮食。

列　宁

载于 1959 年《列宁文集》俄文版
第 36 卷

译自《列宁全集》俄文第 5 版
第 50 卷第 33 页

75

给弗·亚·安东诺夫-奥弗申柯的电报

（1 月 17 日〔30 日〕）

哈尔科夫　人民委员安东诺夫

来电收到。欢迎哥萨克与我们联合。他们的代表已经在这里，并且参加了苏维埃代表大会。[52]至于莫吉廖夫的问题，我刚才已转告波德沃伊斯基，并且还要转告克雷连柯；关于顿河区的土地问题,请注意前天苏维埃代表大会通过的关于苏维埃共和国联邦的决议[53]。该决议一定会使哥萨克完全放心。请转告秘书处:扎东斯基已赴哈尔科夫,此行目的是请求任命阿尔乔姆同志为他的副手。请立即回电。

列　宁

载于 1924 年在莫斯科出版的弗·亚·安东诺夫-奥弗申柯《国内战争见闻录》第 1 卷(非全文)

全文载于 1932 年《列宁全集》俄文第 2、3 版第 29 卷

译自《列宁全集》俄文第 5 版第 50 卷第 32—33 页

76

关于给斯莫尔尼调拨参考书的指示

1918 年 1 月 18 日

请把政府办公室中的参考书拨出二三书柜,送到斯莫尔尼交人民委员会使用。要百科辞典和手册(最新的),尤其是财政和经济方面的手册。

载于 1933 年《列宁文集》俄文版第 21 卷

译自《列宁全集》俄文第 5 版第 50 卷第 33—34 页

77

给秘书的指示[54]

(1月19日〔2月1日〕)

　　转告施利希特尔和涅夫斯基,请他们给这些人**极有力**的帮助,这些人给人印象极好。只有这样的队伍(每队由40—60名当地人组成)才能战胜饥荒。

列　宁

载于1931年《列宁文集》俄文版　　　　　　译自《列宁全集》俄文第5版
第18卷　　　　　　　　　　　　　　　　第50卷第28页

78

给弗·亚·安东诺夫－奥弗申柯的电报

(1月19日〔2月1日〕)

哈尔科夫　人民委员安东诺夫

　　鉴于人民书记处对您同乌克兰中央执行委员会之间发生的摩擦提出责难,我请求您从您的一方面谈谈究竟是怎么回事。当然,我们对乌克兰内部事务的干预,如果不是出于军事上的需要,那就是不恰当的。比较合适的是,通过地方政权机关采取某些措施。

总之,如果一切纠纷都能在本地消除,那就再好也没有了。**55**

列　宁

载于1924年在莫斯科出版的
弗·亚·安东诺夫-奥弗申柯
《国内战争见闻录》第1卷

译自《列宁全集》俄文第5版
第50卷第34页

79

致弗·亚·安东诺夫-奥弗申柯

1918年1月21日

　　安东诺夫同志:我接到中央执行委员会(哈尔科夫的)对您的控告。非常遗憾,我请求您作出解释的电报您没有收到。请赶快同我联系(用直达电报—— 一个或两个,通过哈尔科夫),以便我能同您谈谈清楚和解释明白。看在上帝的面上,请尽**一切努力消除**同中央执行委员会(哈尔科夫的)的**所有一切**摩擦。这在**国家**来说是**极端重要的**。看在上帝的面上,同他们和解吧,承认他们的**一切**主权吧。恳求您将您所委派的那些政治委员免职。

　　万分希望您能照我的请求办,**绝对**同哈尔科夫的中央执行委员会和好。在处理**民族**问题时要**极有分寸**。

　　获悉您连连战胜卡列金一伙,谨向您致以最热烈的敬礼、祝愿和祝贺。乌拉!乌拉!紧紧握手!

您的　**列宁**

载于1924年在莫斯科出版的
弗·亚·安东诺夫-奥弗申柯
《国内战争见闻录》第1卷

译自《列宁全集》俄文第5版
第50卷第34—35页

80

给格·康·奥尔忠尼启则的直达电报

(1月22日〔2月4日〕)

哈尔科夫

人民书记处

转特派员奥尔忠尼启则

1918年1月20日来电收到。衷心感谢您在粮食工作方面采取的坚决措施。务请再接再厉,尽力弄到粮食,赶快组织粮食的征集和交送,赶在化冻前把粮食供应安排妥当。全部希望都寄托在您的身上,不然开春时,饥荒将不可避免。

关于汇款一事,同皮达可夫谈过而且还要谈。已给哈尔科夫汇去1亿,另有5 000万也将汇出。请采取措施,彼得格勒通往哈尔科夫的道路要加倍警戒。我相信,您同哈尔科夫的中央执行委员会的关系会像过去一样十分融洽。致以敬礼和良好的祝愿!

列　宁

载于1931年《列宁文集》俄文版
第18卷

译自《列宁全集》俄文第5版
第50卷第35页

81

给库·曼纳和卡·维克的电报

(1 月 24 日〔2 月 6 日〕)

急电。政务电报

赫尔辛福斯

政府主席曼纳和

卡尔·维克

必须以旅芬瑞典工人联合会的名义向瑞典更经常地拍发更详细的瑞典文无线电报和普通电报,以驳斥瑞典资产阶级报刊对芬兰事态的极其荒唐的报道[56]。请告知,是否正在采取一切措施。

列　宁

载于 1933 年《列宁文集》俄文版　　　　　译自《列宁全集》俄文第 5 版
第 21 卷　　　　　　　　　　　　　　　第 50 卷第 36 页

82

致格·瓦·契切林

1918 年 1 月 24 日　　　　　　　　　Tschitscherine[①]

契切林同志:

来人是和平主义者,希望谈谈和平问题。如果您能抽出空来,

---

① 契切林。——编者注

是否可满足他的请求。

列　宁

载于 1933 年《列宁文集》俄文版　　　　　　　译自《列宁全集》俄文第 5 版
第 21 卷　　　　　　　　　　　　　　　　　第 50 卷第 36 页

83

给阿瑟·韩德逊的电报[57]

（1 月 24 日〔2 月 6 日〕）

　　俄国社会主义政府感到遗憾的是，它不能参加协约国社会党人代表会议，因为这次会议是违反国际主义原则的。我们反对根据帝国主义集团的划分来分裂工人阶级。如果英国工党赞同俄国的和平意愿（中欧各国的社会党已表示赞同），这样的分裂尤其不能容许。

发往伦敦

用英文载于 1918 年 2 月 14 日　　　　　　　译自《列宁全集》俄文第 5 版
《号召报》第 97 号　　　　　　　　　　　　第 50 卷第 37 页

84

致财政人民委员部

1918年1月24日(2月6日)

财政人民委员部
莫伊卡街43号

来人叶夫多基娅·安德列耶夫娜·埃森想申请提取她在国家银行的存款。请向她说明,这份申请书应该怎样写,向谁呈递,什么手续,要附哪些证件。

列 宁

译自《列宁文集》俄文版第37卷第68页

85

☆给陆军委员
尼·伊·波德沃伊斯基的命令

1918年1月28日

鉴于粮食方面存在的困难和发生反革命暴乱的危险,兹命令**立即**采取最坚决的紧急措施,将所有的战俘,首先是军官,遣离彼得格勒。

人民委员会主席
弗·乌里扬诺夫(列宁)

本命令抄送军区司令部和战俘事务委员克德罗夫。

弗·乌里扬诺夫(列宁)

载于1957年《苏维埃政权法令汇编》第1卷

译自《列宁全集》俄文第5版第50卷第37—38页

86

给 A.Л. 缅齐科夫斯基的命令

1918年1月28日

致战俘事务委员

缅齐科夫斯基

我已向陆军委员波德沃伊斯基发出如下命令:

"鉴于粮食方面存在的困难和发生反革命暴乱的危险,兹命令**立即**采取最坚决的紧急措施,将所有的战俘,首先是军官,遣离彼得格勒。"①

---

① 见上一号文献。——编者注

命令您采取最有力的措施执行此项命令。

人民委员会主席

弗·乌里扬诺夫(列宁)

译自《列宁文集》俄文版第 38 卷
第 197—198 页

87

致尼·伊·波德沃伊斯基

1918 年 1 月 29 日

波德沃伊斯基同志：

来人**巴洛诺夫**请求按军队仪式追悼他的岳父[58]，我认为他的请求是正当的，他岳父于 1917 年 7 月 13 日因拥护布尔什维主义而被杀害。

请把您的意见用电话或当面告诉我。

列 宁

载于 1933 年《列宁文集》俄文版
第 21 卷

译自《列宁全集》俄文第 5 版
第 50 卷第 38 页

88

致安·卢·柯列加耶夫

1918 年 1 月 30 日

柯列加耶夫同志:请您帮前来的这些人(第一个俄国共产党员共耕社)出点主意,提点意见:用什么办法以及**在哪里**可以弄到土地。这个创举极好,要竭力予以支持。**59**

列　宁

载于 1945 年《列宁文集》俄文版
第 35 卷　　　　　　　　　　译自《列宁全集》俄文第 5 版
　　　　　　　　　　　　　　第 50 卷第 38 页

89

致格·叶·季诺维也夫

1918 年 1 月 30 日

季诺维也夫同志:

　　请您从彼得格勒苏维埃派一个合适的人于**星期日**下午 2 时去参加成立了第一个俄国共产党员共耕社的奥布霍夫工厂工人的会议——目的是向他们提些意见、建议和帮助。

　　最好选派一名**有经验的**做实际组织工作的人去。

列　宁

译自《列宁全集》俄文第 5 版
第 50 卷第 39 页

90

给弗·亚·安东诺夫-奥弗申柯的电报

（1月30日〔2月12日〕）

尼基托夫卡

总司令安东诺夫

　　矿山由于缺少汽油将无法排水，有停工的危险。军事上如有一点可能，务请将汽油全部送往矿山，由哈尔科夫区域国民经济委员会（苏梅街27号）支配。

列　宁

载于1942年《列宁文集》俄文版　　　　　　　译自《列宁全集》俄文第5版
第34卷　　　　　　　　　　　　　　　　第50卷第39页

91

给弗·亚·安东诺夫-奥弗申柯的电报

（1月30日〔2月12日〕）

尼基托夫卡

总司令安东诺夫

　　我们毫不反对对科热夫尼科夫的任命。您要设法同奥博连斯基和全乌克兰中央执行委员会取得联系。未经奥博连斯基和该中央执行委员会同意,请不要行动;如果他们没有异议,我们同意任命科热夫尼科夫为顿涅茨煤田特派员。

列　宁

译自《列宁全集》俄文第5版
第50卷第40页

92

致尼·彼·哥尔布诺夫

(1月31日〔2月13日〕)

致哥尔布诺夫

(1)发行"自由公债券"代替货币的法令[60]务须于**今天**(1月31日)付印(**以便明天见报**)。

(2)然后须将此法令送交斯蓬德。

(3)国家有价证券印刷厂1918年2月2日主进堂节[61]应**工作**。

请采取措施。

载于1933年《列宁文集》俄文版
第21卷

译自《列宁全集》俄文第5版
第50卷第40页

93

给米·阿·穆拉维约夫的电报

1918年2月14日

基辅

总司令穆拉维约夫

如果安东诺夫没有其他命令,请与拉柯夫斯基及其委员会商定后,在罗马尼亚战线全力以赴。①

列　宁

载于1924年在莫斯科出版的
弗·亚·安东诺夫-奥弗申柯
《国内战争见闻录》第1卷

译自《列宁全集》俄文第5版
第50卷第41页

94

给秘书的批示

(2月14日)

将此电转交契切林,请他急速向瑞典大使提出质问和抗议。[62]

列　宁

载于1933年《列宁文集》俄文版
第21卷

译自《列宁全集》俄文第5版
第50卷第41页

---

①　见本卷《附录》第10号文献。——编者注

95

给库·曼纳的电报

（2 月 14 日）

急

政务电报。密电

赫尔辛福斯　曼纳

芬兰人民政府

请您立即向波罗的海舰队中央委员会了解瑞典巡洋舰驶入奥兰群岛海域以及瑞典军队登陆的情况。务请尽快电告：芬兰工人政府掌握哪些有关情报，对整个这一问题以及对瑞典军队的干涉持何态度。[63]

人民委员会主席　列宁

载于 1942 年《列宁文集》俄文版
第 34 卷

译自《列宁全集》俄文第 5 版
第 50 卷第 41—42 页

96

给弗·亚·安东诺夫-奥弗申柯的电报[64]

（2 月 14 日）

安东诺夫司令部

布良斯基转安东诺夫

我们主张不要释放迪特马尔和主席团其他成员，要进行严格调查。上报调查结果。

列　宁[①]

译自《列宁文集》俄文版第 38 卷
第 198 页

97

给埃·维·卢甘诺夫斯基的电报[65]

（2 月 14 日）

哈尔科夫

人民书记卢甘诺夫斯基

我已指示把波德沃伊斯基发给库金斯基的委托书抄送给我。

---

① 签署该电的还有约·维·斯大林。——编者注

这一委托书恐怕不能适用于乌克兰,凡从这里去的所有政治委员都应服从乌克兰人民书记处的领导,因而也应服从您的领导。

请将此电的副本或原本转交库金斯基,请他通过直达电报同我通话。但愿这是误会。

人民委员会主席   列宁

译自《列宁文集》俄文版第 37 卷
第 68—69 页

98

给波罗的海舰队中央委员会的直达电报

(2 月 14 日)

关于瑞典军舰驶入奥兰群岛海域并派部队登陆迫使我军撤退的消息果真属实吗?波罗的海舰队中央委员会采取了哪些防御性的和惩罚性的军事措施?波罗的海舰队中央委员会什么时候把哪些军舰派到奥兰群岛海域去了?

请立即答复。我们极为担心。我们认为,波罗的海舰队中央委员会和我们的革命舰队决不会无所事事。等候答复。

列 宁

译自《列宁全集》俄文第 5 版
第 50 卷第 42 页

99

给埃·维·卢甘诺夫斯基的电报

（2月15日）

哈尔科夫

人民书记卢甘诺夫斯基

今天陆军人民委员波德沃伊斯基给库金斯基发电报说：

"请根据您的权限，执行如下指示：在乌克兰苏维埃共和国境内，您必须与乌克兰苏维埃政权及其各机构协调行动，因此您在管辖政权机构方面的特命全权只限于下列省份：布良斯克省、斯摩棱斯克省、维切布斯克省、奥廖尔省、沃罗涅日省、图拉省。"

希望您对此满意，也希望库金斯基服从命令。

人民委员会主席　**列宁**

译自《列宁全集》俄文第5版
第50卷第42—43页

100

给顿河州军事革命委员会主席的电报

（2月16日）

政务电报。秘密

沃罗涅日

顿河州军事革命委员会主席

1月31日^①关于攻克沙赫特站和卡梅诺洛姆尼的来电收悉。祝贺苏维埃军队的胜利。特别感谢您报告了经由察里津发来60车皮煤的消息。务请将运送煤、粮的各列车车次以及发车的准确日期和时刻来电告知。此事极为重要。请多运粮食来。阿列克谢耶夫这个奸细的信⁶⁶尚未收到。请拍下照片后派最可靠的人送来。

人民委员会主席   列宁

载于1942年《列宁文集》俄文版
第34卷

译自《列宁全集》俄文第5版
第50卷第43页

---

① 公历1918年2月13日。——编者注

101

给弗·亚·安东诺夫-奥弗申柯的电报

（2月17日）

政务电报
* * * *

尼基托夫卡

总司令安东诺夫

关于您对法尔科夫斯基的任命的来电已悉。务请同卢甘诺夫斯基协调一致并根据他的指示行动，他是拥有主权的乌克兰共和国的人民书记。如果和他发生意见分歧，请通过斯克雷普尼克、扎东斯基、博什解决，还可以给我来电，但是千万不要违抗卢甘诺夫斯基。罗马尼亚政府的库存丰富的仓库要格外严加保护，以便在推翻罗马尼亚反革命后，完整无损地移交给罗马尼亚人民。

列　宁

载于1959年《列宁文集》俄文版第36卷

译自《列宁全集》俄文第5版第50卷第44页

102

给尼古拉车站政治委员的指示

1918 年 2 月 17 日

致尼古拉车站政治委员

重病人玛丽亚·尼古拉耶夫娜·斯克雷普尼克是人民委员会秘书,前去基辅养病,请给她安排一张 1918 年 2 月 17 日晚 8 时开往哈尔科夫的列车头等车厢(242 号车厢)的卧铺铺位。

人民委员会主席

译自《列宁文集》俄文版第 39 卷第 188 页

103

给 Л. Б. 乌尔班的电报[67]

(2 月 19 日)

致德里萨苏维埃主席乌尔班

在一切可能抵抗的地方进行抵抗。运走一切贵重物资和食品。其余全部毁掉。不给敌人留下任何东西。破坏道路(每 10 俄里破坏2俄里)。炸毁桥梁。

列　宁

载于1945年《列宁文集》俄文版
第35卷

译自《列宁全集》俄文第5版
第50卷第45页

104

致雅·米·斯维尔德洛夫

1918年2月20日(7日)

斯维尔德洛夫同志:

来人博格罗娃同志1905年曾任工人代表苏维埃秘书。我同您谈过,希望您能设法帮助她。[68]

您的　**列宁**

译自《列宁文集》俄文版第37卷
第69页

105

致俄国社会民主工党(布)中央委员会

(2月22日)

我赞成从英法帝国主义强盗方面取得马铃薯和武器,请把我这一票加上。**69**

列　宁

载于 1922 年《列宁全集》俄文第 1 版
第 15 卷

译自《列宁全集》俄文第 5 版
第 50 卷第 45 页

106

给弗·亚·安东诺夫-奥弗申柯的电报

（2 月 23 日）

特急。

致人民委员安东诺夫，

发往他的所在地

今天务必攻克罗斯托夫。①

列　宁

载于 1924 年在莫斯科出版的
弗·亚·安东诺夫-奥弗申柯《国
内战争见闻录》第 1 卷

译自《列宁全集》俄文第 5 版
第 50 卷第 46 页

---

① 1918 年 2 月 24 日，苏维埃军队攻克顿河畔罗斯托夫。——编者注

107

给库尔斯克苏维埃和奥廖尔苏维埃的电报

(2月23日)

奥廖尔和库尔斯克

苏维埃

鉴于前线交通管理局可能立即撤退,兹命令准备好必要的房舍。

列　宁

载于1942年《列宁文集》俄文版
第34卷

译自《列宁全集》俄文第5版
第50卷第46页

108

给和谈代表团的电报[70]

(2月25日)

新谢利耶车站

和谈代表团

契切林、越飞、卡拉汉、索柯里尼柯夫

我们不完全明白你们的来电。如果你们犹豫不定,那是不允许的。[71]请派出军使,并尽快去德国人那里。

人民委员会主席　**列宁**

载于 1929 年《列宁文集》俄文版
第 11 卷

译自《列宁全集》俄文第 5 版
第 50 卷第 46 页

109

给瓦·瓦·沃罗夫斯基的电报

(2 月 26 日)

致沃罗夫斯基

斯德哥尔摩　卡普坦斯加坦街 13 号

　　我们的电报您都能收到吗? 德国提出的条件以及我们已接受这些条件,您都知道吗?[72]您处以及外国报刊上有何消息,请每日电告。

列　宁

载于 1927 年 11 月 6—7 日《消息报》
第 256 号

译自《列宁全集》俄文第 5 版
第 50 卷第 47 页

110

发往伊尔库茨克的电报

(2 月 27 日)

　　和约尚未签订,但代表团已前往布列斯特-里托夫斯克签署中央执行委员会和人民委员会接受的媾和条件。你们的决议已收到。德国白卫军和他们的正规军混成部队勾结我国的白卫军,正猖狂地大举进攻彼得格勒。有情报说德国大部队正尾随先遣支队挺进。我们的大多数军队正在逃跑。社会主义祖国在危急中。德文斯克、雷瓦尔、文登、沃利马尔、明斯克、普斯科夫已被占领。群情激愤。工人们纷纷挺身而出,保卫苏维埃共和国。布尔什维克中央委员会主张签订和约。左派社会革命党中央委员会则主张进行神圣的战争。

　　至于黄金问题,我们建议按开采成本价格向金矿付款。人民委员会没有颁布过有关黄金问题的专门法令。

列　宁

载于 1942 年《列宁文集》俄文版　　　　　译自《列宁全集》俄文第 5 版
第 34 卷　　　　　　　　　　　　　　　　　第 50 卷第 47 页

111

☆致各级工人、农民和红军代表苏维埃

3月1日(2月16日)于彼得格勒

3月1日(2月16日)晚8时收到布列斯特-里托夫斯克如下来电:

"彼得格勒 斯莫尔尼 人民委员会。请给我们往托罗希诺(普斯科夫附近)派一列配备足够数量警卫人员的列车。关于警卫一事请同克雷连柯联系。签字:卡拉汉"

这份电报很可能意味着和谈已被德国人破坏。[73] 应防备德国人立即向彼得格勒以至在各条战线上发动进攻。务必全体总动员,加强警卫和防御措施。

人民委员会主席　列宁

载于1918年2月17日(3月2日)　　译自《列宁全集》俄文第5版
《真理报》第39号和《中央执行委员　　第50卷第48页
会消息报》第38号

112

致费·埃·捷尔任斯基

1918年3月4日(2月19日)

捷尔任斯基同志:来人西多连科曾给我当过几天私人秘书。

我对他十分满意。他被免职是因为据说他有一次喝醉了酒,叫喊自己是"列宁的秘书"。

西多连科对我说,他深感后悔。我个人也愿意完全相信他。小伙子年轻,我看他很好。对青年人应当宽容。

请您酌情处理,看给他安排一个什么工作合适。

您的　**列宁**

译自《列宁全集》俄文第 5 版
第 50 卷第 48—49 页

113

给奔萨苏维埃的电报

(3 月 6 日)

奔萨　苏维埃并政治委员们

兹命令苏维埃及其所属各部和政治委员们大力协助国家有价证券印刷厂,尤其在安置彼得格勒来的工人、供应他们粮食和一切必需品方面给予协助,望坚决执行。命令你们立即向奔萨所有军医院和医疗所发出指示,停止接受伤病员并将此事通知有关部门,因为奔萨的医疗所已指定用以安置从彼得格勒撤退来的各机关。[74]

人民委员会主席　**弗·乌里扬诺夫(列宁)**

译自《列宁文集》俄文版第 37 卷
第 71 页

114

给莫斯科苏维埃的电报

1918年3月8日

莫斯科   苏维埃

我们坚决要求你们协助国家有价证券印刷厂征用印刷机和所需的其他机器。要不惜精力和财力。

列　宁

译自《列宁文集》俄文版第40卷第54页

115

致玛·费·安德列耶娃

（1918年3月11日和1919年8月底之间）

玛丽亚·费多罗夫娜：

很遗憾，同事们（我在委员会①中的同事）认为我不能允许会见（不经过侦查委员会），何况那里有医疗设施（如果他们有病的话）。

①　指人民委员会。——编者注

我不能违背委员会同事们的意愿和决定。

现在我实在不能同您谈，因为**无法脱身**。关于"挑拨者和讹诈者"的案情，我一定写信告诉您（他**显然**是个**讹诈者**，卡尔塔舍夫早已**入狱**，我查问过）。

请多多原谅。

握手！

列　宁

译自《列宁全集》俄文第 5 版
第 50 卷第 49 页

116

致格·康·奥尔忠尼启则

（3 月 14 日）

谢尔戈同志：

在建立统一战线以防御西方入侵问题上，务请认真注意克里木和顿涅茨煤田。要使克里木的同志们相信，防御是形势的发展对他们的要求，不管和约批准与否，他们都应防御。要使他们明白：北方局势同南方局势有本质区别；由于战争，由于德国同乌克兰的事实上的战争，德国人可以顺路吞掉克里木，所以，克里木提供援助不仅是近邻的义务，而且是自卫和保存自己所需要的。斯卢茨基可能没弄清当前错综复杂的形势，而在另搞一条简单化的路线，那就应当提提我的看法，坚决制止他。粮食和钢铁立即东撤,组织破坏小组,建立有农民参加的从克里木到大俄罗斯的统一防御战线,乌克兰境内的我军部队坚决地、无条件地改成乌克兰着装——这就是当前的任务。要安东诺夫不再用安东诺夫-奥弗申柯这个姓,他应该就叫奥弗申柯。穆拉维约夫(如果他还留在岗位上的话)和其他人也要这样做。

关于顿涅茨共和国,请您转告瓦西里琴科、雅柯夫及其他同志,不管他们怎样费尽心机想把自己的地区从乌克兰分出去,但这个地区,从温尼琴科的地理学来看,反正还是乌克兰的版图,德国人将要占领它。因此,顿涅茨共和国拒绝同乌克兰的其余地区建立统一防御战线是十分愚蠢的。梅日劳克来过彼得格勒,他同意承认顿涅茨煤田是乌克兰的一个自治区;阿尔乔姆也同意这一点;所以,顿涅茨煤田的几个同志固执己见是毫无道理的、有害的任性,这种任性在我们党内是完全不允许的。

谢尔戈同志,请把这一切向克里木和顿涅茨的同志们说清楚,一定要把统一的防御战线建立起来。

列 宁

1918年3月14日(1日)

关于钱的问题,请您负责支付防御所必需的经费。但您要特别小心,只能发给最可靠的人,并予以最严格的监督,因为想"捞一把"或想任意挥霍的现在还大有人在。

载于1960年《苏联国内战争史料
选辑》第1卷

译自《列宁全集》俄文第5版
第50卷第49—51页

117

☆致最高军事委员会[75]

（3月16日）

致米·德·邦契-布鲁耶维奇和
舒特科同志

今天，1918年3月16日（3日），来人基里尔·罗休普金同志持第8集团军的证明到我这里来讲述了实际情况。我认为，应当讨论一下：是否给该同志发一份证件，委派他监督大俄罗斯军队撤离乌克兰。请讨论一下，如果赞同我的意见，认为需要这样做，就请发给罗休普金这样的证件。

人民委员会主席
弗·乌里扬诺夫（列宁）

载于1942年《列宁文集》俄文版
第34卷

译自《列宁全集》俄文第5版
第50卷第51页

118

给安·卢·柯列加耶夫的电话

（3月18日以前）

致柯列加耶夫同志

据最高国民经济委员会声称，1917年的农业和城市调查资料存放在农业人民委员部调查局。人民委员会需要关于这些资料的报告。

您能否**今天**就到人民委员会来？非常希望您来，请确切答复能否来。

列　宁

载于1933年《列宁文集》俄文版　　　　　译自《列宁全集》俄文第5版
第21卷　　　　　　　　　　　　　　第50卷第51—52页

119

致玛·亚·斯皮里多诺娃

（3月21日）

1

致斯皮里多诺娃同志

如果**可以**的话，请同斯维尔德洛夫谈谈（他代表我们中央委员会有事委托您）——他的（中央执行委员会的）电话：3.75.58和3.75.33。

如果找他还**绝对**不行，而一定要找我，请在3点一刻给我来电话（3.61.82）。

列　宁

2

我个人同意在 3 月 22 日,但要征求我们中央委员们的意见。请来电话并约定何时告知。

列　宁

译自《列宁文集》俄文版第 38 卷
第 199 页

120

致格·瓦·契切林

1918 年 3 月 21 日

致契切林同志

来人是莫里斯·莱特伊仁同志,我了解他,他是布尔什维克。他很想有机会(如在我们的使团内安排一个适当的职务)去意大利,在国外进行宣传。如有可能,务请向他介绍情况并给予帮助。

列　宁

译自《列宁文集》俄文版第 37 卷
第 72 页

121

☆致中央征用委员会

1918 年 3 月 25 日

　　兹命令采取特别有力的措施，尽快腾出瓦尔瓦尔卡街的房屋（"铁锚"保险公司的用房）。"铁锚"保险公司应立即迁往瓦尔瓦尔卡街新址，以使该公司参加者的利益，特别是参加该公司的外国人的利益不致受到丝毫损害。关于本命令的执行情况，务请向我报告。

人民委员会主席

弗·乌里扬诺夫（列宁）

载于 1933 年《列宁文集》俄文版　　　　　　译自《列宁全集》俄文第 5 版
第 21 卷　　　　　　　　　　　　　　　　　第 50 卷第 52 页

122

给格·亚·乌西耶维奇的电报[76]

（3 月 25 日）

急

奥廖尔

库尔斯克铁路卸货

非常委员会委员乌西耶维奇

我们今天就尽量采取一切措施。请把那些以枪决相威胁的特派员的姓名报来。

列　宁

译自《列宁文集》俄文版第 38 卷
第 201 页

123

致莉·亚·福季耶娃

(1918 年 3 月 25 日和 1919 年 9 月之间)

没有把您"打蒙",而是对您太客气了。

(1)通知所有秘书,在人民委员会**开会时只许**递字条,禁止谈话;让他们在通知上签字。

(2)将同样的通知张贴在秘书室里。

载于 1945 年《列宁文集》俄文版
第 35 卷

译自《列宁全集》俄文第 5 版
第 50 卷第 54 页

124

给 A. M. 尤里耶夫的
直达电报记录[77]

(3 月 26 日)

请接收我们的回电:我们觉得,您有点陷进去了。现在必须解

脱出来。英国人在摩尔曼斯克地区驻扎自己的军队并给予摩尔曼
实际的支持,这是明显的军事和政治行动,在国际形势进一步复杂
化的情况下,他们会以此作为占领的理由。我们建议您起草一份
正式公文,向中央政府即人民委员会报告您那个地区的实际情况,
并且最好在这份公文中简单谈谈条约的情况,可根据记录引用条
约的条文,主要谈英国人和法国人否认该地区可能被占领的声明,
也根据您与他们会谈的记录来谈。此外,您应该非常委婉地要求
英国人和法国人承认这些关于占领的声明属实。同时您可以指
称,按照俄国的宪法,您作为地区政权的代表有责任就在地区内部
署防范德国人及其芬兰走狗进犯海疆这种重大事情向中央政府
提交一份非常精确的、附有各种意见记录的报告。如果您能够做
到这一点,那么这将大大有助于尽快消除我们认为在您那里业已
形成的、不以您的意志为转移的混乱局面。您提交给政府的这个
报告应当既是完全正式的,又是秘密的,即不应予以公布。与此同
时,近日我们就给您派去几支武装赤卫队[78]和一个将成为您与莫
斯科之间的固定联系环节的人[79]。务请经常向政府报告情况。请
告知您如何看待我们的建议。

列 宁[①]

载于 1957 年在莫斯科出版的　　　　　　　译自 1999 年《不为人知的列宁
《列宁军事通信集》(非全文)　　　　　　　文献(1891 — 1922)》俄文版
　　　　　　　　　　　　　　　　　　　　第 230 页

————————

① 签署该电报的还有约·维·斯大林。——编者注

125

☆致邮电人民委员部部务委员会

1918年3月26日

请告诉我:

(1)电报部门工作时间是否有这样的安排:值班24小时,然后休息三天?

(2)如果有,那是从何时开始的,根据谁的指示或决定? 请把确切的文字材料和此事负责人的姓名报来。

(3)为制止这种显然不正确的和不能容许的工作安排,采取了哪些措施,何时何人采取的。

人民委员会主席

弗·乌里扬诺夫(列宁)

载于1933年《列宁文集》俄文版第21卷

译自《列宁全集》俄文第5版第50卷第52—53页

126

给彼得格勒劳动公社
人民委员会的电报

政务电报

急电

收报后请告知

1918年3月28日

彼得格勒 斯莫尔尼

彼得格勒劳动公社人民委员会

抄送:疏散工作组组长施略普尼柯夫和

人民委员会秘书哥尔布诺夫

哥尔布诺夫的便条收到。我强烈反对拖延疏散工业的工作。[80]拉林和米柳亭无权改变决定。如果谁不满意我的命令,可向人民委员会或中央执行委员会申诉。但是,我的命令在没有撤销之前,必须执行。使我特别气愤的是古图耶夫斯基岛上价值以十亿计的储备物资没动。这真可耻。要坚决开始火速疏散这些储备物资。每周要向人民委员会送交两次准确的报告,说明实际上做了哪些疏散工作,疏散了多少车皮的物资。[81]

人民委员会主席   列宁

载于1933年《列宁文集》俄文版
第21卷

译自《列宁全集》俄文第5版
第50卷第53页

127

致 Т. И. 波波夫

1918 年 4 月 1 日

致国家银行莫斯科办事处主任

Т. И. 波波夫同志

谨通知您,保管黄金储备完全由您负责,这方面的问题由您直接同我或古科夫斯基同志联系,绝对禁止向其他机关和个人透露任何消息。

人民委员会主席

弗·乌里扬诺夫(列宁)

译自《列宁文集》俄文版第 37 卷第 73 页

128

致格·瓦·契切林

1918 年 4 月 1 日

致契切林同志

现附上电报一份。[82]

我看应立即答复：

我们将立刻调查；我们深信你们的情报是错误的，如此等等。

要马上同彼得格勒通电话。[83]

列 宁

译自《列宁文集》俄文版第 37 卷
第 74 页

129

给彼得格勒劳动公社
人民委员会的电报

（4 月 1 日）

致彼得格勒劳动公社人民委员会主席

　　根据您在电话中谈的情况，我们期望立即正式召回越境进入芬兰的赤卫队，尽管人数不多，但这样做是违背苏维埃当局的意愿的。我们要求彼得格勒公社人民委员会就此问题作出一项正式决定。务请立即将该决定原原本本报告我们。

人民委员会主席　列宁

载于 1959 年《列宁文集》俄文版　　　译自《列宁全集》俄文第 5 版
第 36 卷　　　　　　　　　　　　　第 50 卷第 54—55 页

130

同瓦·弗·古比雪夫的
来往直达电报

(4月2日和4日之间)

苏维埃主席古比雪夫在萨马拉同您讲话。

列宁同志,杜托夫匪帮在奥伦堡又重新抬头;有情报说,哥萨克部队在离奥伦堡20俄里的地方发动进攻。伊列茨克被哥萨克包围,哥萨克在动员各村镇的居民,到处制造骇人听闻的暴行。执行委员会3名委员和苏维埃哥萨克分部主席扎哈罗夫被杀害。奥伦堡的资产阶级积极参与。奥伦堡请求人民委员会协助彻底肃清杜托夫的冒险活动,否则交通将再次中断,以致土耳其斯坦边疆区1 200万居民会活活饿死。从奥伦堡派往伊列茨克的一支部队陷入重围,全军覆没。政府委员茨维林格估计已牺牲。萨马拉会竭尽全力援救奥伦堡,但要彻底消灭杜托夫匪帮,单靠当地兵力还不够,需要中央支援。我的话完了,等待回话。

我马上就采取一切措施,立即通知军事部门并支援你们。

列 宁

载于1935年1月26日《真理报》
第25号

译自《列宁全集》俄文第5版
第50卷第55页

131

致列·雅·卡尔波夫和
格·伊·彼得罗夫斯基[84]

致卡尔波夫同志和

彼得罗夫斯基（或拉齐斯）同志

1918年4月5日

制革工人同志们请求研究区苏维埃解散他们机构的问题，并请求起草一份电报，指示地方苏维埃不要干涉，已解散的要恢复。务请帮助他们。[85]

列　宁

载于1933年《列宁文集》俄文版
第21卷

译自《列宁全集》俄文第5版
第50卷第56页

132

给西伯利亚苏维埃
中央执行委员会的电报

（4月5日）

完全赞同西伯利亚苏维埃中央执行委员会的决议。[86]我建议储备粮食及其他食品,即使用征用的办法也可以,以便切实做好防御工作。我们预定今天开始同大使们谈判。[87]显然,现在对任何保证都不能相信,只有我们自己认真做好战备工作才是唯一可靠的保证。

列　宁

载于1942年《列宁文集》俄文版
第34卷

译自《列宁全集》俄文第5版
第50卷第56页

133

致德·彼·博哥列波夫和Т. И. 波波夫

1918年4月5日

致博哥列波夫和

Т. И. 波波夫同志

来人是制革工会的代表。

他们控告说,**他们的活期存款不能立即如数取出**,他们的汇票其他城市不接受。如确有其事,这太不像话了。

务请采取**有力**措施建立制度并立即优先支付这些钱款。

列　宁

译自《列宁文集》俄文版第38卷
第203页·

134

致尼·彼·哥尔布诺夫[88]

（4月5日或10日）

看来这里坐着一些请来讨论**别的**问题的人。

不必把他们赶走。

但是，我对您和其他秘书提出警告：已经说过一百遍，只能请那些与讨论问题有关的人。

载于1945年《列宁文集》俄文版
第35卷

译自《列宁全集》俄文第5版
第50卷第54页

135

致西伯利亚苏维埃中央执行委员会

（4月6日）

雅柯夫列夫的便条收到。[89]同意战备计划和动员计划。如果他们推进，你们就抵抗。我已转告陆军人民委员部。我们将尽力汇款支援你们，虽然我们也异常困难。

请更经常地报告情况。

列 宁

载于1945年《列宁文集》俄文版
第35卷

译自《列宁全集》俄文第5版
第50卷第56—57页

136

致费·埃·捷尔任斯基[90]

1918年4月6日

致捷尔任斯基同志

责成您立即逮捕(并立即搜查和收回所有文件)被指控犯有渎职罪的黑海舰队中央委员会和塔夫利达中央执行委员会的代表**斯皮罗**。

人民委员会主席
弗·乌里扬诺夫(列宁)

译自《列宁文集》俄文版第37卷第75页

137

给伊·埃·古科夫斯基的电报

(4月7日)

政务电报。急电

彼得格勒
国家银行　古科夫斯基或
斯蓬德转古科夫斯基

您迟迟不来,我非常生气。金融业务、银行政策缺陷异常严重。您将承担责任。

我要求您尽快赶来,立即整顿金融和银行。

列　宁

载于1933年《列宁文集》俄文版　　　　　译自《列宁全集》俄文第5版
第21卷　　　　　　　　　　　　　　　　第50卷第57页

138

致雅·米·斯维尔德洛夫和
谢·帕·谢列达

1918年4月8日

致斯维尔德洛夫同志和
谢列达同志

　　来人哈尔洛夫同志曾在普斯科夫省农民苏维埃工作过11个月,是有五年实践经验的农学家。1905年加入布尔什维克党(1917年3月在彼得格勒瓦西里耶夫岛登记)。请同他谈谈农业人民委员部的工作和他参加该部工作的可能性。

列　宁

载于1959年《列宁文集》俄文版　　　　　译自《列宁全集》俄文第5版
第36卷　　　　　　　　　　　　　　　　第50卷第57—58页

139

致德·彼·博哥列波夫和
亚·德·瞿鲁巴

1918年4月10日

致博哥列波夫同志

（副财政人民委员）

瞿鲁巴同志

（或布留哈诺夫同志）

来人是**普斯科夫**省苏维埃代表,他们至今未能得到**粮食方面的**和财政方面的援助,而这些援助是他们迫切和绝对需要的。普斯科夫省情况十分危急(特别是由于德国人进攻,**该省近九分之一**被占领)。恳请你们考虑采取哪些紧急措施援助他们,并请给我来电话商谈此事。

列 宁

载于1959年《列宁文集》俄文版第36卷

译自《列宁全集》俄文第5版第50卷第58页

140

致格·瓦·契切林

1918 年 4 月 10 日

致契切林同志

来人博格罗娃同志 1905 年是工人代表苏维埃委员,我很了解她。她急需尽快去瑞士动手术(病情极严重,当地外科医生治不了)。可否安排她为驻瑞士大使馆成员? 请予考虑并打电话给我或者面谈。

列 宁

译自《列宁文集》俄文版第 37 卷
第 75 页

141

致 Т. И. 波波夫

1918 年 4 月 10 日

致 Т. И. 波波夫同志

来人博格罗娃同志 1905 年是工人代表苏维埃委员,我了解她。由于病情极严重,要在瑞士动手术,必须尽快前往。她的钱存

放在保险库里。可否尽快审查她的提款申请？有无审查这类申请
的规定手续？

　　请打电话答复我。

列　宁

译自《列宁文集》俄文版第 37 卷
第 76 页

142

致格·瓦·契切林

1918 年 4 月 10 日

契切林同志：

　　里夫林娜同志(为她自己和波克罗夫斯卡娅同志请求)很想快
点去瑞士。想同外交使团一起去。请考虑如何办到这一点，可否
从德国取得过境权，即使是给妇女的(去瑞士的)也好。

列　宁

译自《列宁文集》俄文版第 37 卷
第 76 页

143

给拉脱维亚步兵的批示[91]

(不早于 4 月 13 日)

请拉脱维亚同志们采取一切措施纪律严明地做好警卫工作。

列　宁

译自《列宁文集》俄文版第 37 卷
第 76 页

144

☆致司法人民委员部

(4 月 15 日)

请司法人民委员部部务委员(最好是**全体**)到我这里来(日期和时间另行商定),座谈在下列几方面做了哪些工作:

(1)出版《法令汇编》,

(2)编纂法典,

(3)更迅速更无情地审判资产阶级和贪污犯等,

(4)向居民,向工人和贫苦农民宣传法律,

　　(a)通过印刷品,

（b）通过讲演（或举办训练班等等），

（5）吸收贫民参加审判工作（做陪审员）和侦查工作，

（6）使用施雷德尔等人的力量。

人民委员会主席

弗·乌里扬诺夫（列宁）

载于 1933 年《列宁文集》俄文版
第 21 卷

译自《列宁全集》俄文第 5 版
第 50 卷第 58—59 页

145

致谢·帕·谢列达

（4 月 16 日）

（1）您去过梁赞了吗?[92]

（2）柯列加耶夫及其同伙的情况怎样?[93]

（3）种子的情况怎样?[94]

载于 1933 年《列宁文集》俄文版
第 21 卷

译自《列宁全集》俄文第 5 版
第 50 卷第 60 页

146

致德·彼·博哥列波夫和
伊·埃·古科夫斯基

1918 年 4 月 16 日

致博哥列波夫和古科夫斯基同志

送上股票法草案。**务必赶快**

(1)讨论,

(2)提出**你们的**修改意见,

(3)**立即**召集你们所熟悉的专家参加讨论(请他们提意见——最好是书面的);可以**约请教授们**提意见,

(4)上述几点务必于**明天以前**完成,因为明天(4 月 17 日)我们要在人民委员会**批准**这项法令。[95]

弗·乌里扬诺夫(列宁)

载于 1933 年《列宁文集》俄文版
第 21 卷

译自《列宁全集》俄文第 5 版
第 50 卷第 60 页

147

给下诺夫哥罗德苏维埃主席的电报

（4 月 17 日）

下诺夫哥罗德

苏维埃主席

据财政人民委员称,他和监察机关指定对国家银行的全面检查受到阻挠。请您为全面、彻底检查国家银行提供方便并对派去的检查人员给予协助。请回电报告您为检查人员完成其任务所提供的全部方便条件。

人民委员会主席　　**列宁**

载于 1933 年《列宁文集》俄文版
第 21 卷

译自《列宁全集》俄文第 5 版
第 50 卷第 60—61 页

148

致雷宾斯克各苏维埃组织和工人组织[96]

（4 月 20 日）

德连科夫同志所谈的他在雷宾斯克采取措施加强劳动纪律并

受到工人们支持的情况向我表明，雷宾斯克的同志们正在正确地着手解决当前最重要最紧迫的任务；请雷宾斯克市苏维埃政权和工人组织的代表们接受我的祝愿，希望更加积极地工作，在这方面取得最好的成绩。

人民委员会主席

弗拉基米尔·乌里扬诺夫（列宁）

载于1918年5月16日（29日）　　　　　译自《列宁全集》俄文第5版
《雷宾斯克工农兵代表苏维埃消　　　　　第50卷第59页
息报》第105号

149

给辛比尔斯克苏维埃主席的电报①

（4月20日）

辛比尔斯克

苏维埃主席

　　请来电告知楚瓦什女子师范学校校长和男子师范学校校长的选举情况和条件。我对督学伊万·雅柯夫列维奇·雅柯夫列夫的命运很关心。他50年来致力于楚瓦什民族的振兴，受过沙皇政府的多次迫害。我想，不应当使雅柯夫列夫脱离他一生所

---

　　① 列宁在电文上方批注："请将该电的收费单据交我本人。"——俄文版编者注

从事的事业。[97]

人民委员会主席　列宁

载于 1928 年 1 月 19 日《无产者之
路报》(乌里扬诺夫斯克)第 16 号

译自《列宁全集》俄文第 5 版
第 50 卷第 61 页

150

致小人民委员会[98]

1918 年 4 月 21 日

致小人民委员会

关于维·米·邦契-布鲁耶维奇告诉我的改组红十字会的工作,我恳切建议

(1)索取**书面**说明

　(a)向委员会全体成员索取

　　(法令第 1 章第 3 节),

　(b)向所有**应**派出代表的部门索取,

——说明的内容是:委员会何时开过会,会议记录在何处,等等。

对不执行法令的那些人(应当找到他们)不仅要严加斥责,**而且要送交法庭审判**。

列　宁

载于 1933 年《列宁文集》俄文版
第 21 卷

译自《列宁全集》俄文第 5 版
第 50 卷第 62 页

151

致格·瓦·契切林

1918年4月22日

契切林同志:

持信人德·吕贝尔萨克是法国军官。他将告诉您我们一些军队的军事状况和士气。他目睹了一切,并且作为一个专家对其目睹的一切能够进行透彻的分析。您同他谈谈是绝对必要的。①

您的 **列宁**

原文是法文

译自《列宁全集》俄文第5版第50卷第63页

152

☆致土耳其斯坦边疆区苏维埃塔什干代表大会、土耳其斯坦边疆区人民委员会、伊布拉吉莫夫和克列夫列耶夫[99]

(4月22日)

同志们,你们可以相信,人民委员会将支持你们边疆区根据苏维埃原则实行自治。我们欢迎你们的倡议,深信你们将在边疆区

---

① 见本版全集第35卷第54页。——编者注

各地建立苏维埃,并将同已经建立的苏维埃采取完全一致的行动。

请把你们已着手组织的苏维埃成立大会筹备委员会全体委员派来莫斯科,以便共同研究如何确定你们边疆区全权机关同人民委员会的关系问题。

祝贺你们的大会,希望你们能出色地完成历史赋予大会的任务。

列　宁[①]

1918 年 4 月 22 日于莫斯科

载于 1918 年 4 月 13 日(26 日)
《真理报》第 81 号和《全俄中央
执行委员会消息报》第 83 号

译自《列宁全集》俄文第 5 版
第 50 卷第 63—64 页

153

致格·瓦·契切林

(4 月 23 日以前)

致契切林同志

能否在米尔巴赫到来之前"准备好"对我国宪法的如下解释:**各国大使**应向中央执行委员会主席递交国书?

列　宁

译自《列宁全集》俄文第 5 版
第 50 卷第 64 页

---

① 　签署该电的还有约·维·斯大林。——编者注

154

给西伯利亚苏维埃
中央执行委员会的电报

1918 年 4 月 23 日

伊尔库茨克

西伯利亚苏维埃中央执行委员会

现答复你们请求拨款的问题,特别是答复普罗科皮耶夫。我今天查问过。彼得格勒每周给西伯利亚 15 000 万,最近一周是 18 000 万,其中给车里雅宾斯克 1 500 万,托木斯克 1 500 万,鄂木斯克 4 000 万,伊尔库茨克 5 500 万,巴尔瑙尔 1 500 万。

除上述份额以外,伊尔库茨克还得到过 20 000 万,托木斯克得到过 22 000 万。

请仔细考虑,此外还需要多少;请检查并准确地用到目标上。[100]

人民委员会主席   **列宁**

载于 1933 年《列宁文集》俄文版
第 21 卷

译自《列宁全集》俄文第 5 版
第 50 卷第 64—65 页

155

致阿·伊·李可夫

（4 月 23 日）

　　请您大力促进最高国民经济委员会对以新纸币代替旧纸币问题的讨论。古科夫斯基固执己见,但我认为此事应予促进。[101]

　　您的意见如何?

载于 1959 年《列宁文集》俄文版
第 36 卷

译自《列宁全集》俄文第 5 版
第 50 卷第 65 页

156

同伊·埃·古科夫斯基互递的便条

（4 月 23 日和 5 月之间）

致古科夫斯基

（1）你们今天开过中央执行委员会
　　财政委员会会议吗?

（2）表决结果怎样?

　　(a)总的情况

　　(b)罗泽的提纲?[102]

　　(c)泽米特的提纲?

开过,参加者有:罗泽同志、泽米特同志和特鲁托夫斯基同志。

多数同意我的

未表决

同上

（3）有人要泽米特到国民教育人民
委员部工作。

是否应该**更固定地**安排他
在财政人民委员部工作？
　　　　　　　　　　　　　　他现在在我们这里工作。

我认为应该。（财政人民委员部人
手少，实在太少，应当**加强**；不然，您
以后就无权抱怨人手不够。）
　　　　　　　　　　　　　　我刚好同斯维尔德洛夫同
志谈过这件事，并很想同您
谈谈。

译自《列宁文集》俄文版第 37 卷
第 77 页

157

致美国国际主义者社会党人[103]

（4 月 24 日前后）

我通过美国阿伯特·里·威廉斯同志向美国国际主义者社会
党人致敬。我坚信，社会革命终将在所有的文明国家中获胜。当
这种革命在美国爆发时，它将远远超过俄国革命。

原文是英文

载于 1925 年《星火》杂志第 4 期
（总第 95 期）

译自《列宁全集》俄文第 5 版
第 50 卷第 86 页

158

致全俄中央执行委员会主席团

1918 年 4 月 24 日

致中央执行委员会主席团

人民委员会办公厅提请你们注意以下情况:你们的收发室在转递寄给人民委员会的信件和公文时工作非常马虎。

信件被拆开,收件后要过三四天才送到,信件往往弄得很不像样。

办公厅认为这种情况很不合适,请求下令即刻和直接转递所有寄给人民委员会的信件,不得拆封。

人民委员会主席

弗·乌里扬诺夫(列宁)[1]

译自《列宁文集》俄文版第 40 卷第 54—55 页

---

[1]　此件下方还打有如下字句:"**备考:类似的请求办公厅已送过两次。**"——俄文版编者注

159

致瓦·米·阿尔特法特

1918 年 4 月 25 日

致阿尔特法特同志

来人绍特曼同志是一位入党多年的同志。我个人对他很了解,绝对可靠。

列　宁

此信可作为绍特曼同志的**通行证**使用。

列　宁

载于 1933 年《列宁文集》俄文版
第 21 卷

译自《列宁全集》俄文第 5 版
第 50 卷第 65 页

160

致人民委员会报刊局

1918 年 4 月 27 日

致报刊局

阿克雪里罗得同志:

务请帮助来人龚贝格同志收集有关我国革命的一切材料(出

版物)。此事有重大的**社会**意义,因为向美国和全世界报道都要依靠这些材料。

　　敬礼!

列　宁

载于 1959 年《列宁文集》俄文版
第 36 卷

译自《列宁全集》俄文第 5 版
第 50 卷第 66 页

161

给尼·巴·阿维洛夫的直达电报[104]

(4 月 28 日)

　　一名乌克兰代表带来一份通知,把同乌克兰进行和谈的地点定在库尔斯克。

　　斯大林、拉柯夫斯基、曼努伊尔斯基。[105]

译自《列宁文集》俄文版第 38 卷
第 203 页

162

给赴库尔斯克的
和谈代表团的直达电报

(4 月 29 日)

　　我现在就吩咐发无线电报去,请卡拉汉查问一下,乌克兰信使是何时出发的。

此外,建议你们派一名(最好是几名)军使到库尔斯克附近乌克兰战线的几个地方去通知代表团到达的消息并提议暂时停止军事行动。[106]

载于1931年《列宁文集》俄文版
第18卷

译自《列宁全集》俄文第5版
第50卷第66页

163

给弗·亚·安东诺夫-奥弗申柯的电报[107]

(4月29日)

顿河畔罗斯托夫

特派员**奥尔忠尼启则**转安东诺夫

务请不要干涉派遣军使一事,要全力协助尽速停止军事行动。由斯大林、拉柯夫斯基和曼努伊尔斯基组成的我方和谈代表团已到达库尔斯克。

人民委员会主席   **列宁**

载于1928年在莫斯科—列宁格勒
出版的弗·亚·安东诺夫-奥弗申
柯《国内战争见闻录》第2卷

译自《列宁全集》俄文第5版
第50卷第67页

164

给斯·格·邵武勉的电报[108]

（4 月 29 日）

巴库

苏维埃

邵武勉

　　您托博伊措夫捎来的 4 月 13 日的信今日收到。请用直达电报通过阿斯特拉罕或通过库什卡和塔什干答复：我的这份电报是否已收到；科博泽夫是否已到达；您那里现在形势如何。

列　宁

载于 1957 年在巴库出版的《为争取阿塞拜疆社会主义革命胜利而斗争的布尔什维克》一书

译自《列宁全集》俄文第 5 版第 50 卷第 67 页

165

致雷蒙德·罗宾斯[109]

1918 年 4 月 30 日

亲爱的罗宾斯先生：

　　非常感谢您的来信。我相信，新的民主制度即无产阶级的民主制度必将在所有国家建立，必将摧毁新旧两大陆上的一切障碍以及帝国主义资本主义制度。

致衷心的敬意和谢意！

忠实于您的　列宁

原文是英文

用俄文载于 1957 年《苏联对外政策文件汇编》第 1 卷

译自《列宁全集》俄文第 5 版第 50 卷第 68 页

166

致农业人民委员部、
内务人民委员部、陆军人民委员部及
雅·米·斯维尔德洛夫[110]

1918 年 4 月 30 日

致农业人民委员部

内务人民委员部

陆军人民委员部

（和斯维尔德洛夫同志）

来人是谢尔加奇苏维埃的罗季昂诺夫同志。务请仔细听他谈谈。

列　宁

斯维尔德洛夫同志:请准许该同志到中央执行委员会听报告。

列　宁

载于 1918 年 5 月 4 日(17 日)　　译自《列宁文集》俄文版第 40 卷
《农民思想报》第 5—6 号合刊　　　第 55 页

167

致亚·德·瞿鲁巴

(不早于 4 月)

致**瞿鲁巴**同志

莫斯科**省**苏维埃的萨普龙诺夫描述了莫斯科省非常危急的粮食状况,坚决主张必须增加发运量。哪怕定出最低的赈济标准也好。加强对农民的赈济,否则**他们会把种子吃光,无法耕种**。

能够做些什么? 已经做了什么?

列　宁

载于 1959 年《列宁文集》俄文版　　译自《列宁全集》俄文第 5 版
第 36 卷　　　　　　　　　　　　第 50 卷第 68 页

168

给乌拉尔区域国有化企业管理局
弗·尼·安德龙尼科夫的电报

（5 月 2 日）

叶卡捷琳堡

区域管理局

安德龙尼科夫

关于博戈斯洛夫斯克矿区取消国有化的流言纯系胡说。[111]

列　宁

载于 1927 年在斯维尔德洛夫斯克
出版的《战争和革命年代的乌拉尔
工人阶级》第 3 卷

译自《列宁全集》俄文第 5 版
第 50 卷第 69 页

169

同约·维·斯大林的来往直达电报[112]

（5 月 2 日）

我是斯大林

　　乌克兰发生了严重事件。4 月 28 日，正当拉达开会时，一个德军中尉带领一些德国部队,奉艾希霍恩的命令占领了拉达所在地,打断了会议,逮捕了一部分部长,而格鲁舍夫斯基则被软禁在家里。其理由是:艾希霍恩关于禁止举行会议和集会以及对人民部长会议实行监督的命令,在会上引起了激烈的辩论。此外,乌克兰几个团被解除武装成了辩论和抗议的内容,抗议者要求德国政府召回德国将军。第二天,虽然有几个被捕的部长已经获释,拉达没有开会。可是,自称是庄稼人的地主们却自由自在地召开了代表大会,他们向社会党人和拉达宣战,把代表中的民主派驱逐出代表大会,这些人当天即被德国人逮捕。这些都是完全准确并已核实的消息,这些消息来自《基辅思想报》[113]。有一些暂未核实的消息说,成立了一个新的资产阶级地主政权,叫做盖特曼政权。顺便提一下,由此可以推断,和谈会议暂时还没有可能召开,尽管总有一天是能够召开的。另一个同样重要的事件是,德国人占领了费奥多西亚,而把乌克兰的军队从辛菲罗波尔撤到了彼列科普以北地区。这就是说,德国人想控制克里木,以便在刻赤海峡架设桥梁,经黑海铁路和外高加索铁路,经卡尔斯等地进入波斯和美索不达米亚,这正是当初帝国主义分子罗尔巴赫[114]梦寐以求而不敢明言的计划。这就是第二个原因,它和第一个原因一样,表明拟议中的和谈会议将要推迟。我们的军使正在去沃罗日巴的路上,也许已经到达了。我时刻都在等待他的消息。根据这些消息,可能明天我要去莫斯科。

您是否收到了乌克兰和谈代表团从沃罗日巴所发的关于代表团确定涅任为谈判地点的电报? 我方是否作了什么答复? **列宁**

斯大林:契切林已把答复电告我们,他对乌克兰人的答复是邀请他们来库尔斯克,是这样说的:"我方代表团在库尔斯克等待你们。"我们自己没有直接收到电报,可能是由于库尔斯克报务站的工作太糟了。我们把邀请乌克兰人来库尔斯克谈判的答复派军使送去了。根据乌克兰信使的要求,在库尔斯克架设了电线,会见的准备工作均已就绪。我们在答复中回避了去涅任的问题,同时,我们私下说说,我们当然不会因为涅任而使问题复杂化的。刚刚得到消息说,斯科罗帕茨基将军被任命为乌克兰的盖特曼,但这一消息尚未核实。顺便问一下,您是否认为乌克兰新政权为了恢复秩序和安宁,在德国严守中立的情况下,也会一有机会就向我们宣战呢?

列宁:你们不会因为涅任而使问题复杂化,这点我也不怀疑。但我的意见是,这个意思本应在你们给乌克兰人的答复中表达出来。请再拟一份电报,询问一下德国政府和新的盖特曼政权。请通过直达线路把这份电报发给我们,我们再通过直达线路把它发往柏林。另外,若能再次给所有边界部队发布关于正式建议暂停军事行动的命令,而后再同罗斯托夫商谈加强罗斯托夫和刻赤海峡的防守问题,那将是有益的。总之,我认为,在你们缺少同乌克兰政府联络工具的情况下,你们应该每天两次通过莫斯科与柏林通话,以很有礼貌的方式暗示:艾希霍恩比乌克兰政府更有分量。**列宁**

我们两人[115]都认为,柏林要的不是和谈代表团的电报,而是外交人民委员部的电报。此外,我们认为,向各战线发布命令的不应是我们,而应是最高军事委员会。我们这方面已经做了所能做到的一切,并实际上创造了在库尔斯克战线和布良斯克战线停战的气氛。同罗斯托夫没有通讯联系。我们打算派一个人送有关指示去罗斯托夫。您是否收到了由卡拉汉带去的关于我们昨天同安东诺夫谈话的电报纸带?

没有,没收到。我争取马上找到契切林和托洛茨基,同他们谈一谈,我想今天,大约三小时后再给您去电。暂时谈到这里。**列宁**

斯大林:再等一下。请找到卡拉汉,并把他应该交给您的电报纸带要到手。电报纸带内容是:安东诺夫请求坚决命令苏维埃,特别是沃罗涅日苏维埃派出打着白旗的边防巡逻队,去解除一切越界部队的武装。如果能做到这一点,安东诺夫就将着手正式解除自己最高总司令的权力,并承认同乌克兰的战争已经结束。我认为,这会大大加速和平事业。拉柯夫斯基和我曾请卡拉汉向有关部门转达安东诺夫的这个要求,并请求予以满足。电报纸带的内容就是这样。**斯大林**

列宁:好的。我马上查问。**列宁**

斯大林:握手! 等待答复。再见!

170

致俄共(布)中央[116]

(5月3日)

(1)斯皮里多诺娃同志和卡列林同志的建议是要布尔什维克把农业人民委员部完全交给左派社会革命党人去实际掌管,布尔什维克只保留派政治代表的权利。

(2)该建议的理由是,在斯皮里多诺娃同志和卡列林同志看来,农业人民委员部正在分崩离析,左派社会革命党人愈来愈无法工作了,他们将不得不全部退出,因为据说他们受到"排挤",等等。

(3)会议(列宁同农业人民委员部部务委员会中的布尔什维克举行的)把社会革命党人提出的问题提请党中央委员会解决。会议认为,社会革命党人的理由是没有根据的,他们的建议不能接受。[①]

载于1933年《列宁文集》俄文版
第21卷

译自《列宁全集》俄文第5版
第50卷第69—70页

---

① 签署该文献的是弗·尼·美舍利亚科夫、谢·帕·谢列达和 H. M. 彼得罗夫斯基。——俄文版编者注

171

给帕·费·维诺格拉多夫的电报

(5月3日)

阿尔汉格尔斯克
省执行委员会   维诺格拉多夫

人民委员瞿鲁巴给我看了您4月21日给他的1192号电报。您在电报中说中央苏维埃政权的命令是荒谬的。

为此,我正式向您提出警告,并宣布:您若不收回这一不可容忍的说法,我将提议把您送交法庭审判,因为如果我们要认真教育工农遵守纪律,我们就应从自身做起。

人民委员会主席   **列宁**

载于1942年《列宁文集》俄文版
第34卷

译自《列宁全集》俄文第5版
第50卷第62—63页

172

致德·伊·库尔斯基

(5月4日)

必须雷厉风行**地立即**提出一项法令草案,规定对行贿受贿者

（受贿、行贿、为行贿受贿拉线搭桥或有**诸如此类**行为者）应判处**不少于**10年的徒刑，外加强迫劳动10年。[117]

载于1928年11月7日《红色日报》第260号

译自《列宁全集》俄文第5版第50卷第70页

173

给赴库尔斯克的
和谈代表团的电报的草稿

（5月6日）

乌克兰发生政变。[118]

资产阶级地主政权全面复辟。

顿河畔罗斯托夫被德国人占领。[119]

英国人以英军和日军进攻相威胁。

德国人要求由芬兰人占领伊诺炮台[120]，并要求占领摩尔曼斯克铁路，以对抗英国人。

我们正在举行党中央委员会紧急会议，讨论所有这些问题。[121]

你们的政策是竭尽全力加速签订停战协定和和约，诚然，要以新的兼并为代价。

载于1929年《列宁文集》俄文版第11卷

译自《列宁全集》俄文第5版第50卷第70—71页

174

致亚·德·瞿鲁巴[122]

（5月8日）

当时就应该写一份关于抗拒检查的情况报告并向我提出把抗拒者**送交法庭审判**的建议。

载于1931年《列宁文集》俄文版
第18卷

译自《列宁全集》俄文第5版
第50卷第71页

175

致格·瓦·契切林

（5月8日）

致契切林

我们是否仍然要**立即**派代表团到基辅去？

我看，**要派**。等待德国人的正式保证是不明智的，因为实际上他们的声明就是保证，而耽误时间**对我们有害**，对德国人有利。[123]

载于1931年《列宁文集》俄文版
第18卷

译自《列宁全集》俄文第5版
第50卷第71页

176

给西伯利亚苏维埃
中央执行委员会的电报

(5月8日)

伊尔库茨克

西伯利亚苏维埃中央执行委员会

抄送:普罗科皮耶夫

普罗科皮耶夫等人不断给拉林发来急电要钱。

我声明,我4月23日发的列有准确数字的电报①,至今未得到答复。我声明,对于干什么花了好几亿,为什么定额之外还需要钱以及需要多少的问题不作回答,这种工作态度是不能容许的。

人民委员会主席　列宁

载于1933年《列宁文集》俄文版第21卷　　　　译自《列宁全集》俄文第5版第50卷第72页

---

①　见本卷第154号文献。——编者注

177

给人民委员会办公厅的指示

1918 年 5 月 9 日于莫斯科

今天,1918 年 5 月 9 日,秘书处给我送来了西伯利亚 1918 年 4 月 25 日发出的电报。[124]

这份电报昨天我才看到。

然而这份电报**极其重要**,是对我 1918 年 4 月 23 日**电报的答复**。

因此,我宣布给予人民委员会办公厅秘书以上的**全体**工作人员

警告处分

并且预先声明:**下一次**将更严厉地追究责任。

全体秘书(和秘书以上人员)应具结承认已知悉这一警告处分。

人民委员会主席

译自《列宁文集》俄文版第 39 卷
第 188—189 页

178

致亚·德·瞿鲁巴[125]

(5月10日)

致粮食人民委员**瞿鲁巴**同志

来人安德列·瓦西里耶维奇·**伊万诺夫**是普梯洛夫工厂的工人(施略普尼柯夫认识他,他有沙皇时期以来的旧的**党内**证件)。

我向他讲了昨天通过的法令和有关劳动人民委员部紧急动员工人的决定。我把我的意见告诉了他:

如果**优秀的**彼得格勒工人不建立一支**经过挑选的**、可靠的2万人的工人大军,纪律严明、毫不留情地对农村资产阶级和受贿者发动**军事**进攻的话,饥荒和革命毁灭就将是不可避免的。

请您向来人重申这一点,并给他一份简短的声明,说您将给予符合这种条件的工人队伍以最充分的全权。

务请给他写一份这样的声明,以便他**在彼得格勒宣读**,并请将此信退给来人。

人民委员会主席

载于1931年《列宁文集》俄文版
第18卷

译自《列宁全集》俄文第5版
第50卷第72—73页

179

给格·叶·季诺维也夫的电报

（5月11日）

彼得格勒   季诺维也夫

我们正在尽力而为。[126]我刚收到乌法来电:"明天开始紧急装载。用直达列车发往莫斯科和莫斯科省两万普特面粉、黑麦,发往彼得格勒和彼得格勒省同等数量。总共四万普特。主席埃利钦"。

列 宁

译自《列宁文集》俄文版第37卷
第81页

180

致帕·彼·马林诺夫斯基

（不晚于5月13日）

为什么无视人民委员会的决定[127],不考虑失业情况(也不考虑"五一"),

莫斯科仍未开始

(1)**妥善**封盖沙皇纪念碑,

（2）拆除沙皇双头鹰国徽，

（3）在**所有**公共建筑物上书写**几百条**标语（革命的和社会主义的），

（4）安放一批伟大革命家的**半身雕像**（哪怕是临时性的）？

载于 1963 年 4 月 20 日《苏维埃文化报》第 49 号　　　　译自《列宁全集》俄文第 5 版第 50 卷第 68—69 页

181

给阿·瓦·卢那察尔斯基的电报

1918 年 5 月 13 日

彼得格勒　斯莫尔尼

教育人民委员卢那察尔斯基

您和马林诺夫斯基在为彼得格勒和莫斯科公共建筑物准备合适的语录和标语一事上按兵不动，使我感到诧异和气愤。①

尼古拉·罗森费尔德请求把在一些公共建筑物上书写语录和标语的任务交给他。请提出您的意见。

列　宁

载于 1933 年《列宁文集》俄文版第 21 卷　　　　译自《列宁全集》俄文第 5 版第 50 卷第 73 页

---

① 见上一号文献。——编者注

182

致阿·伊·李可夫

（不晚于 5 月 14 日）

致李可夫

第一,是否有清点资料:

　　(1)所有这些货物在何处(**地址**)

　　(2)**究竟在谁**手里(姓名和地址)。

第二,何处(何人、何时?)下令保护这些货物的?

　　谁负责保护?

第三,**谁负责合理**(按份、**定量**、**凭卡**)分配这些货物?

第四,为把这些货物中的一部分及没收来的全部食品**免费发给**贫

　　民都做了**哪些工作**(**谁做的**)?**128**

载于 1959 年《列宁文集》俄文版　　　　译自《列宁全集》俄文第 5 版
第 36 卷　　　　　　　　　　　　　　第 50 卷第 44—45 页

183

致斯·格·邵武勉

（5 月 14 日）

亲爱的邵武勉同志:

　　多谢您的来信。您采取坚定而果断的政策,我们感到非常高

兴。要把这种政策同无疑为当前极端困难的形势所要求的十分审慎的外交活动结合起来，这样我们才会取得胜利。

困难重重。**目前只有帝国主义者之间的矛盾、冲突和斗争才**能解救我们。要善于利用这些冲突，**现在**就要学会搞外交。[129]

致最崇高的敬礼和良好的祝愿，并向所有的朋友问好！

您的　**列宁**

发往巴库

载于 1918 年 9 月 8 日《里海区舰队中央委员会专政和临时执行委员会主席团公报》第 33 期

译自《列宁全集》俄文第 5 版第 50 卷第 73—74 页

184

致美·亨·勃朗斯基

（5 月 14 日）

勃朗斯基同志：

总之，我们已**明确**约定：

(1)明天与德国人会谈时，**您第一个**发言（在您之前俄国人**谁**也不发言）[130]；

(2)您先读提纲（然后发言，或作报告，或作说明）；

(3)**明天会前**（即上午，**2 时以前**，我晚点走）把提纲给我看看。

此点极为重要。这是中央委员会和人民委员会的指示。必须照办!

列　宁

载于 1933 年《列宁文集》俄文版
第 21 卷

译自《列宁全集》俄文第 5 版
第 50 卷第 74 页

185

致雷蒙德·罗宾斯

1918 年 5 月 14 日

致罗宾斯上校

亲爱的罗宾斯先生:

随信附上发展我国与美国的经济关系的初步计划。[131]这项初步计划是经过我国最高国民经济委员会对外贸易委员会仔细研究的。

我希望这项初步计划对您同美国外交部和美国出口事务专家的会谈能有所裨益。

请接受我深切的谢意!

您的真诚的　列宁

原文是英文

载于 1920 年在纽约出版的《俄美关
系。1917 年 3 月—1920 年 3 月。
文献与文件》一书

译自《列宁全集》俄文第 5 版
第 50 卷第 74—75 页

186

☆致最高军事委员会

1918 年 5 月 16 日

致最高军事委员会主席

兹命令最高军事委员会通过前线有关军事当局派出军使,以便在东南(顿河)战线签订停战协定和划定分界线。为了向军事当局下达相应指示,特通知您,以总参谋部布良斯克部队军事领导人瑟京为首的我方军使此时正在哈尔科夫,他奉命争取在沃罗涅日战线和东南战线实现全面停战。已责成他特别是在东南(顿河)战线要争取尽快实现停战,在万不得已的情况下,可以同意以目前兵力部署的位置作为基础。

已指示瑟京争取通过德国统帅部,与我东南方面军司令部直接联系,以便协调行动。

为了同样目的,最高军事委员会必须运用它所能采取的一切手段同瑟京以及我东南方面军司令部保持不间断的联系。

人民委员会主席

弗·乌里扬诺夫(列宁)

载于 1931 年《列宁文集》俄文版
第 18 卷

译自《列宁全集》俄文第 5 版
第 50 卷第 75—76 页

187

致格·瓦·契切林[132]

(5月16日)

致契切林

我看布列斯特条约不能禁止我们同海上叛匪(武装商船队)作斗争,应该**找出一种方式**使我们的海军能给叛匪以武力回击。

列　宁

载于1959年《列宁文集》俄文版第36卷

译自《列宁全集》俄文第5版第50卷第76页

188

致阿·伊·李可夫

(5月17日)

致李可夫

您到哪里去了,怎么不见了?

(1)和**信用合作社**谈了吗?

结果呢?

(2)更换货币一事和其他人商谈了吗？

(3)格里戈里耶夫的方案(关于建立水运专家局的)在我这儿。我看应该立即批准。

(4)他还恳切请求：派个**政治委员**！(去水运总管理局¹³³)是否委派施略普尼柯夫？

载于 1933 年《列宁文集》俄文版
第 21 卷

译自《列宁全集》俄文第 5 版
第 50 卷第 76—77 页

189

给陆军人民委员的命令

1918 年 5 月 17 日

极重要

绝密

致陆军人民委员

我授予人民(国家)银行莫斯科办事处政治委员兼主任 Т. И. 波波夫同志全权负责把共和国贵重物品在必要时疏散到特别可靠的地点，他应直接从我处或从财政人民委员古科夫斯基同志处接受一切为此所必需的指示。

请您也全力协助波波夫同志完成交给他办的事务，派出必要的、绝对可靠和负责的警卫部队归他指挥，沿铁路、水路和兽力车运输线护送贵重物品。警卫部队中要有足够的、可靠而有经验的指挥人员,您应授予他们发布各种命令的特别全权,发布命令的范围和性质由您和波波夫同志商定。

人民委员会主席

弗·乌里扬诺夫(列宁)

译自《列宁文集》俄文版第 40 卷
第 56 页

190

同亚·德·瞿鲁巴互递的便条

(5 月 20 日)

致亚·德·瞿鲁巴

(1)您的草案(建立供给委员部)通知各主管部门了吗?

(2)今天请您就明天提出这项草案的程序问题发言。

(3)您的草案里官僚主义的手续是否太烦了? 法令中可否增加一项规定,产粮省份每个供给委员部都应有 20—50 名工人(经过严格审查推荐的)参加?[134]

亚·德·瞿鲁巴的答复

(1)草案已和各区域工作人员讨论过了,有关建立供给人民委员部(中央的)那部分,李可夫和最高国民经济委员会都已表示赞同。

(2)我将就程序问题发言。

（3）草案规定在苏维埃系统内建立供给委员部；供给委员部机构不应庞大。产粮省份每个供给委员部都应有 20—50 名工人参加的规定可以加进去，但这些工人应作为分到各乡去的骨干参加办事机构。

把这么多工作人员列入委员部编制会引起地方反对的。

致亚·德·瞿鲁巴

当然，不是**列入**委员部**编制**，而是作为骨干的

（1）鼓动员，

（2）检查员，

（3）办事员。

载于1931年《列宁文集》俄文版
第 18 卷

译自《列宁全集》俄文第 5 版
第 50 卷第 77 页

191

致亚·德·瞿鲁巴

（5 月 20 日）

应当起草粮食人民委员部通告（也许作为人民委员会法令更好些），详细说明：

——应该允许粮食人民委员部驻地方粮食委员会代表同省粮
食委员会**共同工作**，并**由省粮食委员会领导**；

——不允许这些代表自成系统，各行其是；

——否则常会给投机商造成可乘之机；

——尤其希望这些代表在省粮食委员会鼓动队领导下协助和参加反对富农和投机商的鼓动工作,等等。

这些都应写得非常详细,**非常通俗,并刊印出来**。

载于 1931 年《列宁文集》俄文版
第 18 卷

译自《列宁全集》俄文第 5 版
第 50 卷第 78 页

192

致弗·德·邦契-布鲁耶维奇

1918 年 5 月 23 日

人民委员会办公厅主任

弗拉基米尔·德米特里耶维奇·邦契-布鲁耶维奇

鉴于您不执行我的坚决要求,不向我说明为什么从 1918 年 3 月 1 日起把我的薪金由每月 500 卢布提高到 800 卢布,鉴于您直接破坏人民委员会 1917 年 11 月 23 日的法令[135],在取得人民委员会秘书尼古拉·彼得罗维奇·哥尔布诺夫同意后擅自提高我的薪金这一公然违法行为,我宣布给您以严重警告处分。

人民委员会主席

弗·乌里扬诺夫(列宁)

载于 1933 年《列宁文集》俄文版
第 21 卷

译自《列宁全集》俄文第 5 版
第 50 卷第 78—79 页

193

给秘书的指示

（5 月 24 日）

请给瞿鲁巴（或者他的副手）打电话，向他宣读所附文件并告诉他，我**坚决主张**给这些工厂挨饿的工人运几车皮去。

列　宁

载于 1931 年《列宁文集》俄文版　　　　　　译自《列宁全集》俄文第 5 版
第 18 卷　　　　　　　　　　　　　　　第 50 卷第 79 页

194

致阿·阿·越飞和维·鲁·明仁斯基

致越飞和明仁斯基同志

1918 年 5 月 24 日

亲爱的同志们：你们那几封悲观失望和怒气冲冲的来信已收到（5 月 20 日的信于今日即 5 月 24 日收到）。你们对契切林的责难，有一部分落到了我的身上。譬如，是我坚决主张**通过**德国人发出租让企业的提纲的，目的是让他们看看，我们对建立切实的经济关系是多么认真。（提纲是在拉狄克和另外一些"左派愚蠢主义者"参加下共同制定的。）我们租让企业的这些条件，如果德国人接受了，对我们只有好处。

我完全赞同你们的政策，特别是越飞同志的信详细阐明的政策。

你们对契切林的不满我看是太过分了。但**无论如何我是同意帮助你们的**，请你们竭力采取**切实可行的**办法改进工作。为此，我**建议准确地**提出**具体**意见（把电报和信件中**最**实际的**部分**摘要抄寄给我，因为我实在没有时间全读）。这样的话，我答应督促照办并负责检查执行情况。

用什么办法把重心**更多地**移到柏林（我同意予以帮助），你们应该考虑一下，并为此提出**很策略的**（注意）、**具体而实际的**措施。我将采取各种**可能**措施并努力使之实现。

如果能为与芬兰、乌克兰和土耳其签订和约（这是关键）提供帮助，就应该随时尽力去做（当然，没有**任何**新的兼并和贡赋是办不到的）。为了**加速**签订这种和约，我愿付出**许多代价**。

你们也不要急躁。校正（和开创新的）外交——是一件困难的事情。勿仓促从事。

致崇高的敬礼！

你们的　列宁

附言：

5 月 28 日。没赶上信使。

契切林把越飞**以自己的名义**发给德国政府的照会文本转给了我；在这份照会里，越飞同意交出黑海舰队船只（即把这些船只从新罗西斯克调回塞瓦斯托波尔）[136]，条件**只是**同乌克兰签订和约。

然而我国政府在一项明确的照会里(用电报也通知了越飞)认为只有**在另外**一些条件下才能同意把船只调回塞瓦斯托波尔,即:(1)**在所有三条**战线上**媾和**,也就是和乌克兰、芬兰、**土耳其**都签订和约;(2)不兼并塞瓦斯托波尔。

越飞怎么能犯这样的错误呢?他怎么能这样"大削价"呢?如此重要的问题怎么能不经过商量就**以自己的名义**发照会呢?我不理解……

注意:请你们寄来《工人政治》杂志、斯图加特出版的《社会民主党人报》[137]以及**诸如此类的**各种刊物,**要全套的**,每种5—10份。

你们开始出版**合法的**德文刊物了吗?具体是什么?出版计划怎样?何时开始?

敬礼!

列　宁

发往柏林

载于1959年《列宁文集》俄文版第36卷

译自《列宁全集》俄文第5版第50卷第79—81页

195

在海军总参谋长报告上的批示

(5 月 24 日)

据最高军事权威人士证实,当前局势已无其他出路,命令立即毁掉舰只。

人民委员会主席

弗·乌里扬诺夫(列宁)

载于 1938 年《海军文集》杂志
第 6 期

译自《列宁全集》俄文第 5 版
第 50 卷第 81 页

196

致斯·格·邵武勉

1918 年 5 月 24 日于莫斯科

亲爱的邵武勉同志:

借此机会再给您写几句话。(不久前托人带信给您,收到了吗?[138])

巴库在国际上处境困难。因此建议您要争取同饶尔丹尼亚结成联盟。如果不成,应该相机行事并**拖延**作出决定,直到您在军事上得到巩固为止。清醒地估计形势和为了拖延而施展外交手腕——要记住这点。

请把无线电通讯安排好，并经过阿斯特拉罕给我来信。

致崇高的敬礼！

您的　**列宁**

载于1918年9月8日《里海区舰队
中央委员会专政和临时执行委员会
主席团公报》第33期

译自《列宁全集》俄文第5版
第50卷第82页

197

致列·达·托洛茨基

1918年5月24日

致托洛茨基同志

来人捷尔-加布里耶良同志将率领一作战分队，携带现款等去巴库。[139]请优先接待，并请利用该分队前去的机会采取**紧急措施**给巴库方面以军事援助。[140]

列　宁

译自《列宁文集》俄文版第37卷
第83页

198

致外交人民委员部

(不早于 5 月 25 日)

我认为，你们应该**立即**为明天的报纸提供**令人大为震惊**的消息：英国人＋法国人＋捷克斯洛伐克人＋白卫分子**同日本人**结成联盟。日本人的威胁，等等。[141]

译自《列宁文集》俄文版第 37 卷
第 85 页

199

致亚·加·施略普尼柯夫

(5 月 28 日)

致施略普尼柯夫

中央委员会决定把党的力量**最大限度地转移到**粮食工作上去。

这是因为我们如果在最近几个月内不能战胜饥荒，**显然**就会灭亡并断送**整个**革命。

需要**暂时**派您去做粮食工作（保留劳动人民委员的职务）。我相信您定能执行中央委员会的指示。

我认为,您应该去库班,协助把那里的粮食搞出来。

今天就应作出决定并立即同瞿鲁巴谈妥。

译自《列宁全集》俄文第5版
第50卷第82页

200

同亚·德·瞿鲁巴互递的便条

(5月28日)

　　弗·伊·:使用军队进行夺粮斗争的问题是如何决定的? 如已决定这样做,那么应用什么方式实现——×<u>是采用同陆军人民委员部协商的方式</u>,还是用颁布法令的方式。①

　　了解这些十分重要,因为今天库金斯基被捕了(显然是捷尔任斯基同志的委员会逮捕的);我们的工作有完全停顿的危险。

亚·瞿鲁巴

　　×　　就用这种方式。您**今天**就给托洛茨基打电话(从我的电话间打),让他明天**全力**行动起来。

　　我刚给施略普尼柯夫写了张便条②,叫他到库班去。**今天**他应同您谈妥。我建议**今天就**以人民委员会的名义任命他。

　　斯大林同意去北高加索。请派他去吧。他熟悉当地情况。同他一起,施略普尼柯夫也会感到好些。

亚·瞿·

---

① 着重线是列宁画的。——俄文版编者注
② 见上一号文献。——编者注

我完全同意。**今天您就提请任命他们两人。**

载于 1931 年《列宁文集》俄文版
第 18 卷

译自《列宁全集》俄文第 5 版
第 50 卷第 83 页

201

致《全俄中央执行委员会
消息报》编辑部

1918 年 5 月 30 日

致《中央执行委员会消息报》编辑部

来人是叶列茨苏维埃的几位代表。务请在报上发表他们同记者的谈话。该县在**经营水平高的庄园**整顿秩序、进行核算和管理方面以及在**镇压**资产阶级方面都是模范。

致同志的敬礼！

弗·乌里扬诺夫（列宁）

载于 1959 年《列宁文集》俄文版
第 36 卷

译自《列宁全集》俄文第 5 版
第 50 卷第 84 页

202

致阿·伊·李可夫

（5 月 31 日）

致李可夫

魏恩贝尔格打电话告诉我:在国民经济委员会代表大会上"左派"就企业管理问题说了许多蠢话,而且有通过一项缩小管理委员会主席权限的愚蠢决定的危险。

通过了什么决定? 该怎么办?[142]

载于 1933 年《列宁文集》俄文版
第 21 卷

译自《列宁全集》俄文第 5 版
第 50 卷第 84 页

203

给瓦·弗·库拉耶夫的直达电报[143]

（5 月 31 日）

1

在米雅斯尼科夫到达之前和全部工作交接完毕之前,您不能离开,而且也不允许离开。

　　您是几点钟获悉奔萨的最新消息的？奔萨的什么人告诉您的？那里有几千捷克人？他们什么时候到萨马拉去的？米雅斯尼科夫到达后，请让他跟我通话。有什么能保证关于国家有价证券印刷厂的消息是可靠的？

列　宁

2

　　顷接敏金来电，他请求派火车接他来汇报工作。

　　如果捷克人已离开，我坚决要求敏金到奔萨去接管和检查国家有价证券印刷厂。

列　宁

发往鲁扎耶夫卡

载于1931年《列宁文集》俄文版
第18卷

译自《列宁全集》俄文第5版
第50卷第84—85页

204

致格·叶·季诺维也夫

1918年5月31日

季诺维也夫同志：

　　来人是巴赫①同志，持有西伯利亚中央运输局②的委托书。他

---

①　笔误，应为"巴克"。——俄文版编者注
②　即西伯利亚苏维埃中央执行委员会交通运输局。——编者注

请求尽快给西伯利亚调拨并发运137辆汽车。汽车分局(彼得格勒的)(彼得格勒公社)已申请汽车总局把这些汽车从彼得格勒调走,因为留在该地无用。我们已决定把载重汽车**全部**移交粮食部门。[144]

敬礼!

您的　**列宁**

载于1931年《列宁文集》俄文版第18卷

译自《列宁全集》俄文第5版第50卷第85页

205

给维克萨工人的电报[145]

(5月31日)

喀山—莫斯科铁路　库列巴基
维克萨
韦杰尔尼科夫

我非常希望维克萨的工人同志们作为真正的革命者实现其出色的计划:发动一场用机枪去搞粮食的群众运动,这就是说,参加征粮队的要优秀可靠的人,不要掠夺者,行动要同瞿鲁巴完全保持一致,按照命令办事,为的是一个共同的事业——拯救所有挨饿的人,使他们不再挨饿,而不是仅仅为了自己。

列 宁

载于 1918 年 6 月 2 日《全俄中央执行委员会消息报》第 111 号(非全文)

全文载于 1931 年《列宁文集》俄文版第 18 卷

译自《列宁全集》俄文第 5 版第 50 卷第 86 页

206

致阿·伊·李可夫[146]

1918 年 5 月 31 日

李可夫同志:

　　来人叶戈罗夫和鲍罗廷同志请求对他们的事情从速处理;西伯利亚再也等不得了。特别重要的是应尽快授权给鲍罗廷。

　　敬礼!

您的　**列宁**

译自《列宁文集》俄文版第 38 卷第 206 页

207

给彼得格勒苏维埃的电话

（6月2日）

用电话通知彼得格勒斯莫尔尼[①]：

由于捷克斯洛伐克军切断西伯利亚铁路，由于运输受到严重威胁，由于运输中断，粮食工作面临巨大危险。

弗拉基米罗夫同志坚决要求彼得格勒立即派优秀的粮食工作人员前来莫斯科，我支持这一要求。这些工作人员协同优秀工人组成的强大工作队伍，一定能扭转局面。

事不宜迟。不要等待外援。要全力以赴地组织彼得格勒工人采取紧急措施。

列　宁

载于1931年《列宁文集》俄文版
第18卷

译自《列宁全集》俄文第5版
第50卷第87页

---

① 在电话稿上方列宁批示："如果给彼得格勒的电话不能立刻打通，那就发直达电报。"——俄文版编者注

208

致阿·阿·越飞

1918年6月2日

越飞同志：索柯里尼柯夫和布哈林就要去您那里，好像拉林也去。[147]我想顺便提醒您一下。我正在同"动身者"（拉林除外）一起开会。我听到有人发言反对"越飞把外交人民委员部搬到柏林去"。

您同契切林之间的摩擦有时被人利用（与其说是有意的，毋宁说是无意的）来加剧这种摩擦。

我相信，您定会留神不使这些摩擦加剧。我仔细研究了您的多次来信，坚信这些摩擦没什么了不起（到处都乱七八糟，到处都漫不经心——各委员部都是这样，治愈这种毛病是慢的）。有了耐心和毅力，摩擦是会消除的。契切林是个出色的工作人员，您的做法是在完全忠实地执行布列斯特条约，依我看，**已经**取得了成绩。因此，我们是容易消除摩擦的。

如果德国商人明白了靠战争从我们这里**什么**也得不到（因为我们会把**一切**都烧掉），而且通过经济往来得到了好处，那么您的政策将会继续取得成绩。我们可以给德国人提供些原料。如有重要情况，请把您的明确的要求抄寄给我。**尽快**使直达电报能通报。

布哈林是忠实的，但深深陷入了"左派愚蠢主义"。索柯里尼柯夫疯病又发了。拉林是个爱折腾的知识分子，头号马虎人。因此，同所有这些最可爱、最最出色的代表打交道要极其留神。索柯里尼柯夫是个极可贵的工作人员，但有时"好犯病"（现在正是这样），他会因奇谈怪论而"摔家什"。如果您不提防，他会摔掉您好多家什的。而布哈林则更甚。您要注意！

我希望，克拉辛和加涅茨基这两位办事认真的人能给您帮助，一切都将安排好。

感谢您随信寄来的"附件"。希望再寄些。致崇高的敬礼！

您的　列宁

附言：

注意：被德国俘虏的俄国布尔什维克（被俘的非军事人员）当中有一个原住布鲁塞尔的**波波夫**，他是在比利时被俘的。能不能把他找到并让他任职？

要托信使——不要通过邮局——设法把附件[148]送到瑞士去。又及。

发往柏林

载于1959年《列宁文集》俄文版
第36卷

译自《列宁全集》俄文第5版
第50卷第87—88页

209

致扬·安·别尔津或
格·李·什克洛夫斯基

1918年6月2日

致别尔津或什克洛夫斯基同志

亲爱的朋友们:你们至今毫无音信,使我感到诧异。

请把附信转给吉尔波。[149]

向普拉滕和哥尔特问好。最好他们能给我写几句。

等候你们的消息。

你们的　**列宁**

发往伯尔尼

载于1925年1月21日《真理报》
第17号

译自《列宁全集》俄文第5版
第50卷第89页

210

给瓦·卢·帕纽什金的电报

(6月3日)

图拉

省苏维埃

转帕纽什金

您毫无音信,使我感到诧异。请速报告,征集了多少粮食,发出了多少车皮,逮捕了多少投机商和富农。

人民委员会主席　**列宁**

载于1931年《列宁文集》俄文版
第18卷

译自《列宁全集》俄文第5版
第50卷第89页

211

在 Н. И. 索洛维约夫和
萨·米·捷尔-加布里耶良的
便条上的批示[150]

(6月5日)

不能作为专款,因为那里在**打仗**。

委托邵武勉负责经费开支，命令他把石油放在第一位。

载于1933年《列宁文集》俄文版
第21卷

译自《列宁全集》俄文第5版
第50卷第90页

212

同亚·德·瞿鲁巴的来往便条[151]

（6月7日）

致瞿鲁巴

鉴于敌人和"动摇分子"的疯狂煽动以及这种煽动对彼得格勒、莫斯科等地工人的影响，

您应发表一篇致工人的公开信之类的东西（并印成传单发给**各工厂**）：

说有人在吓唬你们——

动摇分子在散布惊慌情绪——

有人在议论"单独收购粮食"——

有人批评"中央机关"，那是在诿过于人——

等等。

而你们工人不要相信叫苦的人、散布惊慌情绪的人和指手划脚的人，

要动手去干：让**每个工厂**派一些可以信任的人来帮助我们，**要带保证书、担保**；我们将向他们说明，问题在什么地方，困难在什么

地方**，他们会帮助我们的**。

这些人你们安排得了吗？

亚·德·瞿鲁巴的答复

对，我们安排得了。您的建议我们照办。一小批工人已经在我们这里听了关于粮食工作的一些报告(类似讲座)，日内他们就要同我们的一名代表到坦波夫省和沃罗涅日省的一个地区去。我们已经吁请各苏维埃①、布尔什维克委员会和工会给我们派可靠的人来。

致瞿鲁巴

×这里是否要加进**工厂**委员会，至少是**大**厂的工厂委员会。这很重要。

载于1931年《列宁文集》俄文版　　　　　译自《列宁全集》俄文第5版
第18卷　　　　　　　　　　　　　　　　第50卷第90—91页

213

致亚·德·瞿鲁巴

1918年6月7日

致瞿鲁巴同志或他的副手

瞿鲁巴同志：兹派上沃洛乔克苏维埃的代表前来您处。

---

① 着重线是列宁画的。——俄文版编者注

那里饥荒严重。要采取一切措施火速给予援助,不管什么要立即给一些。

关于建立征粮队的问题和粮食工作的任务,我已同这些同志谈过了,但还需要您再向他们解释解释。

列　宁

载于1931年《列宁文集》俄文版
第18卷

译自《列宁全集》俄文第5版
第50卷第91—92页

214

致亚·彼·斯米尔诺夫

1918年6月7日

斯米尔诺夫同志:

来人[152]想了解苏维埃选举的问题。我对他们说,他们随时有罢免自己代表的权利。

请给他们讲讲您的经验并给予指示。

列　宁

载于1933年《列宁文集》俄文版
第21卷

译自《列宁全集》俄文第5版
第50卷第92页

215

给水运总管理局的电报

（6月8日）

急

河畔的下诺夫哥罗德

抄送：萨拉托夫、察里津

请你们立即无条件地执行人民委员会特派员、人民委员斯大林的一切命令和指示。

请转告斯大林：他的一切命令和指示都必须立刻抄送河畔的下诺夫哥罗德，伏尔加区域管理局。

本电内容立即通知各地区。

人民委员会主席　**列宁**

载于1931年《列宁文集》俄文版
第18卷

译自《列宁全集》俄文第5版
第50卷第92页

216

给约·维·斯大林的电报[153]

1918年6月8日

> 察里津
>
> 人民委员斯大林

两份来电均已收到。您要求发给水运总管理局的电报,我已发出。①

昨天拉柯夫斯基报告说,德国人在巴泰斯克以南推进了14俄里。施略普尼柯夫答应今天出发。

人民委员会主席　列宁

载于1931年《列宁文集》俄文版
第18卷

译自《列宁全集》俄文第5版
第50卷第93页

---

① 指上一号文献。——编者注

217

给约·维·斯大林和
亚·加·施略普尼柯夫的电报

(6 月 10 日)

察里津

人民委员斯大林和

施略普尼柯夫

斯大林的第三份急电和报告已收到。[154]我们正在采取一切措施。瞿鲁巴说,钱明天一定汇出,货物今天已下令装运。请发来直达列车,并要有三倍的警卫。暗中破坏分子和流氓逮捕后送来。

人民委员会主席　　**列宁**

载于 1931 年《列宁文集》俄文版
第 18 卷

译自《列宁全集》俄文第 5 版
第 50 卷第 93 页

218

给雅·米·斯维尔德洛夫的电话

(6 月 10 日)

已答应瞿鲁巴星期二见报。[155]请您同瞿鲁巴自行决定。我现在完全不相信左派社会革命党人。

列　宁

载于 1931 年《列宁文集》俄文版
第 18 卷　　　　　　　　　　　　　　　　译自《列宁全集》俄文第 5 版
第 50 卷第 94 页

219

致亚·德·瞿鲁巴

1918 年 6 月 10 日

致瞿鲁巴同志或他的副手

来人是马尔采夫的工厂的一些同志（这些厂约有 2 万工人，他们区约有 10 万工人）。粮食情况严重已极。

请您听听他们的呼声并

（1）采取紧急措施，立即予以援助，即使是最低限度的援助也可以，但一定要立即援助；

（2）吸收马尔采夫区的代表参加小粮食委员会；

（3）努力组织马尔采夫区的工人参加征粮队。

人民委员会主席

弗·乌里扬诺夫（列宁）

载于 1931 年《列宁文集》俄文版
第 18 卷　　　　　　　　　　　　　　　　译自《列宁全集》俄文第 5 版
第 50 卷第 94 页

220

致亚·德·瞿鲁巴

1918年6月11日

　　　　致瞿鲁巴同志或他的副手

瞿鲁巴同志:

　　来人是布良斯克工厂的代表。因为昨天您(或许是斯维杰尔斯基同志)同马尔采夫的工厂代表谈得很好,所以我相信,您同布良斯克人也能谈得很好。务请立即接待他们并尽一切可能满足其要求。

　　敬礼!

　　　　　　　　　　　　　　　　　您的　**列宁**

载于1931年《列宁文集》俄文版
第18卷　　　　　　　　　　　　　　　　　译自《列宁全集》俄文第5版
　　　　　　　　　　　　　　　　　　　　第50卷第95页

221

给格·叶·季诺维也夫的电报[156]

（6月11日）

彼得格勒

斯莫尔尼

季诺维也夫

我不记得我曾准许过同鄂木斯克来往。

我问一问波德别尔斯基。

建议不要同鄂木斯克反革命分子进行任何直接或间接的交易。

列　宁

载于1933年《列宁文集》俄文版
第21卷

译自《列宁全集》俄文第5版
第50卷第95—96页

222

对给阿·斯·雅库波夫、约·维·斯大林和亚·加·施略普尼柯夫的电报的补充

(6月11日)

立即拍发

粮务电报

察里津　南俄区域粮食特别委员会

(1)雅库波夫
(2)斯大林
(3)施略普尼柯夫

由于萨马拉、鄂木斯克的事态,彼尔姆—维亚特卡铁路运输的中断,彼尔姆—叶卡捷琳堡—秋明运输情况的全然不明,以致同西伯利亚完全失去联系,我不等你们表示同意,现从维亚特卡和乌法两省派去我在第363号电报中已向你们提到过的那些技术干部,他们将乘船前往。请接收他们,立即给他们工作,把他们分配到各采购点去,如需要,也可分配到发送和运输粮食的

沿途各地去。在派去的人员中可以找到完全适合在中央机关即在南俄区域粮食特别委员会从事技术工作的优秀人才和适合在地方从事粮食收集工作的优秀组织者。我愿担保这些人是忠实的。使用他们是必要的和不可避免的,因为再也找不到更多更好的技术力量了。请让他们自己规定劳动报酬标准。我建议对他们的劳动报酬从优,虽然我相信他们是相当克己的。请来电。

粮食人民委员　**瞿鲁巴**

　　既然瞿鲁巴替他所派的人担保,务请接收他们并给他们安排工作。使用有经验的忠实的实际工作者是极其重要的。

人民委员会主席　**列宁**

载于1942年《列宁文集》俄文版
第34卷

译自《列宁全集》俄文第5版
第50卷第96页

223

给格·叶·季诺维也夫的电报

1918年6月11日

彼得格勒

斯莫尔尼

季诺维也夫

　　务请抓住时机急速派遣尽量多的征粮队经维亚特卡去乌拉尔。瞿鲁巴同意。沃洛格达有武器。

列　宁

立即发往彼得格勒并告诉我彼得格勒是**何时**收到的。

载于1942年《列宁文集》俄文版
第34卷

译自《列宁全集》俄文第5版
第50卷第97页

224

致弗·巴·米柳亭、
伊·埃·古科夫斯基和亚·德·瞿鲁巴[157]

（6月12日）

1

致古科夫斯基和米柳亭

我们是否应派人对农机制造局进行检查，并要求在短期内对一系列实际问题作出回答？

列　宁

2

致瞿鲁巴

您的意见呢？

科兹明要四个亿。关于农机生产和分配的**确切情况**，您知道哪些？

3

在亚·德·瞿鲁巴答复上
所作的标记以及给他的便条

现在我不能确切地向您报告任何情况。在最短期间(48 小时)内我可向您提出详尽的报告。我现在就可以说:疏忽是有的,但应该补充一句:我恰好今天已表示同意×这样一种<u>组织结构</u>(由国民经济委员会、农业人民委员部和粮食人民委员部代表组成的三人小组①),这将排除出现以前出现过的那些疏忽的可能性。关于检查问题我认为现在不要作决定,等我提出报告后再作决定。

致瞿鲁巴

×向谁表示同意的?

××**已经**指定了吗?

由谁组成? 何时指定的? 由谁指定的?

为什么这三人小组不在这里立即指定?

载于 1933 年《列宁文集》俄文版
第 21 卷

译自《列宁全集》俄文第 5 版
第 50 卷第 97—98 页

---

① 指解决财政问题的三人小组。——编者注

225

致弗·伊·涅夫斯基[158]

(6 月 12 日)

1

为什么哥尔布诺夫不在您那儿工作？是怎么回事？为什么您不正式指定他任职？

2

应当**正式**推动这件事：**正式**询问哥尔布诺夫。[159]正式控告他拒绝工作。（否则，**您会因不行使职权**而被送去坐牢。）

译自《列宁文集》俄文版第 37 卷第 87 页

226

致亚·格·普拉夫金

(6 月 12 日)

我们派您(持内务人民委员部的委托书,由我签字)到以下各省：

　　　　图拉省

　　　　奥廖尔省

　　　　沃罗涅日省等

　　去整顿秩序。

　　明天晚上应该启程。

　　行前您应同有关人员谈一谈(明天上午)：

　　　　同斯维尔德洛夫(谈图拉苏维埃及帕纽什金)，

　　　　同我(谈上述问题以及粮食任务和军事任务)

　　　　同托洛茨基

　　　　同瞿鲁巴

　　　　同涅夫斯基。

译自《列宁文集》俄文版第37卷
第87—88页

227

同尼·彼·哥尔布诺夫互递的便条[160]

(6月12日)

　　克列斯廷斯基刚从彼得格勒打来电话：

　　斯蓬德即将离职。皮达可夫应克列斯廷斯基的请求，今天将打电话给您。尼古拉·尼古拉耶维奇①请您在最终解决银行问题之前约见一次皮达

————————

　　①　指尼·尼·克列斯廷斯基。——编者注

可夫,并尽量设法让他重新做银行工作。皮达可夫虽然很想去南方,但好像还在犹豫。要是施加点压力,就能留住他。上次没有会面是偶然的。

我不大舒服,所以可能要早点走。请跟皮达可夫谈谈(**如果他先来电话**),请您叫他来,他来这里**后**,就告诉我。

译自《列宁文集》俄文版第38卷
第207页

228

给约·维·斯大林或
亚·加·施略普尼柯夫的电报[161]

(6月13日)

发往察里津的电报

致斯大林或施略普尼柯夫

极为重要的是你们要尽快去新罗西斯克,务使舰队执行政府命令。为此事已向新罗西斯克多次去电。如果舰队不尽快执行政府命令,那么德国人进攻并夺取新罗西斯克则是不可避免的——德国的最后通牒对此说得明确而肯定。

要尽一切努力实现新罗西斯克之行,并使命令得以执行。

人民委员会主席　**列宁**

译自《列宁文集》俄文版第37卷
第88页

229

给库尔斯克苏维埃的电报

(不晚于 6 月 14 日)

库尔斯克

苏维埃执行委员会

务请采取紧急措施制裁库尔斯克—科列涅沃铁路线利戈夫县热洛博夫卡车站的边防队,该边防队甚至掠夺乌克兰穷人和俄罗斯穷人的金钱和贵重物品,受到企图破坏我们同乌克兰进行和谈的挑拨者的蛊惑。

请制止这种玷污苏维埃政权的行为。电告执行情况。

人民委员会主席　**列宁**

载于 1933 年《列宁文集》俄文版
第 21 卷

译自《列宁全集》俄文第 5 版
第 50 卷第 98 页

230

给格·叶·季诺维也夫的电报

（6 月 14 日）

彼得格勒

斯莫尔尼

季诺维也夫

我想，您已收到了我请求多派些征粮队到乌拉尔去的电报①。再补充一点：多派些工人到那里去做鼓动工作和领导落后者是极其重要的。请立即答复。

列 宁

载于 1942 年《列宁文集》俄文版
第 34 卷

译自《列宁全集》俄文第 5 版
第 50 卷第 99 页

231

致格·叶·季诺维也夫

1918 年 6 月 14 日

季诺维也夫同志：

务必尽**一切**努力，立即从彼得格勒派**数百名**鼓动员到农村去。

① 见本卷第 223 号文献。——编者注

苏维埃代表大会[162]召开前这一点极其重要,军事方面和粮食方面的**整个**形势更迫切要求这样做。钱可以筹划,不必吝惜。此事已与斯维杰尔斯基(及瞿鲁巴)详细谈过。务请尽力而为。

　　敬礼!

列　宁

载于 1931 年《列宁文集》俄文版
第 18 卷

译自《列宁全集》俄文第 5 版
第 50 卷第 99 页

232

给格·叶·季诺维也夫和
阿·尼·博勃罗夫的电报

(6 月 14 日)

彼得格勒　斯莫尔尼
季诺维也夫、博勃罗夫

准予派遣。务请竭尽全力继续派遣征粮队和鼓动员。

列　宁①

载于 1931 年《列宁文集》俄文版
第 18 卷

译自《列宁全集》俄文第 5 版
第 50 卷第 100 页

---

①　签署该电的还有亚·德·瞿鲁巴。——俄文版编者注

233

给尼·亚·叶梅利亚诺夫的证明

1918 年 6 月 14 日

证　明

持件人尼古拉·亚历山德罗维奇·叶梅利亚诺夫同志是谢斯特罗列茨克苏维埃派往乌拉尔和伏尔加河流域执行特殊任务的代表。

请各地方苏维埃以及各苏维埃机关充分信任叶梅利亚诺夫同志,并给予大力协助。

人民委员会主席

弗·乌里扬诺夫(列宁)

载于 1931 年《列宁文集》俄文版　　　　　译自《列宁全集》俄文第 5 版
第 18 卷　　　　　　　　　　　　　　　　第 50 卷第 100 页

234

致亚·德·瞿鲁巴

（不晚于 6 月 15 日）

致瞿鲁巴

比尔舍尔特有一支近 600 人的征粮队。

比尔舍尔特请求说:快把我派出去吧。

托洛茨基曾派人检查过这支队伍。他们已向托洛茨基报告:检查结果**良好**。

此事不能搁置!

我认为,您应该立即下令:

把比尔舍尔特的队伍同彼得格勒的**两支优秀**征粮队合并起来,由一个**可靠的**人担任总的领导;

或者给比尔舍尔特的队伍派 2—3 名可靠的政治委员和指导员,并要求他们每月汇报 1—2 次。

载于 1931 年《列宁文集》俄文版
第 18 卷

译自《列宁全集》俄文第 5 版
第 50 卷第 100—101 页

235

☆致国民教育人民委员部和
共和国国有产业人民委员部

(6 月 15 日)

请你们立即呈报,为执行 1918 年 4 月 13 日法令究竟做了些什么工作,特别是在以下几方面:(1)拆除旧纪念碑,(2)用新的,哪怕是临时性的纪念碑代替旧纪念碑,(3)用新标语代替公共建筑物上的旧标语(法令第 5 条)。[163]

此法令无论从宣传的角度还是从失业者就业的角度来看,都是重要的,拖延了两个月不加执行是不可原谅的。

人民委员会主席①

载于 1933 年《列宁文集》俄文版　　　　　译自《列宁全集》俄文第 5 版
第 21 卷　　　　　　　　　　　　　　　第 50 卷第 101 页

236

同列·达·托洛茨基交换的意见[164]

（不早于 6 月 15 日）

1

我看应当写一篇报道登报。格鲁吉亚政府的作用:拒绝布列斯特和约并重演乌克兰事件。

2

克维尔克利亚是谁?	不知道。
消息也许不可靠吧?	恐怕是可靠的。

译自《列宁文集》俄文版第 37 卷
第 89 页

---

① 在送教育人民委员部的该文献打字稿上(用人民委员会的公文用纸)有列宁的签字。——俄文版编者注

237

给阿·阿·越飞的直达电报

（6月16日）

我是列宁。

我方正坚决采取一切措施,力争把船只调回塞瓦斯托波尔,并力争停止我方的军事行动或类似行动。我重复一遍:一切能做的事都在做。请您坚决地、耐心地、始终不渝地继续实行您的政策。¹⁶⁵

列　宁

载于1957年《苏联对外政策文件汇编》第1卷

译自《列宁全集》俄文第5版第50卷第94—95页

238

致亚·德·瞿鲁巴

（6月17日）

1

致瞿鲁巴

我非常担心我们对"奔萨的"危险性(无论是粮食方面的还是

总的政治方面的)都估计不足,并且也非常担心我们实际上派不出"鼓动员"。

是否要迅速采取措施,挑选一支好的(彼得格勒等地的)征粮队并**立即**派出去,交代任务:最初几周将做鼓动员。

2

致瞿鲁巴

我看,您必须火速同

(1)彼得格勒、

(2)斯维尔德洛夫

联系,从彼得格勒和莫斯科工人中派遣约50人(鼓动员)到奔萨和奔萨省去。

载于1931年《列宁文集》俄文版
第18卷
译自《列宁全集》俄文第5版
第50卷第102页

239

给约·维·斯大林的电报[166]

(6月17日)

致斯大林

发往新罗西斯克给舰队的命令必须无条件地执行。应当宣布:水兵如不执行命令,将被宣布不受法律保护。要坚决阻止失去理智的冒险。

为什么施略普尼柯夫没有去? 为什么瓦赫拉梅耶夫什么也没做就走了?[167]拉斯科尔尼科夫现在何处? 一定要去一个有威望的同志,以便制服违抗命令的人。越飞以我们的名义向屈尔曼提出的保证必须无条件地履行!

列　宁

译自《列宁文集》俄文版第37卷
第90页

240

致尼·彼·哥尔布诺夫

（6月18日）

致哥尔布诺夫

请告诉敏金,塞兹兰已被捷克人[168]占领。但不要惊慌。我军正在准备反击。务必让奔萨人也坚定有力地作好准备。如果我们不是束手待毙,那胜利一定属于我们。

载于1959年《列宁文集》俄文版　　　　　译自《列宁全集》俄文第5版
第36卷　　　　　　　　　　　　　　　第50卷第83页

241

关于给阿·阿·越飞回电的指示[169]

（6 月 18 日）

请答复如下：

越飞大使已经（而且不止一次）被授予全权，包括把拉林送回国来的权力。我重申已授予这些权力。

列　宁

译自《列宁全集》俄文第 5 版
第 50 卷第 90 页

242

致阿·阿·越飞

6 月 18 日

越飞同志：

瑞士方面毫无消息，使我感到极其诧异和气愤。据说每周都有信使去。竟毫无音信？

别尔津和什克洛夫斯基在干什么？

请您把这封信转寄给他们，并设法取得回音。

必需**急速**从瑞士运来

尤尼乌斯的小册子，

卡尔·李卜克内西的小册子，

《伯尔尼哨兵报》等报的剪报汇编(关于德奥左派运动的所有文献)。[170]

应立即在瑞士把这些材料印成书(分册出版)。

委托一个人在德国(柏林)利用党的档案馆或任何一家藏有战争年代各种整套报纸的图书馆的资料做同样的工作(吕勒在1915年或1916年1月12日《前进报》上发表的论分裂的文章[171]，等等)。

下巴尼姆区报告员材料(列金的小册子《为什么工会的官员应当更多地参加党内生活》引用过)以及所有此类材料要立即搜集起来。

在这方面什么也没做，实在令人气愤。

做这项工作可以(而且应该)雇用两个德国人(博尔夏特就合适)和两个瑞士人，并立即用德文、法文、英文出版。

列　宁

新罗西斯克的船只的情况迄今还不完全清楚。但我们已采取一切措施，我想，命令是会得到执行的。[172]

发往柏林

载于1959年《列宁文集》俄文版
第36卷

译自《列宁全集》俄文第5版
第50卷第102—103页

243

给斯·格·邵武勉的电报

（6 月 18 日）

巴库　　邵武勉

经阿斯特拉罕和库什卡转发

　　暂时尚无石油工业国有化法令。[173]我们打算在通航期结束前颁布法令，宣布石油工业国有化。目前我们正在组织国家对石油产品贸易的垄断。请采取一切措施尽快把石油产品运往伏尔加河。每天向石油总委员会报告石油工业情况。

人民委员会主席　　列宁

载于 1945 年《列宁文集》俄文版　　　　　　译自《列宁全集》俄文第 5 版
第 35 卷　　　　　　　　　　　　　　　　第 50 卷第 103—104 页

244

给缅泽林斯克苏维埃主席的电报

（6 月 18 日）

缅泽林斯克

苏维埃主席

　　对于你们送去晾干的木排和那些应送往伏尔加河下游国营锯

木厂和其他锯木厂的所有木排,一律立即放行,不得阻拦。绝对不要征收任何捐税。拖延此事将给苏维埃共和国带来巨大损失,为此你们将受到革命法庭的严厉追究。关于执行情况,急速电告人民委员会。

人民委员会主席　　**列宁**

载于 1945 年《列宁文集》俄文版
第 35 卷

译自《列宁全集》俄文第 5 版
第 50 卷第 104 页

245

给 H.Л.奥尔日茨基的电报

(6 月 18 日)

哥本哈根　皇宫饭店　奥尔日茨基

请速来莫斯科说明情况并讨论运送种子的措施。[174]

人民委员会主席　　**列宁**

译自《列宁文集》俄文版第 38 卷
第 208 页

246

致伊·埃·古科夫斯基

(6 月 22 日)

　　我们决定抽调各人民委员部的人员,临时加强**粮食人民委员部**,哪怕是两三个月也好,否则可能饿死。

　　我们想从您处抽调**扎克斯**。

载于 1931 年《列宁文集》俄文版
第 18 卷

译自《列宁全集》俄文第 5 版
第 50 卷第 105 页

247

给塞兹兰执行委员会主席和
财政委员的电报

6 月 23 日

奔萨

塞兹兰执行委员会主席

财政委员

抄送:敏金

兹命令你们责成敏金同志将载有塞兹兰运出的贵重物品的火

车发往指定地点,随车运出从奔萨疏散的贵重物品。请把银行政治委员和护送人员留在车上。上述命令如不执行,将追究你们的责任。

人民委员会主席　**列宁**

译自《列宁文集》俄文版第 40 卷
第 57 页

248

致人民委员会秘书处

(6 月 26 日)

1

(1)请找出很早以前(在彼得格勒)通过的关于如何把问题列入议事日程的决定[175]。

(2)制定议事日程的人,即秘书(秘书是哥尔布诺夫吗? 我们这里真是乱七八糟)应该在下面签名:由某秘书制定(我警告,凡不愿执行规定的秘书,一律**撤职**)。

2

提请

所有秘书注意:在未得到报告人(或提出问题者)对下述问题的**书**

面说明前,不要把问题纳入议事日程:

(1)如问题涉及开支和拨款,是否征求过财政部门(财政人民委员部+监察机关)的意见;

(2)是否征求过与讨论的问题**有关的**那些部门的意见。

人民委员会主席

弗·乌里扬诺夫(列宁)

各秘书阅后

在此签字。

载于1933年《列宁文集》俄文版   译自《列宁全集》俄文第5版
第21卷   第50卷第105页

249

致格·叶·季诺维也夫

1918年6月26日

并转拉舍维奇及其他中央委员①

季诺维也夫同志:今天我们在中央委员会里才听说,彼得格勒**工人**想用群众性的恐怖手段来回答沃洛达尔斯基被害事件[176],而你们(不是您个人,而是在彼得格勒的中央委员或彼得格勒委员会委员)却加以阻拦。

---

① 此句列宁写在信的上方。——俄文版编者注

我坚决抗议!

我们是在败坏自己的名声:我们甚至在苏维埃的决议中也威胁要采用群众性的恐怖手段,而事到临头,我们却**压制**群众的**完全**正确的革命主动性。

这样做不——行!

恐怖分子会把我们看做胆小鬼。现在正是极端军事时期。必须支持那种为了对付反革命分子而采取恐怖手段的群众性的热情,彼得格勒尤其如此,它的榜样**具有决定性意义**。

敬礼!

列 宁

附言:需要征粮队,征粮队。要利用改选的胜利。如果彼得格勒人能往**坦波夫**省和乌拉尔等地派遣一两万人,那么他们就既救了自己,也救了整个革命,**这是肯定无疑的**。年成很好,但要几个星期以后才能拿到手。

载于1931年《列宁文集》俄文版
第18卷

译自《列宁全集》俄文第5版
第50卷第106页

250

给 A.M.尤里耶夫的直达电报

(6月26日)

如果迄今您还不愿了解苏维埃的政策对英国人和德国人都是

同样反对的,那只好怨您自己了。纳察列努斯已经动身。

如果英国人继续奉行掠夺政策,我们将同他们作战。[177]

列 宁

发往摩尔曼斯克

载于1935年2月21日《真理报》
第51号

译自《列宁全集》俄文第5版
第50卷第106—107页

251

同亚·德·瞿鲁巴互递的便条

(6月26日)

瞿鲁巴:

(1)您何时把何人派到地方去(派施利希特尔、布留哈诺夫,还派谁? 派往何处?)。

(2)同普拉夫金谈过了吗(他是今天从图拉、**叶列茨**、奥廖尔来的)。

有粮食,

秩序井然,

贫苦农民掌权。

(3)您派谁带领哪些征粮队去坦波夫? 是否派布留哈诺夫去? 必须派**最**有干劲的人到那里去。

(坦波夫今天有人来我这里;年成空前好;还有**陈粮**;能够摧毁富农,但**组织者**和**征粮队**不够。)

（4）难道我们能容忍在莫斯科没有专政（粮食专政）吗？丢脸！可耻！

施利希特尔将去图拉省叶夫列莫夫县。已派一个同志到彼得堡去找季诺维也夫，要求派工人参加他的征粮队。现在<u>正在紧急装货</u>。约<u>五天后</u>出发①。

亚·瞿·

瞿鲁巴：

用**五**天时间同季诺维也夫电报联系（他早已问过，往哪里派征粮队）和装货（用一天？？）。

这是**惊人的**拖拉作风。请从粮食人民委员部指派 10 名坏蛋官老爷，要求他们**在一两天内**把这些事全办完，否则就解雇法办。

载于 1931 年《列宁文集》俄文版 第 18 卷

译自《列宁全集》俄文第 5 版 第 50 卷第 107—108 页

252

同格·瓦·契切林互递的便条

（6 月 27 日）

里茨勒尔向我口头通报了德国政府的电报的内容：他们本不想把军队开进俄国领土，但同时他们期待俄国履行条约规定的对摩尔曼所承担的义务。

---

① 着重线是列宁画的。——俄文版编者注

　　我们曾推迟发出就摩尔曼问题向英国抗议的照会。<u>现在不得不发出</u>[①]照会了。**178**

　　当然，而且要<u>立即</u>发出

　　您能否明天下午接见土耳其公使？

　　身体不太好。免了行不行？如果实在免不了，可在明天 12 点打电话联系，或约定在两点钟。

译自《列宁文集》俄文版第 37 卷
第 90—91 页

253

致亚·彼·斯米尔诺夫或
格·伊·彼得罗夫斯基和
伊·埃·古科夫斯基

1918 年 6 月 28 日

致斯米尔诺夫同志或
内务人民委员彼得罗夫斯基和
财政人民委员古科夫斯基同志

　　我热诚介绍来人谢苗·伊万诺维奇·列别捷夫同志，他是坦波夫省捷姆尼科夫苏维埃主席。

---

　　① 着重线是列宁画的。——俄文版编者注

他申请**150万贷款**。从他的谈话中可以看出,这个县的各项工作都是模范。这个县**所有的**苏维埃中实际上都已肃清了富农,这样的模范县是极有教育意义的榜样。我看,对这样的县必须首先给予帮助。

　　　　　　　　　　　　　　　　列　宁

载于1933年《列宁文集》俄文版　　　　　译自《列宁全集》俄文第5版
第21卷　　　　　　　　　　　　　　　第50卷第108页

254

致斯·格·邵武勉

1918年6月29日

亲爱的邵武勉同志:

　　向您致以崇高的敬意和良好的祝愿!

　　斯大林在察里津。来信最好通过斯大林转。

　　敬礼!

　　　　　　　　　　　　　　　您的　**列宁**

发往巴库　　　　　　　　　　　　　译自《列宁全集》俄文第5版
1938年发表　　　　　　　　　　　　第50卷第108页

255

同格·瓦·契切林互递的便条[179]

(6月29日)

在拉林的材料中,有些问题极为重要,需要刻不容缓地加以解决。明天

×

必须召集一个小会讨论这些问题。可否在4点钟或5点钟? 还要确定大使的权限标准。越飞擅自签署了关于战俘的议定书,他在议定书中放弃了德国人在这方面已经同意的一些东西。①

×   要谁参加?

您、勃朗斯基、古科夫斯基一定要参加,也许还要托洛茨基参加。

好。定在5点钟。

请提醒我。4点钟打电话来

译自《列宁文集》俄文版第37卷
第91页

---

① 着重线是列宁画的。——俄文版编者注

256

给造币厂政治委员和管理处的指示

1918年6月29日

致造币厂政治委员和管理处

人民委员会命令造币厂按照所附印章式样在最短期间内制成两枚精制铜质国印：一枚盖火漆用，一枚盖印泥用。印文要按新的拼写法书写。此项工作须在监督下进行，每种印章只制一枚。收到本指示和印章式样后，应告知人民委员会秘书。

人民委员会主席

译自《列宁文集》俄文版第40卷
第57页

257

给约·维·斯大林的电报

（6月30日）

秘密

致人民委员斯大林
　　察里津

今天(6月30日)接到越飞自柏林发来的报告，说屈尔曼同他进行了预备性会谈。从这次会谈中可以看出,德国人同意迫使土耳其人停止其越过布列斯特分界线的军事行动,并给我们划出了准确的分界线。他们答应不让土耳其人进入巴库,但希望得到石油。越飞回答说,我们将严格遵守布列斯特和约,但也完全同意将欲取之必先与之的原则。请特别注意这个报告,并设法尽快转告邵武勉,因为现在有保住巴库的极好机会。当然,石油我们是要给一部分的。

列 宁

载于1959年《列宁文集》俄文版
第36卷

译自《列宁全集》俄文第5版
第50卷第109页

258

致亚·德·瞿鲁巴

（6月底）

致瞿鲁巴

达尼洛夫位于沃洛格达和雅罗斯拉夫尔之间,也就是说,是个极重要的据点。拨给吗?[180]

译自《列宁文集》俄文版第37卷
第92页

259

同瓦·卢·帕纽什金的来往直达电报

(6月底—7月2日)

向列宁同志报告。按照您的命令,我应火速去前线。我随骑兵团来到新西利后,发现当地工作一塌糊涂,省执行委员会破坏内务人民委员部工作组在地方上的工作,更加剧了这种现象。我在给捷尔任斯基同志的电报中(副本抄送您)曾指出必须逮捕省、县某些负责工作人员,因为他们把省内局势搞得像1918年春那样糟。他们要内务人民委员部的一个工作组去图拉,并停止一切调查活动。如不服从,就要逮捕并押送图拉。他们还要求把已被逮捕的人员(如前执行委员会主席和肃反委员会的人)也送到图拉去,说必须由法庭来审理。为了避免省内事态日益严重,我个人请求您发布命令,让工作组继续工作,将工作组逮捕的人员送到莫斯科,而不是送到图拉去。我作为一名老共产党员,向您指出有必要这样做,并对我向您所作的这一报告负责。否则,省执行委员会将照旧独断专行。同我一起在电报机旁的有省司法局局长和内务人民委员部工作组一名成员,我建议他们同我一起来发电报,在未接到您对这一问题的答复之前,不执行省执行委员会的命令。我们马上要去前线。请立刻给我们答复,这个答复无论对工作组,还是对省执行委员会代表们的工作都是必要的。如果您要求确切地列举省执行委员会和县执行委员会的各项工作,我可派信使给您火速送到莫斯科。我守在电报机旁等待答复。我再说一遍,情况十分严重。**帕纽什金**

新西利,帕纽什金收。要将您报告的情况详细写成书面材料送来。长时间占用电报线路是不行的。今天我要同捷尔任斯基以及有关人员谈谈。在同他谈话之前,我不能作出任何答复。我再次提醒您,您的主要任务是尽快去东方战线。不容许有丝毫拖延。**列宁**

　　工作组以及省执行委员会的代表们怎么办？他们请求就这一问题也向您作一个很简短的报告。委托给我的任务，我正在加紧完成。我们会及时到达的。**帕纽什金**

　　我重复一遍，在同内务人民委员部商谈之前，我不能作出任何答复。发一份由工作组成员们签署的确切电报给捷尔任斯基，并抄送给我，这比占用直达线路要好得多。**列宁**

译自《列宁文集》俄文版第 37 卷
第 92—93 页

260

给瓦·卢·帕纽什金的电报

（7月1日）

新西利

军事特派员　帕纽什金

　　我将把您的请求[181]转告肃反委员会；请您坚决行动，但事先要精确地估计和权衡实力，因为一旦开始，就要进行到底。

人民委员会主席　**列宁**

载于1931年《列宁文集》俄文版
第18卷

译自《列宁全集》俄文第5版
第50卷第109页

261

☆给各铁路沿线征购队队长的电报[182]

（7 月 1 日）

　　人民委员会获悉，某些征购队的行为极为有害，是苏维埃政权绝对不能容忍的。征购队的职责是在铁路沿线同真正的投机活动进行斗争。各队长有责任在征购队里执行最严格的纪律；在革命法庭无情的审判面前，队长对队内出现的纪律废弛现象以及其他一切过失负有重大责任。要向各征购队宣布：人民委员会确信，有觉悟的工人决不容许破坏最严格的无产阶级纪律，将严厉谴责那些以自己的行为玷污苏维埃政权声誉的人。如有恶名昭彰的流氓分子混入征购队，违抗中央政权和队长的命令，或者接受粮贩的贿赂而玷污苏维埃共和国的声誉，各队队长和各地苏维埃必须立即加以逮捕，并押送莫斯科，交革命法庭严加惩处。

人民委员会主席

乌里扬诺夫（列宁）

载于 1931 年《列宁文集》俄文版
第 18 卷

译自《列宁全集》俄文第 5 版
第 50 卷第 110 页

262

致阿·阿·越飞

1918年7月1日

亲爱的越飞同志：

老实说，我非常生您的气。人手少，大家都忙得不可开交，而您却搞这种名堂：在给我的**私人**信中（最近一封，用铅笔写的），写了许多**公务**并掺杂了对契切林的许多**人身**攻击、中伤、挖苦以及诸如此类的东西（"不称职的"м—р①，等等）。而在给契切林的信中却说："前景写在给列宁的信中。"

天晓得这是怎么回事！

当然，契切林向我要信，我是不能给他看的，因为我不愿成为制造纠纷的工具。结果是损害事业和破坏关系。

契切林是个极出色的、极认真的、聪明而懂行的工作人员。这样的人应当珍惜。至于他的弱点——缺乏"指挥员气魄"，这没什么了不起。世上具有相反弱点的人还少吗？

同契切林是可以共事的，容易合作；但即使同他在一起也能把工作搞坏。

您挑剔他，但是外交人民委员部也有权告您的状，因为您瞧不起它，而**未经**外交人民委员的同意和批准，大使当然是无权采取决定性步骤的。

我希望您尽量想办法克服这些缺点。

---

① 看来是 министр（部长）。——俄文版编者注

您"推动了"克拉辛,这很好。请竭力督促什克洛夫斯基,他是个懒汉;要求他不断汇报,要吓唬他。

握手!

列　宁

发往柏林

载于1959年《列宁文集》俄文版
第36卷

译自《列宁全集》俄文第5版
第50卷第111页

263

给列·波·克拉辛的电报

(7月3日)

秘密

柏林　俄国大使馆
列宁给克拉辛的私人电报

我十分重视和无条件地赞赏越飞的工作,但坚决要求越飞守大使的本分,他上面有外交人民委员,要求他注意礼貌,不要骂人,不要看不起别人,一切重要事务都要请示外交人民委员。只有这样,我才能支持并将继续支持越飞大使。希望您能有分寸地在这方面开导越飞大使,盼复。

列　宁

载于1959年《列宁文集》俄文版
第36卷

译自《列宁全集》俄文第5版
第50卷第112页

264

给 Д. E. 伊瓦先科的电报

（7 月 4 日）

奥尔沙

奥尔沙车站政治委员伊瓦先科

感谢您为去德国的 36 节车皮放行，这些东西是给我们受苦难的战俘的。请您驳斥一切无耻诽谤，并记住我们应竭尽全力援助我们的战俘。

人民委员会主席　**列宁**

载于 1933 年《列宁文集》俄文版　　　　译自《列宁全集》俄文第 5 版
第 21 卷　　　　　　　　　　　　　　第 50 卷第 112 页

265

☆致俄共各区委员会、
各区苏维埃、各红军司令部

（7 月 6 日）

今日下午 3 时左右，有人在德国大使馆投掷两枚炸弹，米尔巴赫受重伤。这显然是君主派或是那些为了英法资本家的利益(他们还收买了捷克斯洛伐克人)想把俄国拖入战争的挑拨者干的。要动员一切力量,立即发动一切人捉拿凶手。扣留**全部**汽车并严加检查。**183**

人民委员会主席

弗·乌里扬诺夫(列宁)

载于1918年6月24日(7月7日)   译自《列宁全集》俄文第5版
《真理报》第138号和《全俄中央执行   第50卷第112—113页
委员会消息报》第140号

266

给阿·阿·越飞的电报

(7月6日)

柏林 越飞

今日下午2时,有两个身份不明的人,持伪造的肃反委员会证件,混进德国大使馆,往米尔巴赫伯爵的办公室里投掷了一枚炸弹。米尔巴赫伯爵重伤致死。政府派代表立即前往德国大使馆,向德国大使馆表达了对此政治挑拨事件的愤慨心情;政府正在采取一切措施查找凶手,以便交付特别革命法庭审判。保护德国大使馆和德国公民的措施已加强。政府委派您立即拜会德国外交大臣,向德国政府表示俄国政府对这一事件的愤慨心情,并向被害的米尔巴赫伯爵的家属表示慰问。

列　宁

载于 1959 年《苏维埃政权法令
汇编》第 2 卷

译自《列宁全集》俄文第 5 版
第 50 卷第 113 页

267

给格·伊·萨法罗夫的电报

（7 月 6 日）

叶卡捷琳堡

州苏维埃

萨法罗夫

我素不相识的卢科亚诺夫和沃尔斯基[①]问我是否了解海科年和帕尔姆费尔特，这两个人的 19 000 卢布被没收了。请查一下我发往叶卡捷琳堡给州苏维埃（并抄送萨法罗夫）的电报，其中我介绍过芬兰人海科年、帕尔姆费尔特，对他们的情况作了一些补充说明。[184]

人民委员会主席　列宁

译自《列宁文集》俄文版第 38 卷
第 210 页

---

① 笔误，应为"亚沃尔斯基"。——俄文版编者注

268

致娜·康·克鲁普斯卡娅

1918 年 7 月 6 日

致娜·康·乌里扬诺娃

你接待一下来人哥尔茨曼同志并听他谈谈,他推荐一位宝贵的(用他的话来说)师资——一位侨居瑞士的波兰人[185]。

列　宁

译自《列宁文集》俄文版第 37 卷第 94 页

269

给约·维·斯大林的电报[186]

(7 月 7 日)

察里津

人民委员斯大林

今天下午 3 时左右,一个左派社会革命党人用炸弹炸死了米尔巴赫。这起暗杀事件显然是符合君主派或英法资本家的利益的。左派社会革命党人不肯交出凶手,反而逮捕了捷尔任斯基和拉齐斯,并且发动反对我们的暴乱。我们今天夜里就采取无情的镇压行动,并向人民说明全部真相:我们正处在战争的边缘。我们有几百个左派社会革命党人作为人质。各地必须无情地镇压这些已成为反革命分子手中工具的卑鄙而疯狂的冒险分子。凡是反对战争的人,都将拥护我们。

关于巴库,最重要的是您要与邵武勉不断保持联系,并且让邵武勉知道德国人在柏林向越飞大使所提的建议,即如果我们保证向德国人提供一部分石油,他们就同意制止土耳其人进攻巴库。当然,我们会同意的。总之,您要无情地镇压左派社会革命党人,并多多报告情况。

列　宁

载于 1936 年 1 月 21 日《真理报》　　译自《列宁全集》俄文第 5 版
第 21 号　　　　　　　　　　　　第 50 卷第 114 页

270

给莫斯科各区苏维埃和
工人组织的电话

(7 月 7 日)

兹命令各区苏维埃和工人组织立即派出尽可能多的武装分队,其中至少要有一部分工人,去追捕逃散的叛乱分子。

要特别注意库尔斯克车站区,其次是所有其他车站。务请尽可能多组织些队伍，不让一个逃犯漏网。

被捕者未经再三审查并完全证明与叛乱无关，一律不准释放。

列　宁

载于1918年6月25日（7月8日）　　　　　译自《列宁全集》俄文第5版
《真理报》（号外）第139号和《全俄　　　　　第50卷第114—115页
中央执行委员会消息报》第141号

271

给莫斯科苏维埃的电话

（7月7日）

转告莫斯科省各乡、村、县苏维埃。

举行暴动反对苏维埃政权的左派社会革命党匪帮已被击溃，正向城郊逃窜。这次冒险行动的为首分子全部在逃。要采取一切措施捉拿和扣押胆敢反对苏维埃政权的暴动分子。扣留全部汽车。在公路上到处设置拦路杆，由地方工农武装分队把守。有消息说，暴动分子的一辆装甲车已逃出城外。要采取一切措施把它截获。

人民委员会主席　**列宁**

载于1918年6月25日（7月8日）　　　　　译自《列宁全集》俄文第5版
《真理报》（号外）第139号和《全俄　　　　　第50卷第115页
中央执行委员会消息报》第141号

272

给康·亚·梅霍诺申的直达电报[187]

（7 月 7 日）

列宁回答：

柯列加耶夫向我本人，随后向季诺维也夫和其他许多人说，他，柯列加耶夫，是左派社会革命党现行政策的反对者。我不怀疑，左派社会革命党中央委员会杀害米尔巴赫和发动反对苏维埃政权的叛乱这一疯狂的和挑拨性的冒险活动，不仅会使他们的大多数工农，而且也会使许多知识分子离开他们。整个叛乱在一天内被彻底平定。被捕者有数百人。

请把穆拉维约夫退出左派社会革命党的声明记录在案，并继续加以严密监督。我相信，在这种情况下，我们完全能够利用他的极好的作战才能。需要以三倍的努力同捷克斯洛伐克军和哥萨克进行斗争。

列 宁

发往喀山

载于 1959 年《列宁文集》俄文版
第 36 卷

译自《列宁全集》俄文第 5 版
第 50 卷第 116 页

273

给谢·巴·纳察列努斯的电报

（7月7日）

彼得罗扎沃茨克
特派员纳察列努斯

责成您：

1.采取一切措施彻底破坏铁路线，破坏的路段愈长愈好。

2.凡直接或间接协助英法帝国主义者进行掠夺性进攻的外国人，一律逮捕，如果反抗，一律枪毙。

3.凡直接或间接协助帝国主义者进行掠夺的苏维埃共和国公民，一律枪毙。

拨200万卢布供您支配。关于给您军事援助一事，将另行通知。

人民委员会主席　　**列宁**

载于1942年《列宁文集》俄文版
第34卷

译自《列宁全集》俄文第5版
第50卷第116—117页

274

给 B.И.伊万诺夫的电报

（7 月 11 日）

沃罗涅日　政治委员伊万诺夫

左派社会革命党人的叛乱和穆拉维约夫的叛变已完全平定。必须大力援助捷克斯洛伐克战线。在库班战线上,应当全力确保季霍列茨卡亚到察里津及察里津到北方的通路,不宜继续挺进。[188]捷克斯洛伐克战线暂由梅霍诺申、科博泽夫和布拉贡拉沃夫指挥。

人民委员会主席　**列宁**

载于 1927 年《红军战士》杂志
第 21 期(总第 114 期)

译自《列宁全集》俄文第 5 版
第 50 卷第 117—118 页

275

致伊·埃·古科夫斯基[189]

（7月11日）

1

致古科夫斯基

许多人抱怨您(您的委员部)迄今**尚未交差**：

$$\left.\begin{array}{l}\text{（1）全部文字说明，}\\\text{（2）各种文字的字样，等等。}\end{array}\right\}$$

关于新币的图案。

我已把此事交扎克斯办理。**因为这是小事**。

请您本人或委派别人在**明晨**办完。

2

您是在**怠工**，真的！这有什么了不起呢？这又**不是**最后定稿。把此事看得了不起是可笑的。

第一张便条载于1945年《列宁文集》俄文版第35卷

译自《列宁全集》俄文第5版第50卷第118页

276

致伊·埃·古科夫斯基

（7 月 11 日）

1

大家都抱怨您还没有交出新币的文字说明，以致制作和试印样票的工作难以进行。请立即交出来，关于兑换黄金问题的旧规定要保留（关于暂停兑换问题，另颁法令规定）。

2

要写上**苏维埃**的字样。

3

（1）把现有的样票交给最好的鉴定专家。

（2）定制样票的复制品。

（3）教育人民委员部部务委员会要负责找人绘制图案（各种面额的）。

（4）委托波波维茨基算一下：

（a）如按一般的即正常的面额搭配办法，用下列印刷机印这样的钞票每月能印多少?

　　(a₁)用奥尔洛夫印刷机印,

　　(a₂)用普通平版机印,

　　(a₃)大面额(即票面数额大)的钞票用奥尔洛夫印刷机
　　　　印,小面额的用普通平版机印。

　　(b)新钞票对旧钞票的比价是多少?

　　(c)究竟什么时候能制成版(即批准图案后多少天),需要多久
能开始印制新钞票?

　　(d)新方法和旧方法相比,是否需要新材料和辅助物资等等?
公文纸(苏维埃政权机关各种正式公文用纸)的价格是多少?

载于 1945 年《列宁文集》俄文版　　　　　译自《列宁全集》俄文第 5 版
第 35 卷　　　　　　　　　　　　　　　第 50 卷第 118—119 页

277

给 Г.К.戈连科的电报

(7 月 12 日)

沃罗涅日

省军事委员

　　您给托洛茨基的便条已阅。我和他都一致认为:萨拉托夫来
电是可信的,应该宣传,因为该电是真心谴责左派社会革命党中央

委员会的冒险行为的人们发来的。[190]

列　宁

译自《列宁全集》俄文第 5 版
第 50 卷第 120 页

278

致阿·瓦·卢那察尔斯基

（7 月 12 日）

今天我同**维诺格拉多夫**谈过了。他给人印象良好。

他答应同您商谈。

同您谈了吗？

谈妥了吗？

如果没谈妥，是在什么问题上？[191]

载于 1933 年《列宁文集》俄文版　　　　　译自《列宁全集》俄文第 5 版
第 21 卷　　　　　　　　　　　　　　　第 50 卷第 120 页

279

给秘书的指示

(7 月 12 日)

请以我的名义给**维诺格拉多夫**打电话：

为什么他没有同卢那察尔斯基商谈？卢那察尔斯基在这里。

载于 1933 年《列宁文集》俄文版
第 21 卷

译自《列宁全集》俄文第 5 版
第 50 卷第 120 页

280

给弗·巴·安东诺夫－萨拉托夫斯基的电报

(7 月 12 日)

萨拉托夫

安东诺夫

您的电报我将转给托洛茨基。

我已给将前往巴库的伊万诺夫发过一次电报。**192** 我再说一遍，如果萨拉托夫需要他，如果是迫切需要，如果我军被围的话，他就应该特别帮助萨拉托夫人。

让伊万诺夫答复我。

列　宁

译自《列宁文集》俄文版第 37 卷
第 95 页

281

☆致海军人民委员部

(7 月 13 日)

务请采取一切措施加速把所需各种类型的舰艇调往里海。[193]

人民委员会主席

弗·乌里扬诺夫(列宁)

载于 1942 年《列宁文集》俄文版
第 34 卷   译自《列宁全集》俄文第 5 版
　　　　　　　　　　　　　　　第 50 卷第 121 页

282

致陆军人民委员部

(不早于 7 月 13 日)

高加索政治委员**伊万诺夫**在这里(他从阿斯特拉罕—巴库—

察里津来),看来他是一员优秀的干将,有能力**真正**扑灭富农的暴动。

他渴望到捷克斯洛伐克战线去。

他请求给他 500 人。

能否**迅速**满足他的请求?

能满足到什么程度?

载于 1942 年《列宁文集》俄文版
第 34 卷

译自《列宁全集》俄文第 5 版
第 50 卷第 117 页

283

给约·维·斯大林的电报

(7 月 16 日)

察里津

南俄区域粮食特别委员会

斯大林

　　人民委员会 7 月 12 日讨论了您所提出的为了解决石油问题而削减马赫罗夫斯基的职权**或者**完全撤销其职务的问题;同时,根据马赫罗夫斯基提出的材料和说明,人民委员会确认对马赫罗夫斯基的指责是缺乏证据的。石油总委员会会务委员会声明,马赫罗夫斯基过去和现在所做的一切都经该委员会事先知道并同意,所以愿马赫罗夫斯基承担责任。务请把能够证明石油总委员会工作失误的事实材料寄来。由此而产生的问题必须会同石油总委员会的同志们一起解决,因为石油总委员会是石油业的负责机构。最高国

民经济委员会第　号。

最高国民经济委员会主席　**李可夫**

人民委员会主席　**列宁**

我个人清楚，您痛骂了马赫罗夫斯基一顿，是因为您发了火。¹⁹⁴

列　宁

译自《列宁文集》俄文版第 38 卷
第 212 页

284

给彼尔姆苏维埃的电报

1918 年 7 月 17 日

彼尔姆

苏维埃

抄送:中央委员斯米尔加

我收到由斯切克洛夫介绍的波兰老革命家斯坦尼斯拉夫·帕林斯基的申诉书。帕林斯基在彼尔姆省上斯季亚邮站别列兹尼基制碱厂被捕，罪名是反革命和同情捷克斯洛伐克军。

帕林斯基写道，乌索利耶县苏维埃司法委员会没有查到他有犯罪行为。

务请对此案以及对此案的公正审理严加监督，容许帕林斯基去波兰。

请电告执行情况。

人民委员会主席　**列宁**

载于 1933 年《列宁文集》俄文版
第 21 卷

译自《列宁全集》俄文第 5 版
第 50 卷第 121—122 页

285

给 К.Г.佩京的电报

（7 月 17 日）

萨拉托夫

伏尔加河流域德意志人事务委员部委员

佩　京

如果您能在德意志移民中挑选出完全可靠的、完全拥护苏维埃并通晓俄语的国际主义者的话，请立即派一连这样的德意志移民来。[195]

人民委员会主席　**列宁**

载于 1942 年《列宁文集》俄文版
第 34 卷

译自《列宁全集》俄文第 5 版
第 50 卷第 122 页

286

给费·伊·科列索夫的电报

1918年7月17日

塔什干
土耳其斯坦共和国人民委员会主席
科列索夫

我们正在采取一切可能的措施帮助你们。[196]现派去一个团。

对捷克斯洛伐克军,我们正在采取坚决措施,我们有信心粉碎他们。不要悲观失望,要竭尽全力同克拉斯诺沃茨克和巴库保持经常而牢固的联系。

人民委员会主席　列宁

载于1918年7月20日《伏尔加
一日报》(萨马拉)第29号

译自《列宁全集》俄文第5版
第50卷第123页

287

致列·达·托洛茨基

1918年7月18日

托洛茨基同志:

来人捷尔-奥西皮扬茨同志给我带来了邵武勉和捷尔-加布里

耶良同志写的两封信。来人请求给巴库以所需的军事援助。

您的　**列宁**

译自《列宁文集》俄文版第38卷第212页

288

致格·瓦·契切林[197]

（7月18日）

致契切林

　　您今天以书面形式提出的问题，我看解决起来很简单，回答只能是：**同意**（越飞式的政治协议**应当**缔结，但不**放弃**爱斯兰、里夫兰和格鲁吉亚，**载明**这些地区被德国所占领）。

注意

　　给越飞的关于摩尔曼问题的密码电报发了吗？

译自《列宁文集》俄文版第37卷第95页

289

致尼·伊·波德沃伊斯基

（7月19日）

致波德沃伊斯基

第二份电报我没有答复，因为这样的任命不取决于我，而且也未必能办成，因为这样做**完全**破坏了一般程序。[198]

捷克斯洛伐克军的（和富农的）威胁十分严重，我认为您最好到西方战线和南方战线（即两条对德战线）等地去巡视一趟（托洛茨基大概也会同意的），**以便加速**把军队从那里调往捷克斯洛伐克战线。

载于1959年《列宁文集》俄文版
第36卷

译自《列宁全集》俄文第5版
第50卷第123页

290

致谢·帕·谢列达

1918年7月19日

谢列达同志：[①]

来人是莫斯科省苏维埃土地局成员。请接待他们，因为问题

---

①　在该文献上方列宁批注："（并送布留哈诺夫同志）"。——俄文版编者注

重要。我看,"国营农场"应同公社合并。应该讨论实际的援助措施和监督措施。要尽力支援拖拉机。

您的　列宁

附言:要讨论一下,是否需要人民委员会为莫斯科省颁布一项法令。务请抓紧。

载于1945年《列宁文集》俄文版　　　　　译自《列宁全集》俄文第5版
第35卷　　　　　　　　　　　　　　　第50卷第124页

291

致尼·伊·波德沃伊斯基

(7月19日)

致波德沃伊斯基

为什么您没有从库尔斯克派出四个团＋阿萨尔赫的团(?)＋斯卢维斯的师?

延误会使我们在捷克斯洛伐克战线失败,而您却延误了![199]

载于1959年《列宁文集》俄文版　　　　　译自《列宁全集》俄文第5版
第36卷　　　　　　　　　　　　　　　第50卷第121页

292

致格·叶·季诺维也夫、米·米·
拉舍维奇和叶·德·斯塔索娃

1918年7月20日

致季诺维也夫、

拉舍维奇和

斯塔索娃同志

必须从彼得格勒**最大限度地**派出工人：

(1)几十位"领袖"(如卡尤罗夫)，

(2)数千名"列兵"。

否则**我们就会垮台**，因为对捷克斯洛伐克军作战的情况**糟透了**。

在这种情况下，"安于"彼得格勒"太平无事"和"舍不得"从那里派出人来，是愚蠢的；哪怕彼得格勒苏维埃里占多数的布尔什维克由98％(你们那里是占98％吗?)降到51％！那又有什么关系呢！

哪怕(哪怕!)彼得格勒苏维埃里49％不是我们的人(何况不会很快就这样)，我们也不会灭亡。但如果我们不**拼命**努力为了转弱为强而补充成千上万**起领导作用的**工人，那我们就一定会**亡于**捷克斯洛伐克军之手。这不是夸大其词，而是确切的估计。如果你们"为了彼得格勒"而舍不得派出人来，**你们**就得对灭亡负责。

　　敬礼!

你们的　**列宁**

　　附言:请答复!

载于 1950 年《列宁全集》俄文第 4 版
第 27 卷

译自《列宁全集》俄文第 5 版
第 50 卷第 124—125 页

293

致格·瓦·契切林[200]

(7 月 20 日)

1

　　魏恩贝尔格是什么人,我一无所知。既然魏恩贝尔格犯了**投机倒把罪**(证据确凿)要枪决,还提他**干什么**???

2

　　(1)这个魏恩贝尔格是哪个国家的臣民或公民?

　　(2)里茨勒尔作的是**口头**声明,还是书面声明?(如果是口头的,那就等于零。)

　　(3)建议**公审**这个魏恩贝尔格是否更好些?

（4）在枪毙 13 人之后,还谈什么同左派社会革命党人"串通",那是可笑的。[201]

译自《列宁文集》俄文版第 38 卷第 213 页

294

给斯·格·邵武勉的电报

1918 年 7 月 22 日

巴库

苏维埃   邵武勉

对斯大林斥责巴库苏维埃中的民粹派集团和贯彻苏维埃第五次代表大会的精神的电报,我只能表示完全支持。[202]

人民委员会主席   列宁

载于 1933 年 9 月 24 日《巴库工人报》第 221 号

译自《列宁全集》俄文第 5 版第 50 卷第 125 页

295

给 A. 特鲁什的电报

1918 年 7 月 22 日

图拉省　叶夫列莫夫
军事特派员特鲁什

请把已装好的 10 车皮粮食立即发往莫斯科交粮食人民委
员部。

人民委员会主席　**列宁**

载于 1931 年《列宁文集》俄文版　　　　　译自《列宁全集》俄文第 5 版
第 18 卷　　　　　　　　　　　　　　　第 50 卷第 126 页

296

给格·瑙·卡敏斯基的电报

（7 月 22 日）

图拉
图拉省执行委员会主席
卡敏斯基同志
抄送：帕纽什金

帕纽什金应立即向我说明自己的行为和为什么要释放阿加

波夫。[203]

让帕纽什金来莫斯科。

阿加波夫应继续监禁。省执行委员会要赶快将关于他的案情的报告抄送给我。

卡敏斯基和帕纽什金都应将执行情况立即向我报告。

如果帕纽什金确实犯有破坏组织的罪行，他将受到严厉惩处。

人民委员会主席　列宁

译自《列宁文集》俄文版第37卷
第96页

297

同约·维·斯大林的来往直达电报

（7月24日）

察里津　斯大林

我是列宁。

您是否可把刚收到的从塔什干发来的无线电报[204]转给巴库：

其次，关于粮食，应该说，今天彼得格勒或莫斯科都一点也发不出了。情况很糟。请告诉我，能否采取一些紧急措施，因为除了您那里，再也没有其他来源了。白卫分子在雅罗斯拉夫尔的暴动已平定。[205]辛比尔斯克已被白军或捷军占领。等候回话。

斯大林的回话

前天夜里，凡是能够运送的东西全都已运往土耳其斯坦。

无线电报已转给巴库。高加索北部存粮很多，但由于铁路中断，运不到北方去。

铁路恢复前，粮食不可能运到。已经派抢修队去萨马拉省和萨拉托夫省，但日内还不能支援你们粮食。大约再过10天铁路可望修复。勉强维持一下吧，你们先发些肉和鱼，这些东西我们可以给你们大量运去。一星期后情况会好转。

斯大林

察里津   斯大林

把鱼、肉、蔬菜等一切食品，能运的都运来，并尽量多些。

列 宁

载于1931年《列宁文集》俄文版
第18卷

译自《列宁全集》俄文第5版
第50卷第126—127页

298

给谢·巴·纳察列努斯的电报

（7月24日）

彼得罗扎沃茨克
军事特派员纳察列努斯

来电已转粮食人民委员部。现在粮食情况很糟。我们未必能帮得上忙。应当把全部最优秀、最可靠的力量组织起来,派往捷克斯洛伐克战线。不战胜捷克斯洛伐克军,就不会有粮食。

人民委员会主席　列宁

载于1942年《列宁文集》俄文版
第34卷

译自《列宁全集》俄文第5版
第50卷第127页

299

致克拉拉·蔡特金

1918年7月26日

最尊敬的蔡特金同志:

非常感谢您6月27日的来信,信是由赫尔塔·霍尔登同志给我带来的。我一定尽全力帮助霍尔登同志。

我们大家都因为有您和梅林同志以及德国其他"斯巴达克派[206]同志们""与我们同呼吸共命运"而感到无比欣慰。这使我们确信,西欧工人阶级的优秀分子仍将排除重重困难支援我们。

现在我们这里经历的可能是整个革命中最艰难的几个星期。阶级斗争和国内战争已深入居民之中:农村到处出现分裂——贫苦农民拥护我们,富农疯狂地反对我们。协约国收买了捷克斯洛伐克军,反革命暴动猖獗一时,整个资产阶级竭尽全力要推翻我们。但是我们坚信,我们一定能渡过这"通常的"(如在1794年和1849年那样)革命进程并战胜资产阶级。

致深切的谢意、最崇高的敬礼和真诚的敬意!

您的　列宁

　　附言:我妻子特地嘱笔问好。向霍什卡同志(他的演说以及您的文章我们已译出)和所有其他朋友致最崇高的敬礼!

　　附言:我刚接到了新的国印。附上印样。印文是:俄罗斯社会主义联邦苏维埃共和国。全世界无产者,联合起来!**207**

原文是德文

用俄文载于 1933 年 1 月 21 日
《真理报》第 21 号

译自《列宁全集》俄文第 5 版
第 50 卷第 127—128 页

300

给格·叶·季诺维也夫的直达电报

(7 月 27 日)

直达电报

彼得格勒

斯莫尔尼　季诺维也夫

　　刚才得到消息说,库班的阿列克谢耶夫率领将近 6 万人马正向我方推进,以图实现捷克斯洛伐克军、英军和阿列克谢耶夫部哥萨克的联合进攻计划。鉴于这种情况,又根据彼得格勒来的工人卡尤罗夫、丘古林等所说,要不是在彼得格勒的中央委员反对,彼得格勒本可以派出十倍的人来,因此,我坚决地断然要求不再加以反对,并要求彼得格勒派出十倍的工人来。党中央的要求就是如此。

我严厉警告你们:共和国正处在危急中,彼得格勒人如果延误派遣彼得格勒工人到捷克战线去,那就得对整个事业可能遭受毁灭的恶果负责。

列　宁

注意:此电文还我,并注明是**几点钟**发往彼得格勒斯莫尔尼的。**列宁**

载于1942年《列宁文集》俄文版
第34卷　　　　　　　　　　　　　　　译自《列宁全集》俄文第5版
　　　　　　　　　　　　　　　　　　第50卷第128—129页

301

给斯·格·邵武勉的电报[208]

7月29日

阿斯特拉罕

转巴库　邵武勉

达什纳克党人反对苏维埃第五次代表大会的决定和违抗中央苏维埃政权的种种活动,都将以暴动和叛变论处。至于派遣军队一事,我们将采取措施,但我们说不准结果如何。

列　宁

载于1938年《红色文献》杂志
第4—5期合刊　　　　　　　　　　　译自《列宁全集》俄文第5版
　　　　　　　　　　　　　　　　　　第50卷第129页

302

同 M.埃利奥维奇的来往直达电报

(7 月 29 日)

埃利奥维奇:巴库请求对昨天发来、今天由我转给您的那份电报作出答复。我将通过无线电报同邵武勉本人谈话。

列宁:我认为今天我发往阿斯特拉罕转给邵武勉的那份电报①就是我的答复。您还有什么问题我没答复吗?

埃利奥维奇:今天在彼得格勒时间 12 时我将通过无线电报同巴库邵武勉本人谈话。除电报外,您还有什么话要转告他吗?

列宁:没有。再没有了。不过请告诉我:巴库人民委员会提出辞职,是真的吗? 还有一个问题:如果这个消息不确实,那么巴库的布尔什维克政权估计自己还能坚持多久?

埃利奥维奇:给巴库的援军何时能到阿斯特拉罕,来多少人,我们好准备帆船和粮食。

列宁:说不准,因为这里军队也不够。

载于 1942 年《列宁文集》俄文版
第 34 卷

译自《列宁全集》俄文第 5 版
第 50 卷第 130 页

---

① 见上一号文献。——编者注

303

给 В. И. 列多夫斯基的电报

（7 月 30 日）

莫斯科

莫斯科交通区政治委员

请把电报稿送我签字。此外，我要求您一定把您提到的破坏制度的具体情况、日期和人名指出来。[209]

人民委员会主席　　列宁

载于 1933 年《列宁文集》俄文版　　　　　　　译自《列宁全集》俄文第 5 版
第 21 卷　　　　　　　　　　　　　　　　　　第 50 卷第 131 页

304

给埃·阿·拉希亚的证明

1918 年 7 月 31 日

证　明

持件人埃诺·拉希亚同志，我本人早就认识他，是一位极可靠的老党员同志，应予**最充分的信任**，特此证明。

人民委员会主席

弗·乌里扬诺夫（列宁）

载于 1960 年《涅瓦》杂志
第 4 期

译自《列宁全集》俄文第 5 版
第 50 卷第 131 页

305

致亚·彼·斯米尔诺夫

1918 年 7 月 31 日

莫斯科

内务人民委员部部务委员

斯米尔诺夫同志

斯米尔诺夫同志：现由护送运粮列车的同志们给您送去这封信。应当为正在挨饿的铁路员工弄到粮食，**无论如何**要弄到。同志，您当然明白，我们认为在粮食问题上执行坚定的无产阶级路线是具有巨大意义的。然而常常有这种情况，战时状态使我们**不得不**按战时的方式办事。粮食**无论如何**要弄到，为了接济挨饿的人，甚至可用高价购买（当然要保守**这一军事机密**）。考虑到战时情况，表报就在**这里**（在人民委员会）办理。我希望，您能完全明白当前的局势并**向前来的**铁路员工们**证明**：为了帮助他们，我们是**不惜花钱**的。

您的　**列宁**

译自《列宁文集》俄文版第 39 卷
第 192—193 页

306

致尤·拉林

（7月底—8月初）

拉林同志：

必须写一本篇幅不大的(小开本,30—40页)论述最高国民经济委员会的**组成**和**活动**的小册子。

这对欧洲和对**农民**来说都极其重要。

要简单、明了,用事实说话：

(α)**工人**组织参加的情况,

(β)不是工团主义性质的,而正是共产主义(马克思主义)性质的构造(即新的社会结构、制度),

(γ)制服资本家(即摧毁他们的反抗),

(δ)实际成就(对**一切**纺织品进行了计算:数字),5—10个**最好的**例子,等等。

(ε)还有什么工作要完成?

(η)工会的**新**作用：

   (αα)工会的发展,

   (ββ)工会**现在**的人数,

   (γγ)工会的作用：**管理**生产。

(θ)国有化企业的数量,等等。[210]

列 宁

载于1933年《列宁文集》俄文版
第21卷

译自《列宁全集》俄文第5版
第50卷第132页

307

致彼·阿·科博泽夫、卡·克·达尼舍夫斯基、康·亚·梅霍诺申、费·费·拉斯科尔尼科夫①

1918年8月1日

致科博泽夫、达尼舍夫斯基、
梅霍诺申和拉斯科尔尼科夫同志

同志们：

借此机会写几句。

各军事领导人和瓦采季斯的工作干劲足吗？政治委员们对他们监督得好吗？

对布洛欣有哪些反映？他确实很好吗？如果确实很好，那么对他是否足够重用了？

当然我从侧面判断，容易弄错。不过，我担心："司令部"是否在压制下面群众的生气勃勃的工作？在军事上同贫苦农民群众联系得够吗？

发动和吸收**贫苦农民**的工作是否**尽力**在做？

现在革命的**整个**成败就在此一举：在喀山—乌拉尔—萨马拉

---

① 列宁在信封上写的是："喀山总司令部　科博泽夫、达尼舍夫斯基、梅霍诺申和拉斯科尔尼科夫同志收(列宁寄)"。——俄文版编者注

战线上迅速战胜捷克斯洛伐克军。

　　一切都取决于此。

　　指挥够果断吗？进攻够坚决吗？

　　请来电或托便人送信答复，哪怕几句话也行。

　　敬礼！

列　宁

载于1934年《无产阶级革命》杂志
第3期

译自《列宁全集》俄文第5版
第50卷第133页

308

给维·巴·诺根的直达电报[211]

（8月1日）

萨拉托夫

诺　根

　　今天就派两个以上的工作人员去。要竭尽全力把事情办好。关于报刊问题，我一定安排。

列　宁

译自《列宁文集》俄文版第37卷
第97页

309

致尼・彼・哥尔布诺夫

1918 年 8 月 3 日

致哥尔布诺夫

(1)盖出新印[212]的印样,发给**每个**人民委员,要收条。

(2)为**所有**苏维埃机关定制这样的印章(尺寸小一些的)或者交小人民委员会统一具体做法(也许要规定带有**各**委员部字样的小尺寸印章的统一式样)。

列　宁

载于 1945 年《列宁文集》俄文版　　　　译自《列宁全集》俄文第 5 版
第 35 卷　　　　　　　　　　　　　　第 50 卷第 134 页

310

致阿・阿・越飞

8 月 3 日

致越飞同志

您最近几封信提到的一切,荒谬到了极点。

在奥涅加事件[213]之后再实行"先前的"同协约国不决裂的政

策是可笑的。总不能把生过孩子的妇女再变成处女。

把协约国**已夺得的**东西给德国人，从而使英、美、日难于扼杀俄国，不能马上扼杀俄国——我们正在继续这样随机应变。把这一切说成是武装干涉或援助都是可笑的。

您不了解事实，又不深入思考事实，所以您和您的备忘录等文件便陷入错误之中。如果您要坚持错误，那请向中央委员会提出声明。在您向中央委员会提出声明之前，在中央委员会接受您的辞呈之前，在派人接替您的工作之前，在接替您的人到达之前，您作为一个党员(您自己也是这样写的)，当然要履行自己的职责。

敬礼!

列　宁

发往柏林

载于1959年《列宁文集》俄文版
第36卷

译自《列宁全集》俄文第5版
第50卷第134—135页

311

致扬·安·别尔津[214]

1918年8月3日

别尔津同志:

来人是意大利战俘，持有乌法苏维埃主席的介绍信。我见过他们两次，同他们交谈留下的印象使我很满意。应当极其谨慎从事并大力帮助他们在意大利人中间进行组织工作，**包括**用意大利文出版书刊。

感谢您的多次来信。

看来您工作干劲很足。向您致敬!

在出版书刊(德文、法文、意大利文、英文书刊)方面千万**不要吝惜钱**,并且要快一些,愈快愈好。

这里正处在紧要关头:在同英军、捷克斯洛伐克军和富农进行斗争。革命的成败正在决定之中。

　　　　　　　　　　　您的　**列宁**

发往伯尔尼　　　　　　　　译自《列宁全集》俄文第5版
　　　　　　　　　　　　　　第50卷第135页

312

致亚·德·瞿鲁巴[215]

(8月3日)

致瞿鲁巴

据说:

(1)斯维尔德洛夫的弟弟[216]负责在7天内将**几万**普特马铃薯(**低于莫斯科一般价格**)运到莫斯科,粮食人民委员部的形式主义妨碍这一工作的进行。

(2)为了同饥饿作斗争,**各地苏维埃**的代表们请求准许运进粮食,他们将**严格遵守**粮食人民委员部的**一切**规章和计划,然而存在形式主义等等。

译自《列宁文集》俄文版第 37 卷
第 98 页

313

给秘书的指示

(8 月 4 日)

　　给穆拉洛夫去电话,把这份电报[217]读给他听,命令他逮捕受贿者。

列　宁

载于 1933 年《列宁文集》俄文版   　译自《列宁全集》俄文第 5 版
第 21 卷   　第 50 卷第 136 页

314

给伊·阿·萨美尔和
沙·祖·埃利亚瓦的电报

(8 月 4 日)

沃洛格达　省执行委员会
萨美尔、埃利亚瓦

请密切注意同通往阿尔汉格尔斯克沿途各站保持联系,每天

报告保持联系的最后一站的站名。请和我们保持最经常的联系，并更详尽地向我报告。[218]

列　宁

载于1942年《列宁文集》俄文版
第34卷
译自《列宁全集》俄文第5版
第50卷第136页

315

致亚·德·瞿鲁巴和
瓦·卢·帕纽什金

（8月5日以前）

致瞿鲁巴和帕纽什金同志

从帕纽什金的报告中可以看出，他工作得很出色，但他精力非常分散，一百件工作件件抓。

这是不能容许的。

应给帕纽什金严格规定明确的**任务**，并形成文字：

(1)把全图拉省的富农和富人的**所有**余粮**收缴干净**，

(2)把所有这些粮食**立即**运往莫斯科，

(3)在**彻底完成这项任务**之前，**不要着手做任何别的事情**。为了完成任务，要多带一些载重汽车去。

载于1942年《列宁文集》俄文版
第34卷
译自《列宁全集》俄文第5版
第50卷第136—137页

316

致亚·德·瞿鲁巴

(8 月 5 日)

鉴于粮食情况极为严重,力量不宜分散,而应把大批力量集中在一个**能够**弄到**许多**粮食的地方。

我建议把力量集中在叶列茨县,根据许多反映以及视察过这个县的内务人民委员普拉夫金的所见所闻,那里镇压富农和组织贫苦农民的工作做得很出色。

请立即以最快速度把**所有**粮食收割队和收割征购队派往叶列茨县,并尽量多带些脱谷机和快速烘干粮食的器具(如果可能的话),等等。

任务是:**把全县的余粮收得一干二净**。

这样大概可以弄到几百万普特的粮食(我看会超过 600 万普特)。

据当地人说,该县 12 个乡(共 21 个乡)的贫苦农民组织得最好,首先要把尽可能多的力量派到那里去,特别是要派到已经登记过的原地主庄园去。

对收割快和交粮快的单位**不要舍不得奖励**,为此要立刻拨出**约 3 000 万卢布**(以机器和修建学校、医院及诸如此类设施的拨款的形式奖励乡和村)。对送交**全部**余粮的给以最高奖励,对送交余粮多的给以中等奖励,等等。

在各缺粮省的工人中间(以及那里的缺粮的农民中间)开展群
众性的鼓动工作:发动他们到叶列茨县去收割庄稼!

载于1931年《列宁文集》俄文版　　　　译自《列宁全集》俄文第5版
第18卷　　　　　　　　　　　　　　　　第50卷第137—138页

317

给瓦·卢·帕纽什金的电报

(8月5日)

叶列茨

军事特派员帕纽什金分队长

您的分队迟迟不启程,使我感到诧异。请电告为何拖延和何
时出发。应尽快出发。[219]

人民委员会主席　**列宁**

载于1942年《列宁文集》俄文版　　　　译自《列宁全集》俄文第5版
第34卷　　　　　　　　　　　　　　　　第50卷138页

318

给叶列茨和图拉军事委员的电报

(8 月 5 日)

叶列茨　叶列茨县军事委员

抄送:**图拉**　图拉省军事委员

请全力协助帕纽什金的分队尽快出发并向该分队提供一切必需品。请电告你们做了哪些工作。

人民委员会主席　**列宁**

载于 1942 年《列宁文集》俄文版第 34 卷　　　　译自《列宁全集》俄文第 5 版第 50 卷第 138—139 页

319

给谢·巴·纳察列努斯的电报

1918 年 8 月 6 日

彼得罗扎沃茨克

军事特派员纳察列努斯

抄送:彼得格勒　季诺维也夫

我和托洛茨基一致认为,纳察列努斯离开危险而又重要的据点彼得罗扎沃茨克是违法的和不能容许的。

必须使他返回彼得罗扎沃茨克并要求他作出解释。^①

人民委员会主席　**列宁**

译自《列宁全集》俄文第5版
第50卷第139页

320

致亚·德·瞿鲁巴

(8月8日)

致瞿鲁巴

现在要尽全力把两个法令(关于收割队的法令和关于集体车队的法令)**在事实上**

在实践中结合起来并组成**我们的**征粮队。**220**

为此应做些什么?

(1)指令:每个工会派出**若干人**(例如,抽五分之一)参加集体车队,

(2)发挥和强调关于集体车队的法令的第7条,

(3)集体车队(实际上＝**帮助**)和征购队的相互关系……

(4)将它们**全部**派往县里,至多两个县(**最好的县**),把粮食**收**

---

① 见本卷第331号文献。——编者注

缴干净。

载于1931年《列宁文集》俄文版
第18卷

译自《列宁全集》俄文第5版
第50卷第139—140页

321

致尼·巴·布留哈诺夫和
粮食人民委员部其他部务委员

（8月8日以后）

致布留哈诺夫和粮食人民委员部其他部务委员

我根据您①的报告断定，粮食人民委员部对法令的理解和实施是不正确的。

"看不出工人们有什么特别的愿望……"（参加收割队）。

证据在哪里？粮食人民委员部的号召书在哪里？几号发出的。

发到了哪些工厂？什么时候发的，发了多少份？

恐怕粮食人民委员部在这方面什么也没做（从布留哈诺夫同志只字未提来看），而不知在搞什么官僚主义的拖拉误事的鬼名堂。因为没有工人们的帮助，粮食人民委员部等于零。

从引文（引自涅夫斯基8月8日的电报）里看不出有什么不好

---

① 指尼·巴·布留哈诺夫。——编者注

的地方,因为其中既**没有**涉及工会会员的百分比问题,**没有**涉及领导机构问题,也**没有**涉及参加和收割的问题(关于集体车队的法令第7条),也就是说,没有涉及**实际**问题。

涅夫斯基的电报中除了好的方面,究竟有什么不好的方面呢?涅夫斯基号召工人们:去帮助吧(他没谈条件,而**这些条件我们已经规定了**,而且是优厚的),可是粮食人民委员部却在挑剔**词句**(挑剔得毫无道理)……什么事情也不做!

要么我们发动工人群众参加重要的征粮(和镇压富农)运动——此事粮食人民委员部现在没有做,

要么干脆取消粮食人民委员部。

载于1931年《列宁文集》俄文版
第18卷

译自《列宁全集》俄文第5版
第50卷第140—141页

322

致最高军事委员会²²¹

(8月9日)

迅速拨给所请求的东西;

今天就从莫斯科发出;

立即把负责准确无误地执行此项命令的6名将军(从前的)的**姓名**(和地址)以及总参谋部12名军官(从前的)的**姓名**给我,并警告他们:如果不执行此项命令,将以暗中破坏论处,予以枪决。

米·德·邦契-布鲁耶维奇应马上派一名脚踏车兵把对此事

的书面答复给我送来。

人民委员会主席

弗·乌里扬诺夫(列宁)

载于1938年2月23日《真理报》
第53号

译自《列宁全集》俄文第5版
第50卷第141页

323

给尼·安·阿尼西莫夫的电报

(8月9日)

阿斯特拉罕

　　阿尼西莫夫

巴库的情况我仍然不清楚。

谁在掌握政权?

邵武勉在哪里?

要向斯大林请示,要通盘考虑后才行动;您知道,我是充分信任邵武勉的。在这里无法弄清情况,因此也就不可能很快给予帮助。[222]

列　宁

载于1938年《红色文献》杂志
第4—5期合刊

译自《列宁全集》俄文第5版
第50卷第141—142页

324

致格·费多罗夫[223]

1918年8月9日

费多罗夫同志：

　　显然，下诺夫哥罗德的白卫分子暴动在酝酿中。应当动员一切力量，成立三人专政小组（您、马尔金等），**立即**采取群众性的恐怖手段，把**数百名**拉拢士兵、旧军官等等的卖身投靠者**枪决或押送出境**。

　　此事刻不容缓。

　　我不明白罗曼诺夫怎么能在这样的时刻离开岗位！

　　来人我不认识，他叫阿列克谢·尼古拉耶维奇·博勃罗夫。他说曾在彼得格勒维堡区工作过（从1916年起）⋯⋯　据他自己说，在此以前，1905年，在下诺夫哥罗德工作过。

　　根据委托书判断，此人可予信任。请审查后安排工作。

　　肃反委员会主席彼得斯说，他们也有**可靠的**人在下诺夫哥罗德。

　　应当全力以赴：进行大搜查。私藏武器应予枪决。孟什维克和不可靠分子应大批押送出境。撤换仓库警卫队，派可靠人员去。

　　据说，拉斯科尔尼科夫和达尼舍夫斯基从喀山去您那里了。

　　请把此信给朋友们念一下，用电报或电话给我答复。①

您的　列宁

发往下诺夫哥罗德

译自《列宁全集》俄文第5版
第50卷第142—143页

---

① 见本卷第352号文献。——编者注

325

给亚·杰·梅捷列夫的电报[224]

8月9日

沃洛格达

省执行委员会   梅捷列夫

抄送:萨美尔和埃利亚瓦

不必来莫斯科报告。必须留在沃洛格达,动员一切力量立即无情地镇压公然在当地策划叛变的白卫分子,并做好防御的准备工作。

请用书面形式驳斥关于阿尔汉格尔斯克的讹传。

人民委员会主席   列宁

载于1942年《列宁文集》俄文版
第34卷

译自《列宁全集》俄文第5版
第50卷第143页

326

给奔萨省执行委员会的电报

(8月9日)

奔萨

省执行委员会

抄送:叶夫根尼娅·波格丹诺夫娜·博什

来电[225]已悉。必须组织经过挑选的可靠人员加强防卫,采取无情的群众性恐怖手段对付富农、神父和白卫分子；把可疑者关进城外集中营。命令国家有价证券印刷厂[226]开工。执行情况请电告。

人民委员会主席　**列宁**

载于 1924 年《无产阶级革命》杂志 第 3 期(总第 26 期)　　　　　　　　译自《列宁全集》俄文第 5 版 第 50 卷第 143—144 页

327

给瓦·弗·库拉耶夫的电报

1918 年 8 月 10 日

奔萨

省执行委员会　库拉耶夫

来电收到,已转斯维尔德洛夫并已同他谈妥。[227]

将采取一切措施。

必须最坚决、最迅速、最无情地镇压富农的暴动,从奔萨抽调一部分军队,没收参加暴动的富农的全部财产和粮食。请随时电告此事的进展情况。

人民委员会主席　**列宁**

载于 1931 年《列宁文集》俄文版 第 18 卷　　　　　　　　　　　　　译自《列宁全集》俄文第 5 版 第 50 卷第 144 页

328

致亚·德·瞿鲁巴

1918年8月10日

1

瞿鲁巴:

(1)萨拉托夫有粮食,我们却运不来,真是太糟糕,糟糕极了!!可否给每个枢纽站派一两名粮食工作人员去? 还需要做什么?

(2)拟个法令草案——每个产粮乡都要有 25—30 个**富人作人质**,他们要**用性**命保证**全部**余粮收缴上来。

(3)**赶快**吩咐波波夫定出各乡的征购量。即每个乡**能有**多少**余粮**。每个乡应该交出多少?

2

瞿鲁巴:

(1)关于"人质"问题您没有回答。

(2)波波夫何时能**结束**工作?(应叫他**短期**内完成。)

3

我建议"人质"不必**抓起来**,而是**按乡指定人**。

指定的目的：就是要富人**用性命保证**余粮迅速收缴上来，如同他们对摊派的强征负责一样。

这样的指令(指定"人质")发到

　　　　(α)贫苦农民委员会，

　　　　(β)所有征粮队。

力量吗？现在恰恰**在临近前线地区会有力量的**。[228]

载于1931年《列宁文集》俄文版
第18卷

译自《列宁全集》俄文第5版
第50卷第144—145页

329

给亚·彼·斯米尔诺夫的电报[229]

(8月10日)

萨拉托夫

特派员斯米尔诺夫

托洛茨基已去喀山，我将把一切转告他的副手。也将转告涅夫斯基等人。请加紧组织贫苦农民，摧毁富农并武装可靠的工人。

列　宁

载于1931年《列宁文集》俄文版
第18卷

译自《列宁全集》俄文第5版
第50卷第145页

330

☆致最高军事委员会

1918 年 8 月 10 日

机密

米·德·邦契-布鲁耶维奇亲收

我认为必须千方百计加强东方面军。我命令最高军事委员会制定从西方面军**尽量多**抽调部队的计划。此计划必须在最短期限内贯彻。凡有战斗力的部队都应开去。铁路部门将接到对已出发去前线的部队立即放行的命令,并将全力以赴准备接待和运送新部队。

我命令最高军事委员会监督铁路部门准确、迅速地执行任务。如有延误,最高军事委员会主席应向我报告。

责成最高军事委员会尽速执行此计划。

人民委员会主席

弗·乌里扬诺夫(列宁)

载于 1930 年《国内战争(1918—1921)》第 3 卷(影印件)

译自《列宁全集》俄文第 5 版第 50 卷第 146 页

331

给谢·巴·纳察列努斯的电报

1918 年 8 月 11 日

彼得罗扎沃茨克
军事特派员纳察列努斯

我很高兴,您在大力消除我和托洛茨基由于许多人纷纷离开前线而产生的忧虑。[230]请派最可靠的人送来关于部队的人数、部署和士气的详细报告。

人民委员会主席　**列宁**

译自《列宁全集》俄文第 5 版
第 50 卷第 146—147 页

332

给沃洛格达省执行委员会的电报

1918 年 8 月 11 日

沃洛格达　省执行委员会
抄送:克德罗夫

必须立即动员资产阶级去挖战壕,要以最大的干劲推动筑城工事。请电告执行情况。派最可靠的人送来有关此项紧急工程进度的详细资料和报告。

人民委员会主席   **列宁**

载于1930年《国内战争(1918—1921)》第3卷(影印件)

译自《列宁全集》俄文第5版第50卷第147页

333

给图拉肃反委员会的电报[231]

1918年8月11日

图拉

肃反委员会

抄送:劳动委员部   皮尤里亚伊年

并转工人们

请马上寄来详细报告说明你们逮捕基斯利亚科夫的理由。如属秘密,则派专人送来。你们本应不等我问,一经得悉省执行委员会的异议和工人们的控告,自己即把说明材料给我寄来。电告执行情况。

人民委员会主席   **列宁**

译自《列宁文集》俄文版第37卷第98—99页

334

给米·谢·克德罗夫的电报

(8月12日)

密电

沃洛格达

省执行委员会　克德罗夫

在英国人沿德维纳河推进之初我方无人指挥,这就证明您离开是有害的。

现在您应努力弥补损失,同科特拉斯取得联系,立即向该地派去飞行员,要坚决组织好科特拉斯的防御。**232**

人民委员会主席　**列宁**

载于1926年《布尔什维克思想》
杂志(阿尔汉格尔斯克)第11期
(总第13期)

译自《列宁全集》俄文第5版
第50卷第147页

335

给叶·波·博什的电报

1918年8月12日

奔萨

省执行委员会　博什

来电**233**收悉。对镇压五个乡的富农暴动的经过和结果只字未提,使我极为诧异。您在镇压参加暴动的富农和彻底没收他们的全部财产,特别是没收他们的粮食方面,想来不至于行动迟缓或软弱无能。

人民委员会主席　列宁

载于1924年《无产阶级革命》杂志第3期(总第26期)

译自《列宁全集》俄文第5版第50卷第148页

336

给亚·叶·敏金的电报

(8月12日)

奔萨

省执行委员会　敏金

报告镇压富农暴动情况的来电收到。应趁热打铁,为此,要利用镇压富农的机会普遍地、无情地镇压粮食投机商,没收大财主的粮食并广泛发动分到粮食的贫苦农民。请电告执行情况。应当彻底巩固临近前线地区的贫苦农民的政权。

人民委员会主席　列宁

载于1930年《国内战争(1918—1921)》第3卷(影印件)

译自《列宁全集》俄文第5版第50卷第148页

337

给瓦·弗·库拉耶夫的电报

（8 月 12 日）

奔萨

省执行委员会　库拉耶夫

收集并公布左派社会革命党人参加富农暴动的种种事实极为重要。请更详尽报告您准备采取哪些措施对付左派社会革命党人。其他情况我已电告敏金和博什。①

人民委员会主席　**列宁**

载于 1931 年《列宁文集》俄文版
第 18 卷

译自《列宁全集》俄文第 5 版
第 50 卷第 149 页

338

给亚·叶·敏金的电报

1918 年 8 月 14 日

奔萨

省执行委员会　敏金

我收到对您的两份诉状[234]。一份说您在镇压富农时手软。

---

① 见本卷第 335、336 号文献。——编者注

假如情况属实，那就是对革命犯下了大罪。另一份说您削弱鼓动工作，减少传单的份数，抱怨经费不足。鼓动工作就是花上几十万我们也舍得。请速向中央执行委员会请求拨款，经费不足可以解决。这样的借口我们不能同意。

人民委员会主席　**列宁**

载于 1931 年《列宁文集》俄文版
第 18 卷

译自《列宁全集》俄文第 5 版
第 50 卷第 149 页

339

致扬·安·别尔津

1918 年 8 月 14 日

亲爱的别尔津同志：乘便写此短信，聊表敬意。衷心感谢您寄来出版物。

您的　**列宁**

附言：请寄些有趣的报纸来（载有对布尔什维克的评论的），各寄一份，并请把新出的各种英文、法文、德文和意大利文小册子全寄给我。不要舍不得花钱。

向哥尔特和吉尔波问候。如果世界社会主义文献读得多的人能给我们寄一些适合做街头标语的**好的语录**来，那就太好了（请告知**哥尔特及其他人，等等**）。

对 ΙΙ 帮助了吗？**对 N. N. 呢？不要舍不得花钱！！**

请把附信①交给普拉滕，又及。

发往伯尔尼

载于 1925 年 1 月 21 日《真理报》
第 17 号

译自《列宁全集》俄文第 5 版
第 50 卷第 150 页

340

致弗里茨·普拉滕[235]

1918 年 8 月 14 日

致弗里茨·普拉滕同志

亲爱的普拉滕同志：

您若能再次来我们这里，那当然是再好不过了。据说，瑞士的气氛给了您不好的影响（这种气氛过于小资产阶级化，过于"宁静"，过于"友好"了）——我冒昧地希望，我们这里的气氛将给您另外一种影响。

再见！

您的　**列宁**

附言：一切反革命势力都聚集起来反对我们。富农的暴动猖獗。但是，我希望并且确信，我们一定会粉碎他们。

原文是德文

载于 1968 年《瑞士历史杂志》
第 1 期

译自《列宁文集》俄文版第 37 卷
第 99 页

---

①　见下一号文献。——编者注

341

给杰·季·彼特鲁丘克的电报[236]

(8月15日)

奥尔沙

必要时将允许您发直达电报。我建议逐步采取措施解除那些腐败的部队和流氓分子的武装并加以驱逐。应请地方执行委员会和区域委员会委员帮助处理这一极重要的工作,因为这是一件头等重要的国家大事。请将此电通知各地执行委员会和党委会。

译自《列宁全集》俄文第5版
第50卷第150—151页

342

致军用汽油总库主任

1918年8月15日

请拨给财政人民委员部部务委员泽米特同志汽车用油。务请立即办理。

人民委员会主席
弗·乌里扬诺夫(列宁)

译自《列宁文集》俄文版第38卷
第214页

343

致 A. K. 派克斯[237]

（8 月 15 日）

1

派克斯同志：请您试试看，能否说服他，不然就得把他开除或解职，因为派人去请他是人民委员会决定的。

2

致派克斯

现在只好在这里把问题摆出来了，因为刚刚通过的决定就是这样。

兰德尔真是愚蠢和蛮横无理，以致大家忍无可忍，连一条为他辩护的理由也找不到。

请您发言。

译自《列宁文集》俄文版第 37 卷第 100 页

344

致亚·德·瞿鲁巴

(8月上半月)

可否这样办:征粮队去弄粮食(**收购**和用直达列车运来)按两种办法:

一种是去一次(去一个乡,或去一个县脱粒,等等)——那么奖励少一些。

一种是长期担当此项工作(**不是**去一下,而是去三四个月,等等;或者响应粮食人民委员部的号召**再去**一次,等等)——那么奖励多一些。

(在上述两种情况下都要提出一项条件,即**既**要收购**又**要脱粒,并要**自己**把粮食**运进**粮仓和建造粮仓或搭棚,等等。)

载于1945年《列宁文集》俄文版 译自《列宁全集》俄文第5版
第35卷 第50卷第151页

345

致埃·马·斯克良斯基

1918年8月16日 机密

致斯克良斯基同志

随信送上沃罗夫斯基同志的信及其附件(1918年8月16日

人民委员会办公厅第 2509 号)，请您极其认真地对待其中所揭露的舞弊行为和犯罪活动。**238**

必须指派极少数最可靠最有经验的同志(尽可能，不超过两三个人)，吸收一名肃反委员会的人参加，通过这样一个秘密侦查工作组进行**极严格的调查**，起初要绝对秘密进行，目的是(1)揭露有关机关平时工作的情况，(2)查清反革命犯罪分子的**关系**，(3)把他们全部逮捕，无一漏网。

执行情况要定期向我报告。

人民委员会主席
弗·乌里扬诺夫(列宁)

译自《列宁全集》俄文第 5 版
第 50 卷第 151—152 页

346

给谢·帕·谢列达的电报

1918 年 8 月 16 日

叶列茨
人民委员谢列达

要一个乡一个乡地把余粮一点不剩地全部收上来运出，这样做极为重要。对模范乡不要吝惜机器和奖励。请报告共有多少余粮以及哪个乡能首先把全部余粮交完。

列　宁

载于 1931 年《列宁文集》俄文版　　　　　　译自《列宁全集》俄文第 5 版
第 18 卷　　　　　　　　　　　　　　　　　第 50 卷第 152 页

347

给 M. Ф. 博尔德列夫的电报[239]

1918 年 8 月 17 日

扎顿斯克

执行委员会　博尔德列夫

要用最坚决的手段对付富农和同他们狼狈为奸的左派社会革命党匪帮。要向贫苦农民发出号召。把他们组织起来。请向叶列茨求援。必须无情镇压富农吸血鬼。请回电。

人民委员会主席　列宁

载于 1927 年《革命和文化》杂志　　　　　　译自《列宁全集》俄文第 5 版
第 2 期　　　　　　　　　　　　　　　　　第 50 卷第 152—153 页

348

给谢·瓦·马雷舍夫的电报[240]

1918年8月17日

萨马拉省叶卡捷琳诺格勒(叶卡捷琳娜城)

谢尔盖·马雷舍夫

祝贺你们的成就。请经常地迅速电告:收集并运到萨拉托夫的粮食究竟有多少,何时运到的。尤其重要的是,不要分散力量,而应首先在一个乡把全部余粮收净并给予重奖。请电告执行情况。

人民委员会主席　**列宁**

载于1918年9月18日《萨拉托夫红色报》第164号(非全文)

全文载于1931年《列宁文集》俄文版第18卷

译自《列宁全集》俄文第5版第50卷第153页

349

给科捷利尼奇执行委员会的电报[241]

1918年8月17日

科捷利尼奇　执行委员会

抄送:维亚特卡　执行委员会

收到卢布宁娜的一封控告信,说她的丈夫卢布宁遭到肃反委员会主席尼基京的毒打，并被无辜关进监狱。我命令立即要求尼基京作出解释并用电报向我报告，同时报来维亚特卡省执行委员会对是否释放卢布宁（如果他不是反革命分子）的意见。

人民委员会主席　列宁

载于1933年《列宁文集》俄文版　　　　　　译自《列宁全集》俄文第5版
第21卷　　　　　　　　　　　　　　　　第50卷第153—154页

350

给尼·伊·穆拉洛夫的电话

（8月17日和19日之间）

谢列达在叶列茨县运送粮食，急需汽油200普特。不要忘记，粮食问题是主要的根本的问题。应完全照办。请立即回答，您究竟何时能给谢列达（农业人民委员谢列达。叶列茨）运去200普特汽油。

列　宁

载于1931年《列宁文集》俄文版　　　　　　译自《列宁全集》俄文第5版
第18卷　　　　　　　　　　　　　　　　第50卷第154页

351

给奥廖尔省兹多罗韦茨
执行委员会的电报

(8月19日)

奥廖尔省兹多罗韦茨

布罗夫、佩列亚斯拉夫采夫

抄送:奥廖尔省苏维埃

　　必须把无情镇压富农和左派社会革命党人的暴动同以下工作结合起来:没收富农的全部粮食,彻底收净全部余粮,并把一部分粮食无偿地分给贫苦农民。请电告执行情况。

人民委员会主席　列宁

载于1931年《列宁文集》俄文版
第18卷

译自《列宁全集》俄文第5版
第50卷第154页

352

给费·费·拉斯科尔尼科夫的电报

(8月19日)

下诺夫哥罗德

省执行委员会转拉斯科尔尼科夫

　　请加倍用心注意喀山战线的供应,注意速派预备队去那里,注意下诺夫哥罗德要立即开始同白卫分子作斗争并把这场斗争坚决进行到底。特别要注意保护炮兵器材。请电告执行情况。

列　宁

载于 1934 年《无产阶级革命》杂志
第 3 期

译自《列宁全集》俄文第 5 版
第 50 卷第 155 页

353

给谢·帕·谢列达的电报

1918 年 8 月 19 日

叶列茨

农业人民委员谢列达

　　装有 500 普特汽油的一节油罐车今天发往您处。您为什么不提极为重要的问题:收了多少粮食,送交了多少。其次,一定要先在一个乡收净全部余粮并给予重奖。如果贫苦农民和中农肯帮助饥民,我们将不惜花钱去援助他们。

列　宁

载于 1931 年《列宁文集》俄文版
第 18 卷

译自《列宁全集》俄文第 5 版
第 50 卷第 155 页

354

给亚·叶·敏金的直达电报[242]

（8月19日）

致敏金

一个财政人民委员,而且是一个区域的财政人民委员,是否可以撤销我的命令,提出这样的问题是愚蠢的。如果此项命令得不到执行,我将把犯罪者送交法庭审判。在切姆巴尔暴动平定之前,请把拉脱维亚连暂时留在奔萨。请转告执行委员会全体委员及全体共产党员,他们的职责就是无情地镇压富农并没收暴动分子的全部粮食。您的无所作为和软弱无能使我气愤。我要求详细报告我的历次命令的执行情况,特别是报告镇压叛乱和没收粮食的措施。

列　宁

发往奔萨

载于1931年《列宁文集》俄文版
第18卷

译自《列宁全集》俄文第5版
第50卷第156页

355

给奔萨省执行委员会的电报

1918 年 8 月 19 日

奔萨 省执行委员会

抄送:共产党省委员会

我非常气愤,你们丝毫没有明确地向我报告过,你们在无情镇压 5 个乡的富农以及没收他们的粮食方面究竟采取了哪些认真的措施。你们的无所作为是有罪的。应集中全力去一个乡,收净那里所有的余粮。电告执行情况。

人民委员会主席 列宁

载于 1931 年《列宁文集》俄文版
第 18 卷

译自《列宁全集》俄文第 5 版
第 50 卷第 156 页

356

给列·达·托洛茨基的电报[243]

(8 月 19 日)

秘密

斯维亚日斯克 托洛茨基

抄送:瓦采季斯

关于你们提出的组建教官分队的军事设想,可由军人自行决定,我不想发表意见。我只知道,在军官完全靠不住的情况下,工人军队特别需要我们自己的教官。至于奖金问题,我同意,并将为您的决定辩护,使之通过。不必公布。

列 宁

载于1942年《列宁文集》俄文版 第34卷

译自《列宁全集》俄文第5版 第50卷第157页

357

致格·瓦·契切林

1918年8月19日

契切林同志:

来人是拉图卡同志,芬兰社会民主党人。我们在芬兰隐蔽时,他帮了我们很大的忙。[244]现在要**全力**帮助他。他想到瑞士去。

请费心同他谈谈并帮助他实现其愿望,在大使馆给他找个职位。他是记者。

您的 列宁

载于1959年《列宁文集》俄文版 第36卷

译自《列宁全集》俄文第5版 第50卷第157页

358

致格·瓦·契切林

1918 年 8 月 19 日

契切林同志:

迈纳和**普赖斯**同志希望以美英记者身份到捷克斯洛伐克战线去。此事请认真讨论一下,我最后还要同您谈谈,以便军方作出决定。

您的　列宁

译自《列宁全集》俄文第 5 版
第 50 卷第 158 页

359

致格·瓦·契切林

1918 年 8 月 19 日

契切林同志:

来人是我同您谈过的让娜·拉布勃同志。

请接待她并同她详细谈谈。[245]

您的　列宁

译自《列宁全集》俄文第 5 版
第 50 卷第 158 页

360

致雅·米·斯维尔德洛夫

1918 年 8 月 19 日

斯维尔德洛夫同志：

请为前来您处的彼得松同志设法汇一笔相当的款子给他的老母亲，以保障她的生活；由于某些情况，这样做是必要的，因为儿子给她寄部分薪金，维持不了她的生活。

您的　列宁

载于 1959 年在里加出版的尼古拉·康德拉季耶夫《彼得松同志》一书

译自《列宁全集》俄文第 5 版第 50 卷第 158—159 页

361

致埃·马·斯克良斯基

1918 年 8 月 19 日

斯克良斯基同志：

来人列昂尼德·波里索维奇·克拉辛同志是位老党员。关于他，您大概也早有所闻。请立即接待他并给予充分信任。应当授予他代表最高军事委员会处理舰队事务的全权。

您的　列宁

译自《列宁全集》俄文第 5 版第 50 卷第 159 页

362

致尼·彼·哥尔布诺夫

(8 月 20 日以前)

致哥尔布诺夫

您看完文件，就写上"送弗·伊·审阅"(!??)((这是不言而喻的))或"拟如此这般"，这是多余和毫无意义的。

应就事情实质写上两三行。否则就没有必要让您看了。

载于 1945 年《列宁文集》俄文版
第 35 卷

译自《列宁全集》俄文第 5 版
第 50 卷第 159 页

363

给利夫内执行委员会的电报

1918 年 8 月 20 日

利夫内　执行委员会
抄送：军事委员谢马什柯和共产党组织

我赞成你们坚决镇压全县的富农和白卫分子。必须趁热打铁，分秒必争，把全县的贫苦农民组织起来，没收参加暴动的富农的全部粮食和财产,对富农中的首恶分子处以绞刑,动员和武装贫苦农民,由我们队伍中可靠的人当领导,逮捕一些富人,把他们作为人质扣押起来,直到他们所在乡的全部余粮收交完毕。请电告执行情况。立即把模范钢铁团的一部分派往奔萨。

人民委员会主席　**列宁**

载于 1931 年《列宁文集》俄文版
第 18 卷

译自《列宁全集》俄文第 5 版
第 50 卷第 160 页

364

给坦波夫省粮食委员会的电报

1918 年 8 月 20 日

坦波夫

省粮食委员会

乌斯曼县萨福诺沃乡、巴里亚金斯克乡和新尼科利斯克乡收割了地主的 7 000 俄亩地的庄稼,并把所收的粮食送进了粮库。请立即电告:此粮库现有多少普特粮食,警卫是否可靠,为什么迟迟不运来莫斯科,这种不能容忍的拖延是谁的罪过,乌斯曼县有没有贫苦农民委员会,这些委员会是否可靠?

人民委员会主席　**列宁**

载于 1931 年《列宁文集》俄文版
第 18 卷

译自《列宁全集》俄文第 5 版
第 50 卷第 160—161 页

365

给亚·叶·敏金的直达电报

(8 月 20 日)

致敏金

　　刚读完您的报告。我再次命令：在接到新的指示之前，随国家有价证券印刷厂去奔萨的拉脱维亚人暂留该地。

　　从你们的 800 名士兵中挑选出最可靠的人，先对一个乡采取无情的行动，把事情处理完毕。请寄来关于切姆巴尔情况的确切报告。到目前为止，显然你们不仅兵力不足，而且劲头也不够，因为你们既然能把 5 个乡的暴动镇压下去，那么至少能在一个乡里把事情处理完毕。如果需要，我们再派些兵力去，请更详细更准确地电告：你们在什么地方占用了多少兵力，需要什么样的支援，往哪里支援。

列　宁

发往奔萨

载于 1931 年《列宁文集》俄文版
第 18 卷

译自《列宁全集》俄文第 5 版
第 50 卷第 161 页

366

致扬·安·别尔津

1918 年 8 月 20 日

别尔津同志：

　　谨致最深切的敬意。希望出版更多的书并各寄一册给我。甚至连《明日》[246]杂志社新出版的一些小册子**我都没有**！请把昂利·巴比塞著的《**火线**》以及诸如此类的书寄来。

您的　**列宁**

　　请寄来①

　　尤尼乌斯的书。

　　(李卜克内西)《战争与国际》——总而言之，**哥尔特**等人在瑞士出版的**一切**著作都要。

发往伯尔尼

译自《列宁全集》俄文第 5 版
第 50 卷第 161—162 页

---

　　① 从"请寄来"起至此件末尾是列宁写在信封背面的。

　　　　列宁还在信封上写了地址："驻**瑞士**大使别尔津同志收（寄往**伯尔尼**）"。——俄文版编者注

367

☆致财政人民委员部²⁴⁷

(8 月 20 日)

财政人民委员部
克列斯廷斯基同志

请审查一下这份申请书,并于明天,1918 年 8 月 21 日,将财政人民委员的意见报告给我。

译自《列宁文集》俄文版第 37 卷
第 100 页

368

给 Б. И. 莫纳斯特尔斯基的直达电报

(8 月 20 日)

致莫纳斯特尔斯基

来电收悉。²⁴⁸指令:要更坚决有力地镇压白卫分子和富农。

请更经常更详细地报告战果。

列　宁

发往彼尔姆

载于1942年《列宁文集》俄文版
第34卷

译自《列宁全集》俄文第5版
第50卷第162页

369

给列·达·托洛茨基的批示[249]

(8月20日和23日之间)

托洛茨基同志:

请考虑一下这件事。

可否任命瓦采季斯为最高总司令?

列　宁

译自《列宁文集》俄文版第37卷
第101页

370

给阿斯特拉罕省执行委员会的电报

1918年8月21日

阿斯特拉罕　省执行委员会

抄送:省共产党组织

听说阿斯特拉罕已经有人在谈论撤退了,这难道是真的吗?[250]

假如这是真的,那就应当采取无情的措施对付胆小鬼,并迅速选派一批最可靠的和坚定的人员去组织阿斯特拉罕的保卫工作,在英国人进犯时执行最坚定的战斗到底的政策。

请详细回电。

人民委员会主席　**列宁**

载于 1950 年《列宁全集》俄文
第 4 版第 35 卷

译自《列宁全集》俄文第 5 版
第 50 卷第 162—163 页

371

给瓦·尼·哈尔洛夫的电报

1918 年 8 月 21 日

萨拉托夫

人民委员哈尔洛夫同志

您所指出的余粮数额显然是缩小了。请收集更准确的材料。必须挑出模范村和模范乡来,即把贫苦农民组织得最好的村和乡挑出来,目的是:第一,确定未加隐瞒的余粮数额;第二,对那些将余粮彻底收净并全部上交的乡要给予重奖。请将这一点转告全体粮食工作人员并望电复。请赶快装运粮食。

人民委员会主席　**列宁**

载于 1931 年《列宁文集》俄文版
第 18 卷

译自《列宁全集》俄文第 5 版
第 50 卷第 163 页

372

致谢·巴·梅德维捷夫[①]

1918年8月21日

梅德维捷夫同志:博什同志向我谈了你们在前线的会见、前线的情况以及您的疑虑。她说您当时相信可以而且应该夺取塞兹兰,**但却不想往这里写信。**

如果是这样,那您就不对了。设政治委员,就是要他告状。您一定要写信(和打电报)向我报告**一切**,而且要经常些。

您却连一句话也没有写过。

这不好。没有党性,没有履行您对国家应尽的义务! 实在不好。

敬礼!

您的　**列宁**

载于1942年《列宁文集》俄文版第34卷

译自《列宁全集》俄文第5版第50卷第163—164页

---

① 信封上列宁写的是:"**梅德维捷夫同志(政治委员)**收(列宁寄)"。——俄文版编者注

373

☆致最高军事委员会

1918 年 8 月 21 日

　　来人是土耳其斯坦中央执行委员会的代表。他们请求派一支100—200 人的队伍去镇压克拉斯诺沃茨克的叛乱(从阿斯特拉罕出发)。请讨论他们的请求,千方百计帮助他们,并把最高军事委员会的决定打电话告诉我。

人民委员会主席

弗·乌里扬诺夫(列宁)

载于 1945 年《列宁文集》俄文版
第 35 卷

译自《列宁全集》俄文第 5 版
第 50 卷第 164 页

374

致亚·德·瞿鲁巴

(8 月 22 日以前)

致瞿鲁巴

　　有人再三向我报告,在马铃薯(不定量)问题上舞弊行为层出不穷(在区域粮食委员会和其他地方)。

　　据说商人们提出，一普特卖 20 卢布的话可以使马铃薯堆满莫斯科。据说直接卖给顾客(零售)要 28 卢布，等等。

　　派人去检查一下，您看如何？

　　可否让邦契-布鲁耶维奇参加检查委员会？[251]

载于1933年《列宁文集》俄文版
第21卷

译自《列宁全集》俄文第5版
第50卷第164—165页

375

给 A.K.派克斯的直达电报

(8月22日)

1

萨拉托夫　派克斯

　　我马上打电话同军方谈你们的全部要求。[252]暂且建议你们指派自己的指挥员并枪毙阴谋分子和动摇分子，这些事无须请示他人，不要白痴般地拖延。为得到我的答复，你们可在电报局等候，或安排轮流值班，或约定再过一两个小时。请回话。

列　宁

2

萨拉托夫　派克斯

　　我刚同阿拉洛夫谈过。据他说，为你们运送炮弹的工作已在

全力进行。今天开始装车,两三天后即可装完。请采取更坚决的
行动镇压富农。

列　宁

载于1931年《列宁文集》俄文版　　　　　　译自《列宁全集》俄文第5版
第18卷　　　　　　　　　　　　　　　　　第50卷第165页

376

给俄共(布)奔萨省委的电报

1918年8月22日

奔萨

省委　图尔洛

抄送:敏金

　　我不理解,敏金怎么能拒绝执行省委多数人通过的决定
呢。[253]但愿这只是一场误会。我坚决要求,在战争紧要关头大家
都同心协力地以最大的决心工作,服从多数,而把冲突向中央委员
会报告,但不要停止工作。

列　宁

载于1931年《列宁文集》俄文版　　　　　　译自《列宁全集》俄文第5版
第18卷　　　　　　　　　　　　　　　　　第50卷第166页

377

给 H. Д. 托克马科夫的电报

1918 年 8 月 23 日

> 德米特罗夫
>
> 民政委员托克马科夫
>
> 抄送:县执行委员会
>
> 县共产党组织

请报告镇压罗加乔沃富农暴动的详细情况和被捕者姓名。必须没收参加暴动的富农的财产,组织贫苦农民委员会,采取更坚决的行动。

人民委员会主席 **列宁**

载于 1931 年《列宁文集》俄文版
第 18 卷

译自《列宁全集》俄文第 5 版
第 50 卷第 166 页

378

给雷击舰支队政治委员和司令的电报

(8 月 23 日)

> 雷宾斯克
>
> 雷击舰支队政治委员和司令
>
> 抄送:苏维埃执行委员会

我命令火速完成火炮、炮弹和煤的装载工作并立即开赴下诺夫哥罗德。此项工作应在最短期限内完成。当地苏维埃和各苏维埃组织应予全力协助。拖延一分钟都将严加追究,对负有罪责者将采取相应措施。请电告执行情况。

人民委员会主席　列宁①

载于 1934 年在莫斯科出版的
弗·伊·列宁《国内战争时期
文集》

译自《列宁全集》俄文第 5 版
第 50 卷第 167 页

379

给费·伊·科列索夫的电报

(8 月 23 日)

塔什干

科列索夫

高加索和巴库的情况我们了解得不多。情报未经核实。北高加索有苏维埃政权。它的军队同察里津的联系已被切断,哥萨克正从南面围攻察里津。英国人已在巴库登陆,那里局势不稳。如果我们能把英国人赶出巴库,德国人同意保证不进攻那里。那里事态将会如何发展,尚难逆料。不知援军现在何处。我们推想是在察里津城郊受阻了。②

---

① 签署该电的还有海军人民委员,由埃·马·斯克良斯基代签。——俄文版编
　者注
② 见本卷第 286 号文献。——编者注

对各国大使和领事,我们主张持静观态度,严密监视他们,并逮捕与他们有联系的可疑分子。

我们正在考虑并组织给你们一些援助,但现在还说不准,因为一切都取决于:究竟是我们把英国人赶出巴库,还是他们占领里海沿岸部分地区。

载于1942年《列宁文集》俄文版
第34卷

译自《列宁全集》俄文第5版
第50卷第167—168页

380

给亚·格·施利希特尔的电报

(8月23日)

维亚特卡

施利希特尔

我已同粮食人民委员部通过电话,他们赞同我的意见:现在您留在维亚特卡极为重要;第一,是为了帮助和监督最坚决地保卫科特拉斯的工作,并准备爆破器材以便万一必要时完全炸毁科特拉斯—维亚特卡铁路。第二,也是主要的一点,是为了在目前维亚特卡以南地区镇压富农暴动进展顺利的形势下大力开展粮食战役,其目的就在于无情地消灭富农,没收他们的所有粮食,并通过沃洛格达和下诺夫哥罗德将其运出;同时也是为了巩固贫苦农民的组织。

列　宁

载于 1930 年 1 月 22 日《红星报》
第 19 号

译自《列宁全集》俄文第 5 版
第 50 卷第 168 页

381

给伊·彼·鲁勉采夫的证明

1918 年 8 月 23 日

证　明

持件人伊万·彼得罗维奇·鲁勉采夫同志受人民委员会委派,在临近前线地区组织征粮队,其身份是直属军事首长的政治委员。务请接受他所交办的发往莫斯科给人民委员会和中央执行委员会的电报。

各苏维埃和军事当局务必给持件人伊万·彼得罗维奇·鲁勉采夫以大力协助,不得延误。

人民委员会主席
弗·乌里扬诺夫(列宁)[①]

译自《列宁文集》俄文版第 39 卷
第 196 页

①　签署该证明(打字稿)的还有尼·彼·哥尔布诺夫。内容相同的证明同时签发给了 И.М. 哥尔季延科。——编者注

382

同莉·亚·福季耶娃互递的便条[254]

（8 月 23 日）

我曾请求瞿鲁巴允许我向您汇报,他今天两次发病,不能作报告。他没有允许,因此请您别说是我汇报的。

想求得他的允许是极不明智的。把斯维杰尔斯基或布留哈诺夫请来吧。

译自《列宁文集》俄文版第 37 卷
第 102 页

383

给谢·帕·谢列达的电报

（8 月 26 日）

叶列茨
农业人民委员谢列达

气候很好,请尽量多加利用。请要求往每乡派一个征粮队或收割队。不要忘记:不久就需要粮食了,必须把全部余粮收净,即使在一个模范乡里做到这一点也好。

人民委员会主席　列宁

载于 1931 年《列宁文集》俄文版
第 18 卷

译自《列宁全集》俄文第 5 版
第 50 卷第 169 页

384

给亚·彼·斯米尔诺夫的电报

1918 年 8 月 26 日

萨拉托夫

内务人民委员斯米尔诺夫

（如人已离开，立即发往乌尔巴赫）

我坚决要求您务必同派克斯谈妥[255]，他工作很出色，他要求允许两个县便宜行事也是正确的。我非常担心，在当地农村而不是城市需要负责干部雷厉风行工作的时候，你们却在萨拉托夫玩弄集体管理的把戏。

同派克斯谈过以后，请来电。

人民委员会主席　列宁

载于 1931 年《列宁文集》俄文版
第 18 卷

译自《列宁全集》俄文第 5 版
第 50 卷第 169 页

385

给 A. K. 派克斯的电报

1918 年 8 月 26 日

乌尔巴赫
战地监察委员会
国家监察人民委员派克斯

我已给斯米尔诺夫去电报,转达了您的请求。请您作出努力,务必同斯米尔诺夫谈妥,因为现在粮食工作最重要。同斯米尔诺夫谈话后请给我回电,在收到我的答复前不要离开。

人民委员会主席　**列宁**

译自《列宁全集》俄文第 5 版
第 50 卷第 170 页

386

致阿·伊·李可夫

(8 月 27 日)

为什么要给(土耳其斯坦水利考察团)近 40 人都发个人的委任书呢?[256]

他们无权单独做这件事。

应当发一份总的委任书。

译自《列宁文集》俄文版第 37 卷
第 102 页

387

给谢·帕·谢列达的电报

1918 年 8 月 27 日

叶列茨

农业人民委员谢列达

如大规模的脱粒工作,像来电所说,因播种和收割燕麦而受到耽搁,则应派大批脱粒队去协助。吸收莫斯科工人参加以加快供应工作是极其重要的,为此务请立即组织此事。我们必须用莫斯科工人群众的经验向莫斯科工人清楚地表明,只有他们参加才能迅速推动粮食供应工作。请立即行动。

列　宁

载于 1931 年《列宁文集》俄文版　　　　　译自《列宁全集》俄文第 5 版
第 18 卷　　　　　　　　　　　　　　第 50 卷第 170 页

388

给列·波·加米涅夫、莉·亚·福季耶娃和
阿·伊·斯维杰尔斯基的批示[257]

（不早于 8 月 27 日）

（1）**加米涅夫**：请阅，**请向苏维埃传达**，要痛斥，并催促派出工人。

（2）**莉迪娅·亚历山德罗夫娜**：请转告季诺维也夫。他将在星期天上午来。

（3）**斯维杰尔斯基**：请采取**紧急措施**派出工人。

译自《列宁文集》俄文版第 37 卷
第 92 页

389

同列·波·加米涅夫的来往便条

（不早于 8 月 27 日）

我主张不让他们单独办报[258]，可试一试让他们（作为一个部）**并入农民报纸**。

米特罗范诺夫（代表谢列达）同他们一起开过会，并表示不同意吸收

他们。

是的,我听说过,但我不认为米特罗范诺夫一个人这样表态就成了定局。

译自《列宁文集》俄文版第 37 卷
第 104 页

390

给奔萨省执行委员会的电报[259]

1918 年 8 月 28 日

> 奔萨
> 省执行委员会
> 抄送:省共产党组织

共产党员内部发生冲突是极令人痛心的。如果这些冲突消除不了,那将是耻辱。要立即选出一个委员会,负责两天内把冲突消除掉,例如让主要负责干部分工负责各县,使争吵双方分开。请来电告知该委员会的决定。

列 宁

载于 1931 年《列宁文集》俄文版
第 18 卷

译自《列宁全集》俄文第 5 版
第 50 卷第 171 页

391

在工农社会主义第 1 团第 7 连
战士来电上的批示

（8 月 28 日）

莫斯科　中央执行委员会　列宁。坚守在保卫革命的前沿战壕里的工农社会主义第 1 团第 7 连的乌斯曼县志愿战士,对保卫无产阶级和十月革命成果的坚强战士、乌斯曼苏维埃主席伊斯波拉托夫遭到控告和撤职深感气愤并提出抗议。那些背叛和出卖这位一心希望贫苦农民和工人获得幸福的忠诚的老共产党员的人,应受到诅咒。

委员会主席　**莫克耶夫**
连长　**契斯佳科夫**

用电报转发给坦波夫省委,并要求作出说明。

译自《列宁文集》俄文版第 37 卷
第 103 页

392

致瓦·米·阿尔特法特[260]

1

（8 月 28 日）

致阿尔特法特同志

往伏尔加河和里海派潜艇的问题现在怎样?

真的**只有**旧潜艇可派了吗？

旧潜艇有多少？

派遣命令是何时发布的？ **究竟已做了些什么**？

列 宁

2

（8 月 29 日）

致阿尔特法特同志

不能只是这样含糊其词——"我们正在寻找"[261]（寻找**自己的财物**吗？？ **明天之前**必须把"寻找者"的**姓名**、开始寻找的**日期**等等向我报告）。

"派遣的可能性正在研究"——也极其**不明确**。

是**什么时候**由**谁**下令"研究"的？ 请明天（8 月 30 日）正式向我确切报告。

这是因为派潜艇一事一分钟也不容拖延。

列 宁

载于 1938 年 2 月 23 日《真理报》
第 53 号

译自《列宁全集》俄文第 5 版
第 50 卷第 171—172 页

393

致米·谢·克德罗夫

1918 年 8 月 29 日

克德罗夫同志：您很少报告实际情况。**请利用每个机会**把工作报告寄来。

筑城工事进展如何？

沿着哪条线路？

哪些铁路据点**配备了**爆破手，以便在英法军队大举推进时我们能炸毁或**严重破坏某些**(具体是哪些，在哪里，应当提出报告)桥梁、铁路段、沼泽地中的通路等等，等等。

是否已确保沃洛格达的安全，以免遭白卫分子占领？假如在这件事上行动不力或玩忽职守，那将是不可饶恕的。

敬礼！

列 宁

载于 1927 年 1 月 21 日《红色日报》第 17 号

译自《列宁全集》俄文第 5 版第 50 卷第 172 页

394

致尼·伊·穆拉洛夫[262]

1918年8月29日

穆拉洛夫同志:

来人马雷舍夫同志是为前往科特拉斯的小组筹措爆炸物品的,请予协助。**此事十分紧急。**

应**抓紧时间**从维亚济马搞到爆破器材(就在**今天**,由马雷舍夫持您出具的提货单去维亚济马)。

同时应向库尔斯克发电报,调爆破教官**索博列夫**同志前来。

爆破小组需要一节车厢(快车),到科特拉斯去。

人民委员会主席   **列宁**

载于1926年《政治工作人员指南》
杂志第15期(总第45期)

译自《列宁全集》俄文第5版
第50卷第175页

395

给瓦·尼·哈尔洛夫的电报

1918年8月29日

萨拉托夫省彼得罗夫斯克

农业人民委员哈尔洛夫

如果你们县力量已全部动员,则很明显,应当要求从此处派工

Петровскъ Саратовской
Наркомзем Харлову

Если всѣ силы мобилизованы в вашем
уѣздѣ то ясно что надо затребовать ч-
слова особыхъ отрядовъ рабочихъ ибо
надо ускорить сборъ хлѣба во много
разъ телеграфируйте ежедневно сколько
вагоновъ под какой маркой откуда отпра-
вляются объявите крупную премію зей
волости которая первая отдастъ полностью всѣ
излишки хлѣба составьте поволостные
списки богатѣйшихъ крестьянъ отвѣчающихъ
жизнью за правильный ходъ работъ по снаб-
женію любыхъ голодныхъ мѣстностей

Предсовнаркома Ленинъ

1918 年 8 月 29 日列宁给瓦·尼·哈尔洛夫的电报

人脱粒队去,因为征粮工作需要大大加快。请每日来电告知:发出多少节车皮,用什么标记,从何处发出。请宣布:对首先交净全部余粮的乡将给予重奖。请拟出各乡最富裕的农民的名单,他们要以性命来保证向两个饥饿的首都提供粮食的工作正常进行。

人民委员会主席　**列宁**

载于1931年《列宁文集》俄文版　　　　　　　　译自《列宁全集》俄文第5版
第18卷　　　　　　　　　　　　　　　　　　　第50卷第175页

396

致亚·德·瞿鲁巴[263]

(8月29日)

致瞿鲁巴

我不主张**现在**就这样提出问题(因为这方面可以折中:既不是最后通牒——大家都辞职,也不是只有**一个人**有决心而**大家**都动摇)——最好**把全部**力量**用到**叶列茨+彼得罗夫斯克+其他比较好的县去。

例如,派两千左右工人去脱粒。

过几天,**至少要等到**有几百车皮的粮食**正在运来**的消息后,再把问题较强硬地提出来。

载于1931年《列宁文集》俄文版　　　　　　　　译自《列宁全集》俄文第5版
第18卷　　　　　　　　　　　　　　　　　　　第50卷第176页

397

同加·达·魏恩贝尔格的来往便条

(不晚于 8 月 30 日)

致魏恩贝尔格

关于把作坊移交给缝纫女工的事,您已同奥佐尔谈妥了吗?

听说奥佐尔把这些缝纫女工骂了一顿,是真的吗? 奥佐尔是个什么样的人? 是怎么回事? 如何制止他?

我今天还未能找到他。已同鲁祖塔克初步谈了谈。

奥佐尔是我们的同志。他也许确实骂了她们。制止他是一定能办到的。

×

我明天<u>一定采取</u>措施<u>解决</u>冲突。

加·魏恩贝尔格①

×明天请来电话把结果告诉我。

译自《列宁文集》俄文版第 38 卷
第 223 页

---

① 着重线是列宁画的。——俄文版编者注

398

给 В. Г. 伊万诺夫–
卡夫卡兹斯基的电报

（8 月 30 日）

梁赞—乌拉尔铁路比留列沃车站

伊万诺夫–卡夫卡兹斯基队长

有人控告您,说您征用了办公用品,其中包括站长的桌子。立即归还这些物品。来电说明理由。马上继续前进。要求您尊重铁路员工。

人民委员会主席　**列宁**

载于 1933 年《列宁文集》俄文版
第 21 卷

译自《列宁全集》俄文第 5 版
第 50 卷第 130—131 页

399

致谢·帕·谢列达[264]

（9 月 6 日）

谢列达同志:很遗憾,您没有来。您不应当听信那些"过分热心的"医生的话。

为什么叶列茨县的工作**没有起色**？这使我很担心，尤其是您对这个问题采取了"回避"的态度。显然工作没有起色。19 个有贫苦农民委员会的乡**没寄来一份**清楚准确的报告！

没有一个总数：多少车皮，在多长时间之内?！！

没有给任何一个乡（照理应给 19 个乡）派去 3—5 名精明强干的彼得格勒工人（带 15—50 名莫斯科工人做助手）。**任何地方都没有材料能说明工作在热火朝天地进行**！

是怎么回事？务请回答。请在**各乡**都指定人与我通信，并把我的这封信给他们看看，让他们**都**给我答复。

敬礼！

您的   **列宁**

发往叶列茨

载于 1931 年《列宁文集》俄文版
第 18 卷

译自《列宁全集》俄文第 5 版
第 50 卷第 177 页

400

给列·达·托洛茨基的电报[265]

（9月7日）

斯维亚日斯克   托洛茨基
抄送：第 5 集团军司令部   卡尤罗夫和丘古林

谢谢。健康恢复得很好。我确信，你们会对喀山的捷军、白卫军以及支持他们的富农吸血鬼进行极无情的镇压的。

致崇高的敬礼!

列　宁

载于1928年8月30日《真理报》
第201号

译自《列宁全集》俄文第5版
第50卷第178页

401

给列·达·托洛茨基的电报

(9月8日)

秘密

密码

· ·

(底稿还我)

(密码电文抄送我一份)

斯维亚日斯克　托洛茨基

收复喀山的战役进展缓慢,使我感到诧异和不安;如果你们完全能用炮兵消灭敌人这一报告属实,那就更使我感到诧异和不安了。我认为,如果喀山确已陷入铁的包围圈,就不能因吝惜城市而再拖延下去,因为必须无情地消灭敌人。[266]

列　宁

载于1930年《国内战争(1918—1921)》第3卷(影印件)

译自《列宁全集》俄文第5版
第50卷第178页

402

给列·达·托洛茨基的电报

(9月12日)

机密

喀山或斯维亚日斯克
托洛茨基

祝贺攻克辛比尔斯克。[267] 我认为,应集中尽可能多的兵力加速肃清西伯利亚境内之敌。不要吝惜奖金。请电告,喀山的珍贵文物是否保全,保全了多少。我明天就开始工作了。

列　宁

译自《列宁全集》俄文第5版
第50卷第179页

403

致弗·德·邦契-布鲁耶维奇

(9月14日)

弗拉基米尔·德米特里耶维奇:

这是马尔科夫想把人民委员会搬进去的那些房间的平面图。[268]

请您和莉迪娅·亚历山德罗夫娜仔细看看,好好考虑一下:是否值得?

(1)取暖费用贵得要命。

(2)那里设接待室是否方便?

(3)能不能继续留在这里? 也就是说会不会**太**冷? 请把砌炉工找来打听清楚。[269]

敬礼!

列 宁

载于1945年《列宁文集》俄文版
第35卷

译自《列宁全集》俄文第5版
第50卷第179页

404

☆致格里戈里·瑙莫维奇
并转共产主义学习小组

1918年9月16日

亲爱的同志们:收到你们的来信,很高兴。衷心祝愿你们在学习和掌握共产主义、进而在俄国共产党队伍中从事实际工作方面最迅速地取得成绩。

致共产主义的敬礼!

弗·乌里扬诺夫(列宁)

载于1962年4月21日《消息报》
第96号

译自《列宁全集》俄文第5版
第50卷第180页

405

给亚·彼·斯米尔诺夫的电报[270]

1918 年 9 月 16 日

阿特卡尔斯克

内务人民委员斯米尔诺夫

　　车皮一事已转告交通人民委员。请再同在萨拉托夫的涅夫斯基联系。

　　来电含糊不清,使我极感诧异。来电说粮食很多,却没有指出:哪些乡余粮已全部收净? 收了多少? 集中在哪些粮库和粮食收集站? 究竟集中了多少? 要记住,没有这些准确的数字,怎么说都是空话。请准确回答。

人民委员会主席　列宁

载于 1931 年《列宁文集》俄文版
第 18 卷

译自《列宁全集》俄文第 5 版
第 50 卷第 180 页

406

给叶列茨县各乡贫苦农民委员会的电报

1918 年 9 月 17 日

叶列茨

叶列茨县各乡贫苦农民委员会

通　令

来电均已收到。[271]

不能只说些泛泛的、含糊不清的话，这种话往往是在掩饰工作的彻底失败。每周都必须有准确的数字：一、究竟哪些乡收集了多少余粮？入库多少？二、究竟已入库多少普特粮食，存放在哪些粮库和粮仓里？

没有这种数字，一切都是空话。请回答得准确些。

人民委员会主席　　**列宁**

载于 1931 年《列宁文集》俄文版第 18 卷

译自《列宁全集》俄文第 5 版第 50 卷第 181 页

407

☆致《真理报》编辑部

1918年9月18日

来人米哈伊尔·尼古拉耶维奇·**萨纳耶夫**①同志是谢尔加奇县党委会主席(也是执行委员会委员)。他讲的有关农村阶级斗争和贫苦农民委员会的材料非常有趣。

在报上正是要刊登这种地方上的**实际**材料,这极为重要(否则"空泛的"议论太多了)。务请把该同志讲的内容记录下来予以刊登。

致同志的敬礼!

列　宁

载于1942年《列宁文集》俄文版
第34卷

译自《列宁全集》俄文第5版
第50卷第181页

---

① 笔误,应是米哈伊尔·伊万诺维奇·萨纳耶夫。——俄文版编者注

408

给阿·瓦·卢那察尔斯基的电报

1918年9月18日

彼得格勒

人民委员卢那察尔斯基

抄送：莫斯科奥斯托仁卡街53号

波克罗夫斯基

　　今天听了维诺格拉多夫关于修建半身雕像和纪念碑的报告后，非常气愤。几个月来一事无成，至今一座半身雕像也未完成，而拉吉舍夫的半身雕像却不知去向了，真是笑话。街头没有马克思的半身雕像，宣传用的街头标语也根本未搞。鉴于这种不能容忍的玩忽职守的态度，我宣布给您警告处分，要求您把所有负责人的名单寄给我，以便提交法庭审判。消极怠工和敷衍塞责的人是可耻的。

人民委员会主席　**列宁**

载于1933年《列宁文集》俄文版
第21卷

译自《列宁全集》俄文第5版
第50卷第182页

409

致扬·安·别尔津、
瓦·瓦·沃罗夫斯基和阿·阿·越飞

1918年9月20日

亲爱的同志们:

今天的《真理报》发表了从考茨基反对布尔什维主义的一篇文章中摘出的一些话(摘自《社会主义的对外政策》杂志)。[272]

考茨基的无耻谰言、胡说八道和庸俗不堪的机会主义使人不禁要问:为什么我们对考茨基**从理论上**把马克思主义庸俗化的行为不作任何斗争呢?

连梅林和蔡特金这样的人也竟然较多地"从道义上"(如果可以这样说的话)而很少**从理论上**同考茨基划清界限,这种情况能够容忍吗?…… 据说,考茨基除像现在这样写写文章反对布尔什维克之外,找不到更好的办法了。

难道这是理由吗? 难道可以这样削弱自己的阵地吗? 这只能意味着向考茨基缴械!!

他们这样做了,而没有去写:

考茨基**根本**不懂得并且纯粹机会主义地歪曲了

马克思关于国家的学说

马克思关于无产阶级**专政**的学说

马克思关于资产阶级民主的学说

马克思关于议会制的学说

马克思关于公社的作用和意义的学说,等等。

应当采取如下措施:

(1)和左派(斯巴达克派等)详细谈谈,促使他们在报刊上发表**原则性的**、**理论性的**声明,指出考茨基在专政问题上所散布的是庸俗的伯恩施坦主义,而不是马克思主义;

(2)快些用德文出版我的《国家与革命》①;

(3)书中附上说明,即使是**出版者**序言也好,大致如下:

"出版者认为在目前尤其迫切需要出版这本小册子,因为考茨基在他最近的一些著作中恰好是在本书所论述的问题上完全歪曲了马克思主义,他用伯恩施坦和其他机会主义者那种庸俗的社会自由主义来代替无产阶级专政的观点。"**273**

(4)如果小册子不能很快出版,就在**报纸**(左派的)上发表类似"出版者序言"的短评。

只要考茨基的小册子(谈论布尔什维克、专政等等的)**274**一出版,就请务必寄来(专门寄给我)。

此外,请替我收集考茨基关于布尔什维克的**所有**文章(《民主和专政》,1917年底或1918年初的;还有1918年8月《社会主义的对外政策》杂志上的那篇文章)**以及其他文章**(如果有的话)。

致最崇高的敬礼!

发往伯尔尼、斯德哥尔摩和柏林

载于1932年《列宁全集》俄文
第2、3版第29卷

译自《列宁全集》俄文第5版
第50卷第182—184页

---

① 见本版全集第31卷第1—116页。——编者注

410

致 И. Я. 巴加耶夫

（9 月 25 日）

巴加耶夫同志：

衷心感谢您的问候和良好的祝愿。请原谅，因身体不适不能约见您。请去找斯维尔德洛夫同志。

请向阿斯特拉罕的哥萨克同志们转达我最良好的祝愿和问候。

人民委员会主席

弗·乌里扬诺夫（列宁）

1918 年 9 月 25 日于莫斯科

载于 1942 年《列宁文集》俄文版　　　　译自《列宁全集》俄文第 5 版
第 34 卷　　　　　　　　　　　　　　　　第 50 卷第 184 页

411

在 Н. Г. 卡京的来电上的批示[275]

（不早于 9 月 28 日）

通知托洛茨基

我建议派人调查并枪毙玩忽职守的罪犯。

9月28日敌人竟然能够炸毁桥梁!!!

列 宁

译自《列宁文集》俄文版第37卷
第104页

412

致列·波·加米涅夫

（9月底—10月）

致加米涅夫

亲爱的列·波·:愿您早日康复。

现在谈谈"著名的随机应变论"。

一切理论，**如果符合客观实际，那就是好的。**

可是我们的实际发生了变化，既然德国已被打败，那么随机应变就不可能了，因为交战双方已不存在，**而我们过去正是在它们之间随机应变的!!**

注意:英国将吃掉，如果红军不……

据我看，我们不应该开始关于修改布列斯特和约的谈判，因为现在为时过早……　应该**等待**。

盼康复!

敬礼!

您的 **列宁**

载于1933年《列宁文集》俄文版
第21卷

译自《列宁全集》俄文第5版
第50卷第184—185页

413

致雅·米·斯维尔德洛夫和
列·达·托洛茨基

1918年10月1日

致**斯维尔德洛夫**和**托洛茨基**同志

德国的事态发展得如此"迅速",我们也不该落后。可是今天我们已经落后了。

明天应当召开联席会议,出席单位是:

　　　中央执行委员会

　　　莫斯科苏维埃

　　　各区苏维埃

　　　各工会,等等

关于**德国革命的开始**要作几个报告。

　　　(**我们**对德帝国主义作斗争的策略的胜利,等等。)

通过决议。

一周以来,国际革命愈来愈逼近,甚至应该作**日内**就要爆发的估计。

不同威廉政府结成任何联盟,也不同威廉二世政府＋艾伯特和其他恶棍结成任何联盟。

但是,当德国工人群众、德国千百万劳动者开始进行精神反抗(目前还**只是**精神反抗)的时候,我们便为与他们结成兄弟联盟、给

予他们**粮食**和军事援助

开始作准备。

我们都愿为支援德国工人把业已开始的德国革命推向前去而献身。

结论:(1)要用十倍的努力去弄到粮食(既为我们**也为德国的**工人收净**全部**存粮)。

(2)要十倍地**征兵**入伍。为了援助国际工人革命,**春季**以前我们应当建立一支拥有300万人的军队。

这项决议应在星期三夜间通电全世界。

请把会议定在星期三两点钟。4点钟开始,给我一刻钟时间致开幕词,我去开会,然后再回来。明天上午请派辆汽车来接我(而在电话里只要说声"**同意**"就行了)。[276]

敬礼!

列 宁

载于1933年《列宁文集》俄文版
第21卷

译自《列宁全集》俄文第5版
第50卷第185—186页

414

致弗·德·邦契-布鲁耶维奇[277]

1918年10月1日

亲爱的弗拉基米尔·德米特里耶维奇:今天早晨才得悉噩耗。

我不能去莫斯科,但即使在信中我也要紧紧地、紧紧地握您的手,以表达我以及我们大家对维拉·米哈伊洛夫娜的爱,并在您心情最沉痛的时刻尽力给您一些支持,虽然这些支持的力量不大。要好好照顾女儿的身体。再一次紧紧地、紧紧地握手!

您的　弗·列宁

载于 1958 年在莫斯科出版的　　　　　　译自《列宁全集》俄文第 5 版
《光荣的女布尔什维克》一书　　　　　　第 50 卷第 186—187 页

415

致亚·德·瞿鲁巴

(不早于 10 月 1 日)

　　瞿鲁巴同志:您病恹恹的。不要耽误时间,快去休息两个月。如果您不确切答应,我将向中央委员会告状。

列　宁

载于 1945 年《列宁文集》俄文版　　　　译自《列宁全集》俄文第 5 版
第 35 卷　　　　　　　　　　　　　　第 50 卷第 132 页

416

给秘书的指示[278]

（10 月 3 日或 4 日）

转交契切林

要严重**警告**(1)穆克列维奇,他错过了机会,本应及时**逮捕**；
(2)彼得格勒的**佐林**,他们竟敢不通过莫斯科发放证件。
(3)要派人**调查佐林**等人。

列　宁

译自《列宁文集》俄文版第 37 卷
第 105 页

417

致莉·亚·福季耶娃和
列·波·克拉辛

（10 月 9 日）

致莉迪·亚历·（和克拉辛）

关于石油、船只等问题的电报,我乐意签署。

关于穆欣的电报,我不同意签署[279],原因是:

(1)克拉辛写道,穆欣**对斯大林隐瞒了钱**。他**没有权利这样做**,即使是"遵照**自己的**(!!??)上级的指示",因为斯大林也是上级,如果说不是"自己的"上级,那也是更高的上级。

(2)**未请示斯大林**(而斯大林就在莫斯科!!)就决定这个问题,手续不对,而且也是根本不容许的。

敬礼!

列　宁

载于1942年《列宁文集》俄文版
第34卷

译自《列宁全集》俄文第5版
第50卷第187页

418

给格·瓦·契切林或列·米·卡拉汉的便条和给阿·阿·越飞、扬·安·别尔津、瓦·瓦·沃罗夫斯基的信

(10月10日)

致契切林或卡拉汉同志

务请于明日(星期五)把《真理报》上发表的我批判考茨基的文章[280]往柏林寄12份给越飞、别尔津、沃罗夫斯基,并附上下面这封我给他们的短信。

　　亲爱的同志们:我很清楚地意识到我这篇过于简短的批判考茨基的文章的缺点。但毕竟要**尽快**占领阵地,表明自己的意见。务请翻译出来并以单页出版。

列　宁

1918年10月10日

载于1957年《近代史与现代史》
杂志第4期

译自《列宁全集》俄文第5版
第50卷第187—188页

419

致格·瓦·契切林和列·米·卡拉汉

（10月10日）

致契切林和卡拉汉同志

　　给威尔逊的照会,我看应当发。

　　要写得非常周详、客气,但要辛辣。

　　就说,我们认为在任何情况下——甚至对资本家和亿万富翁的政府——都有义务提议媾和,以便设法停止流血,并且也为了**擦亮各国人民的眼睛**。

　　喀山、辛比尔斯克、塞兹兰和萨马拉的陷落显然揭露了这样一些说谎者……

　　资本家们不想要北方的一些森林吗? 不想要西伯利亚的一部分吗? 不想要170亿的利息吗?[281]如果想要,那他们是不会隐瞒的。我们请你们直说：**要多少**？关于布列斯特和约——德国将同意撤军。究竟怎么回事？你们不想用**自己的军队**去代替德国军队吗？

如此等等。

我建议马上草拟出这样的照会来，我们可以共同加以讨论。[282]

注意：

> 《真理报》要在星期五早晨刊登我的批判考茨基的文章。我写了一张便条请你们给越飞寄 12 份，由他**转给别尔津和沃罗夫斯基**，请他们出版单页，你们从斯维尔德洛夫那儿收到我的那张便条了吗？星期五当晚能寄出吗？

李维诺夫有什么消息？[283]

为出版**日文**单页做了些什么？

敬礼！

你们的　**列宁**

附言：**可以通过电话商谈。**

译自《列宁全集》俄文第 5 版
第 50 卷第 188—191 页

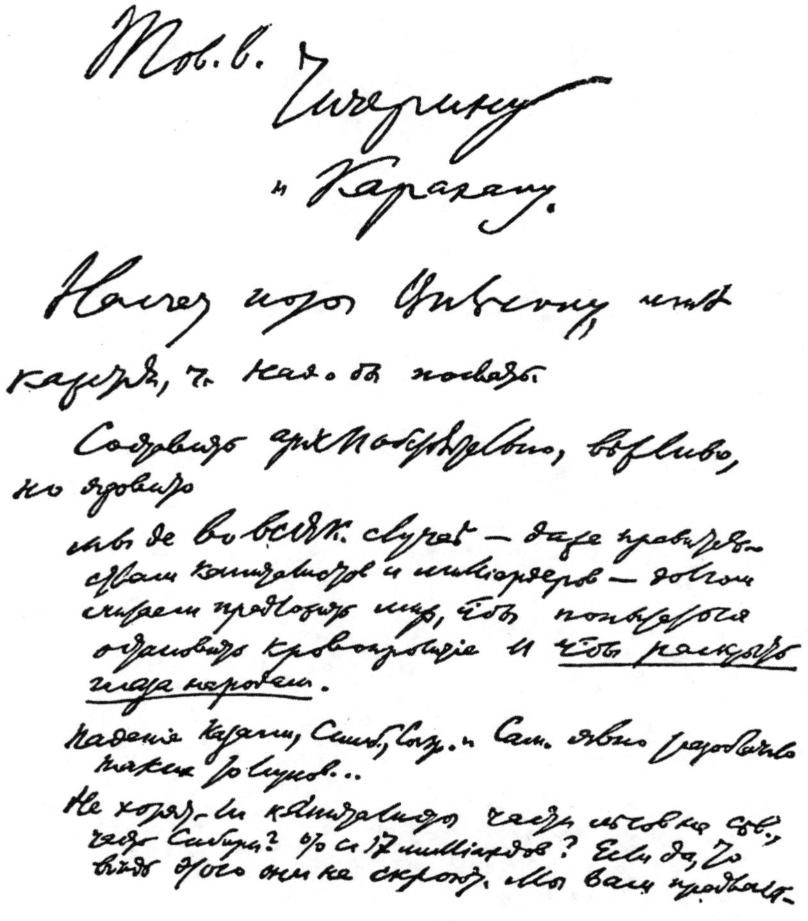

420

☆致莫斯科工人和红军代表
苏维埃主席团²⁸⁴

(10月12日)

　　亲爱的同志们:你们的第24962号公文连同主席团10月7日决定的摘录已收到。

　　我不得不坦率地说,这项决定**在政治上**简直愚蠢无知到令人作呕的地步。"……主席团不得不拒绝承担责任……" 会这样干的只有任性的小姐,而不是成熟的政治家。你们是推卸不了责任的,而只能三倍地加重自己的责任。

　　如果国民教育人民委员部不答复你们,不对你们履行自己的职责,你们应当**告状**并拿出证据来。你们又不是小孩子,不会不懂这一点。

　　你们几时告过状? 副本在哪里? 证据和证明在哪里?

　　我认为,整个主席团和维诺格拉多夫由于玩忽职守都应当坐牢一星期。

　　如果国民教育人民委员部"不发给半身雕像"(你们几时要求过? 向谁要求的? 副本和证据在哪里? 你们几时上告过?),你们本应当**为维护自己的权利而斗争**。而"拒绝承担责任"则是任性的小姐和愚蠢的俄国知识分子的作风。

　　恕我直言不讳,请接受一个被你们深深激怒并希望你们能从这次因不行使职权而坐牢中记取教训的人的共产主义敬礼！

列　宁

1918 年 10 月 12 日

载于 1933 年《列宁文集》俄文版　　　　　　　译自《列宁全集》俄文第 5 版
第 21 卷　　　　　　　　　　　　　　　　　第 50 卷第 191—192 页

421

致莉·亚·福季耶娃

（不晚于 10 月 14 日）

莉迪娅·亚历山德罗夫娜：

附上给瞿鲁巴的信。

必须让他到乡间休养。请安排（通过斯维尔德洛夫和瞿鲁巴的兄弟）瞿鲁巴到这儿来[285]，这里有一间极好的宽敞房间，有取暖设备；我们离开后，应给瞿鲁巴找一位女厨师，在这里可办一所人民委员疗养院。

此事务请办到。

敬礼！

列　宁

载于 1933 年《列宁文集》俄文版　　　　　　　译自《列宁全集》俄文第 5 版
第 21 卷　　　　　　　　　　　　　　　　　第 50 卷第 176 页

422

☆致亚·德·瞿鲁巴

（不晚于 10 月 14 日）

亲爱的亚·德·：您对待国家财富[286]的态度已完全不能令人容忍了。

命令：治疗三周！ 要听从莉迪娅·亚历山德罗夫娜的安排，她将送您到疗养院去。

真的，白白糟蹋病弱的身体是不可原谅的。应当把病治好！

敬礼！

您的　列宁

载于 1933 年《列宁文集》俄文版
第 21 卷

译自《列宁全集》俄文第 5 版
第 50 卷第 177 页

423

致扬·安·别尔津

1918 年 10 月 15 日

致别尔津同志

亲爱的同志：收到了您寄来的和往常一样零散的外国报纸（能

否指定一个人剪报：(1)有关俄国的**所有材料**；(2)有关各国社会党的所有材料）。

顺便说说，从这些报上看到，格拉贝和格里姆对吉尔波进行了愚蠢而卑鄙的攻击。您怎么能认为他拿钱就一定有什么不好呢？**我不明白**。

总不能对事情不加**正式**研究就指责一位难得的同志吧!？**党员**（您所指派的）中间有谁研究过这件事呢？谁也没有！而从吉尔波的材料中以及从日内瓦委员会的决定中可以再清楚不过地看出吉尔波是**有理的**。

> **注意**：请给我寄：龙格《马克思主义的国际政策。卡尔·马克思与法兰西》。**王德威尔得**《国家和社会主义》①及法文、德文、英文和意大利文的**所有这类小册子，所有的，所有的，所有的**！还有：《社会主义俄国》（**左派社会革命党人编写的**），见 1918 年 10 月 3 日《小报》[287]（日内瓦）。② **皮埃尔·洛蒂**《全世界晕头转向的若干方面》，巴黎（弗拉马里永）版。**莱昂·弗拉皮埃**《战争的故事》（出版地点同上）。

刚从斯维尔德洛夫那儿得到一套你们的出版物（不妨给我也寄一套来）。

太少！太少!! 太少!!!

雇些翻译，把出版数量增加 10 倍。**佩卢索**能够（也应该）一星

---

① 指 1918 年巴黎—南锡出版的埃·王德威尔得的小册子《社会主义反对国家》。——编者注

② 我认为，左派社会革命党人在这方面进行了疯狂的诽谤。要立即找人（莱特伊仁也可以）选用《真理报》和《消息报》（以及《劳动公社旗帜报》和《劳动意志报》[288]上的文章编写一些东西，驳斥左派社会革命党人的谎言。

期写出三本小册子（各种题目的，按我们报纸上的材料编写——由您出**题目**和开列作为**编写依据**的文章的目录）。他在《人民权利报》[289]上发表的文章（《反革命分子们》）**写得好**。给他的报酬要优厚，**并把出版数量增加十倍**。（要雇些翻译，以便用**法、德、英、意**四种文字出版。后两种文字您**什么也没有出**。丢脸！丢脸！！）

钱，您那儿**很多**。（请一定把您的支出账目寄来。）我们还将**源源不断地**给您钱，给许许多多。来信告诉要多少。

应当把出版数量增加 100 倍，用四种文字出 4—8—16—32 开的单页。**雇**些人做这件事。

注意： 请收集一套《斯巴达克》（我见到过 1918 年 9 月第 11 期）[290]并用**四种文字**全部再版。尤尼乌斯和李卜克内西的著作也要再版。请约人写英、法、德、意四国内反对社会沙文主义斗争的**历史**。为此请组织一些小组（哥尔特、巴拉巴诺娃＋？＋?? 等等）。

您的　**列宁**

附言：您对协约国各国的革命抱乐观态度有何根据？事实？理由？如需要，可译成密码，但要写确切些。

注意： 既然有病，就要**认真**治疗，**不要离开**疗养院。有事用电话联系，出访派您的副手去。

发往伯尔尼

译自《列宁全集》俄文第 5 版
第 50 卷第 192—193 页

424

致波·索·魏斯布罗德

(10月15日)

亲爱的魏斯布罗德同志:

　　致最崇高的敬礼,并希望您好好休息、好好"帮助"欧洲人![291]

您的　列宁

1918年10月15日

译自《列宁文集》俄文版第37卷
第105页

425

致扬·安·别尔津

(10月15日和25日之间)

致别尔津同志

　　亲爱的别尔津同志:不要忘记给伊林(他在这里)的妻子发补助金。对于来俄国工作的那些人的家属总该给予帮助。

　　我的《国家与革命》[292]究竟何时能出版?? 请立即寄来。

　　在法译本里,我想补充谈谈王德威尔得的问题(但绝不是要使翻译停下来)。请来信或电告。

　　让哥尔特开一份对我说来有理论意义的各种文字的小册子和

文章的目录。

请代我向大家问好。

请特别转达我对吉尔波和**赫尔佐格**的问候。

附言:最后,祝您健康,请**严格**遵守**生活制度**。

您的   **列宁**

发往伯尔尼

载于1925年1月21日《真理报》
第17号

译自《列宁全集》俄文第5版
第50卷第194页

426

给辛比尔斯克省执行委员会的电报

辛比尔斯克

省执行委员会或地方军事当局(如无省执行委员会)

1918年10月16日

我收到谢尔盖·萨哈罗夫的申诉,说他似乎是因为带着年幼的孩子全家去萨马拉引起误会而被捕的。请尽快查明案情,特别是有没有材料说明谢尔盖·萨哈罗夫与白卫分子有牵连。

人民委员会主席   **列宁**

译自《列宁文集》俄文版第21卷
第232页

427

致阿·阿·越飞

1918年10月18日

越飞同志:

请把载有马尔托夫论专政一文的那期《社会主义的对外政策》杂志寄来。[293]

这类材料要立即寄来。

还有**,所有**关于同社会沙文主义者和考茨基分子分裂的**剪报**(以代替读起来不方便的综合报告)也**应立**即寄来(荷兰文和斯堪的纳维亚各国文字的剪报请附德译文)。

我们应起到国际性的思想工作局的作用,但我们却什么也没做!!

出版数量应增加100倍。钱是有的。应当雇些翻译。但我们却什么也没做! 真丢脸……

请将此信也寄给沃罗夫斯基看看,附件请交有关收件人。

您的　**列宁**

发往柏林

载于1933年《列宁文集》俄文版
第21卷

译自《列宁全集》俄文第5版
第50卷第194—195页

428

致阿·阿·越飞

1918年10月18日

　　尊敬的越飞同志：给您的信寄出**后**，才收到您10月13日的来信。

　　我不反对继续使用"外交手腕"。但其意义变小了。全部问题在于协约国大批兵力在黑海登陆能否成功。这个危险性，很久以来我就一直在各种场合对大家讲，而且在给中央执行委员会的信中也清楚地指出过这一点。[294]现在与1918年2月的根本区别是，那时我们**曾有**可能以割让土地来赢得时间。现在这种可能性**没有**了。

　　致最衷心的敬意！

您的　**列宁**

发往柏林

载于1942年《列宁文集》俄文版
第34卷

译自《列宁全集》俄文第5版
第50卷第195页

429

致"斯巴达克"派成员

1918 年 10 月 18 日

亲爱的同志们：今天得到消息说，"斯巴达克"派同不来梅左翼激进派[295]一起采取最坚决的措施，促进在全德国建立工兵苏维埃。借此机会，我谨向德国革命的社会民主党人国际主义派表示我们良好的祝愿。德国"斯巴达克"派在最困难的条件下一直进行革命的宣传，从而真正挽回了德国社会主义和德国无产阶级的荣誉。迅速成熟的德国革命召唤"斯巴达克"派去担任最重要角色这一决定性的时刻现正在迫近；我们大家都坚决相信德意志社会主义无产阶级共和国很快将给世界帝国主义以决定性的打击。

但愿叛徒考茨基的反对无产阶级专政的书也能带来一定的好处。"斯巴达克"派一贯与考茨基分子针锋相对的言论必将被证明是正确的，群众也将更快地摆脱考茨基先生及其同伙的有害影响。

致最崇高的敬礼，并坚决相信在最近的将来就可庆贺德国无产阶级革命的胜利。

你们的　尼·列宁

发往柏林

原文是德文

载于 1929 年在柏林出版的《德国革命史画报》第 6 期

译自《列宁全集》俄文第 5 版
第 50 卷第 195—196 页

430

致亚·米·柯伦泰

10月18日

亲爱的亚历·米哈·:

很抱歉,对您前几封来信没有作复,因为这些信我不是在莫斯科而是在外地治疗时接到的。

斯维尔德洛夫同志告诉我,他同您已谈妥,因此我认为问题已经解决。

等斯维尔德洛夫一来,我也要同他谈谈德宾科同志的问题。我同意您的意见,必须重新研究此事,撤销开除的决定。

我一有空,就设法跟您通电话。

非常感谢您托人转达的问候,同时也欢迎您更积极地重新投入党的工作。

列 宁

译自《列宁全集》俄文第5版
第50卷第196—197页

431

给约·约·瓦采季斯的电报

1918 年 10 月 20 日

　　　　　　　阿尔扎马斯

　　　　　　　瓦采季斯

　　我们对迟迟没有收复伊热夫斯克工厂和沃特金斯克工厂[296]感到非常诧异和不安。我们要求采取最坚决的措施迅速收复。你们究竟采取了哪些措施,希电告。

　　　　　　　　　　人民委员会主席　**列宁**[①]

载于 1934 年《无产阶级革命》杂志
第 3 期

译自《列宁全集》俄文第 5 版
第 50 卷第 197 页

432

致尼·彼·哥尔布诺夫

1918 年 10 月 21 日

哥尔布诺夫同志:

　　务请尽可能**从速**为科学技术局提出关于无线电实验室问题的

---

　　①　签署该电的还有全俄中央执行委员会主席雅·米·斯维尔德洛夫。——俄
　　文版编者注

1918 年 10 月列宁伤愈后在克里姆林宫内散步

РОССІЙСКАЯ
ФЕДЕРАТИВНАЯ
соціалистическая
СОВѢТСКАЯ РЕСПУБЛИКА.

УПРАВЛЕНІЕ ДѢЛАМИ
СОВѢТА
НАРОДНЫХЪ КОМИССАРОВЪ.

Москва, Кремль.

21 X 191 8 г.

№

Тов. Горбунов!

Очень прошу Вас уско-
рить, снесись с дельными,
заключеніе Научно-Технич.
отдѣла по вопросу о радіолабо-
раторіи. Сняться крайне. Скажите,
когда здѣсь заключеніе.

прив! Ленинъ.

1918 年 10 月 21 日
列宁给尼·彼·哥尔布诺夫的便条

结论性意见。**万分紧急**。何时能提出,盼告。**297**

　敬礼!

列　宁

译自《列宁全集》俄文第 5 版
第 50 卷第 197 页

433

给苏维埃新闻工作者
工会委员会的申请书

(不晚于 10 月 22 日)

　请接纳我为苏维埃新闻工作者工会会员。

弗·乌里扬诺夫(列宁)

载于 1918 年 10 月 24 日《真理报》
第 230 号

译自《列宁全集》俄文第 5 版
第 50 卷第 198 页

434

给格·叶·季诺维也夫的电报

1918 年 10 月 22 日

彼得格勒

斯莫尔尼　季诺维也夫

　我担心,您允许罗曼诺夫**298**去芬兰过于冒失了。他的病情未被夸大吗？建议等一等，别马上放他去芬兰。

列　宁

载于1933年《列宁文集》俄文版
第21卷

译自《列宁全集》俄文第5版
第50卷第198页

435

给列·达·托洛茨基的电报[299]

（10月22日）

斯大林今天到达，带来了我军在察里津附近取得三次重大胜利的消息：一次是在距察里津10俄里的地方取得的；另一次是草原集团军在亮谷歼敌4个团，草原集团军原来是察里津人请调来的；第三次是在穆兹加附近，也歼敌4个团。

斯大林已说服伏罗希洛夫和米宁（他认为这两人是非常宝贵和难得的干部）不要离开并完全服从中央机关的命令；据斯大林说，他们俩不满的唯一原因，就是炮弹和子弹到得太晚，甚至不送去，这样，20万人的士气高昂的高加索集团军也同样会覆灭的。

斯大林很想在南方面军工作；他非常担心不熟悉这条战线的人会犯许多错误，这方面的例子他举出了很多。斯大林希望自己能在工作中证实他的看法是正确的。他并没有提出解除瑟京和梅霍诺申职务的最后通牒，同意在南方面军革命委员会中同他们共事，还表示愿意担任共和国最高军事委员会委员。

列夫·达维多维奇，我把斯大林所有这些意见告诉您，请您仔细考虑并答复:第一,您是否同意亲自向斯大林解释一下,他为此同意去您那里;第二,您是否认为在一定的具体条件下有可能消除从前的摩擦并处好共事关系。这是斯大林所希望的。

至于我,则认为必须竭尽全力处好与斯大林的共事关系。

译自《列宁文集》俄文版第 37 卷
第 106 页

436

给阿·阿·越飞的电话[300]

(10 月 23 日)

柏林

俄国大使越飞

请速向卡尔·李卜克内西转达我们最热烈的敬意。德国革命工人的代表被释放出狱,是新时代即胜利的社会主义时代的征兆,现在,这个时代正展现在德国和全世界的面前。

代表俄国共产党(布尔什维克)中央委员会

列 宁[①]

载于 1918 年 10 月 25 日《真理报》
第 231 号和《全俄中央执行委员会
消息报》第 233 号

译自《列宁全集》俄文第 5 版
第 50 卷第 198—199 页

---

①　签署该文献的还有雅·米·斯维尔德洛夫和约·维·斯大林,由列宁代笔。——俄文版编者注

437

给帕·巴·瑟京的电报

(10 月 24 日)

三个受电人:科兹洛夫   瑟京

察里津   托洛茨基

察里津   伏罗希洛夫

我们接连收到伏罗希洛夫几封绝望的电报,说尽管他多次坚决要求,但迄今仍未得到炮弹和子弹。

着即检查此事,采取最紧急措施满足伏罗希洛夫的要求,并将所采取的措施告诉我们。报告负责执行此项任务的人员姓名。

人民委员会主席   **列宁**①

载于 1936 年《党的工作者》杂志
(斯大林格勒)第 16—17 期合刊

译自《列宁全集》俄文第 5 版
第 50 卷第 199 页

---

① 签署该电的还有全俄中央执行委员会主席雅·米·斯维尔德洛夫。——俄文版编者注

438

致扬·安·别尔津

1918 年 10 月 25 日

致别尔津同志

亲爱的别·同志：

开除赫尔佐格是怎么回事？**301**

我认为我们应当**替**他说话。开除他的人全是些坏蛋，机会主义者。

请来信谈谈此事。

但愿您已了结了吉尔波"案件"，就是说您已完全承认他平反了。请向他转达我的问候。他在哪里？

法文版《国家与革命》何时能出版？**302** 我想写一篇批判王德威尔得的序言，能否来得及？

请寄来：**王德威尔得**《社会主义反对国家》、《被占领的比利时和国际社会主义》、《俄国革命的三个方面》。这三本书都是巴黎博扎尔街 5—7 号贝尔热—勒弗罗出版社出版的。

请搜集所有这类小册子(英文、法文、意大利文和德文的)。

请更经常地报告法国情况。那儿有什么消息？情况怎样？

敬礼！

您的　列宁

发往伯尔尼

载于 1925 年 1 月 21 日《真理报》
第 17 号

译自《列宁全集》俄文第 5 版
第 50 卷第 199—200 页

439

给坦波夫县执行委员会的电报

坦波夫

县苏维埃执行委员会

抄送:红十字会

1918 年 10 月 25 日

不能责令住在米哈伊洛夫旅馆中的病人阿赞切夫斯卡娅迁走。请让她受红十字会的照管。请电复。

人民委员会主席　　**列宁**

译自《列宁文集》俄文版第 21 卷
第 232 页

440

致米·费·弗拉基米尔斯基

1918 年 10 月 27 日

致弗拉基米尔斯基同志

（或莫斯科苏维埃主席团其他成员）

来人是维堡区的同志们。[303]务请**立即**接待。此外,他们注意到进苏维埃**手续过繁**,检查人员非常挑剔,还要填写完全不必要的特别出入证。能不能把这一套简化一下?

敬礼!

列 宁

载于 1924 年波涛出版社出版的
《关于伊里奇(论文、回忆录、文件
和材料汇编)》

译自《列宁全集》俄文第 5 版
第 50 卷第 200 页

441

给莫斯科人民宫殿财产管理局的批示[304]

(11 月 1 日)

务请莫斯科人民宫殿财产管理局满足社会保障人民委员部儿童保育院司的请求。

人民委员会主席

弗·乌里扬诺夫(列宁)

1918 年 11 月 1 日

译自《列宁全集》俄文第 5 版
第 50 卷第 201 页

442

致扬·安·别尔津

11 月 1 日

亲爱的别尔津：

收到了您寄来的许多书。非常感谢。

听说您那里大家吵起来了。什克洛夫斯基和扎尔金德由我们调回。

如出现问题请来信；我将签署您的**命令**（给您的部下的），叫他们不敢争吵并严格执行您的命令。

请卧床休息，**认真**治疗；您**不**应住在伯尔尼，而要住在有电话并靠近铁路的山间向阳的地方，伯尔尼可派秘书去，别人有事应去**找**您。

在《国家与革命》的德译本中出现了一个令人遗憾的错误：跋**没**注明日期。而**重要的**问题恰恰是需要表明**跋**是十月革命**后**即 1917 年 11 月 30 日写的。可否将此日期印成小纸条贴上去？

有些能干的同志要到您那里去。**不要舍不得花钱**，尤其是为了通过这些人在法国进行宣传。

紧紧握手！

您的　列宁

注意：　要作好**一切**准备，协约国可能会迫使瑞士驱逐您出境。**请有所准备**！！[305]

附言:《国家与革命》的法译文如已脱稿,请**立即**出版,但在出版者前言中**既**要骂考茨基,也要骂**王德威尔得**(《社会主义反对国家》),因为王德威尔得把国家学说的**整个主要部分都玷污了**、掩盖了、歪曲了。

寄上近半本批判考茨基的小册子[306]。务请**尽快**交付翻译并请电告:反考茨基一文正在译成德文、法文或意大利文。否则我就在这里找人翻译。

我想,《国家与革命》的德译本已寄往柏林了吧?**要多寄些!**

发往伯尔尼

译自《列宁全集》俄文第 5 版
第 50 卷第 201—202 页

443

给瓦·伊·绍林的电报[307]

(11 月 7 日)

向攻克伊热夫斯克的英勇的红军部队致敬。祝贺革命一周年。社会主义红军万岁!

列　宁

发往维亚特卡省波利亚纳

载于 1928 年《国内战争(1918—1921)》第 1 卷

译自《列宁全集》俄文第 5 版
第 50 卷第 202 页

444

致莱·约·别尔津

（11月9日和23日之间）

　　别尔津同志：借此机会请您转达我对第3集团军各部队的敬意，并祝他们在各方面取得成功。

人民委员会主席

弗·乌里扬诺夫（列宁）

载于1918年11月23日《红色
警钟报》(彼尔姆)第60号

译自《列宁全集》俄文第5版
第50卷第203页

445

给奥廖尔省和库尔斯克省
执行委员会和省党委的电报[308]

1918年11月9日

秘密

急　立即拍发

两个受电单位：

奥廖尔　省执行委员会和共产党省委

库尔斯克　省执行委员会和共产党省委

　　顷接基尔向国际无产阶级发出的无线电报，电报宣告德国的工人和士兵已掌握政权。

该电由基尔水兵代表苏维埃签署。

此外，前线的德国士兵逮捕了威廉派遣的和谈代表团，并且自己直接同法国士兵开始了和平谈判。

威廉退位了。

必须尽一切努力把这一消息尽快通知在乌克兰的德国士兵，并且建议他们打击克拉斯诺夫的军队，因为这样我们就能共同为德国工人夺得数千万普特的粮食，并击退现在正把分舰队开向新罗西斯克的英国人的入侵。

请回电并告知执行情况。

人民委员会主席　　列宁

载于1933年《列宁文集》俄文版第21卷　　　　　　　　　译自《列宁全集》俄文第5版第50卷第202—203页

446

☆给全俄肃反委员会的电话

（11月11日）

今天早上我要求向我说明，为什么有两名俄国共产党（布尔什维克）党员——达乌盖和茹霍维茨基具保，还不释放基里尔·谢苗诺维奇·金兹堡；同时我还要求向我说明，是全俄肃反委员会的哪一个委员在什么时候宣称他们找不到金兹堡，尽管金兹堡现在就关押在布特尔基。

以上情况我要求在 11 月 11 日傍晚报来,但现在已经是 10 时半了,仍无答复。现再次重申我的要求。

人民委员会主席　**列宁**

载于 1933 年《列宁文集》俄文版　　　　　译自《列宁全集》俄文第 5 版
第 21 卷　　　　　　　　　　　　　　　第 50 卷第 203—204 页

447

致波·索·魏斯布罗德

(11 月 11 日)

魏斯布罗德同志:

您已经在维也纳……① 希望尽一切可能找到**左派**。施特拉塞尔(Josef Strasser)也许能帮助您找到他们,虽然他自己大概**不**……①帮助他们。

请更经常地来信,托每一个信使带信来。

如有可能(如果您有很好的关系,等等),请到**波罗宁**(加利西亚)设法找回我的藏书。② 1914 年我把那些书同别的东西一起留在那里的一所别墅里了。当时我欠人家 50 克朗;现在就是付 1 亿克朗也可以,只要能把书找回来。**309**但这……①私事。

最重要的是要在维也纳找到**左派**,并大力**帮助**他们。我很担

---

① 信的手稿有部分残缺。——俄文版编者注

② 列宁在手稿的这个地方插了一段话,其中能看清楚的是:"……我曾住**在波罗宁**,用的是真名……"——俄文版编者注

心您因为没有关系而做不到这一点,但请您尽一切可能努力去做。

请来信。

敬礼!

您的 **列宁**

1918 年 11 月 11 日

发往维也纳

译自《列宁全集》俄文第 5 版
第 50 卷第 204 页

448

给巴斯曼区肃反委员会的电话

(11 月 11 日)

电话稿

巴斯曼区肃反委员会

抄送:全俄肃反委员会主席

请说明查抄巴乌曼街莫斯科高等技术学校纤维物质实验室费多罗夫教授研究室的原因。

人民委员会主席 **列宁**

译自《列宁文集》俄文版第 21 卷
第 234 页

449

给亚·加·施略普尼柯夫的电报[310]

1918 年 11 月 12 日　　　　　　　　　　　　　**立即拍发**

阿斯特拉罕

人民委员施略普尼柯夫

　　尽一切可能在做。请努力做到齐心协力地工作,逐步健全阿斯特拉罕的苏维埃和工会。请和萨克斯共同努力抓好军事工作,力求夺回里海,同时要帮助北高加索集团军。没有这里的允许,不要想离开阿斯特拉罕。

列　宁

载于 1942 年《列宁文集》俄文版　　　　　译自《列宁全集》俄文第 5 版
第 34 卷　　　　　　　　　　　　　　　　第 50 卷第 205 页

450

给伊万诺夫的电报[311]

1918 年 11 月 13 日

乌涅恰

俄共乌涅恰组织主席伊万诺夫

　　谢谢大家的致敬电。德国革命士兵的致敬特别使我感动。现在极重要的是使德国革命士兵立即积极参加解放乌克兰的战斗。为此，必须：第一，逮捕白卫分子和乌克兰当局所有负责人；第二，派德国革命部队的代表去所有驻乌克兰的德国部队，使这些部队为解放乌克兰而迅速地共同行动起来。时机紧迫。一小时也不能浪费。德国革命士兵是否同意这项建议，请即电告。

人民委员会主席　**列宁**

注意

急。

立即拍发。

乌涅恰几点钟**收到**，**请告我**。

载于 1950 年《列宁全集》俄文第 4 版第 35 卷

译自《列宁全集》俄文第 5 版第 50 卷第 205—206 页

451

给俄共（布）奥廖尔省委的电报

1918 年 11 月 13 日

奥廖尔

俄国共产党（布尔什维克）省委转乌克兰同志

我刚收到德国革命士兵从乌涅恰发来的致敬电。我认为最重要的是，你们要把此事电告同乌克兰交界的一切边防据点，并且以我的名义答谢德国革命士兵的致敬，请求他们迅速而坚决地行动起来，协助解放乌克兰。愿德国革命士兵用逮捕乌克兰白卫分子和解放乌克兰的行动来完成由他们开始的光荣的德国革命。

驻乌克兰的德国革命士兵万岁！

德意志苏维埃共和国和乌克兰苏维埃共和国的兄弟联盟万岁！

人民委员会主席　列宁

载于1942年《列宁文集》俄文版
第34卷

译自《列宁全集》俄文第5版
第50卷第206页

452

致尼·巴·布留哈诺夫

1918年11月13日

布留哈诺夫同志：务请帮助来人萨德科夫和伦克维斯特二位同志，他们是芬兰共产主义俱乐部和芬兰铁路员工的代表。能否从莫斯科的仓库调给他们9 000普特粮食？他们非常需要。如果实在不可能，从坦波夫的粮食收集站调拨行不行？**必须**帮助他们。[312]

敬礼！

您的　列宁

译自《列宁全集》俄文第5版
第50卷第207页

453

同埃·马·斯克良斯基的来往便条

(11 月 14 日和 26 日之间)

可否由陆军人民委员部下令指定一个务必由**党内**有经验的人组成的**调查组**，调查达乌盖的儿子一案（他的儿子在空军航校学习[313]）？达乌盖说，他的儿子被诬告参加白卫分子活动，**因而**(??!!)被学校开除。

只是对他有怀疑，因为他结交了一伙坏人，此外，我没有掌握任何材料。只要使他脱离这伙人，我想，他完全可以教育好。

结交了怎样一伙坏人？结交了谁？

什么时候？在哪里结交的？很久了吗？

除他父亲讲的以外，详细情况我不了解。显然，这只是由于他的航校同学而引起的一些担心。我认为，他不过是不问政治，只要给他机会，他会成为一名出色的技术人员的。从前，他父亲想不让他去冒飞行的危险，结果搞坏了同儿子的关系。

译自《列宁文集》俄文版第 37 卷
第 109 页

454

给约·约·瓦采季斯的电报

1918年11月15日

急

立即拍发
. . . .

谢尔普霍夫

总司令瓦采季斯

抄送:托洛茨基

请批准被占领地区中央局①关于组建波兰突击营和立陶宛突击营的方案,特别是关于南方战线西方旅的方案。我提请托洛茨基注意我们的决定。

人民委员会主席 **列宁**

载于1942年《列宁文集》俄文版   译自《列宁全集》俄文第5版
第34卷   第50卷第207页

---

① 指俄共(布)中央所属被占领地区共产党组织中央局。——编者注

455

致列·波·加米涅夫[314]

(11 月 16 日)

您是否先去注意次要问题了？**粮食!! 卸车:**要动员所有的人用手卸完。

载于 1931 年《列宁文集》俄文版
第 18 卷

译自《列宁全集》俄文第 5 版
第 50 卷第 208 页

456

给格·列·皮达可夫的批示[315]

(11 月 19 日)

我看,不要再搞庆祝活动了。**可笑!**

让我们用合作银行同国家银行妥善、合理、巧妙、迅速的**合并**来"庆祝"12 月 14 日吧。

列　宁

1918 年 11 月 19 日

载于 1945 年《列宁文集》俄文版
第 35 卷

译自《列宁全集》俄文第 5 版
第 50 卷第 208 页

457

给秘书的指示[316]

（11 月 20 日）

再打一次电话给**斯克良斯基**，告诉他电文和我的下述请求：组织人秘密监视这些医生的行动，以便收集人证和物证揭露他们，然后送交法庭审判。

列　宁

载于 1933 年《列宁文集》俄文版
第 21 卷
译自《列宁全集》俄文第 5 版
第 50 卷第 208 页

458

给北方区国民经济委员会
技术委员会的电报[317]

1918 年 11 月 21 日

彼得格勒
北方区国民经济委员会
技术委员会

你们工作拖拉，不执行最高国民经济委员会科学技术局关于向军事部门中央科学技术实验室提供材料的命令，为此宣布给予你们严重警告。要求你们立即提供材料并对加速实验给予全力协助。报告执行情况。

人民委员会主席　列宁

载于 1933 年《列宁文集》俄文版第 21 卷　　　　　　　　　　译自《列宁全集》俄文第 5 版第 50 卷第 209 页

459

给格·叶·季诺维也夫的电报

1918 年 11 月 21 日

彼得格勒

斯莫尔尼　季诺维也夫

今天我已给北方区国民经济委员会技术委员会去电，由于他们工作拖拉，宣布给予严重警告。请向北方区国民经济委员会讲清楚，它的责任是加速实验的进行，协助最高国民经济委员会科学技术局迅速完成任务。如果技术委员会 11 月 13 日发的第 646 号文件不仅仅是工作拖拉和迟钝，而是蓄意怠工的话，我要求进行侦查并逮捕罪犯。

人民委员会主席　列宁

载于 1933 年《列宁文集》俄文版第 21 卷　　　　　　　　　　译自《列宁全集》俄文第 5 版第 50 卷第 209 页

460

给亚·加·施略普尼柯夫的电报

1918年11月21日　　　　　　　　　　　　立即拍发

阿斯特拉罕

人民委员施略普尼柯夫

　　您20日的来电收到。我在密码电报①中已请您在同托洛茨基和我取得专门联系以前不要离开阿斯特拉罕。此外,请报告我军在里海海上作战的情况。祝贺高加索部队的胜利。斯克良斯基的密码。

列　宁

译自《列宁全集》俄文第5版
第50卷第210页

---

　　①　见本卷第449号文献。——编者注

461

给秘书的指示[318]

（不早于 11 月 21 日）

请将控告的内容用电话通知莫斯科苏维埃房产局，并问他们准备如何处理。

载于 1959 年《列宁文集》俄文版
第 36 卷

译自《列宁全集》俄文第 5 版
第 50 卷第 210 页

462

给弗·米·吉季斯的电报

1918 年 11 月 23 日

沃洛格达

集团军司令吉季斯

我完全赞同您释放俘虏的计划，但一次务必不要多放，并且只限于放那些确实接受了我们的宣传的人。请立即电告（如果需要，就用密码）：你们那里有多少俘虏，是什么民族的，有多少接受了我们的宣传。

人民委员会主席　**列宁**

载于 1942 年《列宁文集》俄文版
第 34 卷

译自《列宁全集》俄文第 5 版
第 50 卷第 210—211 页

463

致格·瓦·契切林[319]

(11月23日)

应当作出**十分详细**和**辛辣的**答复。我们承认德国政府吗？德国**所有的苏维埃**都承认它吗？如果都承认，我们就承认。

"不施加影响"？是指通过言论、刊物？**是从民主的观点还是从专政的观点**？我们请求说清楚，但声明一点：即使他们**最后通牒**式地要求我们**不进行鼓动**，我们也**不**因此与他们断交。

译自《列宁全集》俄文第5版
第50卷第211页

464

致萨马拉肃反委员会主席

1918年11月25日

萨马拉
肃反委员会主席
抄送：省执行委员会主席

请说明逮捕帕维尔·亚历山德罗维奇·普列奥布拉任斯基的

理由。在斯维杰尔斯基到达之前不要定案。请把案情向他介绍，并告诉我，由教师联合会具保能否释放普列奥布拉任斯基。

人民委员会主席　**列宁**

载于 1933 年《列宁文集》俄文版　　　　　　译自《列宁全集》俄文第 5 版
第 21 卷　　　　　　　　　　　　　　　　第 50 卷第 211 页

465

☆致小人民委员会

（11 月 25 日或 26 日）

　　星期日[①]我在剧院的"**苏维埃**"包厢里看剧，那里也坐了一些**铁路员工**。我想，我们撤销的小人民委员会关于**仅**为人民委员会提供专用包厢的决定[320]应这样修改一下：专用包厢**既**供人民委员会用，**也**供莫斯科苏维埃用，**也**供全俄工会理事会用，也供中央执行委员会用。可"按比例"分配。

列　宁

载于 1945 年《列宁文集》俄文版　　　　　　译自《列宁全集》俄文第 5 版
第 35 卷　　　　　　　　　　　　　　　　第 50 卷第 212 页

---

①　指 1918 年 11 月 24 日。——编者注

466

致人民委员会办公厅主任

（11 月 26 日）

我同意这个宫拨作博物馆用。请征得斯维尔德洛夫的**书面同意**。[321]

列　宁

11 月 26 日

译自《列宁全集》俄文第 5 版
第 50 卷第 212 页

467

给 **B. И.** 苏霍帕罗夫的电报[322]

1918 年 11 月 28 日

图拉　协作社　苏霍帕罗夫

抄送:省肃反委员会

罚款要立即交纳。根据法律,请将您的申诉书副本报省肃反委员会,以便省肃反委员会将结论性意见立刻提交人民委员会。

人民委员会主席　**列宁**

译自《列宁文集》俄文版第 37 卷
第 109 页

468

同波·米·沃林的来往直达电报

(11 月 29 日)

发报人是奥廖尔省执行委员会和省党委主席沃林同志。

刚收到苏拉让发来的电报,内容如下:"11 月 29 日在戈梅利将召开驻乌克兰德军的苏维埃代表大会。必须派代表去。我们已派出情报主任和另外一些人。我们正同驻乌克兰德军的大苏维埃进行谈判。我们在招募志愿加入红军的德军士兵。请对我们在乌克兰进行谈判的代表作指示。我们的代表由德国人负责保护,安全有保障。德军情绪已完全布尔什维克化了。"我决定今天派一名共产党员(苏维埃主席)和国际部队的德国人、共产党员迈尔前往戈梅利。奥廖尔苏维埃主席的任务只是致贺词,还是可以带政治任务去?请指示。如果您已经知道要召开这次代表大会并派出了代表,那么我们的代表团可能就是多余的了。

列宁:关于这次代表大会,我一无所知。建议您立即通过库尔斯克同乌克兰共产党员及其中央委员会取得联系。对于德军的苏维埃大部分已站在布尔什维克方面的消息,必须严加核实。[323]如果情况不是这样,就应当在代表大会上作详细的并有充分说服力的原则性发言,宣传布尔什维主义及其任务。如果德国士兵确实已是布尔什维克或斯巴达克派,就一定要建议他们立即同我们结成联盟,以便最迅速地在乌克兰恢复苏维埃政权,不仅逮捕白卫分子,而且逮捕拉达分子。无论如何要派遣能最准确地汇报全部讨论情况和决议情况的人去出席代表大会。

如果增派代表出席大会已经太晚,就请尽量设法用电报把我的这一电文转告您已经派去的人。等候回话。

沃林:弗拉基米尔·伊里奇,我已告诉您决定派苏维埃主席去戈梅利。他今夜就动身。为此我向您请求指示。与此同时,我尽量设法同库尔斯克取得联系。

列宁:您派主席参加代表大会,我非常高兴。我想,我的建议已使您满意了。请安排人把代表大会每天的情况向我报告。

载于 1942 年《列宁文集》俄文版第 34 卷

译自《列宁全集》俄文第 5 版第 50 卷第 212—213 页

469

致亚·加·施略普尼柯夫

1918 年 11 月 29 日

亲爱的施略普尼柯夫同志:

您 11 月 21 日的信收到了。

您发的电报,我好像均能收到,我正在帮助解决。不要着急。要求总是只能**部分**满足的。[324]

现在不能越境。

十分遗憾的是您病了。应当好好治疗。您要为自己准备**几名**接替人,以便在您终究得离开时有人接替您;但要尽力把病治好,并争取多待些时候。

敬礼!

您的   **列宁**

译自《列宁文集》俄文版第 37 卷第 110 页

470

给亚·加·施略普尼柯夫的电报[325]

1918 年 11 月 29 日

阿斯特拉罕

人民委员施略普尼柯夫

您的所有要求我将转告有关方面。不要着急。我的信即刻派信使送上。

列　宁

译自《列宁文集》俄文版第 40 卷
第 58 页

471

给格·叶·季诺维也夫的电报

1918 年 11 月 30 日

彼得格勒

斯莫尔尼　季诺维也夫

抄送:斯特里耶夫斯基

彼得格勒工会代表沃尔柯夫和北方区域工人合作社代表会议

代表米休尔斯基申明,提前一个月给职员和工人发放工资一事,丝毫没有帮助而且也不可能帮助反革命分子;他们答应消除已经造成的误会,表示愿意严格遵守新法令[326]进行工作。欣丘克证实上述保证是可信的。

请认真研究这个问题,并为合作社工作者提供工作机会。

人民委员会主席　**列宁**

译自《列宁全集》俄文第5版
第50卷第214页

472

给格·叶·季诺维也夫的电报

1918年12月3日

抄送:全俄肃反委员会彼得格勒分会主席

季诺维也夫同志:

瑞士人卡尔·穆尔同志给我寄来一封长信,请求释放**帕尔钦斯基**,说他是一个能干的技术人才和组织人才,写过很多著作,等等。我听到过并读到过关于帕尔钦斯基**在克伦斯基时期**是个投机者之类的说法。

但我不知道,现在有没有检举帕尔钦斯基的材料?什么样的材料?是否严重?为什么特赦法[327]对他不适用?

如果他是个学者、作家,倘有严重罪证,可否给予特殊照顾(例如软禁,实验室等等)?

请立即书面答复。

人民委员会主席
弗·乌里扬诺夫(列宁)

发往彼得格勒

载于1933年《列宁文集》俄文版
第21卷

译自《列宁全集》俄文第5版
第50卷第214—215页

473

给上沃洛乔克县执行委员会的电报[328]

1918年12月3日

上沃洛乔克 县执行委员会
抄送:里亚布申斯基织布厂办事处
瓦尔瓦拉·费多罗夫娜·布雷夫金娜

请把面粉归还费多尔·彼得罗维奇·博利沙科夫,并豁免他的罚款。电告执行情况。

人民委员会主席 列宁

译自《列宁文集》俄文版第38卷
第218页

474

致扎钦托·塞拉蒂

1918年12月4日

亲爱的塞拉蒂同志：

谨向您和拉查理同志致良好的祝愿。我们都希望在意大利以及协约国其他国家里很快发生无产阶级革命。

热忱地握您的手！

向意大利同志们致敬！

永远属于您的　列宁

原文是法文

载于1920年《意大利社会主义者年鉴》(米兰)

译自《列宁全集》俄文第5版第50卷第215页

475

关于支援格罗兹尼市及其专区的命令[329]

12月5日

1

致内务人民委员部

鉴于格罗兹尼市及其专区财政状况极端困难，兹命令你们全力协助格罗兹尼苏维埃，在与它的代表平松同志一起查明该苏维埃所需经费的数额后，通过南方面军里海—高加索革命军事委员会将必需的款项送往指定地点。

人民委员会主席

译自《列宁文集》俄文版第 39 卷第 201 页

2

致粮食人民委员部

请协助格罗兹尼中央苏维埃代表 Б. Д. 平松同志领取纺织品和所需数量的玻璃，以满足格罗兹尼专区 6 万居民的需要。

人民委员会主席

译自《列宁文集》俄文版第 39 卷第 201 页

3

致造纸工业总委员会

兹命令立即拨给格罗兹尼中央苏维埃代表 Б. Д. 平松同志所需数量的纸张，以满足该专区苏维埃报纸、各委员部和学校的需要。

人民委员会主席

译自《列宁文集》俄文版第 39 卷第 201 页

4

致卫生人民委员部谢马什柯同志

兹命令您立即全力协助格罗兹尼中央苏维埃代表 Б. Д. 平松同志领取格罗兹尼专区居民所需的药品和绷带,以供五个苏维埃药房和三个诊疗所之用,要注意该专区有将近 6 万居民。

人民委员会主席

译自《列宁文集》俄文版第 40 卷第 58—59 页

476

给萨马拉省执行委员会的电报

1918 年 12 月 6 日

萨马拉

省执行委员会

抄送:萨马拉肃反委员会

兹命令你们立即释放里津坎普夫和监察机关的代表,在极端必要时,只能予以软禁或对旅馆实行武装监视。只有那些罪证确凿者才可继续拘押在监狱里。请立即电告他们的姓名。你们要对计划、文件和全部器材的完整无损负责。电告执行情况。[330]

人民委员会主席　**列宁**

载于1933年《列宁文集》俄文版　　　　　　　　译自《列宁全集》俄文第5版
第21卷　　　　　　　　　　　　　　　　　　第50卷第215—216页

477

给坦波夫省执行委员会的电报[331]

1918年12月7日

坦波夫　省执行委员会

抄送:博里索格列布斯克　县执行委员会

我收到伊万·波格丹诺夫对以怠工罪名逮捕他患支气管炎的17岁的儿子弗拉基米尔一事提出的申诉书。请重新审理此案,检查被捕者是否有病,是否年轻,没有经验,特别请调查清楚:真正的怠工者是否是农业委员部中拒绝工作而将工作都推给波格丹诺夫的30名职员。电告检查结果。

人民委员会主席　**列宁**

载于1933年《列宁文集》俄文版　　　　　　　　译自《列宁全集》俄文第5版
第21卷　　　　　　　　　　　　　　　　　　第50卷第216页

478

致尼·巴·布留哈诺夫

1918 年 12 月 7 日

1

致布留哈诺夫同志或其副手

请优先接待来人——原交通[人民委员部]部务委员舍洛莫维奇同志。他要向您提出关于乌拉尔粮食工作混乱情况的重要报告。（请晚上来人民委员会向我报告结果。）

人民委员会主席

弗·乌里扬诺夫(列宁)

载于 1958 年《苏联历史》杂志　　　　　　译自《列宁全集》俄文第 5 版
第 2 期　　　　　　　　　　　　　　　第 50 卷第 216—217 页

2

布留哈诺夫同志：舍洛莫维奇到您那里去过没有？（我给了他一张写给您的便条）他说乌拉尔粮食工作中的混乱情况**极为严重**。应采取哪些**紧急措施**？[332]

列　宁

译自《列宁全集》俄文第 5 版
第 50 卷第 217 页

479

同亚·加·施略普尼柯夫的
来往直达电报

(12月9日)

请尽快答复我的请求。① 请尽快让我们得到东西并让我的急使赶紧动身。钱和其他东西都需要。请向施米特下达有关指示。他知道在哪儿可找到急使。必须立即返回。施略普尼柯夫。②

阿斯特拉罕

施略普尼柯夫

给您的电报,我已发出。最高国民经济委员会委派的一个工作组已出发去阿斯特拉罕。333 日内即可为急使作好动身准备。

列　宁

译自《列宁文集》俄文版第 37 卷
第 111 页

---

① 见本卷第 469 号文献和注 324。——编者注
② 电报上有列宁的批注:"**存档**"。——俄文版编者注

480

致列·波·加米涅夫[334]

（12 月 10 日）

如果您深思一下，就会看到，这种随机应变是**向异己分子**，也就是向"自由商人"**让步**。

载于 1931 年《列宁文集》俄文版
第 18 卷

译自《列宁全集》俄文第 5 版
第 50 卷第 217 页

481

致弗·德·邦契-布鲁耶维奇

1918 年 12 月 11 日

亲爱的弗·德·：

寄上一本关于执行法律的小册子。请拟一个较明确、较鲜明、较响亮的**书名**。

要**尽快**出版。[335]

您的 **列宁**

载于 1959 年《列宁文集》俄文版
第 36 卷

译自《列宁全集》俄文第 5 版
第 50 卷第 217 页

482

致伊·伊·拉德琴柯

1918年12月12日

致拉德琴柯同志

附件[336]据说是一位显然诚实的商人的建议,这位商人熟悉木柴业情况,他断言以这种方式能够而且一定会揭露出**大量**盗窃和舞弊行为。

请赶快讨论一下(先同沃尔柯夫斯基讨论,如果您愿意的话,也可马上就在木材采办委员会里讨论),并**立即**将您的意见告诉我。

人民委员会主席　**列宁**

载于1933年《列宁文集》俄文版
第21卷

译自《列宁全集》俄文第5版
第50卷第218页

483

给列·达·托洛茨基的电报

1918年12月12日

沃罗涅日

托洛茨基,或发往他的所在地

阿斯特拉罕来电说,鉴于布尔什维克在格鲁吉亚发动起义,英军推进的危险极严重,区舰队①的工作必须加强。您是否认为把拉斯科尔尼科夫派往阿斯特拉罕有好处? 他不知为什么老是待在莫斯科。

列　宁

载于 1942 年《列宁文集》俄文版
第 34 卷

译自《列宁全集》俄文第 5 版
第 50 卷第 218 页

484

致亚·加·施略普尼柯夫

1918 年 12 月 12 日

亲爱的施略普尼柯夫同志:

借此机会向您问好,并送上这些材料[337]供侦查用。事先要好好考虑并同两三名**最可靠的**肃反委员会成员磋商,**务必**拿获这里指出的那些坏蛋。要竭尽全力拿获并枪毙阿斯特拉罕的投机商和受贿者。对这些坏蛋应当镇压,让所有的人**长久**记住他们的下场。

据说这些材料是一位**诚实的**商人提供的,他现在仍在这里。

关于您的请求和委托[338],我已不止一次打电话要求办理。我相信,一部分——即最重要的那部分——将照办。当然全部办到是力所不及的。

未办到的部分中哪些是特别迫切要办的,请电告。

请竭尽全力修复阿斯特拉罕铁路并增加其运输能力。

---

① 指阿斯特拉罕—里海区舰队。——编者注

海上有什么捷报？我们的舰队情况如何？基兹利亚尔附近的基地情况如何？**339**

请来信！

敬礼！

您的　**列宁**

发往阿斯特拉罕

载于 1956 年在莫斯科出版的
《列宁军事书信集》

译自《列宁全集》俄文第 5 版
第 50 卷第 219 页

485

致莫斯科苏维埃粮食局

1918 年 12 月 12 日

致莫斯科苏维埃粮食局

请发给住在莫斯科市茨韦特诺伊林荫路 25 号(莫罗佐夫的房子)12 号住宅的阿克西尼娅·叶梅利亚诺娃·**库兹涅佐娃**证件，证明莫斯科苏维埃粮食局完全允许她从住在图拉省韦纽夫县奥泽尔基村的兄弟德沃列茨基那里运进莫斯科 **2—4 普特**自产的(不是买的)粮食。

执行情况盼告。

人民委员会主席

弗·乌里扬诺夫(列宁)

载于 1945 年《列宁文集》俄文版
第 35 卷

译自《列宁全集》俄文第 5 版
第 50 卷第 220 页

486

给列·达·托洛茨基的电报

1

(12 月 12 日)

致托洛茨基,发往他的所在地

彼尔姆局势危急。[340]我认为必须派援军去。彼得格勒可以提供苏维埃贫苦农民团,这样的团那里有两个,也可以提供其他团,根据革命军事委员会的指示决定。建议您尽快作出必要的指示。建议向革命军事委员会[①]指明彼尔姆省基泽尔区的巨大重要性,因为该区向各工厂和铁路全线供应用煤。基泽尔失守,交通就要停顿。

列 宁[②]

载于 1942 年《列宁文集》俄文版第 34 卷

译自《列宁全集》俄文第 5 版第 50 卷第 220 页

2

1918 年 12 月 13 日   **全用密码**

沃罗涅日 托洛茨基,或发往他的所在地

彼尔姆附近的消息令人极为不安。彼尔姆危急。我担心我们

---

① 指东方面军革命军事委员会。——编者注

② 签署该电的还有雅·米·斯维尔德洛夫。——俄文版编者注

忘记了乌拉尔。一定要督促瓦采季斯并检查一下,他向彼尔姆和乌拉尔提供援军是否足够坚决。拉舍维奇对季诺维也夫谈过:只能派久经战阵的部队去。

列 宁

译自《列宁全集》俄文第5版
第50卷第221页

487

致埃·马·斯克良斯基[341]

(12月15日)

致斯克良斯基

注意:再次强调:往西什么也没有运,往东也不多,**全部**(几乎)都运往南方了。

列 宁

载于1942年《列宁文集》俄文版
第34卷

译自《列宁全集》俄文第5版
第50卷第221页

488

致格·伊·彼得罗夫斯基[342]

(12 月 16 日)

致彼得罗夫斯基

我要求立即布置极严格的侦查并将布置情况和侦查结果向我报告。

列　宁

12 月 16 日

载于 1931 年《列宁文集》俄文版
第 18 卷

译自《列宁全集》俄文第 5 版
第 50 卷第 221 页

489

致雅·米·斯维尔德洛夫

(12 月 16 日)

斯维尔德洛夫:请注意!

昨天(12 月 15 日)布哈林告诉我,据叶梅·雅罗斯拉夫斯基证实,斯皮里多诺娃在进行党派宣传。[343]

译自《列宁全集》俄文第 5 版
第 50 卷第 222 页

490

致尼·尼·克列斯廷斯基[344]

（12月21日）

致克列斯廷斯基

一定要**查出**拖延付款的罪犯并**送交法庭审判**。

请通知我：查出没有？

是谁？

何时付的款？

何时第一次拨款？

何时第一次要求提款？

列　宁

12月21日

载于1945年《列宁文集》俄文版　　译自《列宁全集》俄文第5版
第35卷　　第50卷第222页

491

致费·埃·捷尔任斯基

1918 年 12 月 21 日

全俄肃反委员会

捷尔任斯基同志：

附上一封控告信。

请务必查出拖延移交的罪犯（从 12 月 3 日到 12 月 20 日**没有答复!!** 而法令是 **11 月 21 日通过的!!!**）并送交法庭审判。[345] 这样不像话的事情总不能不加惩罚。显然，办公室里有怠工者。

此外，您应派人**负责**立即迅速移交仓库。

请将执行情况告诉我。

敬礼！

您的 列宁

载于 1959 年《列宁文集》俄文版
第 36 卷

译自《列宁全集》俄文第 5 版
第 50 卷第 222—223 页

492

给苏兹达利县执行委员会的电报

1918 年 12 月 23 日

弗拉基米尔省苏兹达利县

县执行委员会

抄送：加夫里洛夫镇

茨韦特科夫

把巡查队从饥饿的工人们那里夺走的粮食退回去。此事详情盼告。[346]

人民委员会主席　　**列宁**

载于 1931 年《列宁文集》俄文版
第 18 卷

译自《列宁全集》俄文第 5 版
第 50 卷第 223 页

493

给米·康·弗拉基米罗夫的
直达电报和给秘书的指示

（12 月 23 日）

答复弗拉基米罗夫

今晨我已同涅夫斯基谈好将采取最有力的措施，并以国防委员会的名义签署了命令。[347]您的报告,我将用电话转告涅夫斯基。

列　宁

把弗拉基米罗夫的报告和我的答复用电话转告涅夫斯基。

载于1933年《列宁文集》俄文版
第21卷

译自《列宁全集》俄文第5版
第50卷第223—224页

494

致德·亚·布拉托夫

1918年12月25日

特维尔
省执行委员会主席
布拉托夫

责成您查清附上的控告信中提出的案情并尽快向我报告结果。

电告主要情况("有关女教师伊万诺娃控告的案件")。

特别重要的是,要核实下述指控:在贫苦农民委员会里有从前的和现在的**黑帮分子**捷捷林、斯克沃尔佐夫、科兹洛夫、巴斯卡科夫。

开始调查要谨慎，不要过早张扬，以便能当场拿获和彻底揭露他们。

如果情况属实，应该当众将这些黑帮分子赶出贫苦农民委员会，并以传单形式在全乡和全县予以**公布**，因为**一定**要让居民们认识到，有真凭实据的控告是有重要意义的，并且能够产生重要结果。

请这样发电报给我："信悉，一定完成任务"，然后，汇报侦查**进展情况**。

结果请函告，包括确切的侦查结果和**采取的措施**。

我想，您是省执行委员会主席，进行这类普通工作用不着我给您签发特别委托书。如果需要，我给您寄去。

人民委员会主席

弗·乌里扬诺夫（列宁）

注意：附上 B. C. 伊万诺娃的控告信。[348]

载于 1933 年《列宁文集》俄文版　　　　　译自《列宁全集》俄文第 5 版
第 21 卷　　　　　　　　　　　　　　　第 50 卷第 224—225 页

495

给索·阿·班克的电报[349]

（12 月 25 日）

上沃洛乔克

县国民经济委员会主席班克

军用仓库归军事当局管辖。军用物资请移交军事部门登记；启封所有仓库;物资按部门分配;请进行登记,但不要妨碍日常工作。

国防委员会主席　**列宁**

载于 1942 年《列宁文集》俄文版　　　　　译自《列宁全集》俄文第 5 版
第 34 卷　　　　　　　　　　　　　　　　　第 50 卷第 225 页

496

给北方区域公社委员会的电报

(12 月 25 日)

彼得格勒　斯莫尔尼　季诺维也夫

北方区域粮食委员会

国民经济委员会

彼得格勒粮食委员会

省粮食委员会

批发总社

抄送:农业合作社联社

各省粮食委员会

奥洛涅茨、切列波韦茨、诺夫哥罗德、

普斯科夫等国民经济委员会

不断有消息说,地方上违反 11 月 21 日法令³⁵⁰的精神,将合作社收归国有,勒令停业,征用合作社的商品,对恢复其合法经营不予协助。这一切是在破坏供应工作,有害于组织苏维埃共和国的后方。兹命令立即制止破坏和无视 11 月 21 日法令的行为,恢复被停业和收归国有的合作社,归还其商品,务必将合作社与苏维埃商店同等看待,纳入分配网。在收购和分配方面,应充分利用合作社机构,吸收合作社的代表参加粮食机关的合作社工作委员会。破坏和无视法令者将受到惩处。本电报应通知北方区域各执行委员会和粮食机关,要求贯彻执行,并在各地方机关中予以公布。

国防委员会主席

乌里扬诺夫(列宁)

载于 1918 年 12 月 27 日《彼得格勒真理报》第 285 号

译自《列宁全集》俄文第 5 版第 50 卷第 225—226 页

497

给罗德尼基执行委员会的电报[351]

1918 年 12 月 26 日

伊万诺沃-沃兹涅先斯克省罗德尼基县

罗德尼基执行委员会

抄送:肃反委员会

立即将库季洛沃村彼得·伊里奇·苏尔科夫的仓房和正房启封。请把查封人的姓名以及他们征用书籍的理由告诉我。电告执行情况。

人民委员会主席　**列宁**

载于 1945 年《列宁文集》俄文版第 35 卷

译自《列宁全集》俄文第 5 版第 50 卷第 226 页

498

给弗拉基米尔省执行委员会的电报

1918 年 12 月 27 日

弗拉基米尔
省执行委员会

　　谢列达市一些饥饿的工人控告弗拉基米尔省巡查队在加夫里洛夫镇车站征收了他们的燕麦。请派人调查,并号召各巡查队遵守秩序和法纪。

人民委员会主席　　**列宁**

载于 1933 年《列宁文集》俄文版　　　　译自《列宁全集》俄文第 5 版
第 21 卷　　　　　　　　　　　　　　　第 50 卷第 227 页

499

给共和国革命军事委员会的电报

1918 年 12 月 27 日

谢尔普霍夫
革命军事委员会

　　我完全赞同托洛茨基关于联欢的电报。[352]请赶快制定关于联欢的指令，尤其要鼓励在北方战线进行联欢。

人民委员会主席　**列宁**

译自《列宁全集》俄文第 5 版
第 50 卷第 227 页

500

致格·瓦·契切林[353]

（12 月 27 日或 28 日）

　　契切林同志：为了建立第三国际，我们应**赶快**（在"斯巴达克派"[354]离开之前由中央委员会批准）筹备国际社会党代表会议。

（比如，1919 年 2 月 1 日在柏林（公开地）或在荷兰（**秘密地**）举行）

总之要**很快**

为此需要

（一）制定纲领的**基本原则**（我看可以

　　（α）采取**布尔什维主义**的理论和实践——委托**布哈林**写成提纲，表述要尽量简洁。请同布哈林商量一下——或许可以**部分采用我的党纲草案**①

　　（β）其次采用《**斯巴达克联盟的愿望是什么?**》）。

---

　　①　见本版全集第 29 卷第 472—493 页，第 34 卷第 65—71 页。——编者注

$\alpha+\beta$ 足以明确地提供**纲领的基本原则**;

(二)规定**第三国际**(与社会爱国主义者没有任何共同点)**的基础**（组织方面的）;

(三)大致按三种类型提出党派名单

（$\alpha\alpha$）我们有充分根据认为**已经**是站在第三国际立场上并完全拥护**正式**建立第三国际的党派;

（$\beta\beta$）**接近**于此点的,我们**期待**它们接近和合并的党派;

（$\gamma\gamma$）社会爱国主义各党**内部**或多或少接近**布尔什维主义**的**集团**和派别。

我提出一份大致的名单(第 4 页)[1],尚需**仔细**补充。

我们**邀请**谁参加我们的代表会议呢? 仅仅邀请 $\alpha\alpha+\beta\beta+\gamma\gamma$ 和仅仅邀请这样一些人,他们(1)坚决主张同社会爱国主义者(即在 1914—1918 年帝国主义战争期间直接或间接地拥护资产阶级政府的人)决裂;(2)**赞成现在的**社会主义革命和**赞成**无产阶级专政;(3)**原则上**赞成"苏维埃政权",反对把我们的工作**局限**于资产阶级议会活动、服从于资产阶级议会活动,**赞成苏维埃政权是更高级的**和更接近于社会主义的政权**类型**。

也许,需要补充一点:我们并不建议第三国际**所有党派立即**叫做"共产党",但是我们**要把坚决摒弃**"社会民主"党和"社会"党的名称而改称共产党的问题提到日程上(讨论)。

论据：**理论方面的**   恩格斯和马克思

历史方面的   第二国际的破产

社会爱国主义的耻辱

---

① 名单见本信末尾。——编者注

实践方面的　　已经改称的有

> 俄国
> 芬兰
> 德意志奥地利
> 荷兰
> 匈牙利

此事请赶快着手,并同布哈林一道根据上述各点拟出一个草案。请马上答复,简短些也可以。

敬礼!

列　宁

无论如何不能拿"齐美尔瓦尔德派"作尺度。

(αα)斯巴达克联盟(德国)

芬兰共产党

德意志奥地利共产党

波兰和立陶宛社会民主党　αα

匈牙利共产党

荷兰共产党

俄国共产党

乌克兰共产党

爱斯兰共产党

拉脱维亚共产党

ββ　保加利亚紧密派
　　罗马尼亚党?

γγ　瑞士社会民主党中的左派和青年派

ββ   苏格兰社会党

αα   瑞典社会民主党左派

ββ   挪威社会民主党

ββ   丹麦社会民主党小组(玛丽·尼尔森)和接

　　近布尔什维主义的工团主义者

γγ   法国洛里欧小组

ββ   美国的"同盟"

　　(或德布兹的志同道合者?)

我们指望接
近和合并的
{ 英国社会党……ββ
意大利社会党……ββ[355]

译自《列宁全集》俄文第 5 版
第 50 卷第 227—230 页

501

给尤扎工厂管理委员会的电报

1918 年 12 月 28 日

维亚兹尼基
国营尤扎工厂管理委员会

粮食人民委员部已于前天发出从下诺夫哥罗德为维亚兹尼基分配站装运粮食的紧急命令。建议你们到下诺夫哥罗德去。我授权你们检查督促,如有拖拉现象,请向我控告。[356]

人民委员会主席　列宁

载于 1931 年《列宁文集》俄文版　　　　　　译自《列宁全集》俄文第 5 版
第 18 卷　　　　　　　　　　　　　　　　　第 50 卷第 230 页

502

给罗德尼基执行委员会的电报

1918 年 12 月 28 日

伊万诺沃-沃兹涅先斯克省
罗德尼基执行委员会

请将你们关于藏书问题的全部决定都寄来。苏尔科夫同意把自己的藏书献给当地的工人阅览室,我也觉得这是合理的。[357]

人民委员会主席　列宁

载于 1945 年《列宁文集》俄文版　　　　　　译自《列宁全集》俄文第 5 版
第 35 卷　　　　　　　　　　　　　　　　　第 50 卷第 230 页

503

☆致国民教育人民委员部图书馆处[358]

1918 年 12 月 30 日

请接见来人普罗科菲耶夫同志。他请求征用苏尔科夫的藏书供 4 万人的地区使用，我看是正确的；可能需要给苏尔科夫保留一定的使用权？请把你们对这个问题的决定抄送一份给我，并请帮助罗德尼基的同志们扩充他们的藏书。可否把征用的某一家地主的藏书拨给他们？关于此事也请告知。**359**

人民委员会主席

弗·乌里扬诺夫（列宁）

载于 1945 年《列宁文集》俄文版
第 35 卷

译自《列宁全集》俄文第 5 版
第 50 卷第 231 页

504

给米·康·弗拉基米罗夫的电报

1918 年 12 月 31 日

科兹洛夫

军事特派员弗拉基米罗夫

收到一封控告信，说您占用 9 节客车车厢，其中有 1 节餐车、1 节炊事车、2 节软座瞭望车。人们认为这样做太过分、太奢侈了，工人们感到气愤，铁路工作遇到困难。按照全俄中央执行委员会的条例**360**，您应占用几节车厢？

人民委员会主席　　**列宁**

载于 1933 年《列宁文集》俄文版
第 21 卷

译自《列宁全集》俄文第 5 版
第 50 卷第 231 页

505

致 A. M. 扎尔科

(12月)

扎尔科同志:

(1)您生在什么地方?

(2)懂乌克兰语吗?

(3)在乌克兰居住和工作了多少年?

(4)乌克兰的贫苦农民**拥护**还是**反对**同俄罗斯合并?**361**

载于1945年《列宁文集》俄文版
第35卷

译自《列宁全集》俄文第5版
第50卷第231—232页

506

致谢·帕·谢列达**362**

(1918年底)

(1)小册子《第6分册。土地改革资料》何时出版?

(2)其余各分册要加速出版。

　　(此项出版工作**极为重要**。)

(3)我看至少必须补充半页,**明确地**阐述农业人民委员部的**政**

策（否则这本小册子"到民间去"恐怕会把人弄糊涂）。

载于 1945 年《列宁文集》俄文版
第 35 卷

译自《列宁全集》俄文第 5 版
第 50 卷第 232 页

507

关于刊印传单的批示

（1918 年底）

同意。

应把更多更多的这类传单（附**法文**、**意大利文**和乌克兰文译文）**也立即**寄往**南方**，寄往乌克兰，以打击英国人。[363]

列　宁

译自《列宁全集》俄文第 5 版
第 50 卷第 232 页

508

保 护 证 书

（1918 年下半年）

莫斯科省德米特罗夫市居民

彼得·阿列克谢耶维奇·克鲁泡特金

住房及财产保护证书

为补充前已发出的给德米特罗夫市工农代表苏维埃执行委员

会和特别侦查委员会的有关电报和通知,现重申(对贫苦农民委员会也有效):老革命家彼得·阿列克谢耶维奇·**克鲁泡特金**在苏维埃街(原贵族街)的住房,不得征用,也不准挤占;这位有功的老革命家的财产及其安宁,都应受到苏维埃当局的保护。

人民委员会主席

弗·乌里扬诺夫(列宁)

译自《列宁文集》俄文版第 39 卷
第 192 页

1919 年

509

致弗·伊·涅夫斯基[364]

（1 月 1 日）

为**加快**运行做了些什么？

粮食货物以**客运**速度运行的指令是何时发出的？请派人向我提供**运行速度**的材料。

载于 1933 年《列宁文集》俄文版
第 24 卷

译自《列宁全集》俄文第 5 版
第 50 卷第 233 页

510

给格·叶·季诺维也夫的电报

1919 年 1 月 1 日

彼得格勒

斯莫尔尼　季诺维也夫

我已下令从莫斯科和下诺夫哥罗德发往彼得格勒的货车应以

客车速度运行。请注意监视。一个月前那次停顿是您疏忽大意放了过去,未及时控告,而在星期五①我们通过电话后您仍未采取措施检查所发货车的运行速度,这同样要怪您自己。

列　宁

载于1933年《列宁文集》俄文版
第24卷

译自《列宁全集》俄文第5版
第50卷第233页

<h1 style="text-align:center">511</h1>

<h2 style="text-align:center">☆给内务人民委员部的电话</h2>

1919年1月1日

值此新年之际,谨向共产党党团致敬并表示祝贺。衷心希望我们大家在新的一年里蠢事做得比去年少,希望内务人民委员部的同志们所特别致力的建设苏维埃政权的工作顺利进行到底。

列　宁

载于1919年1月4日《真理报》
第3号

译自《列宁全集》俄文第5版
第50卷第234页

---

① 指1918年12月27日。——编者注

512

给索·瓦·阿赞切夫斯卡娅的证明

1919年1月1日

证　明

持件人索菲娅·瓦西里耶夫娜·阿赞切夫斯卡娅同志前往坦波夫省。请苏维埃当局协助她安顿生病的妹妹和77岁的母亲。不要强迫她们迁往别处,要供给食品。

人民委员会主席

弗·乌里扬诺夫(列宁)

载于1960年安·安德列耶夫、波·潘科夫和叶·斯米尔诺娃《列宁在克里姆林宫》一书

译自《列宁全集》俄文第5版第50卷第234页

513

致安·尼·普罗科菲耶夫

1919年1月3日

普罗科菲耶夫同志:

寄上布留索夫的信。[365]阅后请退还,同时请将您处理苏尔科

夫藏书的结果告我。

希望您还是能尽一切可能**稍微**满足苏尔科夫的要求：例如给他使用权**等**等。

您本来应该去找**社会教育司图书馆处**。我将转告那里，让他们关照您一下。[366]

致共产主义的敬礼！

弗·乌里扬诺夫（尼·**列宁**）

译自《列宁全集》俄文第 5 版
第 50 卷第 234—235 页

514

给尤里耶韦茨县执行委员会的电报

1919 年 1 月 3 日

科斯特罗马省尤里耶韦茨
县执行委员会
抄送：县粮食委员会

马卡托夫乡谢苗诺夫组织控告说，尤里耶韦茨粮食委员会政治委员在维丘加车站扣留了 582 普特粮食。全乡在挨饿。请查明此事，采取紧急措施，电告处理结果。[367]

人民委员会主席 **列宁**

载于 1933 年《列宁文集》俄文版
第 24 卷

译自《列宁全集》俄文第 5 版
第 50 卷第 235 页

515

给列·达·托洛茨基的电报

1919年1月3日

译成密码
· · · ·

沃罗涅日
托洛茨基，或发往他的所在地

我很担心您是否只顾乌克兰而忽视了瓦采季斯所坚决主张的对克拉斯诺夫发动迅速而坚决的总攻这项全局性战略任务。我非常担心我们会耽误这项任务，非常担心克拉斯诺夫分子近来在察里津附近取得的成功又将使我们推迟进攻，失掉战机。无论在阿斯特拉罕附近还是在里海，无论在察里津城下还是在东方，我们都在丧失采取重大行动的主动权。瓦采季斯主张对克拉斯诺夫发动迅速的总攻，但看来瓦采季斯无力克服乌克兰人和其他各区域工作人员的拖拉作风和分离主义。您是否应全力以赴，尽快开始对克拉斯诺夫的总攻并把它进行到底？

列　宁

载于1942年《列宁文集》俄文版　　　　译自《列宁全集》俄文第5版
第34卷　　　　　　　　　　　　　　　第50卷第235—236页

516

给阿斯特拉罕省执行委员会、
市执行委员会和省党委的电报

（1月3日）

阿斯特拉罕

省执行委员会　市执行委员会

党委会

你们申请组建阿斯特拉罕防卫委员会，共和国国防委员会对此答复如下：没有必要建立地方防卫委员会。[368]

国防委员会主席　**列宁**

载于1945年《列宁文集》俄文版第35卷

译自《列宁全集》俄文第5版第50卷第236页

517

☆致韦谢贡斯克县执行委员会和
特维尔省执行委员会

1919年1月3日

请讨论一下为俄共瓦休季诺村委员会提供木材、财政贷款和图书,以帮助该地重建毁于火灾的民众文化馆的问题。如需中央帮助,请在给有关人民委员部寄送申请书的同时通知我一下。[369]

人民委员会主席

弗·乌里扬诺夫(**列宁**)

载于 1919 年 1 月 18 日《韦谢贡斯克工人、农民和红军代表苏维埃消息报》第 2 号(总第 30 号)

译自《列宁全集》俄文第 5 版第 50 卷第 237 页

518

致尼·巴·布留哈诺夫[370]

(不早于 1 月 3 日)

我已对施利希特尔讲过,这是绝对不能同意的。他想当**乌克兰粮食人民委员**,我说这只能在**不妨碍**我们工作的情况下才可以。请讨论一下这个问题。

译自《列宁文集》俄文版第 37 卷第 119 页

519

给里亚比宁的电报[371]

1919年1月5日

北方铁路　戈尔基诺车站
工匠和工人全体大会主席里亚比宁

选出的代表随时可来。我将争取亲自接见,如办不到,就由秘书代我接见。

人民委员会主席　**列宁**

载于1945年《列宁文集》俄文版
第35卷

译自《列宁全集》俄文第5版
第50卷第237页

520

给库尔斯克肃反委员会的电报

1919年1月6日

库尔斯克　肃反委员会
抄送:省执行委员会

立即逮捕库尔斯克中央采购局办事处人员科甘,因为他没有帮助莫斯科120名饥饿的工人,而是让他们空手离去。应当在报纸上和传单中公布这则消息,让各中央采购局办事处和粮食机关的全体工作人员都知道,以形式主义和官僚主义的态度对待工作,对饥饿的工人帮助不力,将受到严厉制裁,直至枪决。[372]

人民委员会主席　**列宁**

载于1919年1月11日《浪潮报》　　　　　译自《列宁全集》俄文第5版
(库尔斯克)第5号　　　　　　　　　　　第50卷第238页

521

给辛比尔斯克省粮食委员的电报[373]

(1月6日)

彼得格勒和莫斯科42个饥饿工人团体的委员会控告您指挥不力。我要求您拿出最大的干劲来,对工作不要采取形式主义态度,要从各方面帮助饥饿的工人。如果做不出成绩来,我将不得不逮捕您的各机关的全体人员并送交法庭审判。我已发出关于增加机车和车皮的紧急命令。您应立即装好现在的两列各有30节车皮的列车。请电告执行情况。

农民交来的粮食,您一定要昼夜不停地收购。一旦查实您在4时以后便不再收粮而迫使农民等到早晨,那您将被枪毙。

人民委员会主席　**列宁**

载于1942年《列宁文集》俄文版　　　　　译自《列宁全集》俄文第5版
第34卷　　　　　　　　　　　　　　　　第50卷第238页

522

给谢·伊·古谢夫
转乌法革命委员会的电报

（1月6日）

阿尔扎马斯

东方面军革命军事委员会　古谢夫

　　请转告乌法革命委员会领导,应当立即开始同提议谈判的社会革命党人谈判,事先要采取一切措施,防止蓄意挑衅并保卫前线,但同时要保证社会革命党人派来的军使人身绝对不受侵犯。谈判一开始就要明确说明:改变苏维埃宪法的问题,是根本不能谈判的,因为苏维埃政权作为被剥削阶级镇压剥削者的政权,已经彻底证明了它的存在对战胜资产阶级是必要的,而且目前苏维埃运动已经席卷世界各国。

　　关于谈判的进展情况,关于双方代表的情况,要经常直接向我们报告。[374]

列　宁①

载于1960年《雅·米·斯维尔德洛夫文选（三卷集）》第3卷②

译自《列宁全集》俄文第5版第50卷第239页

---

　　①　签署该电的还有雅·米·斯维尔德洛夫。列宁是由斯维尔德洛夫代签的。——编者注
　　②　该书误将此电说成是由雅·米·斯维尔德洛夫写的。——俄文版编者注

523

给叶·波·博什的电报[375]

(1月8日)

转革命军事委员会
抄送:阿斯特拉罕省党委主席
科列斯尼科娃同志

已不止一次要求您立即来这里。斯维尔德洛夫已多次发电报给您本人。您如不立即前来,将被开除党籍。

我现在告诉阿斯特拉罕的同志们,他们应停止一切摩擦,团结起来搞好军事工作。

不执行此命令者将按战时法律受到审判。

列 宁

发往阿斯特拉罕

载于1942年《列宁文集》俄文版
第34卷

译自《列宁全集》俄文第5版
第50卷第239—240页

524

给里海—高加索方面军
革命军事委员会的电报[376]

(1月8日)

决不允许发生武装冲突。只要你们表现坚定——敌人和奸细就不敢蠢动。关于格拉西斯离职的问题由你们决定。党的一个工作组就要到达，并将惩办那些通过自己的活动使守备部队卷入阿斯特拉罕事件的人。

载于 1942 年《列宁文集》俄文版
第 34 卷

译自《列宁全集》俄文第 5 版
第 50 卷第 240 页

525

给总司令的命令[377]

（1 月 8 日）

鉴于又有三名中央委员签名同意两名中央委员的这一要求，现在我们将此要求作为中央委员会的要求转交军事当局执行。

俄共中央委员　**列宁**①

1919 年 1 月 8 日于莫斯科

载于 1939 年《军事历史杂志》
第 5 期（影印件）

译自《列宁全集》俄文第 5 版
第 50 卷第 240 页

---

①　签署该命令的还有雅·米·斯维尔德洛夫和伊·捷·斯米尔加。——俄文版编者注

526

给格·康·奥尔忠尼启则的电报

1919年1月9日

阿斯特拉罕

方面军司令部①

用无线电报转弗拉基高加索

奥尔忠尼启则

第一次收到您的电报[378]。谢谢，向您问好。请更经常地报告情况。

人民委员会主席　**列宁**

载于1942年《列宁文集》俄文版　　　　　　　译自《列宁全集》俄文第5版
第34卷　　　　　　　　　　　　　　　　　　第50卷第241页

527

给格·叶·季诺维也夫的电报

1919年1月10日

彼得格勒

斯莫尔尼

季诺维也夫

同拉维奇和加里宁的谈话以及沙杜尔斯卡娅的来电使我产生

---

① 指里海—高加索方面军司令部。——编者注

一种想法,即彼得格勒的高级政权机关有十分之九无所事事。我建议好好考虑一下,赶快进行改组,抽调几十名甚至一百名最优秀分子去对运输进行实际监督,您要亲自领导对运粮列车的实际监督。否则就没有生路。

列　宁

载于 1942 年《列宁文集》俄文版第 34 卷

译自《列宁全集》俄文第 5 版第 50 卷第 241 页

528

给加·达·莱特伊仁的电报

1919 年 1 月 10 日

萨马拉或第 4 集团军司令部所在地

中央执行委员会委员、政治委员林多夫

卡拉汉肯定地说,根据芬兰人的可靠消息,莫里斯已获释,日内即将启程,您完全不用担心了。[379]

人民委员会主席　列宁

译自《列宁文集》俄文版第 38 卷第 230 页

529

致尼·巴·布留哈诺夫和
格·伊·彼得罗夫斯基

（1月11日）

致布留哈诺夫和彼得罗夫斯基

请在库尔斯克指定一人（踏实可靠的）去审查和惩办科甘。[①]

译自《列宁文集》俄文版第38卷
第230页

530

给梁赞省执行委员会的电报

1919年1月12日

梁赞
省执行委员会

国家监察人民委员部在一些公共食堂查出大规模投机活动以

---

① 见本卷第520号文献。——编者注

后，你们采取了哪些措施？[380]

人民委员会主席　**列宁**

载于1933年《列宁文集》俄文版
第24卷

译自《列宁全集》俄文第5版
第50卷第242页

531

给苏兹达利县执行委员会的电报[381]

1919年1月12日

弗拉基米尔省苏兹达利

县执行委员会

抄送：弗拉基米尔　省执行委员会

请极严格地检查加夫里洛夫镇巡查队和肃反委员会的行为。没收粮食开不开收据？账目对吗？没收的粮食是怎样处理的？请电告执行情况。

人民委员会主席　**列宁**

载于1942年《列宁文集》俄文版
第34卷

译自《列宁全集》俄文第5版
第50卷第242页

532

给秘书的指示[382]

（1 月 13 日）

这是**第一份条理清楚的报告**。请了解帕什科夫是什么人，给内务人民委员部去文，说我欢迎这**第一份条理清楚的报告**，感谢帕什科夫，要求别人**也这样写**。

载于 1942 年《列宁文集》俄文版
第 34 卷

译自《列宁全集》俄文第 5 版
第 50 卷第 242—243 页

533

给 А. П. 库德里亚夫采夫的电报

（1 月 13 日）

彼得格勒

国民教育人民委员部图书馆处

处长库德里亚夫采夫

请保护好司徒卢威在工学院的藏书，勿使被盗。请把特别珍贵的图书交公共图书馆，其余交工学院。雅罗申科所画的格尔德肖像，应通过工学院院长转交尼娜·亚历山德罗夫娜·司徒卢威。

请电告执行情况。

人民委员会主席　**列宁**

载于 1945 年《列宁文集》俄文版　　　　　译自《列宁全集》俄文第 5 版
第 35 卷　　　　　　　　　　　　　　　　第 50 卷第 243 页

534

给约·维·斯大林和
费·埃·捷尔任斯基的电报[383]

1919 年 1 月 14 日

格拉佐夫

斯大林和捷尔任斯基，或发往他们的所在地

第一份密码电报收悉。务请你们二人亲自在当地领导实行已制定的措施，因为不这样胜利便无保障。

列　宁

载于 1934 年《无产阶级革命》杂志　　　　译自《列宁全集》俄文第 5 版
第 3 期　　　　　　　　　　　　　　　　第 50 卷 243 页

535

致亚·德·瞿鲁巴[384]

（不早于 1 月 14 日）

致瞿鲁巴

饥饿儿童周**无论如何**要**筹备**、宣布和举办。

也许要把它同**余粮收集制**和对贫苦农民委员会**特别**动员结合起来。

也许还要再为孩子们弄些什么和做点什么？

理应如此。

附上一份**有关肉类**的文件，请快些还我并附粮食人民委员部的**简要**意见。

译自《列宁全集》俄文第 5 版
第 50 卷第 244 页

536

同尼·巴·布留哈诺夫的来往便条[385]

（1 月 15—16 日）

布留哈诺夫的便条

弗拉基米尔·伊里奇：

恳请审阅并告知，您是否同意逮捕，是否值得由**我**逮捕，或者为了避免不必要地加剧对独裁作风的责难，仍按以前办法处理？

列宁的答复

我看过了,但不明白是怎么回事,同格罗斯贝尔格有什么关系,何以见得违法乱纪,文件中是否有疏漏?

布留哈诺夫的便条

格罗斯贝尔格是莫斯科苏维埃粮食局局务委员,莫斯科市食品分配管理局主席。是他查封了莫斯科所有的商店。① 违法乱纪行为是:(1)因为莫斯科市食品分配管理局急需房屋,600 架迪杰利赫斯钢琴被扔到了外面,音乐处请求粮食人民委员部对此进行干预。——我曾命令(已抄送加米涅夫)暂停腾空仓库并作出解释。可是"莫斯科市食品分配管理局"办公室(即格罗斯贝尔格)答复我说:"任何解释都是多余的。"(2)食品分配总管理局(弗鲁姆金)已在清点工厂批发仓库和运输公司仓库,即将结束登记工作,而莫斯科市食品分配管理局局务委员会(主席是格罗斯贝尔格)却作出决定:"**要求**食品分配总管理局正式启封仓库,以便莫斯科市食品分配管理局的代表能进行登记。"否则,就要强行启封。

列宁的答复

1 月 16 日

我看要逮捕,可否处以最长的刑期?

列　宁

译自《列宁文集》俄文版第 24 卷
第 114 页

---

①　着重线是列宁画的。——编者注

537

给库尔斯克省执行委员会的电报

1919年1月16日

库尔斯克

省执行委员会

抄送:①

请释放科甘,现在有一些严肃负责的党员在保他[386],但不是避开调查。请继续调查,报告调查结果。

人民委员会主席　列宁

载于1933年《列宁文集》俄文版
第24卷

译自《列宁全集》俄文第5版
第50卷第244页

538

☆致人民委员会办公厅主任

1919年1月18日

命令您立即向我汇报人民委员会办公厅收到的对所有政府部门及其工作人员的一切控告,书面控告应在24小时内、口头控告

---

① 列宁没有写抄送何处。——俄文版编者注

应在48小时内向我汇报。

办公厅应对这类控告进行专门登记,同时责成办公厅的办公室主任认真检查我就这些控告所作批示的执行情况。

人民委员会主席

弗·乌里扬诺夫(列宁)

载于1945年《列宁文集》俄文版 第35卷

译自《列宁全集》俄文第5版 第50卷第245页

539

致尼·巴·布留哈诺夫[387]

(1月19日)

布留哈诺夫:

施利希特尔在哪里? 依我看,不能"**放走**"他,而应该**派驻**乌克兰。

译自《列宁文集》俄文版第37卷 第123页

540

关于 Л.С.施蒂赫搬家问题的指示

1919年1月20日

鉴于安热利卡·巴拉巴诺娃同志提出请求,并证实施蒂赫医生家中确有几人在为苏维埃工作,有几人病情严重,施蒂赫医生搬家(米亚斯尼茨街 22 号或银行胡同 2 号)一事暂缓,在接到特别指示前不要强制他家搬迁。³⁸⁸

人民委员会主席

弗·乌里扬诺夫(列宁)

译自《列宁文集》俄文版第 39 卷第 205 页

541

给埃·马·斯克良斯基的批示

(1 月 20 日)

致斯克良斯基

请拟一道**交付法庭审判**的命令(如需要,我也签字)。³⁸⁹

列　宁

译自《列宁文集》俄文版第 38 卷第 231 页

542

致列·达·托洛茨基[390]

（1 月 21 日）

托洛茨基同志：

请写上您的意见后将此件还我。

我看瓦采季斯把三个团调到纳尔瓦附近去是**毫无道理**的。**请撤销这项命令！！**

列　宁

1 月 21 日

载于 1942 年《列宁文集》俄文版 第 34 卷

译自《列宁全集》俄文第 5 版 第 50 卷第 245 页

543

在粮食采购特派员的来信上的批示[391]

（1 月 21 日）

我认为布留哈诺夫的答复是正确的。

当然，不满意的人有权向人民委员会控告他。我补充一句，在伏尔加—布古利马铁路上，特派员正竭尽全力为达到每昼夜运出

（那里有**数百万普特**）160 车皮粮食而工作。

列　宁

1 月 21 日

译自《列宁文集》俄文版第 37 卷
第 123 页

544

同米·尼·波克罗夫斯基互递的便条[392]

（1 月 21 日）

> 拉林引用了 11 月 21 日的法令[393]，此项法令我未能找到。让他拿出来看看。

弗拉基米尔·伊里奇：

纸张问题很容易解决：拉林的委员会拨**平版**印刷机印书用的**令纸**，而我们的委员会则拨**轮转**印刷机用的**卷筒**纸。印读本所需要的正是**卷筒纸**，因为用平版印刷机印读本，50 万册就得印**半年**。因此，事情很清楚；请允许我星期四暂不作报告，让我同施韦奇科夫把印刷读本用的卷筒纸问题弄清楚。

波克罗夫斯基

这使**您**满意，但**不能使我们**满意，因为我们需要**弄清楚**，第二个（"拉林的"）委员会那样做是否合理。

译自《列宁文集》俄文版第 38 卷
第 232 页

545

给坦波夫省粮食委员会和
省执行委员会的电报

(1月21日)

电　报

坦波夫　省粮食委员会、省执行委员会

抄送：乌斯曼　县粮食委员会、国民经济委员会、
　　　　　共产党委员会

科兹洛夫　肃反委员会、执行委员会

乌斯曼合作总社有四名理事会理事被免职,由新任命的人接替。在科兹洛夫,逮捕了总社理事会和监事会全体成员,执行委员会已任命新的理事会。坦波夫边疆区合作总社的打字机、家具均被征用。这些镇压措施将严重危及粮食的上交、收购和分配工作,请立即报告采取这些措施的原因。如果没有足够的理由而使机构遭到破坏,你们要负严重责任。

国防委员会主席　**列宁**

译自《列宁文集》俄文版第 39 卷
第 206 页

546

致米·康·弗拉基米罗夫

1919年1月22日

弗拉基米罗夫同志：

您的来信[394]已收到。非常感谢。草案我争取马上通过，甚至不等国防委员会开会——个别征求意见。

您最好能(哪怕是有时候)给报刊提供一些对工人的**呼吁书**。

敬礼！

列　宁

载于1933年《列宁文集》俄文版　　　　　　译自《列宁全集》俄文第5版
第24卷　　　　　　　　　　　　　　　　　第50卷第246页

547

给库尔斯克省执行委员会的电报[395]

1919年1月22日

库尔斯克
省执行委员会

科甘是由于指挥无方、往各县派遣工人不当、帮助工人不力而由我下令逮捕的。

人民委员会主席 **列宁**

载于 1933 年《列宁文集》俄文版
第 24 卷

译自《列宁全集》俄文第 5 版
第 50 卷第 246 页

548

给瓦·尼·波德别尔斯基的批示[396]

(1 月 22 日)

波德别尔斯基:为什么发三份？三份？
要采取措施制止**滥发电报**。

译自《列宁文集》俄文版第 38 卷
第 233 页

549

给瓦·尼·波德别尔斯基的批示[397]

(1 月 22 日)

波德别尔斯基:要禁止拍发这样的电报。

译自《列宁文集》俄文版第 38 卷
第 234 页

550

致卡·伊·兰德尔

1919 年 1 月 23 日

兰德尔同志：

　　请您注意人民委员会今天通过的决定：责成您于**星期六以前**（人民委员会星期六开会以前）检查一下**粮食人民委员部工厂和燃料企业粮食供给管理局**（以及粮食人民委员部的其他机关）执行人民委员会 1919 年 1 月 18 日决定[398]的情况；

　　——要弄清拖延执行的原因；

　　——要查出犯罪分子。

　　请委派一名**精明的共产党员**检查员，务必给他配备一名**工人**，并**请赶快行动**，以便他们能**从星期五早晨**开始工作（如果没有工人，**先单独开始**，让工人以后赶去）。

　　我认为此事重要，他们应**在一天内把检查结果都呈报上来**。应检查粮食人民委员部工厂和燃料企业粮食供给管理局的办文制度，电报保管情况（电报保管得是否井井有条，是否便于查阅，是否有人检查回电时间，等等）。

　　务请从速从严做好此事。

列　宁

载于 1942 年《列宁文集》俄文版第 34 卷

译自《列宁全集》俄文第 5 版第 50 卷第 246—247 页

551

给秘书的指示[399]

(1月23日)

　　给涅夫斯基打个电话,说需要采取**紧急**措施,并说我请他立即答复。

列　宁

1月23日

载于1933年《列宁文集》俄文版
第24卷

译自《列宁全集》俄文第5版
第50卷第247页

552

给列·达·托洛茨基的电报

(1月24日)

秘密

科兹洛夫

革命军事委员会主席托洛茨基,或发往他的所在地

　　威尔逊提议停战并约请俄国各方政府参加会议[400]。恐怕他是想保住西伯利亚和南方部分地盘,因为不这样做几乎什么都保

不住。我看,在奥伦堡、卢甘斯克和切尔特科沃收复后出现的这种情况,使我们不得不竭尽全力在一个月内将罗斯托夫、车里雅宾斯克、鄂木斯克一并收复。后一件事同我们的谈话有关。要特别检查一下瓦采季斯在收复奥伦堡以后的战略,并请告知您的意见。威尔逊那里看来得由您去了。

列　宁

载于 1942 年《列宁文集》俄文版　　　　　　译自《列宁全集》俄文第 5 版
第 34 卷　　　　　　　　　　　　　　　　第 50 卷第 247—248 页

553

给格·叶·季诺维也夫的电报

1919 年 1 月 25 日

彼得格勒

斯莫尔尼

季诺维也夫

请您找到米哈伊尔·韦尼阿米诺维奇·科别茨基(瓦西里岛第 6 道街 43 号 12 号住宅)。帮助他领到出国护照,并查明他的政治倾向。从前他是布尔什维克,在哥本哈根我见过他。如果他仍是布尔什维克,请电告我,我有事委托他。

列　宁

译自《列宁文集》俄文版第 37 卷
第 125 页

554

对埃·马·斯克良斯基的质问[401]

（1 月 25 日以后）

为什么这些**机密**会通过**罗斯塔社**透露出去？机密还有什么保证？？

译自《列宁文集》俄文版第 34 卷
第 95 页

555

给萨马拉省执行委员会的电报[402]

1919 年 1 月 27 日

萨马拉
省执行委员会

请立即把指控右派社会革命党人亚历山大·米哈伊洛维奇·斯米尔诺夫的全部材料寄到莫斯科来，报告逮捕他的原因，查证他表示愿意同苏维埃政权合作反对高尔察克的声明，暂向斯米尔诺夫提供最优待的羁押条件。

人民委员会主席　**列宁**

载于1945年《列宁文集》俄文版
第35卷

译自《列宁全集》俄文第5版
第50卷第248页

556

给列·达·托洛茨基的电报

1919年1月27日

阿尔扎马斯

托洛茨基,或发往他的所在地

抄送:古谢夫

我们收到了古谢夫的来信[403],完全同意他的意见,务请同他详谈,并把你们的决定通知我们。

列　宁①

译自《列宁文集》俄文版第38卷
第237页

---

①　签署该电的还有雅·米·斯维尔德洛夫。——俄文版编者注

557

发往沃罗涅日的电报

（1月27日）

沃罗涅日

革命军事委员会　罗森霍尔茨

省执行委员会主席卡尔塔绍夫

沃罗涅日大学校长

抄送：莫斯科

教育人民委员部　波克罗夫斯基

陆军人民委员部　斯克良斯基

国防委员会撤销斯大林的委员会关于医疗所和其他占用大学校舍的机关腾出校舍的决定，责成由罗森霍尔茨、卡尔塔绍夫和大学校长组成委员会，研究另行安置医疗所及其他占用大学校舍的部门和机关的可能性问题。如无其他合适地方，则研究压缩大学用房，把医疗所也安置在大学校舍内的可能性。

委员会的最后意见请电告。

国防委员会主席　**列宁**

译自《列宁文集》俄文版第37卷
第126页

558

给下诺夫哥罗德省
国民经济委员会的电报

（1月27日）

　　鉴于急需向各集团军供应毡靴和手套,加之冬季即将结束,兹命令省国民经济委员会不得阻挠手工业者迅速向中央消费合作总社交售毡靴和手套。同时,对迅速运出已统计和未统计的毡靴及手套,也不得加以任何阻挠。中央消费合作总社须按粮食人民委员部的提货单运出。

　　本措施是一项紧急措施,不涉及国有化问题。

　　关于革命税[404]问题,建议省国民经济委员会会同财政局对征收办法提出意见,但是不要从付给手工业者的鞋款中扣去此项税款。国防委员会的这项决定应立即执行。

国防委员会主席　**列宁**

译自《列宁文集》俄文版第34卷
第96—97页

559

致卡·伊·兰德尔

（1 月 28 日）

　　兰德尔：**请立即派人严格调查**，一定要给可靠的检查员配备一名工人共产党员。[405]

列　宁

1 月 28 日

载于 1959 年《列宁文集》俄文版
第 36 卷

译自《列宁全集》俄文第 5 版
第 50 卷第 248 页

560

致尼·亚·罗日柯夫[406]

1919 年 1 月 29 日

尼古拉·亚历山德罗维奇：

　　很高兴收到您的来信，不是因为这封信的内容，而是因为我对在共同参与苏维埃工作的实际基础上彼此接近起来抱有希望。

　　局势尚未绝望，只是很困难。由于在南部和东部取得了对反革命分子的胜利，现在十分有望改善粮食状况。

　　不应考虑买卖自由，因为正是经济学家应该明白，在必要的食品绝对短缺的条件下贸易自由等于疯狂的、野兽般的投机倒把和富人对穷人的胜利。不应该通过贸易自由向后倒退，而应该通过

改进国家的垄断继续向社会主义前进。过渡是困难的,但悲观失望既不应该也不明智。非党知识分子或党周围的知识分子如果不去唱买卖自由的小夜曲,而是紧急组成团体和协会来全面帮助解决粮食问题,那就会在行动上提供重大的帮助,就会减少饥荒。

至于"个人独裁",恕我直言,完全是废话。机关已经十分庞大,有些地方已经**过分庞大**了,在这样的条件下"个人独裁"**根本**实现不了,实现这一"独裁"的尝试只会是有害的。

知识分子的转变已经开始。德国的国内战争和斗争的路线恰恰是:苏维埃政权反对"普遍、直接、平等和秘密原则即反对**反革命的**立宪会议"——**德国**的这场斗争现在和将来甚至会打动最顽固的知识分子的头脑。旁观者清。自己的祖国没有缺点。我们俄国有人认为这"只是"布尔什维主义的"野蛮"。而现在,**历史表明**,这是资产阶级民主和资产阶级议会制度在全世界的破产,任何地方都避不开国内战争(愿者命运领着走,不愿者命运拖着走),知识分子不得不在苏维埃纲领的基础上走向帮助工人的立场。

我认为,那些忘我献身于**最困难**的粮食工作和运输工作岗位的知识分子的小组、组织、委员会、自由协会、大小团体到那时会像蘑菇般地成长起来。我们到那时将减轻分娩的痛苦,把它缩短好几个月。而出生尽管如此痛苦,却是一件异常美好和富有生命力的事。

敬礼!

尼·列宁

载于1992年《祖国》杂志
第3期(有不同之处)

译自1999年《不为人知的
列宁文献(1891—1922)》
俄文版第266页

561

致埃·马·斯克良斯基

1919年1月30日

致斯克良斯基

季·巴·克尔日扎诺夫斯卡娅从社会教育代表大会的一名女代表那里获悉的。

察里津战线作战集团军红空军(第23浮空队)一批航空兵共8人——以汽车司机**巴拉诺夫**(从前曾在特编浮空师第8支队待过)为首——请求派人检查,说一些航空兵支队**只是一纸空文而已**,并说这种情况有酿成**大祸**的危险。[407]

人民委员会主席

弗·乌里扬诺夫(列宁)

载于1942年《列宁文集》俄文版第34卷

译自《列宁全集》俄文第5版第50卷第249页

562

同尼·伊·波德沃伊斯基互递的便条[408]

(1月30日)

弗拉基米尔·伊里奇:今天我在《真理报》上读到了一篇《告全体人民书》,其中宣布,有个叫波德沃伊斯基的人和一个叫梅日劳克的人被任命为乌克兰陆军人民委员。本人冒昧揣测,这则电讯指的是我。也许,您能满足我那天生的好奇心?

波德沃伊斯基

看来,指的是您。我只知道有人**要过**您。请向斯维尔德洛夫打听一下。

我也知道有人要过我——皮达可夫和拉柯夫斯基都要过。但是,我对他们俩说,我是共产党员,由中央委员会安排我的工作。然而我不知道中央委员会派我到乌克兰的决定。您认为,我应该到乌克兰去吗?如果应该去,那么是短期的,还是去长期工作?也许,您会准许我不仅同斯维尔德洛夫同志,而且也同您交换一下意见,如果准许,那么何时能同您谈一谈?

波德沃伊斯基

同我谈**没有用**,因为我**不了解**。
斯维尔德洛夫会答复您,**作过**(决定)或者**尚未作**。

译自《列宁文集》俄文版第38卷
第239—240页

563

给克·格·拉柯夫斯基的电报

1919 年 1 月 31 日

哈尔科夫　拉柯夫斯基

据说哈尔科夫有克里木和敖德萨出版的报纸,其中有敖德萨出版的法文报[409]。务请派人立即将这些报纸搜集齐全并按时寄来。

列　宁

载于 1942 年《列宁文集》俄文版　　　　译自《列宁全集》俄文第 5 版
第 34 卷　　　　　　　　　　　　　第 50 卷第 249 页

564

给 Н. И. 伊万诺夫的电报[410]

（1 月 31 日）

彼得格勒　劳动委员伊万诺夫

抄送:**彼得格勒**　季诺维也夫

军事需要迫使我们必须最大限度地增加伊热夫斯克军械制造厂的产量。主要障碍是缺少工人。国防委员会早在两周前就责成五金工会迅速动员工人迁往伊热夫斯克,暂动员 5 000 名,特别希望彼得格勒工人去,他们在伊热夫斯克可以找到工作、住房和十分充足的食品。

迄今仍未收到任何关于迁往伊热夫斯克去的彼得格勒工人数量的材料。对于现在提供的不仅能使数千名工人就业而且能使他们及其家属都吃饱饭的机会,采取这样冷淡的态度,国防委员会认为是不能容许的。

我命令急速电告:究竟何时、有多少工人将从彼得格勒调往伊热夫斯克。

我警告,任何拖拉作风、任何推托都是不能容忍的。

国防委员会主席　列宁

载于1942年《列宁文集》俄文版　　　　译自《列宁全集》俄文第5版
第34卷　　　　　　　　　　　　　　　第50卷第249—250页

565

致列·波·加米涅夫[411]

(1月下半月)

致加米涅夫

我建议满足**捷尔任斯基**的请求。在手续上他是对的,而克雷连柯是瞎折腾——我的印象就是这样。

载于1933年《列宁文集》俄文版　　　　译自《列宁全集》俄文第5版
第21卷　　　　　　　　　　　　　　　第50卷第250页

566

致列·波·克拉辛[412]

（1月和2月之间）

请立即转告契切林并请**留意**（或委托别人留意），务使这一政策得到**积极的**和**不懈的**推行。

载于1960年《历史问题》杂志
第7期

译自《列宁全集》俄文第5版
第50卷第251页

567

致弗·巴·米柳亭、尼·尼·克列斯廷斯基、德·伊·库尔斯基

（2月2日）

致米柳亭、克列斯廷斯基、库尔斯基

据2月2日《消息报》报道，莫斯科人民银行（即我们的全体公民合作组织的领袖们）同乌克兰"庄稼汉"即以斯科罗帕茨基为头子的富农和地主狼狈为奸、用**投机**手段获取了**50车皮食糖**一事，被揭露出来了（基辅报纸揭露的）！

必须（1）在报上就这件事加紧宣传：**谴责**合作组织的**领袖们**，

彻底揭露他们(要同利用机关有所区别);(2)指派**调查委员会**。①

载于1931年《列宁文集》俄文版　　　　　译自《列宁全集》俄文第5版
第18卷　　　　　　　　　　　　　　　第50卷第251页

568

给波·尼·尼姆维茨基的电报[413]

(2月5日或6日)

乌法

省革命委员会主席

尼姆维茨基

我们建议不要拒绝哈利科夫,要同意在与巴什基尔军队建立反高尔察克统一战线的条件下实行大赦。苏维埃政权充分保证巴什基尔人的民族自由。当然,同时必须彻底肃清巴什基尔居民中的反革命分子,切实监督巴什基尔军队,使之成为无产阶级的可靠军队。

列　宁②

载于1919年2月16日《民族　　　　　译自《列宁全集》俄文第5版
生活报》(莫斯科)第5号　　　　　　　第50卷第252页

---

① 列宁在该文献手稿下方批注:"归**档,备近期查考**",并在给弗·巴·米柳亭和尼·尼·克列斯廷斯基的两份打字稿上签字。——俄文版编者注
② 签署该电的还有约·维·斯大林。——编者注

569

给格·叶·季诺维也夫的电报

1919年2月6日

彼得格勒

斯莫尔尼　季诺维也夫

您把莫吉廖夫的大主教罗普作为人质逮捕了，这是真的吗？请告知需要什么条件才能释放他，教皇正在为他求情。[414]

列　宁

载于1933年《列宁文集》俄文版　　　　译自《列宁全集》俄文第5版
第24卷　　　　　　　　　　　　　　　　第50卷第252页

570

致雅克·沙杜尔

1919年2月8日

亲爱的沙杜尔同志：

非常感谢您的小册子[415]。我这里没有1月份的全套法国报纸。我没看到过。也许在契切林那里？

致共产主义的敬礼并衷心祝您早日康复！

您的　　列宁

原文是法文

载于 1925 年 4 月 3 日《人道报》
第 7812 号（影印件）

译自《列宁全集》俄文第 5 版
第 50 卷第 253 页

571

给沃洛格达肃反委员会的电报

1919 年 2 月 10 日

沃洛格达

肃反委员会

抄送：省执行委员会

收到从北德维纳省医院送来的患者米哈伊洛夫的子女的请求书。他们请求释放他。[416]请把你们的结论性意见报来。

人民委员会主席　　列宁

译自《列宁文集》俄文版第 37 卷
第 127 页

572

致亚·尼·维诺库罗夫和
埃·马·斯克良斯基

（2月10日）

致维诺库罗夫和

斯克良斯基同志

如果可以，务请给予帮助。[417]

列　宁

译自《列宁文集》俄文版第37卷
第128页

573

致埃·马·斯克良斯基和
瓦·尼·波德别尔斯基

1

（2月10日）

致斯克良斯基

禁止这种电报游戏。[418]

2

(2月11日)

致斯克良斯基和波德别尔斯基

不能通令禁止这种往一百处发的愚蠢的电报吗?[419]

载于1959年《列宁文集》俄文版
第36卷

译自《列宁全集》俄文第5版
第50卷第253页

574

给亚·加·施略普尼柯夫的电报

1919年2月12日

阿斯特拉罕

施略普尼柯夫

您关于巴库情况的来电[420]已收到。我希望您理解问题的重大意义并采取最坚决的措施利用巴库人的情绪以实现迅速而有决定意义的行动。要保证投向我方的人员的安全。望来电详告。

人民委员会主席　**列宁**

载于1942年《列宁文集》俄文版
第34卷

译自《列宁全集》俄文第5版
第50卷第254页

575

给格·叶·季诺维也夫的电报

1919 年 2 月 13 日

彼得格勒

斯莫尔尼

季诺维也夫

要求芬兰人释放莫里斯·莱特伊仁一事办得怎样了?[421]无论如何要设法使他获释。芬兰人的行为令人气愤。请来电。

列　宁

载于 1933 年《列宁文集》俄文版
第 24 卷

译自《列宁全集》俄文第 5 版
第 50 卷第 254 页

576

致格·伊·彼得罗夫斯基[422]

(2 月 13 日)

彼得罗夫斯基同志:我听说写这份报告的是个正派人,是党员。请派**办事比较认真的**人去调查。告诉我派的是**谁**。

列　宁

2月13日

载于1942年《列宁文集》俄文版
第34卷　　　　　　　　　　　　　　　　　译自《列宁全集》俄文第5版
　　　　　　　　　　　　　　　　　　　　第50卷第254—255页

577

给坦波夫省执行委员会主席团的电报

1919年2月13日

坦波夫

省执行委员会主席团

抄送：省财政局　格尔曼

为了使最必需的财政机关正常办公,兹命令不得派金库、预算出纳局会计处和特别税办事处职员参加铁路扫雪活动。

人民委员会主席　**列宁**

译自《列宁文集》俄文版第40卷
第59页

578

给东方面军革命军事委员会的电报

(2月14日)

第2集团军的撤退使我非常不安。我曾和瓦采季斯谈过,他即将到维亚特卡去。请你们向我报告:你们在采取什么措施,100个连到达的情况怎样。第二,我希望你们尽最大的努力保证粮食工作并将好的部队派给中央红军粮食供给委员会。最主要的是避免同他们发生摩擦。请告知,工作是否协调? 第三,古谢夫派专人送给我的信中所谈的那件保密工作进行得怎样了?

列 宁

2月14日

载于1942年《列宁文集》俄文版第34卷　　　　　　译自《列宁全集》俄文第5版第50卷第255页

579

致格·叶·季诺维也夫

1919年2月14日

季诺维也夫同志:

立宪民主党中央委员维克多·伊万诺维奇·多勃罗沃尔斯基(当过律师)的一位亲戚(她的丈夫在为苏维埃服务)向我提出了释

放他的请求。她的理由是："在人质名单中没有他。他从 1907 年起就脱离政界。他年老有病，被捕前不久得过很重的肺炎，由一个精力尚旺盛的 50 岁的人变成了虚弱而可怜的老人。家境日益贫困，这个家庭仅靠户主的薪金维持生活。"

请您审查并考虑一下，可否保释？并请把肃反委员会的意见告诉我。[423]

敬礼！

列　宁

载于 1925 年在列宁格勒—莫斯科　　　　　译自《列宁全集》俄文第 5 版
出版的《纪念列宁逝世一周年》一书　　　　第 50 卷第 255—256 页

580

致伊·塔尔冈斯卡娅-奥克连特[①]

1919 年 2 月 14 日

致伊丽莎白·塔尔冈斯卡娅-奥克连特

尊敬的伊丽莎白·（请原谅，我不知道父称）塔尔冈斯卡娅-奥克连特：

请原谅我没有答复第一封来信，不记得那封信我是否收到过。

---

① 信封上的地址是列宁亲笔写的：
　　"莫斯科
　　　　波德沃伊斯基同志的**最高军事检查院**
　　　　检查院职员**奥克连特**同志收
　　　　　（转交伊丽莎白·奥克连特）
　　　　　　（列宁寄
　　　　　　莫斯科克里姆林宫）"。——俄文版编者注

第二封来信收到了，我已写信去彼得格勒询问季诺维也夫。您来信说多勃罗沃尔斯基**不是**人质，恐怕您弄错了。我担心他是人质，那么恐怕也就无能为力了。

但是我仍然请彼得格勒方面考虑一下，是否可以保释。

请相信我对您的敬意和忠忱。

弗·乌里扬诺夫（列宁）

译自《列宁文集》俄文版第37卷
第128页

581

致尼·巴·布留哈诺夫[424]

（2月17日）

布留哈诺夫：这简直太不像话，那里一个月前就肃清了。粮食很多。没有人力，而这里却在挨饿。

应当采取非常措施，发动**军粮局**[425]＋工人检查机关。

您做了些什么？还想做些什么？[426]

载于1933年《列宁文集》俄文版
第24卷

译自《列宁全集》俄文第5版
第50卷第256页

582

给格·叶·季诺维也夫的电报

1919年2月18日

彼得格勒

斯莫尔尼   季诺维也夫

刚才听说区苏维埃强令维拉·伊万诺夫娜·查苏利奇和其他一些著名革命家搬出了作家大楼。这简直可耻！难道这是真的吗？[427]

列　宁

载于1933年《列宁文集》俄文版第24卷　　　　　　译自《列宁全集》俄文第5版第50卷第256页

583

给马马德什县执行委员会的电报[428]

1919年2月18日

马马德什

县执行委员会

索尔莫沃共产党员鲁卡维什尼科夫坐牢已有一个月，而案子仍未得到审理,是否属实? 如果属实,应把办事拖拉者送交法庭审判。请电复。

人民委员会主席　**列宁**

载于1933年《列宁文集》俄文版
第24卷　　　　　　　　　　　　　译自《列宁全集》俄文第5版
　　　　　　　　　　　　　　　　第50卷第257页

584

给叶拉季马县执行委员会的电报[429]

1919年2月18日

叶拉季马

县执行委员会

米哈伊尔·米特罗范诺维奇·费多谢耶夫从阿泽耶沃来信控告说,你们把他的印刷所收归国有,你们2月6日援引第455号文件,既拒绝支付购买印刷所的款项,又拒绝给他的两名女徒工和一名女装订工补偿因解除工作而受到的损失。请立即报告:这些情况是否属实? 印刷机仍搁在萨索沃一间仓房里没有被利用是真的吗? 请讨论一下:可否把费多谢耶夫安排在印刷所工作或者容许他建立一个工人协作社,在完全服从苏维埃以及有人监督的条件下由他经营他先前的印刷所。[430]

人民委员会主席　**列宁**

载于1933年《列宁文集》俄文版
第24卷　　　　　　　　　　　　　译自《列宁全集》俄文第5版
　　　　　　　　　　　　　　　　第50卷第257页

585

给克·格·拉柯夫斯基的电报[431]

（2 月 18 日）

哈尔科夫

拉柯夫斯基

　　哈尔科夫一些统计工作者向中央统计局局长波波夫同志提出建议，要他就参照苏维埃共和国（俄罗斯）国家统计工作来组织乌克兰统计工作的问题同乌克兰苏维埃政府进行联系。如您同意，波波夫同志可以代表身份为上述目的去乌克兰。请电复。

列　宁

<table>
<tr><td>载于 1945 年《列宁文集》俄文版
第 35 卷</td><td>译自《列宁全集》俄文第 5 版
第 50 卷第 258 页</td></tr>
</table>

586

致格·瓦·契切林[432]

（2 月 18 日）

秘密

致契切林

我已给波德别尔斯基同志打了电话。他说：只弄到一车皮燃料。现在没有燃料了。波德别尔斯基说：关于没有送到燃料一事，为什么契切林不直接找我谈？如果他找我，我会给他弄到的。

译自《列宁文集》俄文版第 38 卷
第 244 页

587

给彼·伊·斯图契卡和
扬·安·别尔津的电报

1919 年 2 月 19 日

里加
拉脱维亚苏维埃政府
斯图契卡、别尔津

我欢迎里加的德意志工人关于分册出版李卜克内西和卢森堡全集的决定。希望你们千方百计帮助他们，加速办好此事，并请给我寄一套来。

列　宁

载于 1942 年《列宁文集》俄文版
第 34 卷

译自《列宁全集》俄文第 5 版
第 50 卷第 258 页

588

给谢·伊·古谢夫的电报

1919 年 2 月 19 日

阿尔扎马斯

方面军司令部　古谢夫

对密码电报的答复已收到,但您只字未提粮食问题以及您为消除摩擦和加强运输而采取的措施。请答复。

至于巴什基尔人,您要求他们要么缴械,要么立即行动起来反对高尔察克,这是对的。[433]

列　宁

载于 1942 年《列宁文集》俄文版　　　　　　译自《列宁全集》俄文第 5 版
第 34 卷　　　　　　　　　　　　　　　　第 50 卷第 259 页

589

给亚·德·瞿鲁巴的命令

1919 年 2 月 19 日

命　令

鉴于人民委员亚·德·瞿鲁巴已开始工作,有必要保护国家

财富,特令瞿鲁巴**严格执行下列预防措施**:

不得连续工作两小时以上,

晚上 10 点半以后不工作,

不接待群众来访。

莉迪娅·亚历山德罗夫娜·福季耶娃的限制性命令必须**绝对**执行。

人民委员会主席

弗·乌里扬诺夫(列宁)

载于 1945 年《列宁文集》俄文版
第 35 卷

译自《列宁全集》俄文第 5 版
第 50 卷第 259 页

590

致列·波·加米涅夫

1919 年 2 月 21 日

加米涅夫同志:

来人是萨马拉省执行委员会主席[434]。携有关于粮食问题的极有趣的图表和资料。

建议让他给莫斯科广大工人作个**报告**。粮食很多。这是事实。**应当鼓鼓士气**。

您的　**列宁**

载于 1957 年 12 月 29 日《伏尔加
公社报》第 304 号

译自《列宁全集》俄文第 5 版
第 50 卷第 260 页

591

给格·伊·彼得罗夫斯基的批示[435]

（2 月 21 日）

彼得罗夫斯基：**请打电话**同图拉方面谈一谈，要他们撤销自己的命令。

译自《列宁文集》俄文版第 38 卷
第 246 页

592

给雅罗斯拉夫尔省
执行委员会的电报

1919 年 2 月 22 日

雅罗斯拉夫尔
省执行委员会
抄送：肃反委员会

苏维埃职员丹尼洛夫控告说，肃反委员会没收了他在一年半内用劳动为其一家四口挣得的三普特面粉及其他食品。请极严格地检查一下。望电告结果。①

人民委员会主席 **列宁**

载于1933年《列宁文集》俄文版
第24卷

译自《列宁全集》俄文第5版
第50卷第260页

593

致特维尔省教师[436]

(2月22日)

致特维尔省代表拉缅斯基同志

请转告特维尔省的教师们：他们的粮食在富农手里，苏维埃政权的任务是要把这些粮食交给劳动者。

弗·乌里扬诺夫(列宁)

1919年2月22日

译自《列宁全集》俄文第5版
第50卷第261页

---

① 列宁在丹尼洛夫提出控告的电报上批注："归档，备近期查考。"——俄文版编者注

594

致尼·巴·布留哈诺夫[437]

（2 月 22 日）

我早就听说，有人把**中央执行委员会主席团**牵扯进去了。早就应该向它申诉，或者（也可以同时）向中央委员会申诉，如果阻力大的话。

译自《列宁文集》俄文版第 24 卷
第 117 页

595

给达尼洛夫纺织厂代表们的证明

1919 年 2 月 24 日

兹证明达尼洛夫纺织厂的代表同志们曾来我处谈过按纺织业口粮标准发给他们口粮的问题。由于这个问题是中央执行委员会主席团决定的，而根据宪法规定，中央执行委员会主席团**高于人民委员会**，所以无论我这人民委员会主席，还是人民委员会都无权改变此项决定。

人民委员会主席
弗·乌里扬诺夫（列宁）

载于 1945 年《列宁文集》俄文版
第 35 卷

译自《列宁全集》俄文第 5 版
第 50 卷第 261 页

596

致共和国革命军事委员会

（不晚于 2 月 25 日）

这样的资料[438]是没有意思的，因为毫无内容。

能不能提供大致如下的资料：

（1）师的番号（1，2，7……）

（2）师的驻地

（3）步兵数

（4）骑兵数

（5）加农炮数

（6）枪弹数

（7）炮弹数

（8）马匹数

（9）物品供应的百分比

（10）师何时能完全装备好

（11）**共产党支部的数目**

（12）在**某一**时期内散发了多少宣传品。

载于 1942 年《列宁文集》俄文版
第 34 卷

译自《列宁全集》俄文第 5 版
第 50 卷第 262 页

597

给米·康·弗拉基米罗夫的直达电报

（2月26日）

1

致弗拉基米罗夫

国防委员会决定,如果共和国革命军事委员会两天内不提出先修复波沃里诺—察里津铁路的理由,我们将先修复利斯基—利哈亚铁路。交通人民委员部直截了当地说,我们的现有材料要修复两条铁路的桥梁是不够用的。我完全同意国防委员会的这个决定;如果您能创造出奇迹来,在修复利斯基—利哈亚铁路之后,又能想出妙法把波沃里诺—察里津铁路也修复的话,那么您就是一位神仙了。

列　宁

2

我个人是同意把您留下的,假如您能像来电所说的那样承担修复两条铁路的任务的话。**439**今天我再设法同瞿鲁巴和斯维尔德洛夫联系,如果我们另作决定,那我立即给您去电。涅夫斯基大概不知道您能从南方得到哪些材料。我将把您的两次来电转交给他。

列　宁

发往沃罗涅日

载于 1942 年《列宁文集》俄文版
第 34 卷

译自《列宁全集》俄文第 5 版
第 50 卷第 262—263 页

598

给 C. E. 策哈诺夫斯基的电报[440]

1919 年 2 月 26 日

鲁德尼亚

执行委员会主席策哈诺夫斯基

抄送:莫吉廖夫　省执行委员会

　　可以接见您,如我不能亲自接见,可由秘书代我接见。我认为,米库利诺乡共产党员的计划是不错的,但我希望看到奥尔沙和莫吉廖夫方面持否定态度的理由的书面材料,哪怕是简短的也行。

人民委员会主席　**列宁**

载于 1945 年《列宁文集》俄文版
第 35 卷

译自《列宁全集》俄文第 5 版
第 50 卷第 263 页

599

给 И. Л. 洛伦茨的证明

1919 年 2 月 26 日

证　明

　　持件人**洛伦茨**同志受俄共**中央委员会**委托，有权采取一切措施把来这里的外国同志们安置在克里姆林宫，保证他们住上舒适的房间并且享有每日三餐。**441**

　　责成马尔科夫同志全力协助洛伦茨同志。

人民委员会主席

弗·乌里扬诺夫（列宁）

译自《列宁全集》俄文第 5 版
第 50 卷第 264 页

600

致阿·伊·斯维杰尔斯基
并转亚·德·瞿鲁巴

（2 月 27 日）

致斯维杰尔斯基并转瞿鲁巴

　　鉴于弗鲁姆金和施米特在合作社问题上有分歧（局部的）（弗

鲁姆金**较赞成**工人合作社),我想,**目前**应作出决定,**支持**工人合作社(目前我们在中央消费合作总社的地位还不巩固)。**442**

载于1959年《列宁文集》俄文版
第36卷

译自《列宁全集》俄文第5版
第50卷第264页

601

致玛·米·科斯捷洛夫斯卡娅**443**

(2月27日)

　　同意,但如果**军粮局**在动员工人担任要职和参加**征粮军**444的工作中**哪怕**延误**一小时**,那就把军粮局全体成员都**赶走**。

译自《列宁全集》俄文第5版
第50卷第264页

602

给秘书的指示和
给尼·巴·布留哈诺夫的便条

(2月)

1

给秘书的指示

今晚在**国防委员会**提醒我。

要告诉**布留哈诺夫**：弗拉基米尔省维亚兹尼基县**尤扎村**。**布尔什维克委员会**(代表是博尔佐夫)。[445]

译自《列宁全集》俄文第5版
第50卷第265页

2

致尼·巴·布留哈诺夫

布留哈诺夫：(1)您能帮助尤扎吗？

(2)如您现在不知道,那么明晨何时能答复？

(3)他们的一名出色的工人到过我处,他答应提供一些工作人员。需要多少和什么样的工作人员？

<table>
<tr><td>载于1945年《列宁文集》俄文版
第35卷</td><td>译自《列宁全集》俄文第5版
第50卷第265页</td></tr>
</table>

3

给秘书的指示

明天那位博尔佐夫(从尤扎来的)将来这里；请您打电话给布留哈诺夫(或者马上和他商定),问**何时**能知道这次磋商的结果。[446]

译自《列宁全集》俄文第5版
第50卷第265页

603

致阿·伊·斯维杰尔斯基

(2月和3月初之间)

我看，你们大家都在徒劳无益地"抽象议论"。应该驱赶、催促施利希特尔**到当地去，到了当地**就看得清楚了。**447**

载于1925年在哈尔科夫出版的　　　　译自《列宁全集》俄文第5版
亚·格·施利希特尔《我所了解的　　　第50卷第266页
伊里奇》一书

604

致埃·斯坦格**448**

(3月2日)

致**斯坦格**同志

主席团请**斯坦格**同志作为主席团第五位委员参加今天的会议。

列　宁①

1919年3月2日

原文是德文　　　　　　　　　译自《列宁文集》俄文版第37卷
　　　　　　　　　　　　　　　第132页

————————

①　签署该文献的还有弗·普拉滕、麦·阿尔伯特和古·克林格尔。——编者注

605

给埃·马·斯克良斯基的批示[449]

（3月3日和15日之间）

致斯克良斯基

请尽力满足请求并立即给我**答复**。

列　宁

译自《列宁文集》俄文版第 37 卷
第 133 页

606

致莉·亚·福季耶娃[450]

（3月4日）

1

绕过法令是不行的,光是因为提出这样的建议就该送交法庭
审判。

但**通过中央执行委员会**作例外处理是可以的,我建议这样做。

2

应了解法律，我不记得作例外处理应通过谁。

载于 1945 年《列宁文集》俄文版
第 35 卷

译自《列宁全集》俄文第 5 版
第 50 卷第 266 页

607

致俄共(布)中央委员会

(3 月 4 日和 24 日之间)

以第三点为基础给波兰政府发照会，说明我们完全同意并且正是想通过劳动者投票来作决定，愿意在这个基础上达成协议，同意在一些细节上作让步，等等。上述内容要以中央委员会指示的形式下达。[451]

列　宁

译自《列宁全集》俄文第 5 版
第 50 卷第 266 页

608

给 П. П. 梅什金的电报

1919年3月8日

察里津

省肃反委员会主席梅什金

因涂毁画像而逮捕人是不行的。立即释放瓦连廷娜·佩尔希科娃,如果她是反革命分子,那就请监视她。[452]

人民委员会主席   **列宁**

载于1933年《列宁文集》俄文版
第24卷

译自《列宁全集》俄文第5版
第50卷第267页

609

致费·伊·加里宁[453]

(3月8日)

致加里宁

为什么您没有发言谈谈您是怎样裁减多余人员的? 您又是怎

样确定多余人员的？等等。

载于1933年《列宁文集》俄文版
第24卷

译自《列宁全集》俄文第5版
第50卷第267页

610

致莉·亚·福季耶娃

（3月8日）

如果赫里亚谢娃住得远而且又步行上班,那是值得同情的。

有机会可委婉地向她说明,在不讨论统计问题的日子里,可以提前走,甚至可以不来。

载于1933年《列宁文集》俄文版
第24卷

译自《列宁全集》俄文第5版
第50卷第267页

611

给秘书的指示

（3月8日）

收到肃反委员会主席的答复时,请提醒我。

(**事后把全部材料交给杂文作家。**)[454]

译自《列宁文集》俄文版第24卷
第172页

612

给斯大林的电报

(3 月 8 日)

　　刚来自德国的消息说,柏林正在进行战斗,斯巴达克派已经攻占了部分市区。谁将取得胜利还不清楚,但是我们务必尽快攻克克里木,才能完全腾出手来,因为国内战争可能迫使我们向西推进去支援共产党人。

载于 1993 年 2 月 5 日《俄罗斯报》　　　　　　译自未刊印的《列宁文集》
　　　　　　　　　　　　　　　　　　　　　　俄文版第 41 卷

613

给安·卢·柯列加耶夫的电报

1919 年 3 月 10 日

　　科兹洛夫　　南方面军供给工作负责人柯列加耶夫,
　　　　　　　　　或发往他的所在地

　　您已发往莫斯科多少直达运粮列车? 下月还能发多少? 是否已尽一切努力执行中央关于顿河州征粮措施的指示了? 究竟收交了多少,目前收交工作进展如何? 你们那里中央派去做粮食工作的工人够用吗？请电复。[455]

人民委员会主席　　列宁

载于1933年《列宁文集》俄文版
第24卷

译自《列宁全集》俄文第5版
第50卷第268页

614

致列·波·加米涅夫[456]

1919年3月12日

加米涅夫同志：

　　来人是维亚特卡省萨拉普尔县的同志们。

　　他们给我们和彼得格勒各运来4万普特粮食。这真是值得特别称颂的卓著功勋。顺便说一说，这些同志请求把他们介绍给工会。请您尽快安排他们在苏维埃作个报告。同时要在报上发一篇短评。收到此条后，请给我来个电话，然后让他们到施米特和托姆斯基那里去。

　　敬礼！

列　宁

载于1933年《列宁文集》俄文版
第24卷

译自《列宁全集》俄文第5版
第50卷第268页

615

致列·波·克拉辛[457]

1919年3月12日

克拉辛同志:

　　附件是玛丽亚·费多罗夫娜①转交给我的。格尔热宾写得不清楚。纸管局②是什么人? 能否弄到他批准和撤销的文件的副本? 纸管局归谁管辖? 我需要听取一下他的意见,并且顺便问清楚,世界文学出版社要纸张印哪些书和小册子。[458]

您的   列宁

载于1958年3月27日《文学报》　　　译自《列宁全集》俄文第5版
(莫斯科)第37号　　　　　　　　　　第50卷第269页

616

给尼·尼·克列斯廷斯基的指示[459]

(3月16日)

　　克列斯廷斯基同志:请您派人检查得严格些。不要忘记吩咐,

---

① 即玛·费·安德列耶娃。——编者注
② 最高国民经济委员会国营造纸工业企业总管理局彼得格勒分局的简称。——编者注

要给我**书面**答复,而且要快些。如果您忙于开代表大会[460],可将此事**专门**委托给丘茨卡耶夫或其他部务委员。

列　宁

1919 年 3 月 16 日

译自《列宁文集》俄文版第 39 卷
第 206 页

617

给德·伊·库尔斯基的批示[461]

（不晚于 3 月 17 日）

库尔斯基同志:请勿让运走,而要派人当着见证人解剖。

列宁的签字

译自《列宁文集》俄文版第 38 卷
第 248 页

618

同列·波·克拉辛的来往便条

（不早于 3 月 17 日）

不要过于心急,一开头就提　　　我不是好发最后通牒的人,最后通牒,因为还没有最后决定。应该仔细考虑和研究。

但是如果把运输事业交给像茹柯夫和阿瓦涅索夫这样低能的政治家掌管,那么事情就办不了,这不仅是我个人的意见。

译自《列宁文集》俄文版第37卷第134页

619

致莉·亚·福季耶娃[462]

(3月17日以后)

莉迪·亚历·:

请回信告诉他,我已把邮寄法令的地址转给中央委员会常务局(就请您派人送去)。他要给我写信,可直接寄到莫斯科克里姆林宫。

载于1933年《列宁文集》俄文版第24卷

译自《列宁全集》俄文第5版第50卷第269页

620

致亚·格·施利希特尔[463]

(3月19日)

施利希特尔同志:

(1)您在**乌克兰**是否收到了中央委员会指示(关于在6月1日

前运来5 000万）？

（2）如果没收到，那么您在这里看到了吗？

（3）您认为怎样？**能运来多少**？

（4）这里是否需要采取紧急措施（哪些措施）？

（5）如您5月1日或6月1日前运不来粮食——我们全都会饿死。

列　宁

载于1925年在哈尔科夫出版的
亚·格·施利希特尔《我所了解的
伊里奇》一书

译自《列宁全集》俄文第5版
第50卷第269—270页

621

致全俄中央执行委员会主席团[464]

（3月20日）

我已提出过，**请求过**，而且现在仍然请求中央执行委员会主席团派出调查组。

译自《列宁文集》俄文版第38卷
第249页

622

致瓦·亚·阿瓦涅索夫

（3月21日）

阿瓦涅索夫同志：

　　来人叶梅利亚诺夫同志是彼得格勒工人，我的一位要好的老相识，党的工作人员。恳请您帮他尽快从莫斯科乘车去彼得格勒。[465]

列　宁

1919年3月21日

载于1933年《列宁文集》俄文版
第24卷

译自《列宁全集》俄文第5版
第50卷第270页

623

致格·伊·彼得罗夫斯基

（不晚于3月22日）

彼得罗夫斯基同志：

　　请您拍发这份电报或内容类似的电报，或通过省执行委员会安排检查事宜。[466]

列　宁

译自《列宁全集》俄文第5版
第50卷第270页

624

致费·埃·捷尔任斯基

1919年3月24日

捷尔任斯基同志:

弗·阿多拉茨基同志是布尔什维克,我认识他十多年了。他毫无疑问应受到信任。

请费心派人查询一下并于明天给我答复。[467]

敬礼!

您的　**列宁**

译自《列宁文集》俄文版第37卷
第142—143页

625

致尼·尼·克列斯廷斯基[468]

3月26日

克列斯廷斯基同志:

请立即拍发暂缓征收的电报,并派人检查。此条退我,并告知您采取了什么措施。

列　宁

译自《列宁文集》俄文版第24卷
第173页

626

给瓦·尼·卡尤罗夫的电报[469]

1919 年 3 月 27 日

秘密

第 5 集团军　卡尤罗夫

您那封乐观得莫名其妙的电报收到了;我很担心,这种已给东方面军带来许多危害的乐观主义,现在仍要危害我们。请告知:您是否已把您的意见报告托洛茨基。您已采取了哪些措施来改进政治工作,提高增援部队的士气和觉悟。

人民委员会主席　列宁

载于 1924 年《无产阶级革命》杂志
第 3 期(总第 26 期)

译自《列宁全集》俄文第 5 版
第 50 卷第 271 页

627

给 Ф. H. 维什涅夫斯基的电报[470]

1919 年 3 月 28 日

雅罗斯拉夫尔

县粮食委员维什涅夫斯基

抄送:省粮食委员会

雅罗斯拉夫尔消费合作总社理事会控告维什涅夫斯基颁布了

一项改组条例,危害作为技术机构的罗斯托夫合作社。请把此条例的副本以及工人合作社和省粮食委员会的意见给我寄来。

人民委员会主席 **列宁**

载于1933年《列宁文集》俄文版第24卷

译自《列宁全集》俄文第5版第50卷第271页

628

给切列波韦茨省执行委员会的电报

1919年3月29日

切列波韦茨
省执行委员会

别洛泽尔斯克县波克罗夫乡新谢洛村一位士兵的妻子叶夫罗西尼娅·安德列耶娃·叶菲莫娃控告说,她丈夫被俘四年多,一家三口没有一个劳动力,她的粮食却被收入公仓。请将此事调查一下。将调查结果和你们的处理办法告诉我。

人民委员会主席 **列宁**

载于1933年《列宁文集》俄文版第24卷

译自《列宁全集》俄文第5版第50卷272页

629

给阿·洛莫夫的批示[471]

(3月以后)

建议您继续谈判,同时把所有消息报告中央(向组织局和政治局委员克列斯廷斯基报告最为恰当)。

译自《列宁文集》俄文版第 37 卷
第 143 页

630

致内务人民委员

1919 年 4 月 2 日

致内务人民委员同志

库尔斯克省普季夫利县的代表们对选举提出了控告。要求根据法律改选苏维埃。请回答我,您做了些什么:监察,检查,发指示,什么指示? 等等。

人民委员会主席
弗·乌里扬诺夫(列宁)

载于 1933 年《列宁文集》俄文版
第 24 卷

译自《列宁全集》俄文第 5 版
第 50 卷第 272 页

631

致 B. 巴赫瓦洛夫[472]

（4月2日）

教堂建筑工程当然准予竣工；请到司法人民委员库尔斯基同志那里去听取指示，我刚和他通过电话。

弗·乌里扬诺夫（列宁）

1919年4月2日

载于1945年《列宁文集》俄文版
第35卷

译自《列宁全集》俄文第5版
第50卷第273页

632

致埃·马·斯克良斯基

（4月3日）

致斯克良斯基

12名法国俘虏正在**受冻**。**发给衣服**＋食品。①

载于1942年《列宁文集》俄文版
第34卷

译自《列宁全集》俄文第5版
第50卷第273页

---

① 在便条背面有秘书签注："1919年4月3日交斯克良斯基。"——俄文版编者注

633

给格·瑙·卡敏斯基的直达电报[473]

（4月4日）

图拉　卡敏斯基

我立即转告克拉辛，并将有关财政的情况转告克列斯廷斯基。请多方采取最严厉的措施；至于红军口粮标准问题，我现在不能决定，据说他们过去领一又四分之一俄磅。应查清生产率下降的原因。请您和奥尔洛夫更经常地向我们报告情况。

人民委员会主席　**列宁**

载于1959年《列宁文集》俄文版
第36卷

译自《列宁全集》俄文第5版
第50卷第273—274页

634

给第10集团军司令的电报

1919年4月4日

察里津　第10集团军司令
抄送：韦利科克尼亚热斯卡亚　师长杜缅科

请向第10集团军的英雄杜缅科同志及其勇敢的、在砸碎反革命枷锁、解放韦利科克尼亚热斯卡亚的战斗中英名远扬的骑兵们转达我的敬意。我相信,对克拉斯诺夫和邓尼金反革命匪帮的镇压将会进行到底。

人民委员会主席　**列宁**

载于 1959 年《列宁文集》俄文版
第 36 卷

译自《列宁全集》俄文第 5 版
第 50 卷第 274 页

635

致德·伊·库尔斯基

（不晚于 4 月 5 日）

是建立人民委员会**一般**议事规程的时候了。

1. 给报告人的时间是**十**分钟。

2. 给发言人的时间,第一次**五**分钟,第二次**三**分钟。

3. 发言不得＞①两次。

4. 对议程赞成和反对的表决,各占一分钟。

5. 例外情况按人民委员会**特殊**决定处理。[474]

载于 1933 年《列宁文集》俄文版
第 24 卷

译自《列宁全集》俄文第 5 版
第 50 卷第 274 页

---

① 多于。——编者注

636

☆致萨拉托夫各苏维埃机关
（省粮食委员会、省执行委员会、
市执行委员会等）

1919 年 4 月 5 日

我完全赞同粮食人民委员部关于给萨拉托夫**"保护两个红色首都饥饿儿童委员会"**以大力协助的请求。我本人也恳请全力帮助这个"保护儿童委员会"。

人民委员会主席

弗·乌里扬诺夫（列宁）

载于 1942 年《列宁文集》俄文版
第 34 卷

译自《列宁全集》俄文第 5 版
第 50 卷第 275 页

637

答斯科平县农民[475]

（4 月 5 日）

向低于中等收入的农民征收特别税**是非法的**。减轻**中**农纳税的措施已采取。法令日内就要公布。[476]其他问题我将立即向人民委员们询问,然后答复你们。

弗·乌里扬诺夫(列宁)

1919 年 4 月 5 日

载于 1933 年《列宁文集》俄文版　　　　　译自《列宁全集》俄文第 5 版
第 24 卷　　　　　　　　　　　　　　　第 50 卷第 275 页

638

给秘书的指示

(4 月 5 日)

谢列达和**斯维杰尔斯基**来人民委员会时请提醒我。

必须按照同**农业**人民委员部和**粮食**人民委员部的协商结果拟稿。[477]

载于 1933 年《列宁文集》俄文版　　　　　译自《列宁全集》俄文第 5 版
第 24 卷　　　　　　　　　　　　　　　第 50 卷第 275 页

639

致阿·伊·斯维杰尔斯基

1919 年 4 月 5 日

斯维杰尔斯基同志:

请接见代表们(或者委托弗鲁姆金接见)并尽力满足他们的请

求,此事我已跟您商妥。[478]

人民委员会主席

弗·乌里扬诺夫(列宁)

载于1959年《列宁文集》俄文版
第36卷

译自《列宁全集》俄文第5版
第50卷第276页

640

致谢·帕·谢列达和亚·德·瞿鲁巴[479]

(4月7日)

致谢列达和瞿鲁巴

农民菲力浦·伊里奇·博德罗夫(现住莫斯科索科利尼基森林学校)原来是彼得格勒的工人,已入党20多年,在图拉省韦纽夫县有家业(全家约20口人,住在一起,没有分家,是"**中农**"),他要我相信,在莫斯科方圆200俄里内可以**用兽力车**向莫斯科运送粮食(他的村子离莫斯科180俄里)。他说,他们那里有粮食,而且还有余粮。

他说,冬季已经错过,但**在播种**(约在尼古拉节前后结束)**之后**,还能有**近一个月**的空闲时间(到送粪下地前,即离彼得节[480]前的斋戒期一个星期左右以前)。他说,应当利用这一段时间。

务必不失时机地、毫不迟延地搜集情况和调查材料,即使有一

点可能，也要采取这种办法，因为从东边运不来粮食。

人民委员会主席

弗·乌里扬诺夫（列宁）

1919年4月7日

载于1942年《列宁文集》俄文版
第34卷

译自《列宁全集》俄文第5版
第50卷第276页

641

给瓦·卢·帕纽什金的电话

（4月7日）

致帕纽什金同志

兹命令您分秒必争，立即开始你们旅的装运工作，并迅速开赴指定地点。责成您随旅去前线。请报告执行情况。[481]

列　宁

译自《列宁全集》俄文第5版
第50卷第277页

642

给库恩·贝拉的电报[482]

1

4 月 7 日下午 1 时 45 分

列宁请您向巴伐利亚苏维埃共和国表示祝贺。他请您迅速向他尽可能详细地提供情况。特别是有关巴伐利亚土地社会化的一切情况。

列 宁

2

4 月 8 日凌晨 2 时 15 分

请告诉我们巴伐利亚发生的革命的详情。除了巴伐利亚苏维埃政府发的简短的电报外,我们对其他情况毫无所知。请告诉我们,那里的事态进展如何,新制度是否完全占据统治地位。请告知我昨天询问的有关你们民族问题纲领的情况。巴伐利亚苏维埃政府土地纲领的情况如何?

列 宁

载于 1919 年 4 月 9 日《慕尼黑新闻》第 162 号

译自《列宁全集》俄文第 5 版第 50 卷第 277 页

643

给尼·尼·库兹明的电报[483]

1919年4月8日

沃洛格达或普列谢茨卡亚

第6集团军军事委员库兹明,或发往他的所在地

您的几份来电给我的印象是,英国人在搞欺骗。因此,我虽然决不想事先规定您作为军事首长的部署,还请尽力加强防卫和提高警惕,同时要注意加强我方的攻势。

人民委员会主席　**列宁**

载于1942年《列宁文集》俄文版
第34卷

译自《列宁全集》俄文第5版
第50卷第278页

644

给国立沃罗涅日大学校长的电报

(4月8日)

绝对不准推延。国防委员会的决定[484]应立即执行。

国防委员会主席　**列宁**

译自《列宁文集》俄文版第34卷
第109页

645

给喀山省执行委员会的电报

1919年4月9日

喀山　省执行委员会

抄送：军事革命委员会

公民切尔内绍夫、索罗金、谢苗诺夫、格尔曼从亚德林来信控告说，他们已坐了五个月牢，一直没受到审讯。请立即对此项控告进行调查，并马上向我作出说明。

人民委员会主席　**列宁**

载于1933年《列宁文集》俄文版第24卷

译自《列宁全集》俄文第5版第50卷第278页

646

给莫萨利斯克县执行委员会的电报

（4月9日）

拉津基村神父布雷金控告说，政治委员佩图霍夫和西尼岑拿走了衣服、床单和他妻子的小箱子。请立即检查并给我答复。[485]

人民委员会主席　**列宁**

译自《列宁文集》俄文版第38卷第254页

647

致列·达·托洛茨基或
埃·马·斯克良斯基

1919 年 4 月 10 日

致托洛茨基或
斯克良斯基同志

斯克良斯基同志:

　　来人科罗特科夫同志是由中央执行委员会委员、党内老同志罗曼诺夫介绍给我的。

　　他(来人)提出，**在发生骚动和叛乱的时期**把装甲车管理局移交给中央供给管理局是危险的(他说，会落到不可靠的专家手中)。

　　罗曼诺夫同志是由中央组织局任命的。

　　请把您的决定告诉我。

　　敬礼!

您的　列宁

译自《列宁文集》俄文版第 38 卷第 254 页

648

给谢·康·米宁的电报[486]

(4月11日)

感谢您提供消息。请考虑一些循序渐进的措施以使图拉的形势扎扎实实地好转起来。

列 宁

载于1933年《列宁文集》俄文版
第24卷

译自《列宁全集》俄文第5版
第50卷第279页

649

给瓦·卢·帕纽什金的电报

1919年4月12日

彼得格勒

波泽尔恩转帕纽什金

您拖延装运和出发,令人不解。要知道,稍一拖延都是犯罪。不管什么供应不足都不是理由。请您无论如何立即率部启程。

人民委员会主席　**列宁**

载于1933年《列宁文集》俄文版
第24卷

译自《列宁全集》俄文第5版
第50卷第279页

650

给秘书的指示[487]

（4 月 12 日）

应**监督**并**检查**，使这部影片在全莫斯科早日上映。

译自《列宁全集》俄文第 5 版
第 50 卷第 279 页

651

给奥廖尔省执行委员会的电报[488]

1919 年 4 月 12 日

奥廖尔　省执行委员会
抄送：小阿尔汉格尔斯克　县执行委员会

文学家伊万·沃尔内被捕。其友高尔基恳请侦查时要极其慎重、公正。能否将其释放，予以严密监视？请电告。

人民委员会主席　**列宁**

载于 1933 年《列宁文集》俄文版
第 24 卷　　　　译自《列宁全集》俄文第 5 版
第 50 卷第 280 页

652

致伊·约·约诺夫[489]

1919 年 4 月 13 日

约诺夫同志：收到 2 万。附上收据。

请将所附的 15 000 以**普·彼得罗夫**的名义存入彼得格勒苏维埃出版社出纳处。

致共产主义的敬礼！

尼·列宁

载于 1933 年《列宁文集》俄文版
第 24 卷

译自《列宁全集》俄文第 5 版
第 50 卷第 280 页

653

给德·伊·库尔斯基的批示[490]

（4 月 13 日）

库尔斯基：

我认为，在车站**不能摆放**。

列　宁

译自《列宁文集》俄文版第 38 卷
第 256 页

654

给阿·马·高尔基的电报

1919 年 4 月 14 日

彼得格勒
斯莫尔尼　高尔基

奥廖尔侦查委员会主席丘任诺夫来电说,伊万·沃尔内在案件审理前暂予释放。

列　宁

载于1933年《列宁文集》俄文版
第24卷

译自《列宁全集》俄文第5版
第50卷第280页

655

在 И. 基谢廖夫的电话的记录上的批示

(不晚于 4 月 14 日)

我是在瑞士认识他的(很久以前)。他曾是**十足的**普列汉诺夫分子。关于工作情况,要向斯切克洛夫了解。

基谢廖夫请求去**哈尔科夫,即使干铁路**工作**也可以**(他曾是那里的铁路职工)。

译自《列宁文集》俄文版第37卷
第144页

656

致叶·德·斯塔索娃[491]

（不早于 4 月 15 日）

致中央组织局

我看，你们也不该委屈加林。他有**魄力**，而且很大。我倒主张任命他担任一个**相当高的**职务，**或者是军事**职务，或者是集团军政治部职务。

列　宁

译自《列宁文集》俄文版第 24 卷
第 313 页

657

致图拉县执行委员会[492]

（4 月 16 日）

图拉

图拉县执行委员会

请尽快答复我下列问题：

(1)图拉是否就组织播种工作开过图拉县代表大会,(2)是在3 月中旬还是什么时候,(3)是否有人(谁)提议向列宁发致敬电,(4)代表们是否通过了一项决定,赞成发致敬电,但反对以共产主义者的名义,(5)代表大会是否因此而被解散,(6)或是因为别的原因而被解散的,(7)如果是这样,那是在什么情况下解散的,(8)如果不是这样,那有没有发生别的摩擦,是些什么摩擦,(9)代表大会的代表有多少,(10)有没有他们的姓名和住址,(11)县执行委员会或县土地局派谁出席了大会。

我需要**立即**得到答复。如果不能立即回答全部问题。**请马上**回答那些**可以**即刻回答的问题,并提出回答其余问题的期限。

我绝对要求尽快回答,如有延误,由县执行委员会负责。

请将当地**所有**报纸上关于这次代表大会的**全部**材料剪下寄来。

人民委员会主席
弗·乌里扬诺夫(列宁)

载于 1933 年《列宁文集》俄文版 第 24 卷　　　　译自《列宁全集》俄文第 5 版 第 50 卷第 281 页

658

致伊·捷·斯米尔加

(4 月 17 日)

斯米尔加同志:现将普雷舍夫同志派往您处。他是维堡区的工人,我就是在那里认识他的。据我看,他是一个好的组织工作者。现在他在我们的委员部工作,但他很想做些更为积极的工作。遗憾的是,他过于腼腆。请您和他谈谈并给他安排一个适当的工作。我们真舍不得把他放走,但现在不是挽留他的时候。

娜·康·乌里扬诺娃

我也请您特别重视普雷舍夫同志,他给人的印象不仅是成熟的,而且是一位极有才能的工人。

人民委员会主席
弗·乌里扬诺夫(列宁)

1919年4月17日

译自《列宁全集》俄文第5版
第50卷第281—282页

659

关于 М.Д.齐甘科夫工作的批示

(4月17日)

我支持办公厅的请求[493],因为据我本人了解,齐甘科夫是个绝对可靠的人,而这样的人在我们这里太少了。

人民委员会主席
弗·乌里扬诺夫(列宁)

1919年4月17日

译自《列宁文集》俄文版第37卷
第145页

660

给格·叶·季诺维也夫的电报

1919年4月18日

彼得格勒

斯莫尔尼　季诺维也夫

已收到您关于彼得格勒工人热烈响应动员的电报。[494]今天我接到总司令的详细报告,很清楚,必须有毫不松懈的努力和异乎寻常的速度。请利用加里宁在你们那里的机会,抓紧和加速从彼得格勒派出兵员。[495]也请尽可能多派一些人随同加里宁出发。

列　宁

载于1938年2月23日《真理报》
第53号

译自《列宁全集》俄文第5版
第50卷第282页

661

给克·格·拉柯夫斯基的电报

(4月18日)

密码

基辅　拉柯夫斯基

关于社会革命党人的名额,我建议至多不得超过三名,并且要把这三个人置于布尔什维克的严格监督之下;如果他们不同意,那他们就更糟,我们就占了理。[496]关于军事任务,我再次提醒以下两项极重要的任务:突破布科维纳和攻占罗斯托夫。应把全部力量用来完成这两项任务,请向波德沃伊斯基和安东诺夫再次说明。关于德宾科的计划,我警告不要冒险——我担心,进攻会失败,他的部队将被切断。[497]以他的部队来替换马赫诺并进攻塔甘罗格和罗斯托夫不是更明智吗? 我建议三思而行,当然,此事由你们自己决定。

列 宁

载于 1959 年《列宁文集》俄文版
第 36 卷

译自《列宁全集》俄文第 5 版
第 50 卷第 282—283 页

662

致费·埃·捷尔任斯基[498]

(4 月 18 日)

捷尔任斯基同志:

务请派人**严加**调查。

列 宁

4 月 18 日

译自《列宁全集》俄文第 5 版
第 50 卷第 283 页

663

给东方面军革命军事委员会的电报

（4月19日）

（特别军务密电）

四个受电单位

萨马拉 革命军事委员会

抄送：萨马拉 副粮食人民委员布留哈诺夫

集团军司令伏龙芝

萨马拉 沃兹涅先斯克街134号 兹纳缅斯基

我认为土耳其斯坦灌溉工程局迅速撤离萨马拉是绝对必要的。[499]鉴于该组织有巨大的技术价值，并能用于其他急需的国家工程，请采取紧急措施将土耳其斯坦灌溉工程局的财产、职工及其家属和私人财物立即转移到奔萨，到那里听候进一步指示。请资助该局职工（由该局以后偿还），并向他们提供车厢和其他运输工具。若不采取切实的搬迁措施，你们将对此负责。如果经铁路无法撤离，请立即采取紧急措施将该局财物由水路撤往萨拉托夫。

人民委员会主席 **列宁**[①]

译自《列宁文集》俄文版第40卷
第60页

---

① 签署该电的还有交通人民委员列·波·克拉辛。——俄文版编者注

664

给格·雅·索柯里尼柯夫的电报

(4 月 20 日)

密码

致索柯里尼柯夫

进攻顿涅茨煤田和罗斯托夫的战役迟迟没有开始,使我极为不安。必须赶快发动进攻,当然,要有雄厚的兵力才行。请为此制定切实的指令,我们将在中央委员会加以通过,既是为了乌克兰人,也是为了我们俄罗斯人。哥萨克叛乱至今未平定,真是太不像话。[500]请详细答复。

列 宁

载于 1934 年《无产阶级革命》杂志
第 3 期

译自《列宁全集》俄文第 5 版
第 50 卷第 283 页

665

致坦波夫省执行委员会

1919 年 4 月 20 日

坦波夫
省执行委员会

现寄上坦波夫的一份来电。[501]请你们安排这 252 人(不清楚这是该合作社的**全体**成员还是仅仅一部分，其总数是多少）再举行一次全体会议，向他们作如下解释：

"人民委员会通过关于建立消费公社的法令，是为了合理分配产品。**全体**居民人人必需的产品，仅由**一部分**居民参加分配，是不公平的，过去在资本主义制度下就是这样做的。在资本主义制度下，各国合作社的成员主要是工农上层分子。现在需要的是，不仅上层分子，而且**所有**劳动者，人人都来参加产品的分配。

全世界合作社运动的伟大创始人几乎无不指出这个运动将转变成社会主义。现在这个时候来到了，合作社的一切优秀分子都赞同变合作社为**包括全体劳动者的**消费公社的法令所体现的这种**发展**。

完全独立的监督权以及独立的经营权，属于消费公社的成员。正因为如此，我请求大会重新考虑自己的决定，承认必须执行人民委员会的法令，不要迫使工农政权采取它所不愿采取的强制措施。

人民委员会主席

弗·乌里扬诺夫（列宁）"

请把引号内的这段文字向大会宣读并刊登在地方报纸上。请把我的这些话再解释得详细些（并且要**口气委婉，避免生硬**）。请电告执行情况。

人民委员会主席

弗·乌里扬诺夫（列宁）

载于1958年《苏共历史问题》杂志第1期

译自《列宁全集》俄文第5版第50卷第284—285页

666

给共和国革命军事委员会的批示[502]

1919 年 4 月 20 日

电报废话连篇,给发报人以警告处分。

译自《列宁文集》俄文版第 34 卷
第 114 页

667

给日洛宾铁路肃反委员会的电报

1919 年 4 月 21 日

日洛宾

铁路肃反委员会

抄送:县执行委员会

莫吉廖夫   省执行委员会

药房经理拉布金控告铁路肃反委员会没收了他的自行车。请立即严加调查和核实。望回电;如果没有特殊的或军事上的理由,你们没收自行车将受到惩处。[503]

人民委员会主席　**列宁**

载于1933年《列宁文集》俄文版
第24卷

译自《列宁全集》俄文第5版
第50卷第285页

668

给约·约·瓦采季斯和
谢·伊·阿拉洛夫的电报[504]

（4月21日或22日）

密码

谢尔普霍夫
总司令瓦采季斯和
共和国革命军事委员会委员阿拉洛夫

向加利西亚和布科维纳部分地区推进是同苏维埃匈牙利建立联系所必需的。此项任务应更快更稳妥地加以完成，除此项任务外，没有必要占领加利西亚和布科维纳的任何地方，因为乌克兰军队在任何情况下都绝对不能离开自己的两项主要任务：第一项最重要最紧急的任务是增援顿巴斯。这种增援应该是迅速的和大规模的。第二项任务是同苏维埃匈牙利建立可靠的铁路联系。请将你们给安东诺夫的指示以及检查这些指示执行情况的措施报来。

国防委员会主席　**列宁**

用乌克兰文载于1958年在切尔诺维策出版的《布科维纳劳动者为社会和民族解放以及同乌克兰苏维埃社会主义共和国合并而斗争(1917—1941)》一书

译自《列宁全集》俄文第5版第50卷第285—286页

669

给弗·亚·安东诺夫–奥弗申柯的电报

(4月22日)

密码

基辅　安东诺夫
抄送：波德沃伊斯基和拉柯夫斯基

索柯里尼柯夫来电称，邓尼金在顿巴斯充分利用了我们推迟进攻的机会，得到了加强，并集结了比我们强的有生力量。形势极其危急。乌克兰必须认识到顿巴斯战线确实是最重要的乌克兰战线，无论如何要立即完成总司令交给的大力增援顿巴斯—马里乌波尔地段的任务。我从波德沃伊斯基报来的材料中看出，即使不把敖德萨计算在内，乌克兰也有大量军用物资，不要积压这些物资，要立即把顿巴斯工人武装起来，建立新的部队，以便收复塔甘罗格和罗斯托夫。你们是否已动员了乌克兰的所有军官？要坚决迅速地大大增加抗击邓尼金的兵力。请来电详告,并要求你们的密码译员译得正确些,让人一目了然。

列　宁

1919 年 4 月 22 日

载于 1929 年 1 月 20 日《红星报》　　　　　　译自《列宁全集》俄文第 5 版
第 17 号　　　　　　　　　　　　　　　　　　第 50 卷第 286—287 页

670

给叶列茨县执行委员会的电报[505]

1919 年 4 月 23 日

叶列茨

县执行委员会

请立即检查在叶列茨车站没收哥里切夫及其同伴携带的黑麦一事。是否开了收据,没收是否合法。是否应该退还一部分或者全部。请电告。

人民委员会主席　　**列宁**

载于 1933 年《列宁文集》俄文版　　　　　　译自《列宁全集》俄文第 5 版
第 24 卷　　　　　　　　　　　　　　　　　　第 50 卷第 287 页

671

致埃·马·斯克良斯基[506]

（4月24日）

斯克良斯基同志：

此事恰好同昨天决定的事有关。

应**赶快、立即**：

(1)起草中央委员会给各"民族"的关于军事**统一**（合并）的指示**稿**①；

(2)把指示**也**交报界，供撰写一些文章；

(3)关于**普遍军训**（要 100％ 拿过来，而不是 75％[507]）的法令草案，**马上**即今天就要拟好；

(4)计算一下：24 000 名指挥人员。如果以一带十，那就是说，可建立一支 **24 万人**的军队。

请检查并立即定出俄罗斯和乌克兰两地**中央供给管理局**的标准。

载于 1942 年《列宁文集》俄文版
第 34 卷

译自《列宁全集》俄文第 5 版
第 50 卷第 287—288 页

---

① 《中央关于军事统一的指示草案》见本版全集第 36 卷第 367—368 页。——编者注

672

给康·亚·梅霍诺申的电报

1919 年 4 月 24 日

军务电报

优先拍发

密码

阿斯特拉罕

梅霍诺申

非常奇怪,您发来的全是吹嘘未来胜利的电报。请马上讨论一下:

第一,能否早日收复彼得罗夫斯克,以便从格罗兹尼运出石油;

第二,能否占领乌拉尔河口和古里耶夫,以便从那里取得石油,现在非常需要石油。

要尽一切努力火速弄到石油。请来电详告。①

列　宁

载于 1950 年《列宁全集》俄文
第 4 版第 35 卷

译自《列宁全集》俄文第 5 版
第 50 卷第 288 页

---

① 列宁在电报稿上方批示:"梅江采夫同志:请译成密码,斯克良斯基一来,就请他给我打电话。**列宁** 4 月 24 日"。——俄文版编者注

673

致埃·马·斯克良斯基

(4 月 24 日)

今天应由您和我签署拍发一份**严厉的**电报给总司令部和**西线指挥员**,命令他们**务必**尽**最大**努力和以**最快速度**收复维尔纳[508]。

载于 1925 年 9 月 23 日《真理报》
第 217 号

译自《列宁全集》俄文第 5 版
第 50 卷第 289 页

674

给总司令和西方面军
革命军事委员会的电报

(4 月 24 日)

密码

谢尔普霍夫   总司令
西方面军革命委员会

维尔纳失陷以后,协约国更为嚣张。必须以最快速度在最短期间内收复维尔纳,使白卫分子无法调集兵力和设防固守。增援

部队要加速前进，你们行动要更加坚决。野战司令部对该方向上
的战役要尽量加强警惕。

国防委员会主席　列宁①

载于1942年《列宁文集》俄文版　　　　　　译自《列宁全集》俄文第5版
第34卷　　　　　　　　　　　　　　　　　第50卷第289页

675

给格·雅·索柯里尼柯夫的电报

（4月24日）

密码

致索柯里尼柯夫

　　无论如何要迅速、彻底地平定叛乱[509]。中央委员会已派出别
洛博罗多夫。我担心，您不采取严厉措施是会犯错误的，但假如您
完全确信无力进行严酷无情的镇压的话，请即来电详告。可否允
诺大赦并以此为代价来彻底解除对方的武装？请即回答。现在我
们再派两个指挥员训练班去。

列　宁

载于1942年《列宁文集》俄文版　　　　　　译自《列宁全集》俄文第5版
第34卷　　　　　　　　　　　　　　　　　第50卷第289—290页

---

①　签署该电的还有共和国革命军事委员会副主席埃·马·斯克良斯基。——
　　俄文版编者注

676

给克·格·拉柯夫斯基、
弗·亚·安东诺夫–奥弗申柯、
尼·伊·波德沃伊斯基、
列·波·加米涅夫的电报

(4月24日)

基辅

拉柯夫斯基　　安东诺夫

波德沃伊斯基　　加米涅夫

　　坚决全力以赴,尽快帮助我们歼灭哥萨克叛军并收复罗斯托夫,哪怕为此会暂时削弱乌克兰西部的兵力,否则会有灭亡的危险。

列　宁

载于1934年《无产阶级革命》杂志第3期　　　　译自《列宁全集》俄文第5版第50卷第290页

677

给弗·亚·安东诺夫-奥弗申柯的电报

(4月25日)

密码

基辅 安东诺夫
抄送:拉柯夫斯基、波德沃伊斯基、加米涅夫

密码电报以及你们划分南方面军和乌克兰方面军分界线的方案均已收到。为前者我感谢你们,为后者我要责骂你们,骂你们闹独立性。[510]必须坚决立即调派乌克兰军队去攻占塔甘罗格。请来电。

列 宁

载于1942年《列宁文集》俄文版
第34卷

译自《列宁全集》俄文第5版
第50卷第290—291页

678

给克·格·拉柯夫斯基的电报

(4月25日)

密码

基辅 拉柯夫斯基

叶卡捷琳诺斯拉夫的社会革命党人的决议表明,这是一群恶

棍,是富农的维护者。应当发动报刊抨击他们维护富农的行为和抵制集中的口号,要求他们揭露富农和反对农民自由出卖粮食。在政府中,应以极明确的指令约束他们,对他们进行最严格的监视,如果他们在粮食、合作社、财政问题上以及在同俄罗斯密切接近的问题上与政府路线稍有违背,就设法驱逐他们。请更经常地向我报告情况。

列　宁

载于1950年《列宁全集》俄文
第4版第29卷

译自《列宁全集》俄文第5版
第50卷第291页

679

致尼·伊·布哈林[511]

(4月25日)

布哈林同志:请刊登这篇东西,并加以**周密**、冷静的评论;要**详细**论证,社会革命党人在高尔察克和邓尼金面前所表现的**这种**倒向富农的动摇以及脱离俄罗斯的倾向,即**分散**力量的行为,**客观上**是在**帮助**资产阶级和高尔察克。

列　宁

4 月 25 日

载于1945年《列宁文集》俄文版
第35卷

译自《列宁全集》俄文第5版
第50卷第291页

680

致埃·马·斯克良斯基[512]

（4 月 25 日）

　　还需要同捷尔任斯基商量，让他提供一些**最得力的**人员。是否还要派些军事力量去？[513]

　　如果那里情况不佳，尚须施用**计谋**。

载于 1942 年《列宁文集》俄文版　　　　　　　译自《列宁全集》俄文第 5 版
第 34 卷　　　　　　　　　　　　　　　　　　第 50 卷第 292 页

681

致埃·马·斯克良斯基

（4 月 26 日）

　　您应当：（1）**今天**把关于采取紧急措施援助奇斯托波尔的电报发给**东方面军**革命军事委员会**和集团军**①；

　　（2）今天**亲自**通过直达电报同东方面军通话。

　　　　　　　　　　　　　　　　　　　　　　列　宁

载于 1925 年 9 月 23 日《真理报》　　　　　　译自《列宁全集》俄文第 5 版
第 217 号　　　　　　　　　　　　　　　　　　第 50 卷第 292 页

------

　　① 指北方面军第 6 集团军。——编者注

682

给谢·伊·古谢夫的电报

1919 年 4 月 26 日

致古谢夫

应采取紧急措施援助奇斯托波尔。您对此事关心得够吗？一切办法都用了吗？请电告。

列　宁

载于 1942 年《列宁文集》俄文版
第 34 卷

译自《列宁全集》俄文第 5 版
第 50 卷第 292 页

683

给康·亚·梅霍诺申的电报

（4 月 26 日）

密码

阿斯特拉罕

梅霍诺申

从 4 月 23 日通报中可以看到,"阿尔达甘"号和"卡尔斯"号从巴库驶抵古里耶夫，一路上未受攻击。就是说，阿斯特拉罕人一面吹嘘未来必将取得伟大胜利，一面却把敌人放进古里耶夫。此事令人气愤，甚至使人怀疑这不是背叛就是恶意怠工。我们要求您最严格地加以监督，要亲自检查，密切监视，高度警惕。

列　宁

载于1942年《列宁文集》俄文版
第34卷

译自《列宁全集》俄文第5版
第50卷第293页

684

致格·叶·季诺维也夫[514]

（4月26日）

季诺维也夫同志：请您读一读这封信并读给巴达耶夫同志听听。要**严厉警告**他：如果再一次不执行中央的命令，我们就把他**送交法院审判**。这不是开玩笑。

请您要他具结承认此信已向他宣读过。

列　宁

4月26日

附言：附上的材料及此信**请退回**。

译自《列宁全集》俄文第5版
第50卷第293页

685

给列·波·加米涅夫的电报

(4月28日)

叶卡捷琳诺斯拉夫

加米涅夫专列　加米涅夫

关于顿巴斯的指示早已重申过了。请您核实一下运的究竟是什么，运了多少，何时运到了何地，或者滞留在中途什么地方。需要越飞的不是克里木，而是乌克兰政府，他应该担任拉柯夫斯基将为他选择的反对闹独立性的职务。至于去克里木，我们将另找别人，但当然不是德宾科。

列　宁

译自《列宁全集》俄文第5版
第50卷第294页

686

给瓦·谢·米茨凯维奇的介绍信

1919年4月29日

兹推荐共产党员瓦连廷·谢尔盖耶维奇·米茨凯维奇同志，

此人工作十分认真负责。另应指出,一些值得绝对信任的同志看到过他的工作情况,他们认为米茨凯维奇同志具有组织才能。

人民委员会主席

弗·乌里扬诺夫(列宁)

载于 1959 年《列宁文集》俄文版
第 36 卷

译自《列宁全集》俄文第 5 版
第 50 卷第 294 页

687

致格·叶·季诺维也夫[515]

1919 年 4 月 30 日

季诺维也夫同志:

我同叶梅利亚诺夫同志谈了话,特别感到惊异的是,这样一些优秀的、极其可靠的彼得格勒工人却**白白地**把精力花在车马运输之类的技术性事务上。

决不容许! 技术性事务可以雇些人去做,让差劲的人和陌生人(即是否忠诚还不清楚的人)去做。而像叶梅利亚诺夫这样的人,应该派往**农村**,派往**行政**管理机构,派往县执行委员会,那里忠诚可靠的人很少,但又迫切需要。

是否可以由叶梅利亚诺夫同志和他的 5—10 个伙伴在彼得格勒成立一个工人**发起小组**,挑选 300—600 名由党和工会郑重推荐的彼得格勒工人,给全国每一个县执行委员会各派去一两个人。

　　我会完全支持这个计划的。要把所有这样的人(年龄不适于上战场的)从技术性的岗位和**可以由别人代替**的岗位上抽出来,调到农村的**行政机关**中去。没有这样一批绝对可靠并富有经验的彼得格勒工人,我们的农村工作就不会有重大的改进。

　　敬礼!

列　宁

载于1924年《红色史料》杂志
第2期(总第11期)

译自《列宁全集》俄文第5版
第50卷第295页

688

致彼得格勒各级组织

(4月下半月)

　　我收到了瓦采季斯和参谋长写的详细报告。**结论是悲观的。**——必须切实鼓足干劲。应当**不让**当前的热情**冷下去**,至少要保持两个月并**进一步加强它**。否则我们就结束不了战争,而战争却是**无论如何**应该结束的,因为群众疲惫的征兆(10万人开小差)日见增多。

　　下列措施,我已同托洛茨基讨论过:

　　(1)把3 000名左右**不适于**上战场的、没有武装起来的彼得格勒工人派到顿河区去。目的是整顿工作,削弱哥萨克,**从内部分化**他们,**在他们中间定居**,在各村建立小组,等等。

　　(2)采取一切措施,全力以赴,多多配备舰艇去伏尔加河。**修**

理工作尤其重要。

(3)在炮兵方面,也要如此(不是从卡累利阿战线撤下来)。应当**再三地**同军人们核实,能否派炮兵去支援东线。

(4)要收集步枪,**特别是损坏了的**(图拉一天能修理800支,**现在没有活干**)。

(5)继续动员彼得格勒工人去乌克兰、顿河区。

今天我收到季诺维也夫的来电,他说彼得格勒一些大工厂因缺少石油而停产了。我打电话未能找到克拉辛。一找到就通知他。但是我想,石油现在没有,以后也不会有。我建议把这些工人**全部**调到乌克兰、顿河区和东部去三个月。既然能够夺得粮食和煤,在彼得格勒挨饿等死是愚蠢的。

(6)还要继续动员党的工作人员,特别是到临近前线地区去。

应当再三地"掠夺彼得格勒",即抽调其人员,否则无论彼得格勒还是俄国都不能得救。

彼得格勒各管理机构和文教部门可以而且应当减少**十分之九的人员**,为期三个月。

这样,我们既能拯救俄国,也能拯救彼得格勒。

与彼得格勒人水平相当的其他工人我们没有。

敬礼!

列　宁

载于1932年《红色史料》杂志第5—6期合刊(总第50—51期合刊)

译自《列宁全集》俄文第5版第50卷第295—296页

689

致列·波·加米涅夫[516]

(4月)

6月份再作无原则让步也不晚。瞿鲁巴肯定说,中央采购局已采购了几**百万**(非定量供应的),而"自由采购"破坏了此事,提供的**东西少得多**。

让我们检查一下这些数字吧——数字是**庞大的**。

(1)中央采购局在**两**三个月内(实际上)采购(和运入)了多少?

(2)"自由"运入者在 **2 月+3 月**运入了多少?

载于 1933 年《列宁文集》俄文版
第 24 卷

译自《列宁全集》俄文第 5 版
第 50 卷第 297 页

690

致玛·米·科斯捷洛夫斯卡娅[517]

(4月)

怎么写的就怎么理解:中央委员会的决定嘛。**战争时期**。大家都要**去做最困难的工作**。

载于 1959 年《列宁文集》俄文版
第 36 卷

译自《列宁全集》俄文第 5 版
第 50 卷第 297 页

691

同列·波·加米涅夫的来往便条

（4月或5月）

至于您，则要**认真**抓好卫成部队，我们将给您一切指示和代表中央的权利。

我们抓了。过去有11个为卫成部队服务的"文化教育"团体和"政治"团体。我们把它们合并了。成立了一个以米雅斯尼柯夫为首的专门小组。每周作两次报告。我们正在精简苏维埃机构。

好极了。的确，现在一切都在于部队了。

只是**不要松劲**！

译自《列宁文集》俄文版第37卷
第112页

692

☆致乌克兰苏维埃第2集团军司令部及该集团军全体同志

1919年5月2日

谨向乌克兰苏维埃第2集团军的同志们表示最深切的谢意，谢谢你们送来的坦克。[518]

　　这件礼物对我们大家都很珍贵,对俄罗斯的工人和农民都很珍贵,因为它是乌克兰兄弟的英雄业绩的见证;它所以珍贵,还因为它证明了貌似强大的协约国的彻底崩溃。

　　向乌克兰工人和农民以及乌克兰红军致以崇高的敬礼,最热烈地祝愿他们取得胜利!

国防委员会主席
弗·乌里扬诺夫(列宁)

载于 1926 年《军事通报》杂志　　　　　　译自《列宁全集》俄文第 5 版
第 3 期　　　　　　　　　　　　　　　　第 50 卷第 297—298 页

693

致扬·埃·鲁祖塔克[519]

(5 月 2 日)

　　鲁祖塔克:此电是我 5 月 2 日收到的!!!!! 请**严加**申斥,4 月 27 日的电报应当**不晚于** 4 月 28 日送给我。(要把失职人员具结的已向他宣布过申斥和警告的字据给我寄来。)

列　宁

5 月 2 日

载于 1933 年《列宁文集》俄文版　　　　　译自《列宁全集》俄文第 5 版
第 24 卷　　　　　　　　　　　　　　　　第 50 卷第 298 页

1919 年 5 月 2 日列宁《致乌克兰苏维埃第 2 集团军司令部及该集团军全体同志》一信的第 1 页

694

致埃·马·斯克良斯基[520]

（5月2日）

斯克良斯基：此事很重要；应当给他们**留下**第33师的一部分，并且要**立即**设法让瓦采季斯就此事给阿斯特拉罕去一封**内容极明确**的电报。

列　宁

5月2日

载于1942年《列宁文集》俄文版
第34卷

译自《列宁全集》俄文第5版
第50卷第298页

695

给明斯克省军事委员会的电报

1919年5月3日

明斯克

省军事委员会

抄送：布尔什维克省委

第38航空兵支队飞行观察员费多尔·亚历山德罗维奇·阿

尔曼德,我本人了解他。他虽然当过旧军官,不是共产党员,但是值得信任。请红军战士和政治委员同志们不要怀疑他。在向有关部队传达我这份电报后,请电告。

国防委员会主席　　**列宁**

载于 1933 年《列宁文集》俄文版第 24 卷　　　　　　译自《列宁全集》俄文第 5 版第 50 卷第 301 页

696

给 O. B. 布哈诺娃的电报

1919 年 5 月 3 日

收到您的来电后,我向中央执行委员会主席团秘书查询过(这类请求应向中央执行委员会主席团提出),他答复我,判决暂停执行,已上诉。

请写信给我,而不要写给我的妻子。[521]

人民委员会主席

弗·乌里扬诺夫(列宁)

译自《列宁文集》俄文版第 38 卷第 258—259 页

697

给瓦·尼·波德别尔斯基的批示[522]

（5月3日或4日）

致波德别尔斯基

禁止拍发致敬电。

译自《列宁文集》俄文版第24卷
第290页

698

致阿·叶·巴达耶夫[523]

（5月4日）

致巴达伊奇

巴达耶夫同志：不要任性——您不是一位小姐。人家并非问您是否认为"自己的一切行动"都是"**绝对**(!!)正确的"（这样说真可笑!!），而是问您中央的**一切**命令您是否**都**执行了。可是您对此却只字不提！工作吧，**辞呈我们不接受**。今后要执行中央的一切命令,不要不体面地瞎说什么"阴谋"了。

敬礼!

列　宁

5月4日

载于1959年《列宁文集》俄文版
第36卷

译自《列宁全集》俄文第5版
第50卷第301页

699

给格·瓦·契切林的批示[524]

(5月4日)

决定送交中央政治局。

请准备好给南森复信的草稿。(停战我们不能接受。是否要公布布利特的建议?[525]我们要揭露威尔逊并**证明我方拒绝是正确的**。)

列　宁

5月4日

译自《列宁文集》俄文版第37卷
第148页

700

致尼·亚·叶梅利亚诺夫

(5月4日)

尼古拉·亚历山德罗维奇:我昨天派人把娜·康·①给您妻子的礼物(一只箱子)给您送到车站,但司机没有找到您的车厢。晚上您回家之前,请打电话给我并亲自来一趟,把礼物取走。

敬礼!

您的 **列宁**

译自《列宁文集》俄文版第 37 卷第 149 页

701

致 H. K. 叶梅利亚诺娃

(5月4日以后)

致 H. K. 叶梅利亚诺娃同志

若能见到您,我非常高兴。已见过尼·亚·叶梅利亚诺夫。现在我在开会。请来信告知您在莫斯科要待多久;如果已安顿下来的话,请告知安顿在什么地方。我很希望您也能和娜捷施达·

---

① 指娜捷施达·康斯坦丁诺夫娜·克鲁普斯卡娅。——编者注

康斯坦丁诺夫娜见见面。

　　敬礼!

列　宁

译自《列宁文集》俄文版第 37 卷
第 149 页

702

给弗·亚·安东诺夫–奥弗申柯和
尼·伊·波德沃伊斯基的电报

(5 月 5 日)

基辅　安东诺夫、波德沃伊斯基
抄送:拉柯夫斯基

　　党中央委员会宣布给安东诺夫和波德沃伊斯基以严重警告处分,因为他们屡次食言,不顾中央多次坚决要求,根本没有为解放顿巴斯做一点认真的工作。中央委员会要求他们竭尽全力工作,并警告,否则将送交党的法庭审判。

代表中央委员会　列宁①

5 月 5 日 2 时 37 分发出

载于 1959 年《列宁文集》俄文版
第 36 卷

译自《列宁全集》俄文第 5 版
第 50 卷第 302 页

---

　　①　签署该电的还有约·维·斯大林和尼·尼·克列斯廷斯基,由列宁代笔。——俄文版编者注

703

给克·格·拉柯夫斯基、
弗·亚·安东诺夫-奥弗申柯、
尼·伊·波德沃伊斯基的电报

1919年5月5日　　　　　　　　　　　　　　　　**密码**

基辅　拉柯夫斯基、
安东诺夫、波德沃伊斯基

　　至今尚未接到你们任何确切的、实在的答复：有哪些部队已开往顿巴斯，多少步兵、骑兵、加农炮，先头梯队到了哪个车站。卢甘斯克的陷落证明，对你们闹独立性和急于进军罗马尼亚的责备是正确的。你们如果不及时地大力增援顿巴斯，就要对严重后果负责，这一点请你们注意。

列　宁

　　该电报稿请还我，并注明：几时几分用密码发出。

急

列　宁

5月5日

载于1934年《无产阶级革命》杂志
第3期

译自《列宁全集》俄文第5版
第50卷第302—303页

704

致莫斯科苏维埃或
俄共（布）莫斯科委员会

1919年5月5日

莫斯科苏维埃
伊里亚同志
或扎戈尔斯基同志
或莫斯科市委秘书处

　　兹介绍来人菲力浦·伊里奇·博德罗夫同志，他于**1894**年入党；**那时**，娜捷施达·康斯坦丁诺夫娜在彼得堡就认识他。他是一位有经验的党员，想在莫斯科**市**工作；由于一些个人的事情，至今未能更密切地靠近我们。

　　务请立即给他工作。当前**统一卸车机构**①也许比党的工作更需要人。

　　敬礼！

列　宁

---

　　①　指莫斯科苏维埃所属莫斯科铁路枢纽站统一卸车机构。——编者注

请准许来人菲·伊·博德罗夫同志进入莫斯科苏维埃。

列　宁

5月5日

载于1933年《列宁文集》俄文版
第24卷

译自《列宁全集》俄文第5版
第50卷第303页

705

致格·瓦·契切林和
马·马·李维诺夫

（5月6日）

亲爱的同志们：

　　寄上我的意见。如无原则分歧，请你们自行决定。我的建议是：用来**达到宣传的目的**，因为显然**不可能**有**其他**用处。对南森要特别客气，对威尔逊、劳合-乔治和克列孟梭要**特别强硬**，这很有益，对他们**只能**如此——这就是正确的语气。

列　宁

5月6日

　　两封回信稿里都提议会晤并感谢南森，我认为是完全正确的。但是我觉得应当在**宣传**方面作**更多的**发挥；协约国很容易对所有的人隐瞒我们的其他文件[526]，但是**恰恰这封信**是个例外，他们**无法隐瞒**，我们应当利用这种情况。

　　因此，我想建议用来达到宣传的目的并**更加详尽地**阐发把（α）**人道主义**和（β）**政治**这两个方面分开的主张。

　　（α）您说建议具有人道主义的（甚至似乎**纯粹**是人道主义的?）性质吗？为此，对南森**本人**要多多致谢，大加赞扬。如果是人道主义目的，亲爱的先生，那就**请不要把政治牵扯进来**，那就**痛痛快快地运来吧**（要强调这一点）。痛痛快快地运来吧！我们甚至愿意付钱，而且付三倍的价钱，而且高兴**请您来监督**，而且向**您**提供各种保证。要发挥这一点，反复说明，讲清楚。**请指定谈判的地点和时间吧！**

　　但是既然是**停战**，那么这就是**政治**了！南森先生，您是一位有学识的人，您十分明白，**任何**战争和**任何**停战都是**政治**。这就是说，**您把"人道主义"和"政治"结合起来了，您把二者混到一起了！**要像对一个16岁的小姑娘那样对他解释，为什么停战是**政治**。

　　（β）把"人道主义"和"政治"混到一起，这好吗？不，这不好，因为这是伪善（在这方面**您没有过错**，我们并**不责备您**），因为谈论政治应**直截了当**，而不能用"人道主义"打掩护。

　　既然您谈起政治，那就请原谅我们，我们**必须**就问题实质给您答复。

　　（β¹）如果停战是**为了缔结和约**，那您非常清楚，我们是**赞成**的。我们同意了去普林杰沃群岛（**甚至!**），我们向布利特肯定过这一点，可惜他同全部**美国政治**一样，**当了**克列孟梭和劳合-乔治的**俘虏**，因为布利特虽然向我们允诺说，美国将迫使克列孟梭和劳合-乔治服从，但他的诺言**没有兑现**（"刺刺"威尔逊是有好处**的!**）。①

---

　　① 如全体反对，可勾掉（可能指列宁括在方括号内的这段话。——编者注）。我看说威尔逊是克列孟梭和劳合-乔治手中的**小卒**，说他服从这**两个人**，服从这个"多数"，使威尔逊同他们吵翻，**在实践上是极其有益的!!**

破坏普林杰沃群岛会议的**不是我们**,而是**君主派**和**反犹太人的大暴行制造者**、**地主土地**占有制的恢复者——讲清楚、发挥和**证明**这三点:邓尼金和高尔察克(1)是君主派;(2)蹂躏犹太人;(3)在恢复地主土地占有制,要农民缴纳赎金。

我们多次表示同意**为**进行**媾和**和**谈判**而停战,当然不是同一些小卒谈,而是同战争的**真正的**罪魁祸首即英、法、美谈。要详细讲明,是**他们在进行战争**,**他们的军舰**,他们的**加农炮**,他们的弹药,**他们的军官**。要**详细揭露他们在支持**(和唆使)爱沙尼亚人、芬兰人、波兰人的同时所宣称的**极其虚伪的**"放弃干涉"。

(β^2)其次,如果停战**不是为了媾和**,而是为了政治游戏,——**我们不愿意**。不能拿和平开玩笑。**无论谁**都骗不了我们。这点也要加以发挥。

最后要**总结**一下:**如果**是政治,那么为媾和而**停战**,我们提议过,我们同意,我们没有破坏普林杰沃群岛会议,我们随时准备同战争的**真正的**罪魁祸首进行谈判。

如果**不是政治,而是**人道主义,那我们感谢,我们接受,我们邀请,请来吧,监督吧,我们愿意到任何地方去(时间、地点),**并且**愿意按**三倍的价格**用木材、矿石、船舶来**偿付**。

千万不能放过给南森回信的机会来进行一次**成功的**宣传。[527]

译自《列宁全集》俄文第5版
第50卷第304—306页

706

给格·雅·索柯里尼柯夫和
安·卢·柯列加耶夫的电报

1919年5月6日　　　　　　　　　　　　　　　密码

科兹洛夫

南方面军革命军事委员会

索柯里尼柯夫和柯列加耶夫

　　叛乱[528]平定得如此缓慢,简直令人气愤。今天看到仍无进展的消息。必须采取最坚决的措施并根除拖拉作风。是否需要再派些肃反委员会人员？请来电详告。平定叛乱绝对不容拖延。

列　宁

载于1950年《列宁全集》俄文
第4版第35卷

译自《列宁全集》俄文第5版
第50卷第306页

707

给亚·格·别洛博罗多夫的电报

1919年5月6日

科兹洛夫

南方面军革命军事委员会

立即转交第9集团军司令部

国防委员会特派员别洛博罗多夫，

或发往他的所在地

您的第二份电报对委托给您的工作[529]的进展情况仍然只字未提，这使我极为诧异。加快速度是绝对必要的。要赶快进行，并要催促所有人员。请详细答复。

人民委员会主席　列宁

载于1942年《列宁文集》俄文版
第34卷

译自《列宁全集》俄文第5版
第50卷第307页

708

给德·伊·库尔斯基的批示[530]

（5月6日）

库尔斯基：请在派人严格调查后，加以核实并惩办犯罪分子。

处理结果请向我报告。

列　宁

5 月 6 日

译自《列宁文集》俄文版第 38 卷
第 259 页

709

给乌克兰人民委员会的电报

（5 月 6 日）

切尔尼戈夫苏维埃征用了米哈伊尔·德米特里耶维奇·邦契-布鲁耶维奇在切尔尼戈夫市的家中物品。请拉柯夫斯基同志下令加以保护，使之完好无损，特别是藏书和文献。以后情况请告知。

人民委员会主席　**列宁**

译自《列宁文集》俄文版第 24 卷
第 178 页

710

给列·波·加米涅夫的电报[531]

（5 月 7 日）

基辅　人民委员会主席拉柯夫斯基转加米涅夫

您不仅绝对必须亲自（如需要，可带着越飞，由他协助您）检查和加紧向卢甘斯克和整个顿巴斯调派援军,而且要亲自把这项工作抓到底,否则灾难无疑将是巨大的,而且恐怕难以挽回。如果需要,可以带着基辅国防委员会的委托书。**如果不在短期内彻底肃清顿巴斯之敌**,我们无疑会灭亡。在没有拿下罗斯托夫以前,对马赫诺部队可暂时与之周旋,派安东诺夫亲自到那里去,要安东诺夫亲自负责对付马赫诺部队。请详细电复。

列　宁

载于1925年《无产阶级革命》杂志
第6期(总第41期)

译自《列宁全集》俄文第5版
第50卷第307页

711

给瓦·伊·梅日劳克的电报

(5月7日)

哈尔科夫

副陆军人民委员梅日劳克

抄送:阿尔乔姆

从卢托维诺夫那里再一次得到证实:您在闹独立性和玩弄地方共和国的游戏,以波德沃伊斯基的愚蠢禁令为借口,拒绝把哈尔科夫的全部兵力和所有已应征的工人立即派往顿巴斯。我宣布,如果您不停止这种游戏,不立即把哈尔科夫的全部兵力和所有已应征的工人派去援助顿巴斯,那么您将被送交党的法庭审判并将被开除党籍。请立即用密码回电报告执行情况,派多少人,何时派。如有拖延,您将受到追究。

列　宁

1919 年 5 月 7 日

译自《列宁全集》俄文第 5 版
第 50 卷第 308 页

712

给列·波·加米涅夫的指示[532]

(5 月 9 日)

加米涅夫应全力以赴加速往顿涅茨煤田派遣军队,并为此目的动员所有大城市的工人,然后等待托洛茨基。

加米涅夫接到我的这个通知后,请告知。

列　宁

发往叶卡捷琳诺斯拉夫

载于 1925 年《无产阶级革命》杂志
第 6 期(总第 41 期)

译自《列宁全集》俄文第 5 版
第 50 卷第 308 页

713

☆致社会保障人民委员部

1919年5月10日

请大力协助持此信件的芬兰同志托尔尼艾年、哈帕莱年和威尔米安置500名同白军作战时致残的军人。

人民委员会主席
弗·乌里扬诺夫(列宁)

译自《列宁全集》俄文第5版
第50卷第309页

714

致 某 人①

（不早于5月11日）

请立即发电报同卢那察尔斯基(科斯特罗马)[533]联系以最快速度和最大限度地从那里移民到顿河区去的问题。[534]

译自《列宁文集》俄文版第40卷
第62页

---

① 收件人未查明。——俄文版编者注

715

给伊·尼·斯米尔诺夫的电报

1919 年 5 月 12 日

第 5 集团军革命军事委员会

革命军事委员会委员

伊万·尼基季奇·斯米尔诺夫

据说是您报告说高尔察克分子正在瓦解并纷纷向我投诚，您敢保证这些消息没有夸大吗？如果属实，那么，究竟采取了哪些措施，以便：第一，加速进攻和巩固胜利，第二，把那些亲身经受过高尔察克暴行的投诚者分别编入东方面军和南方面军各部队以提高我军士气？

国防委员会主席　**列宁**

载于 1942 年《列宁文集》俄文版
第 34 卷

译自《列宁全集》俄文第 5 版
第 50 卷第 309 页

716

给米·瓦·伏龙芝的电报

（5 月 12 日）

东方面军南方军队集群司令

伏龙芝

您是否了解奥伦堡的严重情况？[535]今天铁路员工在直达电报中

告诉我,奥伦堡人迫切请求派两个步兵团和两个骑兵团去,或者哪怕先派 1 000 名步兵和几个骑兵连去也好。请立即把您已采取的措施和您的计划告诉我。当然,请不要认为我的电报是在破坏军令。

列　宁

1919 年 5 月 12 日

载于 1934 年《无产阶级革命》杂志
第 3 期

译自《列宁全集》俄文第 5 版
第 50 卷第 310 页

717

关于运送儿童去夏令营的电报

1919 年 5 月 12 日

目前已开始将北方各省的儿童送往南方,安置他们在儿童营地度夏。运送儿童的全部组织工作由中央战俘和难民事务委员会负责。要按卫生总管理局的指示,尽可能用卫生列车运送。由于可提供的卫生列车数量有限,必须采取措施最合理地加以使用。为此,务请采取措施,保证卫生列车卸载后立即返回指定地点,以便下一班次的运行,空车运行不得延误。卫生列车行驶路线只有经疏散总局批准后方可改变。

人民委员会主席　　**列宁**

译自《列宁文集》俄文版第 34 卷
第 132—133 页

718
给库恩·贝拉的电报

（5月13日）

布达佩斯　库恩·贝拉

［5月］13日才收到您4月22日的信。我相信，尽管匈牙利无产者遭到巨大的困难，他们一定能保住和巩固政权。向日益壮大的匈牙利工农红军致敬。协约国的凶残的和约将促进各地对苏维埃政权的同情。昨天乌克兰军队战胜了罗马尼亚人，越过了德涅斯特河。向您和全体匈牙利同志致最崇高的敬礼！

列　宁

用匈牙利文载于1919年5月16日《红色新闻》（布达佩斯）第83号（非全文）

全文载于1954年在布达佩斯出版的《列宁论匈牙利（著作选录）》

译自《列宁全集》俄文第5版第50卷第310页

719

给米·伊·加里宁的电报

（5月13日）

辛比尔斯克

全俄中央执行委员会主席加里宁，
或发往他的所在地

阿佳舍沃车站的粮食工作人员们抱怨说，由于您的命令，投机商贩的马铃薯得以发运，价格抬高，采购工作陷于停顿。我们认为，绝对不应就粮食问题发布一些与法令相抵触、破坏统一的粮食政策的技术性的具体指示和命令。总之，请不要破坏政府部门之间和党组织之间的相互关系，请把主要注意力放在农民身上。

代表中央政治局　列宁

译自《列宁全集》俄文第5版
第50卷第311页

720

给 И. В. 利托林的电报

1919 年 5 月 13 日

诺夫哥罗德

省粮食委员利托林

抄送：省执行委员会和省肃反委员会

　　为什么没有遵照瞿鲁巴 4 月 26 日的命令，立即陈述征用手工业生产合作总社房舍和家什的理由？我要求三个受电单位都立即陈述理由并电复。

人民委员会主席　**列宁**

载于 1933 年《列宁文集》俄文版　　　　　译自《列宁全集》俄文第 5 版
第 24 卷　　　　　　　　　　　　　　　　第 50 卷第 311 页

721

在彼·伊·沃耶沃金的信上的批示[536]

（不早于 5 月 13 日）

　　送中央政治局。

　　全休两个月，发给工资和补助金。

载于 1976 年《列宁年谱》俄文版　　　　译自《列宁文集》俄文版第 40 卷
第 7 卷第 192 页　　　　　　　　　　　第 64 页

722

给格·雅·索柯里尼柯夫的电报

(5 月 14 日)

密码

博古恰尔

索柯里尼柯夫

　　我们收到了别洛博罗多夫以下两份电报,第一份:"顿涅茨战线已被突破……";第二份:"必须从红军队伍中驱逐……"。另外,还有一份关于我们部队出现士气涣散的现象和当地司令部极不得力的报告。显然,对叛乱的镇压旷日持久,而叛乱分子同邓尼金分子会合的危险性正在增长。您是否在密切注视作战情况?是否需要从南方面军预备队中增调部队去?为此目的,您从 4、5 月份斯米尔加派往南方的 214 名共产党员中使用了多少人?为了真正平定叛乱采取了哪些新的措施?叛乱何时可望镇压下去?叛乱地区以南的农民的动员工作是否正在进行?总参谋部工作人员……①的事件必须调查清楚。盼复。

列　宁②

载于 1942 年《列宁文集》俄文版
第 34 卷　　　　　　　　　　译自《列宁全集》俄文第 5 版
　　　　　　　　　　　　　　　第 50 卷第 312 页

---

　　①　姓名无法辨认。——俄文版编者注
　　②　签署该电的还有埃·马·斯克良斯基。——编者注

723

给列·达·托洛茨基的电报

(5月14日)

致革命军事委员会主席**托洛茨基**

我现已查明:斯米尔加4月份派给东方170名共产党员,南方41名;5月份12天内给了东方105名,南方173名。您的来电极不全面。为了更有力地镇压叛乱[537],究竟采取了什么措施,何时可望平定? 索柯里尼柯夫在做什么? **是否正在动员叛乱地区以南的农民**? 军校学员有无伤亡? 你们的那1000人派到哪里去了?

列 宁

1919年5月14日

译自《列宁文集》俄文版第38卷第260页

724

给列·达·托洛茨基的直达电报

1919年5月15日

致托洛茨基

平息叛乱的有力措施,特别是指派第33师去执行此项任务,使我甚为高兴。我认为,应当调动所有力量,利用镇压格里戈里耶夫的高潮对顿巴斯展开最大最迅速的攻势。不拿下罗斯托夫,我们不久将承受不了其他重负。

列 宁

载于1942年《列宁文集》俄文版
第34卷

译自《列宁全集》俄文第5版
第50卷第312—313页

725

给阿·瓦·卢那察尔斯基的电报

1919年5月15日

科斯特罗马

省执行委员会转卢那察尔斯基

关于援助的措施,我已问过粮食人民委员部。我担心,乌克兰的叛乱会妨碍我们给予援助,因为这一叛乱在使形势恶化。请采取更有力的措施推动一下向顿河区大量移民的工作。[538]望与谢列达联系。

列 宁

载于1933年《列宁文集》俄文版
第24卷

译自《列宁全集》俄文第5版
第50卷第313页

726

致全俄中央执行委员会主席团

1919 年 5 月 15 日

　　致谢列布里亚科夫同志、斯大林同志和

　　中央执行委员会主席团其他成员

　　瞿鲁巴收入为 2 000 卢布,家有 7 口人,午餐(尚有晚餐)每人每日 12 卢布,每日 84 卢布×30＝2 520 卢布。

　　吃不饱! 他们吃 **4 份午饭**,这不够。子女都是半大孩子,需要比成年人**多吃些**。

　　请把他的薪金增加到 4 000 卢布,另外再发给其家属 5 000 卢布的一次补助金,因为他们从乌法来**未带衣服**。

　　请答复。

列　宁

载于 1945 年《列宁文集》俄文版　　　　译自《列宁全集》俄文第 5 版
第 35 卷　　　　　　　　　　　　　　　第 50 卷第 313 页

727

对阿·伊·李可夫的电报的补充[539]

1919 年 5 月 15 日

　　我同意李可夫的这一答复;您弄错了,把李可夫的质询当成是克拉辛的了,如果您不及时上告,那您就不可避免地会首先受到指控。

列 宁

译自《列宁文集》俄文版第38卷
第261页

728

给安·卢·柯列加耶夫的电报

1919年5月17日

科兹洛夫

南方面军革命军事委员会

柯列加耶夫

抄送:索柯里尼柯夫

别洛博罗多夫早就到达指定地点,并多次从莫罗佐夫斯卡亚给我来过电报。南方面军按兵不动和消息闭塞,使我感到诧异。我不明白,您为什么不招募更多的工人和移民到顿河区去。招募移民和镇压叛乱的工作进展情况,请每周报告两次。

人民委员会主席　**列宁**

载于1942年《列宁文集》俄文版
第34卷

译自《列宁全集》俄文第5版
第50卷第314页

729

给格·雅·索柯里尼柯夫的电报

（5月19日）

急

密码

博古恰尔

南方面军革命军事委员会委员

索柯里尼柯夫

敌人进攻彼得格勒使形势极为危急，坚决立即平定叛乱的必要性极为突出。请来电告知情况如何——调去的师是否终于行动起来了，给你们派去的沃罗涅日和坦波夫的共产党员到达了没有，是否还需要部队增援，需要什么部队——请来电详细些，经常些。拖延是非常危险的。

人民委员会主席　列宁

载于1934年《无产阶级革命》杂志
第3期

译自《列宁全集》俄文第5版
第50卷第314页

730

对给尼·巴·布留哈诺夫的
委托书的补充[540]

（5月19日）

布留哈诺夫同志的特别重要和紧急的任务应当是保证顿巴斯（首先是卢甘斯克及其郊区）的工人的粮食供应。

载于1933年《列宁文集》俄文版
第24卷

译自《列宁全集》俄文第5版
第50卷第315页

731

给格·雅·索柯里尼柯夫的电报

（5月20日）

密码

博古恰尔

南方面军革命军事委员会委员

索柯里尼柯夫

抄送:别洛博罗多夫

远征军司令赫韦辛

科兹洛夫　南方面军革命军事委员会

但愿您同别洛博罗多夫已经谈妥。我看他应当留下,以便千方百计帮助早日平息叛乱。您对前去支援您的那个师**541**只字不提，使我感到诧异。您的一切请求均将满足。请更经常地报告情况。

列　宁

载于1942年《列宁文集》俄文版
第34卷

译自《列宁全集》俄文第5版
第50卷第315页

732

致格·雅·索柯里尼柯夫

1919年5月20日

致索柯里尼柯夫同志

借此机会想较详细地谈谈关于叛乱的问题。您17日的来电（第189号）使我心情很沉重，您只谈"远征军"的"士气涣散"，关于派去镇压叛乱的师（好像是第34师）**只字未提**！只字未提！

在敌人对彼得格勒发动进攻之后，坚决立即最无情地镇压叛乱，这对我们来说是绝对必要的。对此务请不要忽视，每周用密码向我报告两次——我将坚决要求向您派送您所要求的一切，正如今天在我坚持下已再次电令（**这已是第三次了**）从沃罗涅日省和坦波夫省给您派去共产党员一样。

要坚决赶快平定叛乱！

您的　列宁

我们还将尽量从非农业地区往顿河区移民,以便占据村庄,相应地建立巩固的后方,等等。

我们还将派军校学员去,昨天已同斯克良斯基商定。

载于1934年《无产阶级革命》杂志
第3期

译自《列宁全集》俄文第5版
第50卷第315—316页

733

给列·达·托洛茨基的电报

致托洛茨基

5月20日

由于收到东方面军三位指挥员的密码电报,我建议任命加米涅夫为方面军司令,撤换科斯佳耶夫,派拉舍维奇代替阿拉洛夫。[542]关于召开全会一事,请答复。我担心斯大林和季诺维也夫25日不能赶到,再说让您离开也是有害的。因此我建议全会延期举行,通过电报商定。

列 宁

译自《列宁全集》俄文第5版
第50卷第316—317页

734

给约·维·斯大林的电报[543]

1919 年 5 月 20 日

彼得格勒

斯莫尔尼　斯大林

　　两份电报均已收到。关于毫不放松地监督执行情况一事,已同斯克良斯基详细商定。我希望这次普遍动员彼得格勒人,是要他们去进攻,而不是要他们待在兵营里。

列　宁

载于 1938 年《布尔什维克》杂志
第 2 期

译自《列宁全集》俄文第 5 版
第 50 卷第 317 页

735

给瓦·伊·梅日劳克的电报

1919 年 5 月 20 日

哈尔科夫

副陆军人民委员梅日劳克

　　请每周两次用密码电告,为解放顿巴斯您在做些什么。我担心您已松劲了,而为了迅速、坚决地取得最后胜利,调动哈尔科夫的全部力量是绝对必要的。

人民委员会主席　列宁

载于1929年1月20日《红星报》第17号

译自《列宁全集》俄文第5版第50卷第317页

736

给戈梅利省执行委员会主席的电报

(5月20日)

戈梅利

省执行委员会主席

　　既然拉布金的自行车是在叛乱期间拿去使用的,那么后来为什么不归还? 我警告,对不求实效、不改正错误的敷衍塞责的答复,我将追究责任。[①]

人民委员会主席　列宁

载于1942年《列宁文集》俄文版第34卷

译自《列宁全集》俄文第5版第50卷第318页

---

　　① 见本卷第667号文献。——编者注

737

给诺夫哥罗德省执行委员会的电报

（5月20日）

诺夫哥罗德

省执行委员会

抄送：肃反委员会

省粮食委员

布拉托夫看来是因为向我告状而被捕的。我警告，为这种事，我将把省执行委员会和肃反委员会的主席以及执行委员会的委员都抓起来并要求枪毙他们。为什么不立即答复我的质问?[544]

人民委员会主席　　**列宁**

载于1933年《列宁文集》俄文版
第24卷

译自《列宁全集》俄文第5版
第50卷第318页

738

致瓦·亚·阿瓦涅索夫[545]

（5 月 20 日）

转国家监察部阿瓦涅索夫，把这样答复的官僚**抓起来**。

列　宁

5 月 20 日

载于 1956 年《历史文献》杂志
第 2 期

译自《列宁全集》俄文第 5 版
第 50 卷第 319 页

739

给沃罗涅日省党委和
坦波夫省党委的电报

（5 月 20 日）

坦波夫　　　　　　　　　　　　急

请立即报告，你们给南方战线派了多少共产党员。任何延误都将视为对共和国的犯罪。请立即答复。[546]

国防委员会主席　**列宁**①

译自《列宁文集》俄文版第 38 卷
第 262 页

---

①　签署该电的还有共和国革命军事委员会政治部主任伊·捷·斯米尔加。——俄文版编者注

740

给埃·马·斯克良斯基的指示[547]

(5月20日)

斯克良斯基:请赶快查问中央供给管理局(也在萨拉托夫)。今天这里应当就此事通过一项决议。

译自《列宁文集》俄文版第38卷
第263页

741

在科斯特罗马省科洛格里夫县哈尔布日乡农民代表苏维埃执行委员会的信上的批示

(5月20日)

谢列达:请用电报答复。

列 宁

5月20日

1919年5月15日

致人民委员会

为了缓和共和国北方各省公民的粮食紧张状况,人民委员会于今年4月24日通过法令责成农业人民委员部组织移民工作,但是地方上还没有得到一点关于移民的消息。我们科洛格里夫县哈尔布日乡是北方科斯特罗马省的一部分，现在饥荒非常严重，春播作物种子实在缺乏。全乡居民中有种可播的只有三分之一，其余三分之二必将饿死。加上春寒，霜冻，可能又是一个歉收年，由于饥饿，人们也许会成百上千地死去。

执行委员会为了解救饥饿群众免于死亡，请求人民委员会在尽可能短的时间内将此项法令传达到哈尔布日乡，因为愿意迁往别处的人很多。

主席　**克拉斯诺夫**

秘书　**列 别 捷 夫**

译自《列宁文集》俄文版第 40 卷
第 62—63 页

742

给安·卢·柯列加耶夫的电报

1919 年 5 月 21 日

密码

科兹洛夫

南方面军革命军事委员会　柯列加耶夫

抄送：博古恰尔　革命军事委员会委员索柯里尼柯夫

远征军司令部赫韦辛和别洛博罗多夫

从别洛博罗多夫 20 日来电中知道了一些怪事，给各部队的命令要经过数日才能到达，而装甲车又没有燃料。我在这里督促一下，你们那里也督促一下。坦波夫军事委员会来电说，已经给你们派了 669 名共产党员去博古恰尔和乌斯季梅德韦杰茨站。奇怪的是你们有了这些共产党员,加上 2 000 名军校学员,再加上一个师,还迟迟不采取坚决行动去镇压叛乱,而叛乱是必须立即平定的。请来电详告。

人民委员会主席　**列宁**

载于 1934 年《无产阶级革命》杂志第 3 期

译自《列宁全集》俄文第 5 版第 50 卷第 319 页

743

给列·达·托洛茨基的直达电报

（5 月 21 日）

秘密

致托洛茨基

发往基辅或他的所在地

据来自乌克兰的报告说,那里许多不像话的事都是波德沃伊斯基的所作所为引起的。卢泽尔、洛莫夫等人断言,不像话的事十分之九是由于他发号施令,到处插手,纵容掠夺行为、非法没收财物和违法乱纪等造成的。如果上述报告多少有点属实的话(对此我几乎确信不疑),那么,您就要最坚决地把波德沃伊斯基和他的助手立即撤职。

国防委员会主席　**列宁**

发往哈尔科夫

译自《列宁全集》俄文第 5 版第 50 卷第 320 页

744

给列·达·托洛茨基的电报

1

(5 月 22 日)

致托洛茨基

从梅霍诺申的报告[548]里无疑可以得出一个结论:立即平息叛乱是绝对必要的,否则我们甚至守不住阿斯特拉罕。因此我再次要求您一定再去博古恰尔一趟,把事情进行到底,因为索柯里尼柯夫那里工作显然不顺利。

列　宁

载于 1942 年《列宁文集》俄文版　　　译自《列宁全集》俄文第 5 版
第 34 卷　　　　　　　　　　　　第 50 卷第 320 页

2

1919 年 5 月 22 日　　　　　　　　　　　　　　密码

致托洛茨基

顷悉里加附近我方战线被突破。里加看来已失守。[549]非常可能是拉脱维亚资产阶级军官叛变。也有可能是为在整个西方战线发起全面的决定性进攻作准备。这一切都使我们必须以十倍的努力进攻顿巴斯,而且要坚决立即平息顿河区的叛乱。除了昨天已派去 1 000 名军校学员外,我和斯克良斯基再派去 1 000 名军校学员。建议您全力以赴平息叛乱。

列 宁

载于 1942 年《列宁文集》俄文版
第 34 卷

译自《列宁全集》俄文第 5 版
第 50 卷第 321 页

745

给米·瓦·伏龙芝的电报

(5 月 22 日)

致伏龙芝

我 5 月 12 日关于奥伦堡情况的电报①,至今未收到答复。您的沉默是什么意思?而奥伦堡方面仍在不断抱怨和求援。请今后给我回电要及时些。盼复。**550**

列 宁

载于 1940 年《军事历史杂志》
第 10 期

译自《列宁全集》俄文第 5 版
第 50 卷第 321 页

---

① 见本卷第 716 号文献。——编者注

746

给克·格·拉柯夫斯基的电报

（5月22日）

密码

基辅　拉柯夫斯基

俄共中央委员会建议乌克兰共产党中央委员会，在未征得俄共中央委员会同意之前不要把诸如发行新币或兑换卢布这样重大的财政决定交给乌克兰人民委员会讨论，因为此类措施只能在全俄范围内采取。

您是否认为这一指示可行，请详细答复。

列　宁[①]

载于1942年《列宁文集》俄文版
第34卷

译自《列宁全集》俄文第5版
第50卷第322页

---

① 签署该电的还有尼·尼·克列斯廷斯基和米·伊·加里宁。——编者注

747

在谢·帕·谢列达给南方面军
革命军事委员会民事局的电报上的附言

(5月23日)

1

我坚决要求在移民到达后竭尽全力迅速予以安置。

人民委员会主席　列宁

科兹洛夫
革命军事委员会民事局
移民办事处　切尔诺古博夫
抄送:沃罗涅日省战俘和难民事务委员会
彼得格勒八人小组　波波夫

对第552号电报作如下补充:我坚决请求你们做好接待2万移民的准备工作,预计最近每周将有2 000名左右到达科兹洛夫。要根据移民迁徙的路线,安排好疏散点,战俘和难民事务委员会各机关对此务必广泛协助;要同彼得格勒八人小组以及其他安排此项工作的工人们取得联系。不要松劲,无论须付出何种代价都不要停顿。请报告你们所遇到的、妨碍你们完成任务的一切困难,以便采取紧急措施加以消除。请转告护送一号列车的费久申,请他留下归你们使用,即使暂时参加ЦКЧ的工作也行。

农业人民委员　谢列达

2

我坚决要求全体农业工作者和移民工作者以最大干劲迅速安置到达的移民。违者将严加追究。

人民委员会主席　列宁

科兹洛夫
革命军事委员会民事局①
抄送：沃罗诺夫

根据人民委员会主席列宁的指令，请火速、认真地做好顿河区最近接待 2 万移民的准备工作。请尽可能亲自巡视一下未来的各移民区，确定安置地点。要达成协议，广泛吸收彼得格勒八人小组以及乘一号列车到达的其他工人查明可供移民耕种的空地。请寄一份你们认为可安置移民的乡镇清单来，指明可安置的人数。请具体报告你们安置移民的其他计划，要有数字说明。首先，请把移民送往该州的北部。现在一切财力、一切精力都只应用于移民工作和该州的经济安排。要清除不必要的、死气沉沉的文牍主义。组织各部门的管理工作目前应放到第二位。

农业人民委员　谢列达

译自《列宁文集》俄文版第 40 卷
第 63—64 页

---

① 电报中下面一个词无法辨认。——俄文版编者注

748

给坦波夫省军事委员会和
沃罗涅日省军事委员会的电报

1

1919年5月24日　　　　　　　　　　　　急,立即拍发

坦波夫
省军事委员会
抄送:省执行委员会

你们向我报告,说给索柯里尼柯夫已派去669名共产党员,并于22日又派去200名。但是只到达了300名,请核实一下并立即答复。要最坚决地加紧派遣工作。

人民委员会主席　**列宁**

载于1942年《列宁文集》俄文版第34卷　　　　　　译自《列宁全集》俄文第5版第50卷第322页

2

1919年5月24日　　　　　　　　　　急,立即拍发

沃罗涅日
省军事委员会
抄送:省执行委员会

请告知给索柯里尼柯夫派去了多少名共产党员。望立即答复。要最坚决地加紧派遣工作。⁵⁵¹

人民委员会主席　**列宁**

译自《列宁全集》俄文第5版
第50卷第323页

749

给敖德萨执行委员会的电报

1919年5月24日

敖德萨　执行委员会
抄送:基辅　人民委员会　拉柯夫斯基

准许外国人任意出境是犯罪行为。把俄国人冒充外国人放走是反革命行为,等于背叛。外国人在没有抵偿的情况下一般不应

放走，此事只能由中央政府处理。协约国各国的公民除由中央政府进行交换外不应放走。在俄国士兵（其中有很多乌克兰人）从法国返回之前，一个法国人也不应放走。对破坏此项规定者将严加追究。要注意，芬兰政府显然受协约国的唆使，阻挠俄国士兵返回俄国，因此不准把任何一个资产者、任何一个人从敖德萨和从乌克兰放走。中国工人、波斯人，根据中央命令例外。

人民委员会主席　列宁

译自《列宁全集》俄文第5版
第50卷第323页

750

给克·格·拉柯夫斯基的电报

（5月24日）

致拉柯夫斯基

祝贺攻克亚历山德里亚和兹纳缅卡。[552]务请将腾出的兵力派往顿巴斯。

列　宁

载于1942年《列宁文集》俄文版
第34卷

译自《列宁全集》俄文第5版
第50卷第324页

751

给克·格·拉柯夫斯基和
瓦·伊·梅日劳克的电报

1919 年 5 月 26 日   **密码**

基辅

人民委员会 拉柯夫斯基

哈尔科夫   副陆军人民委员梅日劳克

再次要求你们每周两次向我电告援助顿巴斯的实际情况。务必满足这个要求。不要错过战胜格里戈里耶夫的时机，不要调走与格里戈里耶夫作战的部队的任何一个士兵。要命令居民把武器全部交出来，并切实贯彻这一命令，凡私藏枪支者一律就地枪决，决不留情。当前问题的关键全在于：在顿巴斯迅速取得胜利，收集农村的一切枪支，建立可靠的军队。要集中一切力量来完成这一任务，不要松劲，要把工人全部动员起来。请将此电向所有负责的布尔什维克宣读。

列 宁

载于 1933 年《列宁文集》俄文版
第 24 卷   译自《列宁全集》俄文第 5 版
                                             第 50 卷第 324 页

752

给约·维·斯大林的电报

(5月27日)

密码

彼得格勒　斯莫尔尼
季诺维也夫转斯大林

　　白卫分子向彼得格勒进攻的种种情况使人不能不推测,在我们后方,也可能就在前线,存在着有组织的叛变活动。只有这样,才能解释为什么敌人敢以较少的兵力发动进攻并急速向前推进,为什么通往彼得格勒的干线的桥梁屡次被炸。好像敌人完全看准我们拿不出组织得稍好的兵力来抵抗,此外,他们还指望后方的策应(新索科利尼基炮兵仓库失火,多处桥梁被炸,今天又获悉奥列杰日发生暴动)。请密切注意这些情况,采取紧急措施揭露阴谋。

列　宁

载于1950年《列宁全集》俄文
第4版第29卷

译自《列宁全集》俄文第5版
第50卷第325页

753

给克·格·拉柯夫斯基的电报

基辅

人民委员会 拉柯夫斯基

1919 年 5 月 28 日

您在第 1815 号电报中再次抱怨钱不够用。克列斯廷斯基坚持说已汇去很多了。他同利特温年科取得了完全一致的意见。必须彻底消除误会。请立即查明:您已收到多少,尚有多少在途中。请由您和利特温年科共同签署密码电报,迅速、确切地答复,您究竟需要多少。我们不吝啬,可是您得保障按制度分配。

列　宁

载于 1933 年《列宁文集》俄文版
第 24 卷

译自《列宁全集》俄文第 5 版
第 50 卷第 325—326 页

754

给克·格·拉柯夫斯基的电报

（5月28日）

密码

基辅　拉柯夫斯基

中央委员会指令

集中全部兵力于顿巴斯；把你们西方战线的所有积极行动缩减到最低限度，从西方战线抽调出一切可能抽调的兵力；派皮达可夫、布勃诺夫到哈尔科夫、叶卡捷琳诺斯拉夫去，由他们亲自负责最普遍地、最坚决地动员工人去南方战线。[553]

列　宁[①]

载于1942年《列宁文集》俄文版第34卷

译自《列宁全集》俄文第5版第50卷第326页

---

① 签署该电的还有尼·尼·克列斯廷斯基和列·波·加米涅夫。——俄文版编者注

755

给弗·亚·安东诺夫–奥弗申柯和
尼·伊·波德沃伊斯基的电报

（5月29日）

密码

基辅　安东诺夫、波德沃伊斯基
抄送：拉柯夫斯基

由于顿巴斯得不到援助，巴赫姆特和斯拉维扬斯克受到了威胁。我再次命令你们一分钟也不许耽搁，立即行动，凡要求你们提供的必须送到指定地点。如有延误，定惩不贷。

国防委员会主席　**列宁**

载于1929年1月20日《红星报》
第17号

译自《列宁全集》俄文第5版
第50卷第326—327页

756

给阿·阿·越飞的直达电报

1919年5月29日   密码

基辅

乌克兰人民委员会

拉柯夫斯基转越飞

请把此电向拉柯夫斯基、梅日劳克、伏罗希洛夫、皮达可夫、布勃诺夫、克维林以及其他主要负责干部宣读。

我认为你们说服托洛茨基把波德沃伊斯基留下来,是犯了罪。

任何诺言都未履行;没有给顿巴斯派去增援部队;动员工人的工作差劲得丢人。你们要对不可避免的灾难负责。应当抽调出全体负责干部,派他们到哈尔科夫和叶卡捷琳诺斯拉夫去普遍动员工人;其次,给每支部队派一名负责干部去督促该部向顿巴斯挺进;再次就是要动用一切力量把军装从仓库里清理出来。如果不能在顿巴斯迅速取得胜利,那么整个革命的灭亡就是绝对不可避免的,因此在乌克兰必须打破常规,按革命的方式进行工作,动员一切力量,亲自注视每支部队、每个工作步骤,除了顿巴斯以外,一切一切都暂缓进行,每三个士兵发给一支步枪。没有得到你们任何一个具有实际内容的报告。

列 宁

载于1956年在莫斯科出版的
《列宁军事书信集》

译自《列宁全集》俄文第5版
第50卷第327—328页

757

给谢·伊·古谢夫、米·米·拉舍维奇、
康·康·尤列涅夫的电报

1919年5月29日　　　　　　　　　　　　　　**密码**

辛比尔斯克
东方面军革命军事委员会
古谢夫、拉舍维奇、尤列涅夫

　　由于你们坚决要求,已让加米涅夫复职。[①] 如果我们在冬季以前不能收复乌拉尔,那我认为革命的灭亡就不可避免了。要全力以赴。每当加米涅夫与司令部发生摩擦,就请及时用密码电报向我报告。要更密切地注意增援部队;要把前线附近的居民全部动员起来;要注意政治工作。每周用密码电报向我汇报一次。请把此电向穆拉洛夫、斯米尔诺夫、罗森霍尔茨以及所有负责的共产党员和彼得格勒工人宣读。收到此电后请告知。要特别注意动员奥伦堡的哥萨克。你们要保证部队不瓦解,士气不低落。不要只顾作战。

　　　　　　　　　　　　　　　　　　　　列　宁

载于1950年《列宁全集》俄文　　　　译自《列宁全集》俄文第5版
第4版第35卷　　　　　　　　　　　第50卷第328页

---

　　① 见本卷第733号文献。——编者注

758

给多·伊·叶弗列莫夫的电报

1919年5月30日

第10集团军革命军事委员会
叶弗列莫夫

　　请马上挑选一批在保卫察里津时期曾参加执行斯大林所制定的措施的最负责最果断的察里津工作人员,并责成他们同样果断地开始执行这一切措施。[554]请来电告知负责人名单。[①]

国防委员会主席　列宁

载于1934年《无产阶级革命》杂志　　　　译自《列宁全集》俄文第5版
第3期　　　　　　　　　　　　　　　　第50卷第329页

759

给列·达·托洛茨基的电报

(5月30日)

致托洛茨基

　　有情报说(虽然尚未完全核实),米列罗沃方向的突破口已扩

---

　　①　见本卷第785号文献。——编者注

大,足以酿成几乎完全无法挽救的灾难,您在这样的时刻竟然沉默,使我感到极为惊讶。[555] 为阻止敌人同叛乱分子会合究竟采取了哪些措施?

列　宁

载于1938年《布尔什维克》杂志
第2期

译自《列宁全集》俄文第5版
第50卷第329页

760

给瓦·伊·梅日劳克和
克·叶·伏罗希洛夫的电报

(5月30日)

哈尔科夫

梅日劳克同志和伏罗希洛夫同志

斯克良斯基即将电告托洛茨基,在与托洛茨基联系之前不可能给予答复。

我只肯定一点:必须给南方面军补充兵员,既不要等待军装,也不要等待武器,因为这一切由我们的南方面军去考虑。我曾多次指出过此项工作的极端迫切性,但是迄今未收到你们给南方面军实际提供的补充兵员数的准确报告。

列　宁

载于1956年在莫斯科出版的
《列宁军事书信集》

译自《列宁全集》俄文第5版
第50卷第330页

761

☆致中央组织局[556]

(5月30日)

我主张把参加宗教仪式的人开除出党。

列　宁

5 月 30 日

载于1933年《列宁文集》俄文版
第24卷

译自《列宁全集》俄文第5版
第50卷第330页

762

给阿·伊·李可夫的直达电报

(5月30日)

拉斯科尔尼科夫和一个专门小组日内即将去阿斯特拉罕对可耻的胆小怕事、或者说罪恶的按兵不动作调查。务必采取一切措施坚守阿斯特拉罕。此事由梅霍诺申、萨克斯同志亲自负责,他们俩在拉斯科尔尼科夫到达以前不能离开。此电请交萨克斯和梅霍诺申一阅,并请向我报告您对第11集团军革命军事委员会和里海区舰队革命军事委员会其他委员的看法。[557]

列　宁

译自《列宁文集》俄文版第38卷
第263—264页

763

☆致全俄总参谋部

1919 年 5 月 31 日

拉泰尔同志：

　　来人是叶夫根尼娅·波格丹诺夫娜·**博什**同志，立陶宛—白俄罗斯共和国国防委员会委员。

　　为了在明斯克组织工人营，需要步枪和其他武器，另外还需要军事指导员。

　　据说由于拖拉等原因，工作停滞不前。

　　请您准确些、迅速些弄清楚，可以而且应该给些什么，并用电话告知斯克良斯基和我。

国防委员会主席

弗·乌里扬诺夫（列宁）

载于 1942 年《列宁文集》俄文版
第 34 卷

译自《列宁全集》俄文第 5 版
第 50 卷第 330—331 页

764

给约·维·斯大林的电报

（5月底）

彼得格勒　斯莫尔尼
季诺维也夫转斯大林

关于彼得格勒，有以下传说：(1)当地军队比外地调来的军队涣散得更厉害，外地调来的军队在彼得格勒军队的影响下也正在涣散；(2)我方几乎完全不在进攻，原因是部队的素质差，虽然数量绰绰有余；(3)军事当局决定在5天或10天内使彼得格勒疏散完毕，这些惊慌失措的决定更加剧了部队的涣散，把人们的注意力引向疏散而不是进攻；(4)第7集团军司令不在他的司令部里，而在季诺维也夫身边，成了季诺维也夫的副官，脱离了自己的司令部，这种做法给事业带来了损害，加剧了混乱和惊慌情绪。

请告诉我，这些传说中哪些属实，总的情况怎样。请每天都用密码给我来电。我想，您是有一名译解密码的秘书的。

列　宁

译自《列宁全集》俄文第5版
第50卷第331页

765

同埃·马·斯克良斯基的来往便条

（5月或6月）

致埃·马·斯克良斯基

究竟为什么我们未向雷击舰射击？[558]

埃·马·斯克良斯基的答复

不在我们的射程之内。

致埃·马·斯克良斯基

应当用电话通知瓦采季斯（他今天要同季诺维也夫通电话）并命令**加倍警戒**。

译自《列宁全集》俄文第5版
第50卷第332页

766

给瓦·伊·梅日劳克、克·叶·伏罗希洛夫、格·纳·梅利尼昌斯基、费·安·阿尔乔姆、格·瑙·卡敏斯基的电报

(6月1日)　　　　　　　　　　密码

哈尔科夫　梅日劳克、伏罗希洛夫、

梅利尼昌斯基、阿尔乔姆、卡敏斯基

不管怎样应当立即停止空谈,把所有各项工作都转为军事管制,一定要指派专人负责执行明确规定的工作任务。到处都应当实行军事纪律。第2集团军司令和第2集团军革命军事委员会在一切问题上均应向自己的直接领导即吉季斯请示,要抛开一切企图建立特别集群和诸如此类以隐蔽手法恢复乌克兰方面军的空想计划。无论是军装还是武器,在乌克兰和在吉季斯那里都够用。如果克服了混乱和空谈,消除了谁居首位的争论,那么一切都可以弄到。请准确地报告完成所规定的任务,即部队到达指定地点、收缴武器等方面的实际情况。

列　宁

载于1942年《列宁文集》俄文版
第34卷

译自《列宁全集》俄文第5版
第50卷第332—333页

767

给瓦·伊·梅日劳克和
克·叶·伏罗希洛夫的电报

（6月1日）

哈尔科夫

梅日劳克、伏罗希洛夫

抄送：梅利尼昌斯基、阿尔乔姆、卡敏斯基

　　6月1日中央政治局开过会，完全同意托洛茨基的意见，坚决拒绝乌克兰人关于合并第2、第8和第13集团军，建立特别的顿涅茨统一体的计划[559]。

　　我们要求伏罗希洛夫和梅日劳克完成自己直接承担的任务——建立一支坚强的乌克兰军队。明后天托洛茨基将叫你们去伊久姆，他将作比较详细的指示。要更准确、更经常地严格按照事实报告：你们做了些什么，特别是伏罗希洛夫从格里戈里耶夫手里以及在其他地方缴获了多少军用物资。

受中央政治局委托　　列宁

译自《列宁全集》俄文第5版
第50卷第333页

768

给秘书的指示[560]

（6月2日）

请用电话通知：

（1）罗斯塔社于明天给我一份书面报告，说明此件已发往多少家报社，多少个城市。

（2）契切林把此件的德文、法文和英文稿通过无线电报发出去。

译自《列宁全集》俄文第5版
第50卷第333—334页

769

给约·维·斯大林的电报

（6月2日）

彼得格勒

斯莫尔尼

季诺维也夫转斯大林

密码电报已收到。

我高兴地获悉,向我报告的那些传说原来并不属实。望尽可能更经常地用密码或派人报告情况。请派个可靠的人送一份前线地图来。

各大使馆和所有外国人都要迁出去。刚到的那个团表现好吗?①

列 宁

载于1942年《列宁文集》俄文版
第34卷

译自《列宁全集》俄文第5版
第50卷第334页

770

致列·米·卡拉汉

(6月2日)

卡拉汉同志:现送还契切林的简短的电讯稿。**561**

同意。

请把该稿分发我们的各报社和罗斯塔社,作为修版**样本**。

列 宁

译自《列宁文集》俄文版第37卷
第153页

---

① 列宁把原稿"各大使馆……表现好吗?"一段画线标出并在页边注明:"密码"。——俄文版编者注

771

给约·维·斯大林的电报[562]

（6 月 3 日）

彼得格勒

斯莫尔尼

季诺维也夫转斯大林

奥库洛夫指出，第 7 集团军脱离西方面军革命军事委员会，结果造成了混乱，使方面军干部没有了责任，失去了工作干劲。西方面军所属彼得格勒军区把它的全部储备都交给第 7 集团军，而不交给西方面军和其他集团军使用。波泽尔恩一直待在彼得格勒，与方面军委员会联系很差，他不利用现有的方面军供给机关，而另建一些平行的供给机关。奥库洛夫建议，或者让第 7 集团军完全归方面军指挥，或者让他独立，直属大本营。

鉴于彼得格勒一贯闹独立性的倾向，我认为您应当帮助方面军革命军事委员会把各集团军统一起来。对西方面军其他集团军也必须关心，不能只顾第 7 集团军。请告知，您将采取哪些措施。

同奥库洛夫的冲突不应再扩大。请您好好想想，因为简单地把他调回是不行的。

今天获悉又有一个彼得格勒团投敌，两个团拒绝进攻。应当加强监督并增加工人成分。

关于外国人问题，我建议不要急于驱逐出境。关进集中营以便今后**交换**岂不更好。

列　宁

载于1942年《列宁文集》俄文版
第34卷

译自《列宁全集》俄文第5版
第50卷第334—335页

772

给谢·伊·古谢夫、米·米·拉舍维奇、康·康·尤列涅夫的电报

1919年6月3日　　　　　　　　　　　　　　　　**密码**

辛比尔斯克

东方面军革命军事委员会

古谢夫、拉舍维奇、尤列涅夫

斯克良斯基已明确答应在6月上半月给1万支步枪。对奥伦堡的哥萨克以及对巴什基尔人要加倍重视，因为上次进攻时我们做了蠢事，错过了机会，没有使用这些力量。要赶快把他们动员起来，派一个精明、沉着、有见识、有经验的人去，务必特别注意此事，不要放松整个临近前线地区的普遍动员和向居民收集枪支的工作。

列　宁

载于1934年《无产阶级革命》杂志
第3期

译自《列宁全集》俄文第5版
第50卷第336页

773

给格·纳·梅利尼昌斯基的电报

(6月3日)

哈尔科夫
梅利尼昌斯基

　　我想您最好同托洛茨基商量好,因为在当地看得更清楚。我本人主张您留在哈尔科夫和叶卡捷琳诺斯拉夫,以便观察普遍动员实际进行的情况。请告知:托洛茨基是否已离开。您是否同他完全谈妥了;托洛茨基是否已采取措施制止德宾科的独断专行,特别是夺回他非法攫取的军用物资。

列　宁

译自《列宁全集》俄文第5版
第50卷第336页

774

给列·达·托洛茨基的电报

(6月3日)

致托洛茨基同志

　　您是否已完全了解南方战线的局势？您在采取什么措施？您

要去哪里?[563]我认为立即派米宁去察里津负责城防工作是有益的。[564]您对此看法如何？

列 宁

译自《列宁文集》俄文版第 37 卷
第 154 页

775

给亚·格·施利希特尔的电报

基辅
乌克兰粮食人民委员部
施利希特尔

1919 年 6 月 3 日

调拨给白俄罗斯—立陶宛集团军以及给明斯克白俄罗斯—立陶宛共和国粮食人民委员部的粮食，务请不要耽搁，按指定地点发往明斯克。要千方百计加快速度。另外，要加强援助彼得格勒。这两项任务的实际执行情况，务请每周电告两次。

人民委员会主席　**列宁**

译自《列宁文集》俄文版第 24 卷
第 126 页

776

致格·瓦·契切林[565]

（6月3日以后）

契切林同志：

(1)为了帮助这位印度人,您做了些什么？

　　——在登载他的文章方面？

　　——在其他方面？

(2)应当把下述内容的**简报**、**传单**、**地图**的工作抓紧：

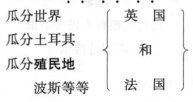

瓜分世界　　英　国

瓜分土耳其　　　　和

瓜分殖民地

　　波斯等等　　法　国

以及其他

(3)发表关于英国工人的"最后通牒"[566]的电讯后情况如何？

（6月3日《消息晚报》）

　　敬礼！

列　宁

译自《列宁全集》俄文第5版
第50卷第337页

777

给约·维·斯大林的电报

（6月4日）

彼得格勒

斯莫尔尼　斯大林

如彼得格勒战线情况有利,应集中全部力量速战速决,因为其他地方急需军队。

根据中央决定,彼得斯应留在彼得格勒,而纳察列努斯返回。①

列　宁

译自《列宁全集》俄文第5版
第50卷第335页

---

① 列宁把第一段画线标出,并在页边注明:"密码"。电报开头有列宁写给斯大林的指示:"请给自己配备一名密码译解秘书。"——俄文版编者注

778

给谢·伊·古谢夫和
米·米·拉舍维奇的电报

1919 年 6 月 4 日   密码

辛比尔斯克

东方面军革命军事委员会

古谢夫、拉舍维奇

阿格累兹,特别是格拉佐夫的失守使我极为不安。是否已采取紧急措施?原因查清没有?托洛茨基对第 3 集团军非常称赞,该集团军情况如何?

列　宁

载于 1942 年《列宁文集》俄文版
第 34 卷

译自《列宁全集》俄文第 5 版
第 50 卷第 337 页

779

致马·伊·拉齐斯

1919 年 6 月 4 日

致拉齐斯同志

亲爱的同志:您的来信和附件均已收到。加米涅夫说(并且声明有几位**肃反委员会主要负责人员**证实),乌克兰的肃反委员会带来了大量祸害,因为建立得**过早**,混进了大批坏人。

对人员应更严格地审查，——我希望，在这方面捷尔任斯基会从这里给您帮助的。无论如何要严格要求肃反委员会人员，把混进来的坏人清除出去。

有便请把乌克兰肃反委员会人员的清洗情况、工作总结详细些向我报告。

敬礼！

您的　**列宁**

载于1942年《列宁文集》俄文版
第34卷　　　　　　　　　　　　　　　　译自《列宁全集》俄文第5版
　　　　　　　　　　　　　　　　　　　第50卷第338页

780

给约·维·斯大林的电报

1919年6月4日

鉴于在彼得格勒的全体中央委员同奥库洛夫之间的冲突至少是在不断加剧，同时中央政治局和组织局认为绝对必须在彼得格勒军事工作中保持最大限度的团结，必须在这条战线上迅速取得胜利，因此决定临时召回奥库洛夫，归托洛茨基同志指挥。

代表中央政治局和组织局　**列宁**[①]

发往彼得格勒　　　　　　　　　　　译自《列宁全集》俄文第5版
　　　　　　　　　　　　　　　　　　第50卷第338页
载于1942年《列宁文集》俄文版
第34卷

[①]　签署该电的还有列·波·加米涅夫（由列宁代签）、尼·尼·克列斯廷斯基、列·彼·谢列布里亚科夫、叶·德·斯塔索娃（以上二人由尼·尼·克列斯廷斯基代笔）。——俄文版编者注

781

给约·维·斯大林的电报

1919年6月4日　　　　　　　　　　　　　　**密码**

彼得格勒

斯莫尔尼　　斯大林

我认为必须放纳察列努斯去乌克兰,那里极需干部,而您处却有多余。另外,请您到西方面军去一趟,那里由于政治委员问题大大削弱了。绝对必须对整个方面军给予全面支援。您不认为同斯米尔加见见面对此事是有益的吗?

您随信附来的材料已收到,我已开始研究。

列　宁

译自《列宁全集》俄文第5版
第50卷第339页

782

给约·维·斯大林和
格·叶·季诺维也夫的电报

1919年6月5日

彼得格勒
斯莫尔尼
斯大林、季诺维也夫

关于纳察列努斯的问题我将提交中央委员会。[567]应当注意南方局势的严重恶化，有酿成大祸的危险。那里人员奇缺，而你们那里人员却有余。我已转告契切林。对你们关于还击[568]的命令，我当然不反对。

列　宁

载于1942年《列宁文集》俄文版
第34卷

译自《列宁全集》俄文第5版
第50卷第339页

783

给安·谢·布勃诺夫的电报

1919年6月5日　　　　　　　　　　　　　　　**密码**

哈尔科夫
副陆军人民委员梅日劳克转布勃诺夫

对您的详细报告和干劲，我表示感谢，不过应当把事情进行到底。在训练有素的部队尚未到达指定地点或尚未编入前线部队以前,您不要指靠任何人,要亲自留在当地。①

列　宁

载于1934年《无产阶级革命》杂志
第3期

译自《列宁全集》俄文第5版
第50卷第340页

784

给格·叶·季诺维也夫的电报

(6月5日)

彼得格勒

斯莫尔尼　季诺维也夫

　　粮食人民委员部认为彼得格勒现有6天以上的储备粮,因此它声明只能给彼得格勒一周的储备粮。今晨发出20车皮,另有30车皮已由下诺夫哥罗德发出。另外,又下令要彼得格勒征粮队从美利托波尔县运出200车皮,其中一半是现成的。

列　宁

载于1933年《列宁文集》俄文版
第24卷

译自《列宁全集》俄文第5版
第50卷第340页

---

①　列宁在电文上方写道:"**斯克良斯基**:布勃诺夫6月4日来电说他到叶卡捷琳诺斯拉夫去了。您如知道他的地址,**请改过来。**"——俄文版编者注

785

给多·伊·叶弗列莫夫的电报

（6月6日）

密码

察里津
第10集团军革命军事委员会委员
叶弗列莫夫

谈的完全不是关于秘密组织的问题，也根本不是说放弃它。[569]您竟会产生这样奇怪的想法，使我感到诧异。谈的是普遍动员全体察里津工人的问题和进行最坚决的革命战争并非常严厉地清除后方内患的各种方法问题。请电告究竟在采取哪些紧急措施。

列 宁

载于1942年《列宁文集》俄文版
第34卷

译自《列宁全集》俄文第5版
第50卷第341页

786

给格·雅·索柯里尼柯夫的电报

（6 月 6 日）

科兹洛夫

南方面军革命军事委员会

索柯里尼柯夫，或发往他的所在地

要全力以赴加速平息叛乱，否则由于南方被突破，很可能酿成大祸。已给你们派去一些军校学员和一个炮兵连。要更经常地报告情况。

列 宁

载于 1938 年 2 月 23 日《真理报》　　　　译自《列宁全集》俄文第 5 版
第 53 号　　　　　　　　　　　　　　　第 50 卷第 341 页

787

给列·达·托洛茨基的电报

（6 月 6 日）

密码

致托洛茨基

巴什基尔人的代表们来过我这里[570]，他们请求把他们的军队派往东方，而不要派往南方。他们说，在东方，在自己的家乡，他们能帮助迅速攻克车里雅宾斯克，因为吉尔吉斯人也会和他们一起去的；而在南方他们则无能为力，担心什么也做不成。务请斟酌这些理由，我看，这些理由是值得重视的。

请敦促索柯里尼柯夫尽快平息叛乱。我们把纳察列努斯派去南方。波德别尔斯基在坦波夫省工作得很好，提高了军需采购工作的效率，已采购了2万双靴子。

列　宁

载于1942年《列宁文集》俄文版
第34卷

译自《列宁全集》俄文第5版
第50卷第342页

788

给谢·伊·古谢夫和
米·米·拉舍维奇的电报

（6月6日）

密码

辛比尔斯克
东方面军革命军事委员会
古谢夫、拉舍维奇

南方形势非常严重，我们恐怕不能给你们补充兵员。你们必须全力以赴在临近前线地区做好动员工作（有时可以普遍动员），在当地开展军需采购工作并收集居民的枪支。私藏枪支要枪毙。我认为最大的危险是高尔察克有可能向维亚特卡运动以突破防线,进攻彼得格勒。要严加注意,更经常地报告格拉佐夫附近前线的情况。我和斯克良斯基已往那里派去补充兵员,尽管穆拉洛夫奇怪地一声不吭,自己并不请求补充兵员。

列 宁

载于1933年2月23日《真理报》
第53号

译自《列宁全集》俄文第5版
第50卷第342页

789

致埃·马·斯克良斯基

1919年6月6日

致斯克良斯基
萨普龙诺夫的建议

(1)家中有多人需抚养者、家中剩下的唯一劳动力可免征(在动员战俘入伍[571]和动员25—30岁以及30岁以上人入伍时)

(2)把他们编成反逃跑分队(让他们负有责任)。

译自《列宁文集》俄文版第37卷
第154页

790

致埃·马·斯克良斯基

6月8日夜2时30分

斯克良斯基同志:刚刚收到斯大林和季诺维也夫的电报。我想您已经作了部署(**必须这样**! 极端需要! 二分之一或三分之二,即从**阿尔汉格尔斯克**方面军调两个团,从**东方面军**调一个团)而且**已经答复**了季诺维也夫。如果还没有,请打电话告诉他。

收复伊热夫斯克工厂使我们有可能从东方抽调出更多的兵力(当然是从东方面军**南方**军队集群抽调)。

请答复我。

应当加紧扣留资产阶级和军官家属做人质——因为叛变屡屡发生。请同捷尔任斯基商量好。

给**梅利尼昌斯基**发一份电报(由我签署),指出犹豫不决、不敢枪毙那些拒不报到者是可耻的。

给**别洛博罗多夫**也发份电报(同样由我签署),指出不是要"打跑",而是要**消灭**敌人,他应确切答复:在哪里俘获了多少,攻下了哪些村镇,肃清了什么地方,怎样肃清的。[572]

您的　列宁

载于1934年《无产阶级革命》杂志 第3期

译自《列宁全集》俄文第5版 第50卷第343页

791

给东方面军革命军事委员会的电报

（6月9日）

通过中央委员会

发出同样指令

东方面军革命军事委员会

拉舍维奇、尤列涅夫、古谢夫、

罗森霍尔茨、斯米尔诺夫、穆拉洛夫

彼得格勒附近局势严重恶化和南方被突破，迫使我们一再从你们方面军抽调部队。没有别的办法。你们要打破常规，用更大的革命精神从事军事工作。要把临近前线地区18至45岁的居民全部动员起来，交给他们一个任务，即让他们收复附近的大工厂（如莫托维利哈和明亚尔的工厂），并答应他们把这些工厂收复后就可以回去。每两三个人发给一支步枪，号召他们把高尔察克赶出乌拉尔。要把百分之七十五的党员和工会会员动员起来。别的出路是没有的，应当按革命的方式进行工作。有些问题要和加米涅夫一起商量怎么办；你们在采取什么措施，请答复。

列　宁

载于1937年1月21日《真理报》
第21号

译自《列宁全集》俄文第5版
第50卷第343—344页

792

致埃·马·斯克良斯基

(6 月 10 日)

斯克良斯基同志：

（1）必须立即派人调查（并追查到底）究竟是**谁蒙骗了您，掩饰**灾难的程度[573]。这简直是**背叛**。

（2）要采取**一切**措施使东方面军调来的 6 个团迅速前进，并要对这件事**严加注意**。

要知道，**拖延确实是您的过错，斯克良斯基同志**！！

请答复我，在这两方面**究竟做了些什么**。

列　宁

载于 1945 年《列宁文集》俄文版　　　　　　译自《列宁全集》俄文第 5 版
第 35 卷　　　　　　　　　　　　　　　　第 50 卷第 344 页

793

给约·维·斯大林和
格·叶·季诺维也夫的电报

1919年6月10日　　　　　　　　　　　　　　急
　　　　　　　　　　　　　　　　　　　用直达电报
　　　　　　　　　　　　　　　　　　　立即拍发

彼得格勒　斯莫尔尼
季诺维也夫　斯大林

　　长信[574]已收到，回信已派专人送上。请更经常地用密码电报报告情况，对斯克良斯基昨天的查询电[575]，你们未作答复。[576]请同彼得斯商谈一下，是否应刊登斯大林寄给我的材料。关于那些材料彼得斯已同布哈林谈过了，我认为应该刊登。刚才收到你们10日的来电，我们正在采取措施。

列　宁

　　　　　　　　　　　　译自《列宁文集》俄文版第38卷
　　　　　　　　　　　　第264页

794

给谢·伊·古谢夫和
米·米·拉舍维奇的电报

1

（6 月 11 日）

致古谢夫、拉舍维奇

　　鉴于彼得格勒附近和南方的局势严重，几乎岌岌可危，必须抽调一个师去。没有别的办法。我们相信：乌法收复后，第 5 集团军能够调出一个师，同时又不把别拉亚河让给敌人；只要十倍地加强党的力量，我们一定能共同完成任务，不使东方面军遭到失败。

列　宁

载于 1938 年 2 月 23 日《真理报》
第 53 号

译自《列宁全集》俄文第 5 版
第 50 卷第 345 页

2

（6 月 11 日）

密码

辛比尔斯克

东方面军革命军事委员会

古谢夫、拉舍维奇

请加倍注意伊尔吉兹河地区①的叛乱。[577]对一切周围地区不要弃置不顾，要进行普遍动员，请讨论一下，是否派飞机镇压叛乱分子。务必迅速彻底平息。古谢夫为什么还不启程，拖延是不行的。

列　宁

载于 1942 年《列宁文集》俄文版第 34 卷

译自《列宁全集》俄文第 5 版第 50 卷第 345 页

3

（6 月 11 日）

东方面军革命军事委员会

古谢夫、拉舍维奇

再次提请你们注意，开赴彼得格勒的各团——士兵和指挥人

---

① 在拍发的电文中，"伊尔吉兹河地区"由埃·马·斯克良斯基改为"奥伦堡地区和乌拉尔地区"。——俄文版编者注

员——应绝对可靠。你们对此要亲自过问。如果这些团叛变,你们要负全部责任。

列 宁

载于 1942 年《列宁文集》俄文版　　　　　译自《列宁全集》俄文第 5 版
第 34 卷　　　　　　　　　　　　　　　　第 50 卷第 345—346 页

4

1919 年 6 月 11 日　　　　　　　　　　　　　　　　**密码**

辛比尔斯克

东方面军革命军事委员会

拉舍维奇

深知你们处境困难,但我们仍然绝对必须从你们那里不断抽调。因此,你们必须竭尽全力加快你们那里和你们各军区组建新部队的工作。电告执行情况。

列 宁

载于 1938 年 2 月 23 日《真理报》　　　译自《列宁全集》俄文第 5 版
第 53 号　　　　　　　　　　　　　　　　第 50 卷第 346 页

795

给克·格·拉柯夫斯基的电报

(6月11日)

基辅

人民委员会　拉柯夫斯基

6月3日我给施利希特尔发了一份电报,电文如下:"调拨给白俄罗斯—立陶宛集团军以及给明斯克粮食人民委员部的粮食,务请不要耽搁,按指定地点发往明斯克。要千方百计加快速度。另外,要加紧援助彼得格勒。这两项任务的实际执行情况,务请每周电告两次。人民委员会主席**列宁**"。

我请求:(1)调查这份电报没有收到的原因并将罪犯送交法庭审判;(2)火速讨论援助彼得格勒粮食和把答应收集的粮食收集上来的紧急措施;每个乡要派一名同志负责完成此项工作。盼复。

列　宁

载于1942年《列宁文集》俄文版
第34卷

译自《列宁全集》俄文第5版
第50卷第346—347页

796

给列·达·托洛茨基的电报

（6 月 11 日）

密码

致托洛茨基

我同意您来[578]，但有两个条件：第一，火速返回，以免南方无人监督；第二，您不在时，务必保证南方有极强的力量，以免敌人从南方扼杀我们。

列　宁

发往科兹洛夫　　　　　　　　　　　　译自《列宁文集》俄文版第 37 卷
　　　　　　　　　　　　　　　　　　第 155 页

797

给列·达·托洛茨基的直达电报

（6 月 12 日）

致托洛茨基

根据斯大林和季诺维也夫最近的来电[579]，最好您和他们尽快于 13 日（星期五）或 14 日（星期六）在莫斯科会集。您何时来，请立即告知，以便我们邀集他们和其他人参加全会。**580**

列　宁

发往科兹洛夫　　　　　　　　　　　译自《列宁文集》俄文版第 37 卷
　　　　　　　　　　　　　　　　　第 155 页

798

致 H. B. 彼得罗夫斯卡娅

1919 年 6 月 12 日

　　您来信说，如果我不证实您在 22 年前曾到狱中探望过我，人们可能而且甚至"有权"指责您撒谎。我很抱歉，那时的许多事都忘记了。但我妹妹说确有其事，我也想起是有人探望过我，请原谅，姓名我忘记了。因此，任何人都绝对无权因我记性不好而指责您。我因为有许多特别紧急的事情要办，不能接见您，但愿您能原谅我。

真诚尊敬您的

弗·乌里扬诺夫（列宁）

　　　　　　　　　　　　　　　　　译自《列宁文集》俄文版第 35 卷
　　　　　　　　　　　　　　　　　第 68 页

799

给瓦·库·阿韦林的电报[581]

（6月13日）

密码

叶卡捷琳诺斯拉夫

阿韦林　抄送：布勃诺夫

应全力以赴动员叶卡捷琳诺斯拉夫的工人，你们干劲不足。请迅速电告采取了哪些措施，并报告实际结果。

列　宁

载于1942年《列宁文集》俄文版
第34卷

译自《列宁全集》俄文第5版
第50卷第347页

800

给约·维·斯大林的电报

（6月13日）

彼得格勒　斯莫尔尼

斯大林　抄送：季诺维也夫

密码电报已收到。您的两点请求均已照办。两列装甲列车和

500名共产党员今天出发。托洛茨基在这里。请电告:第一,是否收到了这份回电;第二,对形势估计如何,失地收复没有,采取了哪些措施;第三,明后天您能否来一趟,或者根本不能来;第四,您寄来的文件不全文发表,只发表一部分,您意如何。我坚决主张发表。哪些内容可发表,由我们自己选择。盼复。[582]

列 宁

译自《列宁全集》俄文第5版
第50卷第347—348页

801

给奥·伊·索莫夫和
多·伊·叶弗列莫夫的电报

1919年6月14日   密码

察里津
第10集团军革命军事委员会
索莫夫、叶弗列莫夫
抄送:拉斯科尔尼科夫

必须守住察里津,它不止一次经受了围攻。要全力以赴,要更详细更经常地报告情况,我们正在采取措施。请赶快把多余的、贵重的物品运走。把居民全部动员起来。不要放松政治工作。注意

和我们联系。

列　宁

载于 1938 年 2 月 23 日《真理报》
第 53 号

译自《列宁全集》俄文第 5 版
第 50 卷第 348 页

802

给南方面军革命军事委员会的电报

1919 年 6 月 14 日　　　　　　　　　　　　密码

科兹洛夫

南方面军革命军事委员会

是否在采取一切措施支援察里津? 那里要 15 000 名步兵和 4 000 名骑兵。必须保住察里津。请报告已经和正在采取什么措施。

列　宁

载于 1942 年《列宁文集》俄文版
第 34 卷

译自《列宁全集》俄文第 5 版
第 50 卷第 348 页

803

给瓦·尼·波德别尔斯基的电报

1919年6月14日

坦波夫

邮电人民委员

波德别尔斯基[583]

　　我批准您的决定:立即让蜡烛工厂改为生产鞋;同时让坦波夫省制革局每月向坦波夫省军事委员会提供可制25 000双鞋的材料。请电告执行情况。

国防委员会主席　　**列宁**

载于1933年《列宁文集》俄文版
第24卷

译自《列宁全集》俄文第5版
第50卷第349页

804

给克·格·拉柯夫斯基、
亚·格·施利希特尔、
尼·伊·波德沃伊斯基的电报

（6月14日）

急，立即拍发

基辅　三个受电单位：

人民委员会　拉柯夫斯基

粮食人民委员部　施利希特尔

陆军人民委员部　波德沃伊斯基

抄送：基辅　克列夏季克大街1号

西方面军代表团首席代表奥尔洛夫

　　鉴于中央储备的粮食已告罄，根本不能供给西方面军和北方面军粮食。这一全国性的重任就自然完全落到了由奥尔洛夫领导的、根据托洛茨基的命令为全俄军队筹粮的中央红军粮食供给委员会代表团的肩上。必须采取各种最紧急的实际措施排除一切障碍，给代表团的工作以各种实际帮助，使其能够立即给西方和北方各集团军运去粮食。我特别要求陆军人民委员部给代表团以最有力的帮助。关于增加代表团人员以及对其下一步行动必要规定的问题已被紧急列入议程。结果如何将另行通知。请每个受电人务必详细答复做了些什么。

人民委员会主席　　列宁

载于 1942 年《列宁文集》俄文版
第 34 卷

译自《列宁全集》俄文第 5 版
第 50 卷第 349—350 页

805

致 H. M. 尤金

1919 年 6 月 14 日

彼得格勒　　戈罗霍瓦亚街 2 号

侦查员尤金

请将附件一阅,并告知,你处有哪些控告彼得罗夫斯卡娅的材料,对她是否有怀疑。[584]

附件请退还。

人民委员会主席

弗·乌里扬诺夫(列宁)

译自《列宁文集》俄文版第 35 卷
第 68 页

806

致伊·捷·斯米尔加

6 月 14 日

斯米尔加同志:这封信是彼得罗夫斯基和穆拉温同志带给我

的,他们从克里木我弟弟那里来。[585]

请您按法律程序处理这一申诉,并尽可能将此案提交莫斯科法院审理。

您的　列宁

译自《列宁文集》俄文版第38卷
第265页

807

给临近前线各地区执行委员会的电报

1919年6月16日

　　沃罗涅日　省执行委员会

　　沃罗涅日省新霍皮奥尔斯克　县执行委员会

　　坦波夫省博里索格列布斯克　县执行委员会

　　萨拉托夫省巴拉绍夫　县执行委员会

　　萨拉托夫省阿特卡尔斯克　县执行委员会

　　萨拉托夫省卡梅申　县执行委员会

　　坦波夫　省执行委员会

　　萨拉托夫　省执行委员会

马上采取一切措施,强行组织所有具有劳动能力的居民以及马车去加固野战工程部队修筑的工事。给每个地段指派一名执行委员会委员亲自负责此项工作。要迅速电告执行情况,否则以军法论罪。请把各执行委员会一切负责人员的名单报来。省执行委员会负责立即执行这一任务。

国防委员会主席   **列宁**

载于1940年《无产阶级革命》杂志第1期   译自《列宁全集》俄文第5版第50卷第350页

808

给米·瓦·伏龙芝和
沙·祖·埃利亚瓦的电报[586]

1919年6月16日

立即拍发

萨马拉或发往南方军队集群司令部所在地
南方军队集群司令伏龙芝-米哈伊洛夫
革命军事委员会委员埃利亚瓦

请向乌拉尔的同志们转达我对50天来坚守被围的乌拉尔斯克的英雄们的热烈的敬礼,请他们不要泄气,再坚持几个星期。保卫乌拉尔斯克的英雄事业一定胜利。

国防委员会主席   **列宁**

载于1927年《红军战士》杂志第2期(总第95期)   译自《列宁全集》俄文第5版第50卷第351页

809

给约·维·斯大林的电报

（6月16日）

彼得格勒　斯莫尔尼　斯大林

　　据攻占红丘炮台的水兵报告，一支由23艘船只组成的英国分舰队从利巴瓦出动，将于今天（16日）驶近喀琅施塔得。我想您已采取了一切措施。请给我捎一张前线地图来。[587]

列　宁

译自《列宁全集》俄文第5版
第50卷第351页

810

致俄共（布）中央组织局和
共和国革命军事委员会

（6月16日）

致古谢夫同志
中央组织局
斯克良斯基同志

务请尽快研究伊·伊·乌里扬诺夫同志的意见，以便使问题能**不加**拖延地得到解决。

　　伊万·伊万诺维奇·乌里扬诺夫是乌拉尔革命委员会前主席,全俄中央执行委员会委员(从1917年10月起)。他坚决主张必须由萨拉托夫和波克罗夫斯克地区的哥萨克无产者组成一个师,在敌人后方,在乌拉尔以东的草原上进行活动。

　　他(乌里扬诺夫)、豪斯托夫(波克罗夫斯克的亚伊克革命委员会常务委员会主席)、伊·伊·乌里扬诺夫的两个兄弟、还有他负责挑选的一些人愿意承担起组建这一特别支队的任务。

　　为此需要:(1)特别权限;

　　　　　　(2)武器和给养;

　　　　　　(3)钱。

国防委员会主席

弗·乌里扬诺夫(列宁)

1919年6月16日

载于1942年《列宁文集》俄文版　　　　　译自《列宁全集》俄文第5版
第34卷　　　　　　　　　　　　　　　　第50卷第352页

811

致俄共(布)中央委员会

(6月17日)

　　托洛茨基同志错了,这方面既没有荒诞、胡闹、任性、慌张、绝望,也没有这些可爱的(托洛茨基用极其刻薄的语言加以挖苦的)

品质的"成分"。**588** 而有的正是托洛茨基所回避的东西：中央委员会多数人确认大本营是"罪恶渊薮"，大本营**有问题**，所以**为了谋求真正的改善**，为了寻找**根本改变**的手段，才采取了一定的**措施**。事情就是这样。

列 宁

1919年6月17日于莫斯科

译自《列宁全集》俄文第5版
第50卷第352—353页

812

致尼·尼·克列斯廷斯基**589**

（6月17日和21日之间）

致克列斯廷斯基

应仔细而**迅速地**讨论。制定一个指示**草案**，征求**顿河人**和**南**方面军革命军事委员会的意见，然后批准。

译自《列宁全集》俄文第5版
第50卷第353页

813

致俄共(布)中央组织局

(6月18日以前)

致中央组织局:特维尔,随后是**克林**的**总罢工**,这一切都造成了**极端严重的**局势。应当赶快讨论下列措施:

> 你们何时讨论?

为帮助纺织工人需要采取**紧急**措施:

粮　食 ‖

(1)纺织工人的粮食(注意)保证供应**开工的**工厂。

特维尔(和**克林**)特别是**铁路员工和红军战士**

(2)动员纺织工人……(1万)**重新研究**。

供应粮食和予以关怀。特维尔的**军事委员**在军事上太不成熟,人很**好**,但需要**帮助**。

(3)散发各种报纸和宣传画、讲稿,加强教育人民委员部的工作。

(4)给各工会理事会中央委员的火车票(每日)。

纺织工人的无知是骇人听闻的。

对他们不关怀,看不到报纸,没有宣传画。为了改善粮食状况还需要做像采购之类的工作。 ‖ 注意

译自《列宁全集》俄文第5版
第54卷第416—417页

814

给第 10 集团军革命军事委员会和
察里津省执行委员会的电报

1919 年 6 月 18 日

察里津

第 10 集团军革命军事委员会

省执行委员会主席

抄送：科兹洛夫

南方面军革命军事委员会

　　第 10 集团军和察里津无产阶级在保卫察里津过程中表现出的英雄气概，使我非常高兴。我深信，经受住了好几个月冬季围攻的红色察里津现在也会经得住一切考验。向红色察里津的保卫者致敬！答应调去的增援部队正在途中。

人民委员会主席　**列宁**

载于 1919 年 6 月 25 日《共产党人报》　　　　译自《列宁全集》俄文第 5 版
（阿斯特拉罕）第 136 号　　　　　　　　　　第 50 卷第 353 页

815

给库恩·贝拉的电报

(6 月 18 日)

密码

布达佩斯   库恩·贝拉

我们在党中央委员会里作为一项特别议程专门讨论了您提出的派您所说的那位同志的问题。我们认为不能派他,而另派了一位同志,他已启程,不过由于技术上的原因迟了一些;他会很快到您那里的。

顺便我再补充一点,您开始同协约国谈判当然是对的。应该开始和进行谈判,必须利用一切哪怕可以争得暂时停战或和平的可能性,以便使人民得到休息。但是一分钟也不要相信协约国,它在欺骗你们,它只是为了赢得时间好更有效地扼杀你们和我们。

请设法同我们建立航空邮政联系。致崇高的敬礼!

列 宁

契切林同志:请译出并发给库恩·贝拉。

列 宁

6 月 18 日

用英文载于 1946 年在华盛顿出版的   译自《列宁全集》俄文第 5 版
《美国对外关系文件汇编》第 7 卷   第 50 卷第 354 页

816

给米·米·拉舍维奇的电报

（6月18日）

辛比尔斯克　东方面军革命军事委员会

拉舍维奇

从斯米尔加处获悉库斯塔奈发生起义[590]，起义者正向车里雅宾斯克挺进，如果这是马扎尔人及其朋友们，那就是最紧要的关头到了。应当竭尽全力同他们会合。您在采取什么措施？给他们派飞机去吗？如果没有航空燃料，也许专门催促一下能够弄到。请详细些电告。①

列　宁

载于1942年《列宁文集》俄文版
第34卷

译自《列宁全集》俄文第5版
第50卷第354—355页

---

①　在电文上方列宁批示："用**特别的**'苏维埃'密码拍发；这种密码斯克良斯基、梅江采夫、斯米尔加、拉舍维奇知道，但一般军人是不知道的。"——俄文版编者注

817

发往特维尔的电报

（6 月 18 日）

特维尔　　（1）省执行委员会

　　　　　　（2）工会理事会

　　　　　　（3）特维尔工厂管理委员会

　　　　　　（4）省粮食委员

　　为了说明省粮食委员的决定，现通知如下：半俄磅口粮标准只有在万不得已的情况下方可实行，绝对不是永久性措施。由于粮食状况特别困难，不排除最近不得不把口粮标准降低到半俄磅的可能性，但粮食人民委员部将坚决采取一切措施，争取在最短期间内恢复正常口粮标准。

人民委员会主席　列宁

译自《列宁文集》俄文版第 24 卷第 127 页

818

同尼·尼·克列斯廷斯基的来往便条

（不晚于 6 月 19 日）

您对委派盖舍（拉脱维亚人）担任拉泰尔的政治委员（托洛茨基来电催促）意见如何？盖舍是个严肃、正派的人，不是分离主义者。

似应由更坚定、更机灵、更有魄力的人担任此职。

是否派苏里茨去阿富汗？他同意去，并且认为他在那里将比在前线更合适。

我不发表意见。

苏里茨。
您不发表意见，是因为您觉得他在前线更有用，还是因为您能找到去阿富汗的人，或者您认为他去阿富汗不合适？

我舍不得往阿富汗派人。

译自《列宁文集》俄文版第 38 卷
第 265—266 页

819

给克·格·拉柯夫斯基的电报

1919 年 6 月 19 日

基辅

人民委员会

拉柯夫斯基

请通知马尔赫列夫斯基的妻子，她的丈夫已到莫斯科。[591] 很健康，在等她。请电复。

列　宁

译自《列宁文集》俄文版第 37 卷
第 157 页

820

给米·米·拉舍维奇和

康·康·尤列涅夫的电报

1919 年 6 月 20 日　　　　　　　　　　　　　　　**密码**

辛比尔斯克

东方面军革命军事委员会

拉舍维奇、尤列涅夫

据悉，第一，东方面军的集团军内政治工作人员大量减少，他们参加了新解放地区的地方苏维埃工作;第二,某些师呈现疲劳状态。对此应严加注意。绝对禁止政治工作人员和其他任何人在尚未收复乌拉尔和由双倍的乌拉尔工人接替他们之前离开军队,其次,坚决**做到**对临近前线地区的居民的普遍动员,并以新编的部队代替疲劳的部队,哪怕只是让他们暂时休整一下也好,因为对乌拉尔的**进攻**不能放松,应当无条件地加强,加速,并补充兵员。**请来电告知,你们正在采取什么措施。要注意**萨马拉附近和伊尔吉兹河流域的叛乱。你们不提这件事令人生疑。

国防委员会主席　**列宁**

载于1934年《无产阶级革命》杂志
第3期

译自《列宁全集》俄文第5版
第50卷第355页

821

在察里津的来电上作的标记和
同尼·尼·克列斯廷斯基的来往便条

(6月20日)

　　……为了……建立正常的相互关系,使各苏维埃机关的工作协调一致,<u>我们</u>谨代表负责城市防卫和治安工作的察里津革命组织<u>坚决请求中央委员会让察里津省委有两名代表参加第10集团军革命军事委员会</u>……

　　急。

　　似应拒绝,理由是米宁已参加第10集团军革命委员会。

尼·克列·

米宁已经参加了?

米宁**已经**参加。您同意拒绝吗? 如同意,明天我们就代表组织局予以答复。

尼·克列·

既然米宁已参加,我同意以此为理由加以拒绝。

译自《列宁文集》俄文版第 38 卷
第 266—267 页

822

给弗·伊·涅夫斯基和
列·谢·索斯诺夫斯基的电报[592]

(6 月 20 日)

必须严格根据宪法只给各县代表表决权。我马上同中央执行委员会主席团联系。你们二位应该留下,直到恢复平静、各项工作走上正轨为止。

列 宁

发往特维尔

译自《列宁全集》俄文第 5 版
第 54 卷第 417 页

823

给南方面军革命军事委员会的电报

（6 月 21 日）

密码

致南方面军革命军事委员会

刚从养路人员处得悉,同察里津的铁路联系已从 18 日起中断。他们说火车只通到洛格。是否属实? 如果属实,为什么隐瞒不报? 采取了哪些恢复局势的措施? 你们给第 10 集团军的补充兵员、子弹和炮弹是否足够了? 如果不够,现在是否在给,通过什么途径? 第 10 集团军抱怨不够用。我要再三提醒你们重视察里津的极重要的意义。不准放弃察里津的指示是否已下达,你们是否在十分坚决地执行这项指示,还是另有主张? 请明确而迅速地回答。

列　宁

载于 1942 年《列宁文集》俄文版　　　　译自《列宁全集》俄文第 5 版
第 34 卷　　　　　　　　　　　　　　第 50 卷第 356 页

824

给克·格·拉柯夫斯基的电报

1919 年 6 月 21 日   立即拍发

检查收报的

确切时间

基辅

人民委员会   拉柯夫斯基

抄送:施利希特尔、波德沃伊斯基

西方面军部队最近几天内急需 3 列车粮食。务请采取最有力的措施以满足其需要。十万火急。请来电。

人民委员会主席   列宁

载于 1942 年《列宁文集》俄文版
第 34 卷

译自《列宁全集》俄文第 5 版
第 50 卷第 356 页

825

致阿·伊·斯维杰尔斯基或
亚·德·瞿鲁巴

(6 月 23 日)

斯维杰尔斯基(或瞿鲁巴):要抓紧往那里派征粮军＋粮食工

作人员。

应在挨饿的工人中间开展鼓动工作,到别拉亚河流域去搞500万普特。请答复,你们**在做**什么。[593]

列 宁

载于1933年《列宁文集》俄文版
第24卷

译自《列宁全集》俄文第5版
第50卷第357页

826

致阿·伊·李可夫[594]

(6月24日)

致李可夫

您做了些什么? 应取得成效,把钱发下去,而且要严厉斥责,甚至逮捕。

载于1942年《列宁文集》俄文版
第34卷

译自《列宁全集》俄文第5版
第50卷第357页

827

给南方面军革命军事委员会的电报

(6月25日)

科兹洛夫

南方面军革命军事委员会

为疏散顿涅茨煤田而召募来的伊万诺沃-沃兹涅先斯克的纺

织工人队伍,在卡斯托尔纳亚车站无事可做。他们的期限将满。我建议把愿意参加的人派往征粮军,不愿参加征粮军的返回伊万诺沃-沃兹涅先斯克。役龄青年应征召入伍,其中体弱者转入征粮军。此问题请予讨论并作出准确部署。

人民委员会主席　**列宁**

载于 1942 年《列宁文集》俄文版　　　　　译自《列宁全集》俄文第 5 版
第 34 卷　　　　　　　　　　　　　　　第 50 卷第 357 页

828

给米·米·拉舍维奇和
康·康·尤列涅夫的电报

1919 年 6 月 27 日　　　　　　　　　　　　　　**密码**

致拉舍维奇、尤列涅夫

哥萨克叛乱分子在尼古拉耶夫斯克地区得势,令人极为不安。望加倍注意。请电告你们采取的措施。其次,请讨论一下,能否派十几名从高尔察克军队投诚过来的西伯利亚人来这里,受伤的、不适合打仗的都行,这些人在这里能有助于鼓动人们去同高尔察克和邓尼金作战。

列　宁

载于 1942 年《列宁文集》俄文版　　　　　译自《列宁全集》俄文第 5 版
第 34 卷　　　　　　　　　　　　　　　第 50 卷第 358 页

829

给弗·维·阿多拉茨基的证明⁵⁹⁵

1

证　明

1919 年 6 月 27 日

持件人阿多拉茨基同志，据我个人了解，是位学者和作家。请各图书馆在借阅图书方面予以大力协助，包括借回家去，由我个人担保。

人民委员会主席

弗·乌里扬诺夫(列宁)

2

证　明

1919 年 7 月 1 日

持件人弗拉基米尔·维克多罗维奇·**阿多拉茨基**同志，据我个人了解，是一位**早在革命前很久**就在党内工作的布尔什维克。

现在他是国民教育人民委员部的苏维埃工作人员。

请**所有**军事、铁路等当局和所有苏维埃机关给予弗·维·阿多拉茨基同志**大力协助**和**充分信任**。

人民委员会主席

弗·乌里扬诺夫(列宁)

译自《列宁文集》俄文版第 24 卷
第 291 页

830

给约·维·斯大林的电报

(6 月 30 日)

彼得格勒　斯莫尔尼

斯大林

叶卡捷琳诺斯拉夫已失陷。南方子弹奇缺。因此,你们得到 300 万发子弹和维德利察的物资[596]后,应尽量节省子弹及其他军用物资。

列　宁

载于 1942 年《列宁文集》俄文版　　　　译自《列宁全集》俄文第 5 版
第 34 卷　　　　　　　　　　　　　　第 50 卷第 358 页

831

致埃·马·斯克良斯基

（6月底—7月初）

致斯克良斯基

请立即同瓦采季斯谈一谈，让他加倍注意奔萨和萨拉托夫—巴拉绍夫突破口。[597]

列　宁[①]

译自《列宁全集》俄文第 5 版
第 50 卷第 358 页

---

①　签署该文献的还有列·达·托洛茨基。——俄文版编者注

附　录

1917 年

1

☆致图拉兵工厂工厂委员会

（11 月 25 日〔12 月 8 日〕）

亲爱的同志们：

人民委员会请你们马上向顿河州博科沃矿区赤卫队供应步枪、"纳甘"转轮手枪、子弹和其他装备。需要供 500 人用的武器。

人民委员会主席

弗·乌里扬诺夫（列宁）

载于 1940 年《苏联国内战争史文件汇编》第 1 卷

译自《列宁全集》俄文第 5 版第 50 卷第 361 页

2

给铁路委员的命令

（12月6日〔19日〕）

致铁路委员们

兹命令各铁路委员立即放前往镇压卡列金和菲利莫诺夫的高加索哥萨克第5师高加索第1团的军用列车通过，该列车获准经由莫斯科、哈尔科夫、罗斯托夫畅通无阻地开往高加索斯卡亚村、库班。人民委员会签字盖章予以证明，并请全力协助该列车以最快速度运行。

人民委员会主席

弗·乌里扬诺夫（列宁）

载于1942年《列宁文集》俄文版　　　　　　　译自《列宁全集》俄文第5版
第34卷　　　　　　　　　　　　　　　　　第50卷第361—362页

3

给瓦·瓦·沃罗夫斯基的电报

（12月8日〔21日〕以后）

斯德哥尔摩　　沃罗夫斯基

请迅速物色三名高水平的会计师来这里参加银行改革工作。

不一定要懂俄语。工资请您根据当地条件自行确定。

列　宁

载于 1927 年 11 月 6—7 日　　　　　译自《列宁全集》俄文第 5 版
《消息报》第 256 号　　　　　　　　　第 50 卷第 362 页

4

☆致陆军人民委员

(1917 年 12 月 20 日〔1918 年 1 月 2 日〕)

为维持同卡列金作战的部队,请拨给该部队总司令安东诺夫 500 万卢布。此款应交乌克兰特派员谢尔戈·奥尔忠尼启则。

人民委员会主席
弗·乌里扬诺夫(列宁)

载于 1940 年《苏联国内战争史　　　　译自《列宁全集》俄文第 5 版
文件汇编》第 1 卷　　　　　　　　　　第 50 卷第 362 页

1918 年

5

☆致陆军人民委员
尼·伊·波德沃伊斯基

1918 年 1 月 22 日 **通令**

人民委员会命令**您**每次发出现款时，都要采取一切措施使此款切实送到指定地点。要通过电报向各枢纽站查问情况，追踪送款列车。

必须在会计部门附设监督机构，监督国库执行拨款通知书的情况，监督国家银行根据凭单发出纸币的情况，等等，以便使纸币以最快速度发至各地。①

人民委员会主席
弗·乌里扬诺夫（列宁）

载于 1945 年《列宁文集》俄文版　　　　　译自《列宁全集》俄文第 5 版
第 35 卷　　　　　　　　　　　　　　　第 50 卷第 363 页

---

① 同样内容的信件由列宁签署后分别发给了工商业人民委员亚·加·施略普尼柯夫和内务人民委员格·伊·彼得罗夫斯基。——俄文版编者注

6

给格·瓦·契切林的指示

1918年1月26日

致外交人民委员助理契切林同志

务请将你们委员部现有的空房间(60—100间)交给民族事务人民委员部使用。

请给受命办理此事的佩斯特科夫斯基同志以协助。

人民委员会主席

弗·乌里扬诺夫(列宁)①

译自《列宁文集》俄文版第39卷
第187页

7

给波罗的海舰队中央委员会的电报

(1月27日〔2月9日〕)

赫尔辛福斯

兹命令波罗的海舰队中央委员会和舰队地方委员会一接到雷

---

① 签署该指示(打字稿)的还有民族事务人民委员约·维·斯大林和人民委员会秘书尼·彼·哥尔布诺夫。——俄文版编者注

瓦尔筑垒地域集团军委员会的要求,立即提供运输工具,把武器和粮食运往赫尔辛福斯。

人民委员会主席

乌里扬诺夫(列宁)

载于1942年《列宁文集》俄文版　　　　　　译自《列宁全集》俄文第5版
第34卷　　　　　　　　　　　　　　　　　第50卷第363页

8

给最高总司令大本营的直达电报

(1月29日〔2月11日〕)

必须用你们能用的一切办法,撤销今天关于和约和各条战线普遍复员军队的电报。列宁此令。[598]

载于1959年在莫斯科出版的　　　　　　译自《列宁全集》俄文第5版
C. M. 迈奥罗夫《苏维埃俄国　　　　　　第50卷第364页
为摆脱帝国主义战争而斗争》
一书

9

给最高总司令大本营的直达电报[①]

(1月29日〔2月11日〕)

转告军队各政治委员和邦契-布鲁耶维奇,要扣压托洛茨基和

---

① 该电文在海军总参谋部给波罗的海舰队中央委员会的电报中引用过。——俄文版编者注

克雷连柯签署的关于解散军队的所有电报。媾和条件我们无法告诉你们,因为和约实际上尚未缔结。请扣压通知已缔结和约的所有电报,直到特别许可时为止。

载于1964年在莫斯科—列宁格勒
出版的安·李·弗赖曼《1918年
2—3月彼得格勒革命保卫战》一书

译自《列宁全集》俄文第5版
第50卷第364页

10

致总司令米·阿·穆拉维约夫、
罗马尼亚最高委员会、
乌克兰共和国人民书记处、
弗·亚·安东诺夫-奥弗申柯

(2月17日)

罗、黑、敖苏维埃中央执行委员会[1]尤多夫斯基转
总司令穆拉维约夫
敖德萨　总司令穆拉维约夫、
罗马尼亚最高委员会、乌克兰共和国人民书记处、安东诺夫

鉴于俄罗斯—罗马尼亚战线局势严重,必须紧急支援在比萨拉比亚的革命部队,特令总司令穆拉维约夫及其北方集团军归罗

---

① 　指罗马尼亚战线、黑海舰队和敖德萨区域苏维埃中央执行委员会。——编者注

马尼亚最高委员会指挥。我们一分钟也不怀疑,解放基辅的勇敢的英雄们会立即履行自己的革命职责。

人民委员会主席　**列宁**

载于 1924 年在莫斯科出版的弗·亚·安东诺夫-奥弗申柯《国内战争见闻录》第 1 卷

译自《列宁全集》俄文第 5 版第 50 卷第 365 页

11

给扬·亚·安韦尔特的直达电报[599]

(2 月 18 日)

第一个问题:军事侦察有什么新情报? (2)第二个问题:为加强你们西部边界的防御采取了哪些措施? (3)第三个问题:尊敬的贵族们感觉如何? 他们情况怎样?[600] (4)第四个问题:对待贵族们在表面上要表示某种善意,但这种表示又决不能削弱对所提到的贵族的镇压,您认为人民委员会为此应采取什么措施???

列　宁①

译自《列宁文集》俄文版第 37 卷第 69—70 页

---

① 签署该电的还有约·维·斯大林。——俄文版编者注

12

给莫斯科苏维埃主席团、
印刷工会、伊·德·瑟京的电报

（2月25日）

立即疏散尽可能多的轮转印刷机、莱诺铸字机以及印材料用的所有必需品、全部设备和卷筒纸。凡是可能疏散的，全部疏散。印刷机是我们最有力的武器。要疏散到下诺夫哥罗德去。**601**

列　宁①

译自《列宁文集》俄文版第37卷
第70页

13

给弗·亚·安东诺夫－奥弗申柯的电报

（2月28日）

顿河畔罗斯托夫　　安东诺夫
发往他的所在地

我们谨向全体奋不顾身的社会主义战士致以热烈的敬礼，向

---

① 签署该电的还有尼·彼·哥尔布诺夫。——俄文版编者注

革命的哥萨克致敬！我们对您从新切尔卡斯克的来电[602]答复如下：顿河州全州城乡苏维埃全权代表大会可以自行制定土地法案，并提交人民委员会批准。这样做比较好。我丝毫不反对顿河州实行自治。该自治区的区划应与邻近地区及顿巴斯自治共和国的居民协商后确定。我们无法派代表前往，这里大家都很忙。请您代表人民委员会或自己派人前去。

列　宁[①]

载于 1918 年 3 月 7 日（20 日）
《顿河消息报》第 1 号

译自《列宁全集》俄文第 5 版
第 50 卷第 365—366 页

14

给雅·达·扬松的电报

（4 月 13 日）

伊尔库茨克　扬松
抄送：西伯利亚苏维埃中央执行委员会
符拉迪沃斯托克　尼基福罗夫

急
立即拍发
政务电报

对于您提出的关于西伯利亚苏维埃中央执行委员会设外交人

---

① 签署该电的还有约·维·斯大林。——编者注

民委员部和西伯利亚独立的报告,我认为有必要作如下答复:人民委员会的意见是西伯利亚苏维埃中央执行委员会没有任何必要设外交人民委员部;所谓西伯利亚独立只会正式给来自东方的兼并创造方便条件;独立的乌克兰、芬兰就是前车之鉴。我命令你们仅限于使西伯利亚作为俄国不可分割的一部分实行自治,设隶属于外交人民委员部的外交专员,接受外交人民委员部的指示,并以外交人民委员部的名义进行活动。

人民委员会主席　　列宁

载于 1942 年《列宁文集》俄文版　　　　译自《列宁全集》俄文第 5 版
第 34 卷　　　　　　　　　　　　　　　第 50 卷第 366 页

15

☆致陆军人民委员部[603]

1918 年 4 月 22 日

　　4 月 22 日夜间 11 时人民委员会决定:命令陆军人民委员部立即采取一切可能措施,保卫哈尔科夫省东部边界,特别是切尔特科沃车站,因为德军和哈伊代马克[604]企图占领这个车站,以便切断同罗斯托夫的铁路交通。

　　关于细节问题,请同斯大林商谈。

人民委员会主席
弗·乌里扬诺夫(列宁)

载于 1931 年《列宁文集》俄文版　　　　译自《列宁全集》俄文第 5 版
第 18 卷　　　　　　　　　　　　　　　第 50 卷第 367 页

16

给俄国和谈代表团秘书的电报

尼古拉耶夫

俄国和谈代表团秘书扎伊采夫

抄送：盖特曼的参谋长

外交部长

1918 年 5 月 8 日

　　兹批准俄国和谈代表团授予您的全权证书，命令您就停止乌克兰边境上的军事行动和确定和谈时间、地点问题同乌克兰盖特曼政府举行谈判。**605**

人民委员会主席　**列宁**①

载于 1942 年《列宁文集》俄文版
第 34 卷

译自《列宁全集》俄文第 5 版
第 50 卷第 367—368 页

17

给伊·罗·罗曼诺夫的电报

（5 月 11 日）

电　报

下诺夫哥罗德　省苏维埃主席罗曼诺夫

　　人民委员会于 5 月 10 日拨款 10 万卢布给里佐瓦托耶村遭受

---

　　①　签署该电的还有俄国和谈代表团团长约·维·斯大林。——俄文版编者注

火灾者购买种子和农具。

人民委员会主席　**列宁**

载于 1931 年《列宁文集》俄文版
第 18 卷　　　　　　　　　　　译自《列宁全集》俄文第 5 版
　　　　　　　　　　　　　　　第 50 卷第 369 页

18

给基涅什马苏维埃的电报

（5 月 24 日）

基涅什马

苏维埃

　　告基涅什马区全体工人书。工人同志们，产粮省份的农村富人把大量存粮隐藏起来不给挨饿的工人。这些富人愿意按昂贵的投机价格卖粮，只有城市资产阶级才买得起，贫困挨饿的居民是买不起的。富人们在搞粮食投机的同时，还极力设法把他们用粮食换到的商品拿来投机。城市资产阶级鼓吹取消粮食专卖和固定价格，主张实行粮食自由买卖。资产阶级由鼓吹转向挑拨，他们巧妙地暗中挑动饥饿的工人闹事、骚动和制造混乱，妄图把政权夺到自己手里。人民委员会正全力以赴地进行斗争，维护粮食专卖；取消粮食专卖只能使资产阶级享福，而贫穷的居民则将完全断粮。工人同志们，不要受黑暗势力的挑拨，不要为资产阶级和反革命分子效劳，他们是想借你们的手火中取栗，毁掉全部革命成果。不要用你们考虑不周的行动和擅自进行的商品交换来破坏为你们谋取粮食的艰巨工作。人民委员会现在正大规模地用商品来交换粮食，已着手派武装队伍去征集农村资产阶级的存粮。如果你们愿意帮忙，愿意协助自己的工农政权，就请有组织地行动起来：把你们当中最通晓粮食工作的人推选到苏维埃粮食机关中去工作，招募那些正直、廉洁、坚定的革命者，工农利益的忠实保卫者组成战斗队伍。要立即把反革命挑拨者和奸细抓住并送莫斯科。你们要牢记：要么我们有组织地、光荣地克服一切压在我们头上的前所未有的困难，要么一切不可避免地遭到彻底灭亡。没有第三条道路。人民委员会期待这些措施会于最近收效，请你们，工人同志们，为了拯救革命成果和争取无产阶级专政的胜利，表现出革命的坚定性和自觉性来。

人民委员会主席
弗·乌里扬诺夫（列宁）①

载于 1918 年 5 月 29 日《工农报》　　译自《列宁全集》俄文第 5 版
第 55 号　　　　　　　　　　　第 50 卷第 368—369 页

19

给亚·叶·敏金的指示

（6 月 19 日）

　　……请转告工人们，我们相信塞兹兰的冒险行动[606]很快会平

---

① 签署该电的还有粮食人民委员亚·德·瞿鲁巴。——俄文版编者注

息，请他们放心。局部的暂时疏散只是一种预防措施。当然，任何地方都会保障工人生活的。已指示卡拉库茨基厂长一旦奔萨失守，在三个月内继续按时发给工人薪金。

如果没有危险，而且有可能的话，停工期间就让工人们印刷苏维埃指定的书籍和小册子。装载疏散物资的列车暂时留在奔萨，作好一切准备，一俟你们发出信号，立即开往莫斯科。要安排好警卫工作。随时了解事态发展。奔萨一有被占的危险，列车随即开动。请设法使铁路作好列车紧急发车的准备，并注意奔萨—莫斯科一线的畅通。务使卡拉库茨基保存的钱款妥善收藏，以免落入敌人之手。

人民委员会主席　　**列宁**①

译自《列宁文集》俄文版第 39 卷
第 190 页

20

致格·瓦·契切林

1918 年 6 月 22 日

致外交人民委员
契切林同志

兹送上小型国印一枚（用于火漆加封）供使用和保存，此公函

---

① 签署该指示（打字稿）的还有尼·彼·哥尔布诺夫。——俄文版编者注

上附有该印的印鉴。

人民委员会主席

弗·乌里扬诺夫（列宁）①

译自《列宁文集》俄文版第 39 卷
第 191 页

21

给米·谢·克德罗夫的电报[607]

（6 月 26 日）

阿尔汉格尔斯克　　克德罗夫

　　疏散、卸货工作不应停顿。请告知是谁领导这项工作。信使没有来。您什么时候亲自前来报告工作，请告知。要动员一切力量加快从阿尔汉格尔斯克疏散所有货物。

列　宁②

译自《列宁全集》俄文第 5 版
第 50 卷第 370 页

---

①　签署该文献的还有尼·彼·哥尔布诺夫。——俄文版编者注
②　签署该电的还有雅·米·斯维尔德洛夫。——编者注

22

☆给莫斯科苏维埃的电话

（7月6日）

通知市区和50俄里以内郊区的各委员部：除人民委员的汽车外，只准放战斗队伍的汽车通行。扣留肃清反革命非常委员会的所有汽车，逮捕该委员会中的全体左派社会革命党人，尤其是扎克斯和亚历山德罗维奇。所属党派不明者送克里姆林宫查明。

人民委员会主席　　**列宁**

载于1942年《列宁文集》俄文版　　　　　　　译自《列宁全集》俄文第5版
第34卷　　　　　　　　　　　　　　　　　　第50卷第370页

23

☆致最高国民经济委员会主席团

（7月16日）

人民委员会今年6月20日会议通过决定，命令最高国民经济委员会会同司法人民委员部就农业机器供应一案进行侦查，此事已及时通知最高国民经济委员会。

鉴于侦查工作至今尚未结束，我命令加速工作，限一周内完成侦查。[608]

人民委员会主席

弗·乌里扬诺夫（列宁）

载于 1933 年《列宁文集》俄文版　　　　　　译自《列宁全集》俄文第 5 版
第 21 卷　　　　　　　　　　　　　　　　　第 50 卷第 370—371 页

24

给土耳其斯坦共和国
人民委员会的电报

（7 月 23 日）

塔什干　人民委员会

请报告塔什干和土耳其斯坦边疆区的政治和经济情况。必须定期向莫斯科——人民委员会报告。

人民委员会主席　列宁[①]

载于 1945 年《列宁文集》俄文版　　　　　　译自《列宁全集》俄文第 5 版
第 35 卷　　　　　　　　　　　　　　　　　第 50 卷第 371 页

---

　① 签署该电的还有瓦·尼·波德别尔斯基和瓦·弗·古比雪夫。——俄文版编者注

25

致雅·米·斯维尔德洛夫

(7 月 31 日)

中央执行委员会 　　　　　　　　　　　　　　**秘密**

斯维尔德洛夫同志

　　兹寄上人民委员会今年 7 月 30 日关于把帕拉特修配厂移交给海军人民委员部管辖的决定。鉴于此决定的实施与某些军事行动有关,故必须严加保密;此决定的实施办法由海军人民委员部决定。特此奉告。[609]

人民委员会主席

弗·乌里扬诺夫(列宁)

载于 1942 年《列宁文集》俄文版　　　　　　　译自《列宁全集》俄文第 5 版
第 34 卷　　　　　　　　　　　　　　　　　　第 50 卷第 371—372 页

26

给阿·阿·越飞的电报

(10 月 7 日)

柏林　越飞同志

　　在将巴库移交我国当局的条款未被接受之前,不同意在土耳其的议定书上签字,因为如不包括此项条款,就完全有理由怀疑土耳其同协约国达成了将巴库交给协约国的秘密协议。我们就这样公布。**610**

列　宁①

载于 1957 年《苏联对外政策文件汇编》第 1 卷

译自《列宁全集》俄文第 5 版第 50 卷第 372 页

27

收复萨马拉后发的电报

（10 月 9 日）

萨马拉已收复。伏尔加河已畅通无阻。不利用停航前不多的几天时间就是犯罪。必须尽一切努力把尽可能多的石油和粮食货物运往伏尔加河上游的深水航段。一切措施如不极严格地集中,各地如不准确执行中央的命令,要完成上述任务是不可能的。据此,人民委员会决定并命令坚决遵行如下各点:

（1）各团体手中的一切水上工具和运输工具,应立即按隶属关系分别转归**水运总管理局**和**石油总委员会**掌握。（这项措施不适用于已经编入伏尔加河区舰队的船只和水上工具。）

（2）从前授予各团体、机关和个人的征用伏尔加河船只和水上工具的权利,现予取消。今后,为军事目的征用水上工具,每次均须经共和国革命军事委员会特别批准。

---

①　签署该电的还有雅·米·斯维尔德洛夫。——编者注

(3)命令各方面军司令、肃反委员会以及苏维埃立即采取严格措施,确保船只畅行无阻,确保货物在途中绝不遭到抢劫和扣留。

(4)伏尔加河的全部运油船队和停置在伏尔加河上的石油货物专由石油总委员会掌握。(受电地址:莫斯科,**石油总委员会**。)兹命令各行政机关(军事机关和前线指挥机关也不例外)无条件地执行**石油总委员会**有关调运石油货物的一切命令和**水运总管理局**有关船只的一切命令。

(5)整个伏尔加河上的石油货物均由**石油总委员会会务委员塔尔维德**同志直接负责调配;他及其代表发布的有关石油的一切命令,各行政机关必须绝对服从。

(6)以前发布的有关征用、禁运石油等等的决定,只有在同**石油总委员会**的命令不相抵触的情况下才继续有效。

(7)**人民委员会**在严格说明上述各点的同时,决定把违抗本决定者(不分职务和党派)送交军事革命法庭审判。命令**石油总委员会、水运总管理局和粮食人民委员部**的各地代表把地方行政机关破坏中央机关有计划的工作的一切活动迅速上报莫斯科。各肃反委员会立即派出人员负责送交法庭审判和执行判决的工作。

(8)**人民委员会**本决定的内容,必须告知各地的一切执行机关和负责人员。

人民委员会主席　**列宁**

1918 年 10 月 9 日

于莫斯科克里姆林宫

载于 1918 年 10 月 13 日《全俄中央执行委员会消息报》第 223 号

译自《列宁全集》俄文第 5 版第 50 卷第 372—374 页

28

给各级苏维埃和
粮食委员会的电报

（10 月 14 日）

致各级苏维埃和粮食委员会

当前又多次出现苏维埃擅自抢夺粮食人民委员部发运的粮食货物的事件。这种情况从根本上破坏有计划地向饥饿的俄罗斯供应粮食的工作，必须彻底杜绝。根据 5 月 13 日的法令[611]，兹公开宣布，凡参与这些抢夺活动的罪犯，将立即递解莫斯科交军事革命法庭审判。

人民委员会主席　**列宁**[①]

载于 1931 年《列宁文集》俄文版　　　　　　译自《列宁全集》俄文第 5 版
第 18 卷　　　　　　　　　　　　　　　　第 50 卷第 374 页

---

① 签署该电的还有粮食人民委员，由尼·巴·布留哈诺夫代签。——俄文版编者注

29

给约·约·瓦采季斯和
卡·克·达尼舍夫斯基的电报[612]

(10 月 15 日)

阿尔扎马斯

共和国革命军事委员会

瓦采季斯、达尼舍夫斯基

兹命令采取最紧急的措施援助察里津。报告执行情况。

列　宁①

载于 1936 年《党的工作者》杂志　　　　　　译自《列宁全集》俄文第 5 版
(斯大林格勒)第 16—17 期合刊　　　　　　第 50 卷第 375 页

30

给乌拉尔国民经济委员会的电报

(10 月 28 日)

彼尔姆　乌拉尔国民经济委员会

抄送：乌索利耶　执行委员会

乌索利耶　别列兹尼基工厂管理处

兹命令别列兹尼基工厂根据最高国民经济委员会的决定[613]

---

① 签署该电的还有雅·米·斯维尔德洛夫。——编者注

立即开始筹建镭提炼厂。所需经费已由人民委员会拨给。该项工作应在化学工程师博哥亚夫连斯基负责指挥下进行，命令给予他充分协助。

人民委员会主席　列宁[①]

载于 1945 年《列宁文集》俄文版第 35 卷

译自《列宁全集》俄文第 5 版第 50 卷第 375 页

31

给 A. И. 考尔的电报

（11 月 11 日）

图拉　省粮食委员会　考尔

抄送：省执行委员会　卡敏斯基

　　立即在图拉苏维埃机关报上公布以下命令：第一，粮食事务特派员施利希特尔迄今发布的一切命令，人民委员会均予确认，应无条件地执行。第二，图拉省执行委员会和图拉省粮食委员会发布的命令，凡与施利希特尔同志的命令相抵触者，一律撤销。凡违抗施利希特尔命令者，将送交军事革命法庭审判。第三，根据人民委员会的法令，只有施利希特尔一人是驻图拉省粮食事务特派员，其他任何人都无权使用这一职称。凡涉及粮食和运输的一切问题，

[①]　签署该电的还有最高国民经济委员会化学局局长列·雅·卡尔波夫和最高国民经济委员会科学技术局局长尼·彼·哥尔布诺夫。——俄文版编者注

施利希特尔有全权处理,各苏维埃机关和社会团体一律由他指挥。第四,本命令应立即电告各县执行委员会和各县粮食委员会知照并予执行。

人民委员会主席　**列宁**①

译自《列宁文集》俄文版第 39 卷
第 197 页

32

给西方面军革命军事委员会的电报

(11月19日)

电　报

斯摩棱斯克　西方面军革命军事委员会

抄送:苏维埃　疏散事务中心小组

你们在第 191 号来件中报告说,在德军撤出地区收集全部财产的工作,由西方面军供给工作负责人所属委员会承担,你们已将斯摩棱斯克疏散事务中心小组划归西方面军供给工作负责人领导。这种做法是根本违反人民委员会 4 月 19 日法令⁶¹⁴的,应立即纠正。至于军用仓库以外的财产的收集、登记和保管工作,根据人民委员会 11 月 2 日的法令⁶¹⁵,已指派红军供给非常委员会负

---

① 签署该电的还有尼·巴·布留哈诺夫。——俄文版编者注

责。该委员会经与全俄疏散非常委员会商定,将上述任务交给了各地疏散事务中心小组完成。因此,收集、登记和保管德军撤出地区内遗留财产的领导机构,是斯摩棱斯克疏散事务中心小组。该中心小组已增补了几名新的成员,力量得到加强。你们务必同斯摩棱斯克疏散事务中心小组保持密切联系,给它以大力协助。该中心小组是根据红军供给非常委员会通过全俄疏散非常委员会下达的指示工作的。为了切实指导西部地区各机构完成上述任务,人民委员会疏散事务特派全权代表助理格罗曼于 19 日前往斯摩棱斯克。

亲笔签名:

人民委员会主席　**列宁**[1]

11 月 19 日

译自《列宁文集》俄文版第 39 卷第 198 页

33

致德·伊·库尔斯基

1918 年 11 月 25 日

致司法人民委员

在尼古拉-乌格列什斯基修道院举行祈祷仪式时,有一伙人闯

---

① 签署该电的还有列·波·克拉辛和米·康·弗拉基米罗夫。——俄文版编者注

入该院，侮辱前莫斯科都主教、80 岁长老马卡里，并有其他一些违法行为。兹命令您立即派人对这起令人愤慨的案件进行最严密的司法侦查。侦查经过情况请向我报告。**616**

附件：(1)大主教吉洪给人民委员会主席的信函副本。

(2)前莫斯科都主教马卡里的信函摘录。

人民委员会主席

弗·乌里扬诺夫（列宁）①

译自《列宁文集》俄文版第 39 卷
第 199 页

34

给下诺夫哥罗德省粮食局的电报

（11 月 29 日）

下诺夫哥罗德　省粮食局

抄送：无线电实验室主任

列辛斯基

鉴于无线电实验室正在进行重要工作，请不要拖延发给粮食。**617**

人民委员会主席　　**列宁**

载于 1945 年《列宁文集》俄文版
第 35 卷

译自《列宁全集》俄文第 5 版
第 50 卷第 376 页

---

①　签署该文献的还有弗·德·邦契-布鲁耶维奇。——俄文版编者注

35

给下诺夫哥罗德省军事委员的电报

（11月29日）

　　　　　下诺夫哥罗德　省军事委员
　　　　　　抄送：无线电实验室主任
　　　　　　列辛斯基

　　准予按士兵口粮标准售给无线电实验室职员口粮。

　　　　　　　　人民委员会主席　**列宁**

载于1945年《列宁文集》俄文版　　　　译自《列宁全集》俄文第5版
第35卷　　　　　　　　　　　　　第50卷第376页

36

给下诺夫哥罗德国民经济委员会的电报

（11月29日）

　　　　　下诺夫哥罗德　国民经济委员会
　　　　　　抄送：实验室主任列辛斯基

　　尽快使无线电实验室领到必需的建筑材料。工作紧急而重要。

人民委员会主席　**列宁**

载于 1945 年《列宁文集》俄文版　　　　　　译自《列宁全集》俄文第 5 版
第 35 卷　　　　　　　　　　　　　　　　第 50 卷第 377 页

37

给最高国民经济委员会的命令

1918 年 11 月 30 日

致最高国民经济委员会

从最高国民经济委员会掌管的仓库中拨发必要的电机设备材料,须凭无线电实验室主任和无线电技术委员会主席签署的申请。

人民委员会主席[①]

译自《列宁文集》俄文版第 39 卷
第 200 页

---

① 该命令(打字稿)是由人民委员会秘书莉·亚·福季耶娃代签的。——俄文版编者注

38

给萨马拉地区乌克兰人的电报[618]

（12月17日）

萨马拉　省军事委员会转萨马拉地区乌克兰人
抄送：谢尔普霍夫　瓦采季斯

对于萨马拉地区乌克兰人的来电，我们认为必须答复如下：鉴于乌克兰志愿参军者源源不绝，乌克兰本地动员起来的人很多尚未得到武器，乌克兰工农政府认为无须再把俄罗斯的乌克兰人编组起来派往乌克兰。我们在通知这一点的同时，以人民委员会的名义命令不要再把乌克兰人的部队派往乌克兰。

列　宁①

载于1942年《列宁文集》俄文版
第34卷

译自《列宁全集》俄文第5版
第50卷第377页

---

①　签署该电的还有约·维·斯大林。——俄文版编者注

39

给约·约·瓦采季斯的电话

（12月23日）

谢尔普霍夫

瓦采季斯总司令

国防委员会查询：

（1）据说大约两星期以前在巴拉绍夫地区的战斗中我们的部队在两三天内将25—30门火炮留给了敌人。此事是否属实？如果属实，那么您在查办罪犯和防止发生类似现象方面采取了哪些措施？

（2）据说两星期以前您下令收复奥伦堡，此事是否属实？如果属实，那么这项命令为什么没有执行？

（3）彼尔姆地区的我军部队要求中央火速支援，在巩固我军部队在该地区的阵地方面采取了哪些措施？

国防委员会等待您对这些问题的答复。

国防委员会主席

弗·乌里扬诺夫（列宁）

载于1927年2月23日《真理报》
第44号

译自《列宁全集》俄文第5版
第50卷第378页

1919 年

40

给列·达·托洛茨基的电报

（1月2日或3日）

急电

库尔斯克

共和国革命军事委员会主席托洛茨基，

或发往他的所在地

从高加索方面军参谋长第 4873 号战报得悉，克拉斯诺夫分子占领了萨列普塔以南伏尔加河岸赖哥罗德，从而，第一，威胁了我们从弗拉基米罗夫卡运往察里津的军用货物，第二，威胁了阿斯特拉罕—萨拉托夫一线的完整。请采取措施。从同一号战报得悉，由四艘战舰组成的英国舰队曾炮轰阿斯特拉罕南面的旧捷列克，焚毁我两艘驳船，劫走我"阿列斯克尔"号医院船及船上全体医务人员，之后竟安然离去。我们的舰队哪里去了？在干什么？

人民委员会主席　**列宁**

载于 1937 年 1 月 21 日《真理报》第 21 号

译自《列宁全集》俄文第 5 版第 50 卷第 378—379 页

41

给东方面军革命军事委员会的电报[619]

（1月3日）

布古利马　第5集团军司令

阿尔扎马斯　东方面军革命军事委员会

迅速查明苏维埃负责干部瞿鲁巴、布留哈诺夫、埃利钦、尤里耶夫、杜德金、阿尔汉格尔斯基家属的下落。需要时请给他们以必要的帮助。查明后立即详细电告。上述人员的妻子和姐妹曾在乌法被宣布为人质。白卫分子曾威胁要带走她们。布留哈诺夫家住在普希金街49号，瞿鲁巴家住在伊利因斯卡亚街81号。

人民委员会主席　**列宁**①

译自《列宁文集》俄文版第37卷
第118页

---

①　签署该电的还有交通人民委员弗·伊·涅夫斯基。——俄文版编者注

42

给里海—高加索方面军革命军事委员会、阿斯特拉罕省执行委员会和俄共（布）省委的直达电报

（1月8日）

阿斯特拉罕

　　施略普尼柯夫　省执行委员会
　　共产党省委

　　同党的委员会冲突是不允许的。请采取一切措施同心协力地工作。所有党员，不论职位高低，都应参加当地组织。党的委员会不应干预直接隶属于中央的机关的活动。它只有向中央委员会提出自己意见的权利。全部地方工作都由党的中央机关指导。对某个具体问题的干预，可从内部或者受中央委员会的专门委托来进行。同省执行委员会亦应建立类似的关系。只有在其不执行法令和违反中央当局的决定时，才可以进行直接的干预。必须十分注意分寸，冲突才不至于发生。关于必须对军事机关进行彻底清洗的空泛议论是没有价值的。对一些事实和一些人提出具体意见来，我们将予以注意。[620]

列　宁[①]

载于1942年《列宁文集》俄文版　　　　　　译自《列宁全集》俄文第5版
第34卷　　　　　　　　　　　　　　　　第50卷第379—380页

---

　　①　签署该电的还有雅·米·斯维尔德洛夫，由列宁代笔。——俄文版编者注

43

给库恩·贝拉的电报

(4月5日)

布达佩斯　库恩·贝拉

现将我们今天发给皮雄的关于同法国交换战俘问题的电报[621]抄发给您。

我方以曼努伊尔斯基为首的红十字会工作组已去法国安排我方人员的遣返工作,但受到了阻挠。我们曾答应,如果我方在法人员的遣返工作能够得到安排并顺利进行,我们就遣返留在我国的法国军职人员。法国政府阻挠曼努伊尔斯基的工作组安排这一工作。现有35 000名俄国士兵在法国、非洲和萨洛尼卡,法国现在只想遣返900人,他们搪塞说其余部分以后尽可能遣返,但法国却要求我们立即把法国人全部放回国去。

虽然对遣返工作尚未作任何进一步安排,法国却想使曼努伊尔斯基的代表团同900名俄国士兵一起离开法国。法国想得到一切,但几乎什么也不给就想把曼努伊尔斯基打发走。

我们还获悉,留在法国拒绝加入军队的我国士兵遭到最骇人听闻的迫害,而曼努伊尔斯基又被禁止同他们建立任何联系。

我们拒绝在这种情况下遣送法国人回国。这就是要抄发给您的我那份电报的内容。法国人将会大喊大叫并向美国人胡诌种种

令人厌恶的谎言。请将我方照会的副本交美国代表以便转给他的
政府。

列　宁

载于 1958 年《苏联对外政策文件
汇编》第 2 卷

译自《列宁全集》俄文第 5 版
第 50 卷第 380—381 页

44

给克尼亚吉宁县土地局的电报[622]

(4 月 8 日)

克尼亚吉宁　县土地局
抄送:伊恰尔基
克尼亚吉宁县第二扎皮扬斯科耶共耕社

　　无论采取任何强迫农民向共同耕种土地过渡的措施都是不允
许的。违者将受到革命法律的严惩。

人民委员会主席　列宁[①]

载于 1942 年《列宁文集》俄文版
第 34 卷

译自《列宁全集》俄文第 5 版
第 50 卷第 381 页

---

　　① 　签署该电的还有农业人民委员谢·帕·谢列达。——俄文版编者注

45

给克·格·拉柯夫斯基的电报[623]

（4 月 15 日）

基辅　乌克兰人民委员会主席
抄送：乌克兰陆军人民委员

　　根据共和国对疗养事业的新安排，为了向北方的在战争和劳动中受伤致残者、疲惫不堪的红军战士和精力衰竭的工人提供治疗和休息的疗养地，必须采取紧急措施保护红军收复的南方疗养地。

　　请立即给正在俄国南方和塔夫利达半岛作战的各部队的首长下令：要采取最严厉的措施保护俄国南方和克里木半岛（敖德萨、露天码头、别尔江斯克、莫伊纳克、萨基、叶夫帕托里亚、塞瓦斯托波尔、巴拉克拉瓦、雅尔塔、阿卢普卡、古尔祖弗、阿卢什塔、费奥多西亚、刻赤等地）疗养区的医疗设备、建筑物、用具、花草树木、材料和储存物资免遭破坏和盗窃。

人民委员会主席　列宁[①]

载于 1959 年《列宁文集》俄文版
第 36 卷

译自《列宁全集》俄文第 5 版
第 50 卷第 381—382 页

---

①　签署该电的还有卫生人民委员尼·亚·谢马什柯。——俄文版编者注

46

给卡卢加省执行委员会的电报[624]

（4 月 19 日）

卡卢加　省执行委员会

抄送：莫萨利斯克　县执行委员会

立即调查没收莫萨利斯克县斯帕斯–杰缅斯克国民教师布雷金的双亲财产的原因。调查拉津基村政治委员西尼岑的行为。调查结果向我本人报告。

人民委员会主席　**列宁**

载于 1945 年《列宁文集》俄文版
第 35 卷

译自《列宁全集》俄文第 5 版
第 50 卷第 382 页

47

给弗·伊·塔涅耶夫的保护证书[625]

1919 年 4 月 26 日

给弗拉基米尔·伊万诺维奇·**塔涅耶夫**公民的
保护证书

根据人民委员会 1919 年 3 月 25 日的决定，特向弗拉基米尔·伊万诺维奇·**塔涅耶夫**公民颁发此保护证书。他现年78岁，多年从事学术工作，据卡尔·马克思证明，他是"人民解放的忠实朋友"①。

弗拉基米尔·伊万诺维奇·塔涅耶夫公民有权利用人民委员会图书馆，所有其他国立图书馆应对他的科学研究工作予以大力协助。各级苏维埃政权应协助弗拉基米尔·伊万诺维奇·塔涅耶夫公民保护他本人及其家属、住宅和财产。各铁路和航运当局在弗拉基米尔·伊万诺维奇·塔涅耶夫公民于俄罗斯社会主义苏维埃共和国境内旅行时，应尽可能协助他及其家属得到车（船）票和座位。

人民委员会主席

弗·乌里扬诺夫（列宁）

载于1945年《列宁文集》俄文版　　　　　译自《列宁全集》俄文第5版
第35卷　　　　　　　　　　　　　　　　第50卷第383页

48

给梁赞—乌拉尔铁路委员的电报

（5月5日）

萨拉托夫　梁赞—乌拉尔铁路人民委员

请向以忘我的劳动在短期内把被工农的敌人沉没的乌韦克河

铁路轮渡打捞上来、修理好并投入使用的全体工人和职员同志转达热烈的谢意,感谢他们为加速苏维埃政权的彻底胜利所进行的劳动。

工农国防委员会主席　列宁①

载于1942年《列宁文集》俄文版　　　　　译自《列宁全集》俄文第5版
第34卷　　　　　　　　　　　　　　　　第50卷第383—384页

49

给彼得格勒防卫委员会的电报⁶²⁶

（5月13日）

彼得格勒　防卫委员会　季诺维也夫

为了弄清彼得格勒的情况,国防委员会命令你们对下列问题作详细答复:根据什么理由决定疏散彼得格勒及其郊区的某些工厂,是谁下令和为什么下令沉没船只,已经动员的工人总数和留在工厂的工人总数有多少,动员起来的人是否都已真正用于防卫需要,为什么要委派政治委员到各国营工厂去,是不加区别地实行了征兵还是遵守了中央政权的决定。国防委员会暂时保留彼得格勒的戒严状态,并通知你们:彼得格勒防卫委员会的措施必须通知中

---

　　①　签署该电的还有交通人民委员列·波·克拉辛。——编者注

央政权,必要时须经中央政权的同意才能实行。[627]

国防委员会主席　列宁

载于 1941 年在莫斯科出版的　　　　　　　译自《列宁全集》俄文第 5 版
《1919 年彼得格勒英雄保卫战　　　　　　　第 50 卷第 384 页
文件汇编》

50

给谢·阿·格佐夫的电报[628]

(5 月 16 日)

哈尔科夫　煤炭总委员会　格佐夫

抄送:巴扎诺夫

哈尔科夫　红军供给非常委员会主席

博格达齐扬或谢列布罗夫斯基

基辅　红军供给非常委员会主席博格达齐扬

基辅　陆军人民委员波德沃伊斯基

托洛茨基、加米涅夫,发往他们的所在地

由于目前前线的局势,完全停止动员顿巴斯工人是决不允许的。国防委员会考虑到顿涅茨煤田的特殊重要性,因此决定只停止动员采煤工人,甚至包括目前由于某些原因暂时不在采煤的那些企业中的采煤工人。保留采煤工人,至少能够预防煤炭工业彻底崩溃,在特殊情况过去后能重新恢复煤的开采。在免除征兵方面不得有任何其他优待。

国防委员会主席　**列宁**

载于 1925 年《无产阶级革命》杂志　　　　译自《列宁全集》俄文第 5 版
第 6 期（总第 41 期）　　　　　　　　　第 50 卷第 385 页

51

致阿富汗国王阿曼努拉汗[629]

（5 月 27 日）

　　以自由独立的阿富汗民族的名义向俄国人民致敬并通告陛下登基的第一封信已收悉,我们谨以工农政府和全体俄国人民的名义匆草复信,向独立的、英勇捍卫其自由免遭外国奴役者侵犯的阿富汗人民致敬。对于陛下于 1919 年 2 月 21 日登基,我们谨表贺忱。

　　确实,工农政府使俄罗斯共和国各族人民获得了平等和自由,而且正如您所说,确立了国际主义原则,宣布联合所有的劳动者反对剥削者。

　　阿富汗人民仿效俄国榜样的愿望将成为阿富汗国家巩固和独立的最好保证。

　　对于陛下想同俄国人民建立亲密关系的意图,我们表示欢迎,并请您派出正式代表前来莫斯科,而我们也下令派工农政府的代表前往喀布尔,请陛下晓谕各级政权机关迅速放行。两大民族之间建立持久的外交关系,将为相互援助反对外国强盗对别国自由和财富的任何侵犯开辟广泛的可能性。

在向阿富汗各族人民寄奉第一封致敬信时,我们感到不胜荣幸,请陛下接受我们代表贵国人民的朋友所表示的友好问候。

俄罗斯社会主义联邦苏维埃

共 和 国 人 民 委 员 会 主 席　　**列宁**①

载于1919年6月14日《俄罗斯
苏维埃联邦土耳其斯坦共和国中央
执行委员会和塔什干工兵农代表
苏维埃消息报》第121号

译自《列宁全集》俄文第5版
第50卷第385—386页

52

给南方面军革命军事委员会的电报

(6月3日)

致南方面军革命军事委员会

顿河州科捷利尼科沃区革命委员会第27号命令规定将"哥萨克村"改为"乡",据此将科捷利尼科沃区划分为若干乡。

该州的一些区里,地方政权禁止裤子镶饰绦,并且不许使用"哥萨克"这个词。

第9集团军罗加乔夫同志不加区别地征用哥萨克劳动者的马

---

① 签署该文献的还有工人、农民、哥萨克和红军代表苏维埃全俄中央执行委员会主席米·伊·加里宁。——编者注

具和车辆。

在该州许多地方，农民买卖日常必需品的地方集市遭到禁止。奥地利战俘被任命为哥萨克村的政治委员。

请注意，在破除那些政治上完全没有意义而又会引起居民不满的琐碎的日常生活习惯时，必须特别谨慎。在基本问题上一定要坚持原则，对居民所习惯的一些古老风俗残余则要迁就、宽容。

请回电。

人民委员会主席　**列宁**

载于 1942 年《列宁文集》俄文版　　　　　　　译自《列宁全集》俄文第 5 版
第 34 卷　　　　　　　　　　　　　　　　　　第 50 卷第 387 页

53

在约·维·斯大林的电报上作的批注

（6 月 16 日）

送中央组织局
　并**存档**。

清洗人员。

??? 红丘炮台是
从**陆地**攻占的。

继红丘炮台之后又占领了灰马炮台，两个炮台的火炮都完整无损。现在正迅速检查全部炮台和要塞。

海军专家们硬说，从海上攻占红丘炮台是违背海军科学的。我只能为这种所谓科学悲叹。红丘炮台所以能迅速占领，是由于我和一般非军事人员极粗暴地干预了作战事务，甚至撤销了海军和陆军的命令而强迫贯彻我自己的命令。

我认为有责任声明,我今后将继续这样行动,虽然我非常敬重科学。

斯大林

6 月 16 日 14 时①

载于 1959 年《列宁文集》俄文版第 36 卷

译自《列宁全集》俄文第 5 版第 50 卷第 389 页

54

给 С.Д. 武尔弗松的电报

(6 月 20 日)

辛菲罗波尔

粮食人民委员武尔弗松

鉴于大俄罗斯的粮食情况困难,供应儿童,特别是有病儿童的食品严重匮乏,兹命令把克里木现有的全部水果罐头以及干酪发往粮食人民委员部,专供大俄罗斯北方地区有病儿童食用。速报执行情况。

国防委员会主席 **列宁**②

载于 1942 年《列宁文集》俄文版第 34 卷

译自《列宁全集》俄文第 5 版第 50 卷第 388 页

---

① 斯大林的电报见《斯大林全集》第 4 卷第 232 页。——编者注

② 签署该电的还有粮食人民委员亚·德·瞿鲁巴。——俄文版编者注

55

给克里木人民委员会的电报

（6 月 24 日）

辛菲罗波尔　人民委员会

抄送：**阿卢普卡**　阿卢普卡执行委员会

已故地质学家穆什凯托夫曾为俄国地质科学的研究作出过很大贡献，其遗孀住在阿卢普卡市滨海街 15 号梅杰别墅的一个房间里。据说，现在要强迫她迁出。如果可能的话，请撤销迁出决定，或者提供另一处完全合适的住房。

人民委员会主席　**列宁**

载于 1933 年《列宁文集》俄文版第 24 卷　　　　　　　　译自《列宁全集》俄文第 5 版第 50 卷第 388 页

注　释

1 这个文献与下一个文献是在苏维埃政权建立后最初几天,在平定克伦斯基—克拉斯诺夫反革命叛乱过程中写的。1917 年 10 月 27 日和 28 日(11 月 9 日和 10 日),叛乱分子占领了加契纳和皇村,直接威胁彼得格勒。

　　安·伊·弗罗洛夫是在参加了全俄工兵代表苏维埃第二次代表大会以后暂时留在彼得格勒的。列宁给他的命令写在彼得格勒苏维埃军事革命委员会命令的背面。军事革命委员会的命令要求弗罗洛夫率队夺取米哈伊洛夫炮兵学校士官生的火炮和军械库中贮存的枪支,然后作好充分战斗准备,立即沿莫斯科公路迎击叛军。——1。

2 列宁的这个命令写在彼得格勒苏维埃军事革命委员会给赤卫队司令部的命令上面。军事革命委员会在命令中要求赤卫队司令部给皇村附近阵地普尔科沃司令部提供汽油,派去 4 个炮兵连、3 辆汽车、若干台军用电话机和一些脚踏车兵或摩托兵,要求向莫斯科公路上的伊兹迈洛夫团团部提供汽油、1 辆汽车、2 个炮兵连、挖战壕的工兵、摩托或脚踏车通信联络人员以及当地地图,还要求建立"指挥整个战役的联合司令部"和组织赤卫队的粮食供应工作。——1。

3 指俄国社会民主工党(布)彼得格勒委员会在建立"从布尔什维克到人民社会党人"各种党派和团体都有代表参加的所谓"清一色的社会党人政府"的问题上反对妥协的决议。孟什维克和社会革命党人要求建立这样的政府,妄想在这个政府中占据领导地位。俄国社会民主工党(布)部分中央委员——列·波·加米涅夫、格·叶·季诺维也夫、阿·伊·李可夫及其为数不多的追随者支持孟什维克和社会革命党人的这个主张,反对中央委员会一贯的原则立场。1917年11月2日(15日),布尔什维克党中央委员会举行会议,通过了关于中央内部反对派问题的决议,坚决谴责投降派的右倾机会主义的妥协立场(见本版全集第33卷第44—46页)。这里收载的便条是列宁在中央委员会的这次会议上写的。

党的彼得格勒委员会举行会议,宣读了列宁的便条。彼得格勒委员会在其通过的关于当前形势的决议中声明,工兵农代表苏维埃政府应当是无产阶级共和国的政府,苏维埃政权的任务是实现布尔什维克提出的革命纲领,任何偏离这个纲领的做法都是不能容许的。这个决议报给了党中央委员会。

投降派无视中央委员会的决议,继续进行其反对党的政策的活动。11月3日(16日),中央委员会向持反对立场的少数派提出最后通牒,要求他们完全服从中央委员会的决定(见本版全集第33卷第47—49页)。但是妥协派拒绝服从党的纪律,退出了中央委员会和人民委员会。中央委员会谴责了这些逃兵(见本版全集第33卷第70—75页)。政府成员中补充了一些忠于党和工人阶级事业的新人。——5。

4　为了加强正在组建中的苏维埃政权中央机关的干部队伍,党中央委员会认为必须从其他城市调一些同志到彼得格勒工作。主张建立有孟什维克和社会革命党人参加的"清一色的社会党人政府"的反对派退出了中央委员会和人民委员会(见注3)之后,这个问题就变得更加紧迫。

列宁写这封信时,亚·格·施利希特尔担任莫斯科军事革命委员会粮食委员。

后来,施利希特尔在谈到这封信时写道,他没有及时去彼得格勒,并不是由于他的过错。他在列宁来信前几天接到过一个通知,其中并没有要他去彼得格勒的具体指示。施利希特尔写道,他一接到列宁的信马上就去彼得格勒了。——5。

5　列宁的这份电报是对H.苏马罗科夫1917年11月8日(21日)上告的答复。苏马罗科夫上告说,他在奥廖尔省姆岑斯克县扎罗希村一处租来的宅园遭到农民的洗劫,他请求下令归还他的财物并把采取的措施告诉他。——6。

6 这里说的是农民 Ф.Ф.奥布拉兹佐夫。他作为特维尔省韦谢贡斯克县 4 个乡农民的代表受到了列宁的接见。列宁向他了解农民的生活情况，并建议他回县汇报后来彼得格勒工作。一星期后，列宁同从特维尔省返回的奥布拉兹佐夫再次谈话，并写了这里收载的便条。

列宁在便条上方注明："二楼 39 室"。雅·米·斯维尔德洛夫 1917 年 11 月 8 日（21 日）当选为全俄中央执行委员会主席后便在斯莫尔尼的这个房间里工作。——7。

7 指征用酒库时封存的酒和酒精。军事革命委员会 1917 年 11 月 9 日（22 日）会议通过如下决定："将征用的酒（3 万桶）运往国外。"——7。

8 这封信是列宁对"美、法、英工人报刊国际通讯协会"代表、当时驻彼得格勒的罗马尼亚记者尼·杜·科恰的来信的答复。科恰以协会的名义请他回答有关苏维埃政府对外对内政策的问题："（1）人民委员政府是否仍将继续大力推行其以往的对内政策和开展其争取和平的国际活动？（2）现政府为了在俄国建立社会主义制度，计划进行哪些重大改革？（3）立宪会议召开之后，人民委员政府是否像在宪制国家那样对它负责？（4）您是否认为俄国提出的和平主张会结束全世界的军国主义？（5）您想什么时候以何种方式开始复员俄国军队？（6）您是否认为在目前欧洲状况下能彻底实现社会主义？"

科恰收到列宁的信后，复信保证完全接受列宁提出的条件。列宁在科恰的这封信上注明："1917 年 11 月 10 日已复。"列宁对上述问题的答复未找到。——8。

9 马·亚·萨韦利耶夫当时主持《真理报》编辑部，同时还受命参加最高经济会议的筹备工作。——9。

10 这份电报是列宁对 1917 年 11 月 18 日（12 月 1 日）晚上波多利斯克苏维埃来电的答复。来电请求颁布一项有关解散市自治机关的法令，因为这些机关"与人民群众的情绪不相适应"。——11。

11 这个指示是列宁在阅读彼得格勒通讯社的一条消息后写的。消息说，西南方面军司令 Н.Г.沃洛琴科将军颁布一项反对前线部队与德奥士兵联欢的命令。——11。

12 这份电报是列宁给莫斯科工兵代表苏维埃主席团的答复。莫斯科苏维埃主席团请求人民委员会确认关于任命帕·卡·施特恩贝格为省政治委员的决定。——12。

13 这里说的是反革命临时政府统治时期被捕的布尔什维克和左派社会革命党人。1917 年 11 月 17 日（30 日）彼得格勒苏维埃军事革命委员会讨论过立即释放他们的问题。为了执行列宁这份电报中的指示，军事革命委员会派代表去基什尼奥夫。——13。

14 1917 年 11 月 22 日（12 月 5 日），人民委员会通过了一个关于法院的法令，第二天在《真理报》上公布。11 月 24 日（12 月 7 日），彼得格勒工兵代表苏维埃会议为此讨论了法院的问题。会议通过决议，拥护关于法院的法令，并制定了贯彻该法令的实际措施。各区苏维埃受命立即着手进行地方法官的选举工作。——14。

15 这张便条是列宁在接见了奥伦堡—塔什干铁路总委员会主席 И.Е.格尔曼和布祖卢克军事革命委员会主席 П.Г.别宾后写的。格尔曼和别宾被派到彼得格勒来是为了请求拨武器给奥伦堡铁路员工。列宁向他们询问了平定杜托夫叛乱的进展情况和奥伦堡地区的局势。

亚·伊·杜托夫是奥伦堡哥萨克军的阿塔曼。十月革命后，杜托夫发动哥萨克反革命部队进行反苏维埃的叛乱，得到巴什基尔和哈萨克的资产阶级民族主义分子的支持。1917 年 11 月 14 日（27 日）杜托夫占领奥伦堡，切断了中亚与苏维埃俄国的联系，进而威胁乌拉尔和伏尔加河流域的工业中心。大批赤卫队前往镇压杜托夫叛乱。老党员彼·阿·科博泽夫任特派员。1918 年 1 月 18 日（31 日），苏维埃军队收复奥伦堡。杜托夫率残部逃往草原。1918 年 5 月捷克斯洛伐克军发动叛乱后，杜托夫叛军再次活跃起来，并加入了高尔察克军队。1919 年被彻底击溃。——17。

16　这份电报是列宁对谢缅尼克来电的答复。谢缅尼克在来电中请求"寄给一份根据全俄第二次代表大会通过的法律无偿夺取地主的马匹、饲料和粮食的条例"。——18。

17　全俄立宪会议选举委员会是资产阶级临时政府任命的。十月革命后，该委员会采取极端敌视苏维埃政府的立场。人民委员会要求它呈报为了在指定日期即1917年11月12日（25日）进行立宪会议选举而采取的措施以及前线和后方的选举进度，都遭拒绝。11月23日（12月6日），委员会中的反动成员被逮捕。同日，人民委员会委任莫·索·乌里茨基为驻全俄立宪会议选举委员会特派员。11月27日（12月10日），根据列宁的命令，被捕的立宪会议选举委员会委员获释。

　　但是，该委员会在其成员被释放后于11月28日（12月11日）举行的第一次会议上就拒绝同苏维埃政府特派员合作。因此，人民委员会于11月29日（12月12日）通过决定，解散该委员会。——18。

18　指塔夫利达宫。——19。

19　列宁被列入俄国社会民主工党（布）中央委员会参加立宪会议的下述5个选区的候选人名单：彼得格勒——首都区、彼得格勒省、乌法、波罗的海舰队和北方面军。此外，列宁还被提名为莫斯科立宪会议代表的候选人。立宪会议选举于1917年11月12日（25日）举行。全俄立宪会议选举委员会11月27日（12月10日）吁请在几个选区同时当选的立宪会议成员递交书面声明，说明他们接受哪个选区的选举。列宁同时在几个选区当选，因此也需要递交这样的声明。

　　莫·尤·科兹洛夫斯基为回答列宁的问题，在便条的背面写道，已当选的立宪会议候选人的名字，非经本人同意不得从名单中勾掉。他还指出，根据立宪会议选举条例规定，同时在几个选区当选的候选人在三日内如不声明他接受哪个选区的选举，则被认为是他得票多的那个选区选出来的。

　　11月28日（12月11日），列宁给全俄立宪会议选举委员会写了声明，请求把他算做波罗的海舰队选出的代表（见本卷第25、27号文献）。——19。

20 十月革命后,乌拉尔矿业公司董事会抗拒工人对企业的监督,停止给工厂汇款。乌拉尔企业情况危急,工人一连几个月拿不到工资。乌拉尔区域工兵代表苏维埃派遣其成员维·沃罗比约夫去彼得格勒向人民委员会报告乌拉尔的情况,要求妥善解决工人的工资问题。沃罗比约夫向雅·米·斯维尔德洛夫作了详细汇报。斯维尔德洛夫建议沃罗比约夫同他一起去见列宁,汇报乌拉尔工业的情况以及工人的情绪。列宁在与沃罗比约夫谈话后,为他写了这封信。

　　1917年12月23日(1918年1月5日),人民委员会决定火速汇给国家银行乌拉尔分行500万卢布,并在1918年1月1日(14日)以前再汇去5 000万卢布。

　　乌拉尔区域工兵代表苏维埃1918年1月查封了设在叶卡捷琳堡的乌拉尔矿主会议常务委员会。1917年12月底到1918年初,乌拉尔的重要企业均收归国有。——24。

21 1917年12月5日(18日)奥斯特罗戈日斯克县苏维埃主席Π.B.克留柯夫请示列宁,应如何处理原地主庄园中的贵重物品。这份电报是对上述请示的答复。——24。

22 1917年11月和12月,彼得格勒多次发生反革命分子策划的抢劫酒库和商店的暴行。

　　布尔什维克党和苏维埃政府进行了大量工作来反对这种暴行,维持彼得格勒的革命秩序和肃清那里的反革命分子。彼得格勒工兵代表苏维埃成立了反暴行委员会。格·伊·布拉贡拉沃夫被任命为彼得格勒反酗酒反暴行军事特派员。彼得格勒宣布特别戒严。

　　12月5—6日(18—19日),在彼得格勒破获了一个以立宪民主党人和黑帮分子为首的、旨在推翻苏维埃政权和恢复君主制的反革命组织。该组织把策划暴行和挑拨活动当做一种斗争手段,为此拨出巨款,组织匪帮,并印发专门的传单。——25。

23 弗·亚·安东诺夫-奥弗申柯于1917年12月出发到乌克兰去担任同卡列金分子作战的苏维埃军队司令。——26。

24　这张便条是列宁在收到关于一些美国军官参与阿·马·卡列金的反苏维埃暴动的报告后写的。——26。

25　雅·克·彼得斯当时担任全俄肃反委员会会务委员。这里提到的搜捕是指搜捕反革命分子。——26。

26　最高总司令尼·瓦·克雷连柯在同列宁通过直达电报的谈话中汇报了前线的形势,报告了同乌克兰中央拉达斗争和苏维埃军队进驻哈尔科夫的情况以及加强军队的措施。克雷连柯谈到了这一时期在大本营举行的全军代表大会,这次大会提出了最高总司令选举制的问题。克雷连柯还谈到,为了向人民委员会作报告,他有必要前往彼得格勒。

　　这里收载的是谈话中列宁对克雷连柯的两段答复。第一段中"同意您的政策"是指人民委员会同意克雷连柯暂停在前线组建民族部队的决定。两段中都谈到的往哈尔科夫调兵的目的,是为了镇压卡列金叛乱。——29。

27　列宁写的这张便条与贯彻私营银行国有化的决定有关。1917年12月14日(27日)上午,按照苏维埃政府的命令,工人和赤卫队占领了彼得格勒所有银行和信贷机构。当晚,全俄中央执行委员会会议通过了《关于银行国有化的法令》。

　　马·拉·希尔温特任俄亚银行政治委员。——29。

28　扬·安·别尔津(化名帕维尔·瓦西里耶维奇)当时住在哈里拉疗养院(芬兰铁路乌西基尔科站)。他在来信中谈到了自己的健康状况,并提到他由于当选为立宪会议代表,应到彼得格勒去。——30。

29　彼·阿·科兹明当时是国防特别会议副主席。他在回忆录《弗·伊·列宁和专家们》中引用了列宁的这张便条,说在讨论了便条中提出的问题后,"怠工者的委员会便被撤销了"。——32。

30　这封信是写给法国社会党人沙尔·迪马的,迪马于1917年12月来到彼得格勒,说他认识列宁,请求列宁接见他。

　　列宁和娜·康·克鲁普斯卡娅从1908年12月到1912年6月10

日(23日)旅居巴黎,他们在那里认识了迪马。后来,克鲁普斯卡娅忆及此事时写道:"法国众议院议员、社会党人迪马有一个时候来过我们这儿,讲他在选举前如何走访各个乡村……"(见《回忆列宁》1982年人民出版社版第1卷第430页)

第一次世界大战期间,迪马采取了社会沙文主义的立场,为此,列宁在《第二国际的破产》一文(见本版全集第26卷)中对他进行了严厉的批判。——32。

31　列宁对陆军人民委员尼·伊·波德沃伊斯基的这一建议写在西方面军第1掷弹兵军军事革命委员会的来电上。来电报告说德军某师指挥部提议讨论恢复穿越战线的巴拉诺维奇—克罗申铁路交通以实现战俘通邮的问题,请示如何处理。——33。

32　哈尔科夫资本家为了对抗八小时工作制的实行,停止给工人们按时发放工资。哈尔科夫的工人们遂向弗·亚·安东诺夫-奥弗申柯求助。安东诺夫-奥弗申柯将此事交当地革命委员会办理,但该委员会没有采取任何措施。于是他便把哈尔科夫的15个最大的资本家叫到他乘坐的列车上,要他们筹措100万卢布现款来付清工人的工资。由于资本家拒绝这个要求,他便把他们拘留在一节二等车厢里,并宣布说,如果他们到期不交钱,就把他们送往矿区劳动。这一威胁起了作用。资本家交足了钱款,之后,安东诺夫-奥弗申柯释放了他们。——34。

33　这个批示写在弗·亚·安东诺夫-奥弗申柯司令部发给Π普尔温的证明上。该证明称,普尔温受命从前线抽调两个精锐的拉脱维亚步兵团,并在波罗的海舰队中央委员会的协助下建立一支由2 000名水兵组成的部队,以抗击卡列金军队。

拉脱维亚步兵执行委员会执行列宁的指示,决定派第3库尔泽姆步兵团去抗击卡列金。波罗的海舰队中央委员会建立了几支水兵部队,并把他们派去镇压俄国南方的反革命。——34。

34　指美国总统伍·威尔逊1918年1月8日(俄历1917年12月26日)在美国国会的演说。演说中提出了所谓"十四点"和平纲领。威尔逊的演说发表在1917年12月30日(1918年1月12日)《中央执行委员会及彼得格勒工兵代表苏维埃消息报》上。——34。

35 1917年12月12日(25日),在哈尔科夫召开的全乌克兰苏维埃第一次代表大会宣布乌克兰成立苏维埃共和国,并选出了全乌克兰苏维埃中央执行委员会。乌克兰中央执行委员会在12月13日(26日)给人民委员会的电报中声明,乌克兰人民和苏维埃俄国人民的利益是一致的。人民委员会于12月16日(29日)回电欢迎"乌克兰真正的人民苏维埃政权"的建立,并答应"在争取和平的斗争中以及在把全部土地、工厂和银行转交给乌克兰劳动人民的事业中给兄弟共和国的新政府以充分的全力的支持"。

　　1917年12月19日(1918年1月1日),人民委员会任命格·康·奥尔忠尼启则为乌克兰临时特派员,以统一乌克兰境内各苏维埃组织的行动。——35。

36 全俄中央执行委员会国际部派代表团出国,是为了同各兄弟的社会主义政党建立联系。雅·米·斯维尔德洛夫在全俄苏维埃第三次代表大会上作全俄中央执行委员会总结报告时曾谈及此事。——35。

37 列宁下令逮捕罗马尼亚大使馆和罗马尼亚军事使团成员,是由于罗马尼亚政府对当时驻扎在罗马尼亚的俄国革命军队采取了敌对行动。罗马尼亚当局不放这些军队返回苏维埃俄国,解除了个别部队的武装,并逮捕了士兵委员会的一些成员。1917年12月31日(1918年1月13日),人民委员会通过无线电向罗马尼亚政府提出最后通牒,要求释放被捕的俄国士兵,惩办肇事人员并保证今后不再发生类似事件。另见本卷第49、50号文献。——36。

38 1918年1月1日(14日)下午1时,美国大使戴维·罗·弗兰西斯以外交使团团长身份打电话给列宁,请求列宁下午4时接见外交使团全体成员,以商谈罗马尼亚大使馆事件。列宁答应下午2时打电话答复,由于不能践约,就写了这封信。

　　当天下午4时列宁接见了协约国和中立国驻彼得格勒的外交代

表,他们向列宁递交了一份备忘录,要求释放被捕的罗马尼亚公使迪亚曼迪。列宁声明说,这次逮捕是由一些特殊情况造成的,逮捕一个不经宣战便对俄国的一个师采取军事行动的国家的外交代表,他不认为是不能允许的。列宁在回答逮捕外交代表可能引起战争的说法时强调指出:"不希望战争的各国人民能用各种手段防止战争"的时代正在来到(见《苏联对外政策文件汇编》1957年俄文版第1卷第84页)。

当晚人民委员会举行会议。列宁报告了当天因逮捕罗马尼亚大使馆和军事使团人员而发生的事件。人民委员会认为外交使团的请求可以予以满足,决定释放被捕者,并向罗马尼亚公使声明:应在3天之内采取措施释放被罗马尼亚当局逮捕的俄国士兵(参看下一号文献)。

但是罗马尼亚政府没有履行这项要求,并进一步推行其反苏政策。1918年1月13日(26日),苏维埃政府决定同罗马尼亚断绝外交关系。罗马尼亚大使馆和军事使团人员被驱逐出境。——37。

39 第8集团军军事革命委员会委员库兹明和雷宗发电报报告说,乌克兰中央拉达和反革命的罗马尼亚方面军司令部进行挑拨活动,企图瓦解服从苏维埃政府指挥的第8集团军并解除其武装。

乌克兰中央拉达是乌克兰资产阶级和小资产阶级民族主义政党和团体的联合机关,1917年3月4日(17日)在乌克兰社会联邦党总委员会会议上成立。十月社会主义革命后,它宣布自己是乌克兰人民共和国的最高机关,走上了公开反对苏维埃政权的道路。

1917年12月在哈尔科夫举行的乌克兰苏维埃第一次代表大会宣布乌克兰为苏维埃共和国,中央拉达不受法律保护。俄罗斯联邦人民委员会承认乌克兰苏维埃政府是乌克兰唯一合法的政府。1918年1月26日(2月8日),在乌克兰的苏维埃军队占领了基辅,从而推翻了资产阶级拉达的统治。

中央拉达被赶出苏维埃乌克兰之后,便同德帝国主义者结成联盟,妄图在乌克兰推翻苏维埃政权,复辟资产阶级制度。在布列斯特和谈期间,拉达派代表团到布列斯特-里托夫斯克,背着苏俄代表团单独同德奥同盟签订了条约;根据该条约规定,拉达向德国提供乌克兰的粮食、煤和原料,以换取德奥的军事援助。1918 年 3 月,拉达随同奥德占领军返回基辅,成了他们操纵的傀儡。由于中央拉达无力镇压乌克兰的革命运动,又不能往德国调运粮食,德军司令部便在 4 月底解散了拉达。——39。

40　这里说的是 1918 年 1 月 1 日(14 日)晚 7 时半左右发生的列宁遇刺事件。列宁那天和瑞士左派社会民主党人弗·普拉滕一起参加了在米哈伊洛夫练马场举行的欢送第一批社会主义新军队的群众大会,并在会上讲了话。在返回斯莫尔尼的途中,列宁的汽车遭到反革命恐怖分子的枪击。列宁安然无恙。普拉滕护住了列宁的头部,自己的手受了伤。

　　1918 年 1 月 2 日(15 日)深夜召开了俄国社会民主工党(布)中央委员会和左派社会革命党中央委员会联席会议。会议讨论了召开立宪会议的问题和列宁遇刺事件,对列宁的安然脱险表示祝贺。——40。

41　1918 年 1 月 5 日(18 日),在立宪会议开幕的那一天,支持立宪会议的反革命分子同赤卫队员和士兵们发生了武装冲突。这是列宁为了解冲突的具体情况而写给莫·索·乌里茨基的便条和后者的答复。——41。

42　1918 年 1 月 5 日(18 日),苏维埃政府召集的立宪会议在彼得格勒塔夫利达宫开幕。立宪会议的反革命多数派拒绝承认苏维埃政权及其各项法令并拒绝讨论全俄中央执行委员会提出的《被剥削劳动人民权利宣言》。在此之后以列宁为首的布尔什维克党团退出了会议。深夜,左派社会革命党人也退出了立宪会议。会议厅里只剩下了立宪民主党人、右派社会革命党人和孟什维克。列宁在命令中指的就是这些人。

　　1 月 6 日(19 日),全俄中央执行委员会颁布法令解散了立宪会议。——42。

43　前资产阶级临时政府部长安·伊·盛加略夫和费·费·科科什金于十月社会主义革命后被捕,关押在彼得保罗要塞,后因身体不好被转送到玛丽亚医院。1918 年 1 月 6 日(19 日)深夜,他们被闯入医院的有无政府主义思想的水兵打死。

    根据列宁的指示,立即由司法人民委员伊·扎·施泰因贝格、人民委员会办公厅主任弗·德·邦契-布鲁耶维奇和海军人民委员帕·叶·德宾科组成侦查委员会。杀人凶手被逮捕法办。——43。

44 列宁的指示写在弗·德·邦契-布鲁耶维奇给他的便条上。邦契-布鲁耶维奇在便条中报告了一批喀琅施塔得水兵的无政府主义活动,就逮捕杀害安·伊·盛加略夫和费·费·科科什金的水兵的问题征询列宁的意见,并建议就此事召开全俄中央执行委员会会议。关于这个问题,参看本卷第55、56号文献。——44。

45 第2近卫海军支队部分水兵受反革命宣传的影响,不服从苏维埃政权的法律,擅自逮捕了3名军官,并且拒绝将被捕军官交给苏维埃政权的代表。列宁获悉后便写了这一命令。根据列宁的指示,这些水兵被缴械并被逮捕。这个支队中表现较好的另一部分人开赴南方战线,他们在那里与红军部队一道英勇抗击武装干涉者和白卫军。——45。

46 指在苏俄和瑞典边界的托尔尼奥同走私者和投机商作斗争。托尔尼奥当时是苏维埃共和国同国外贸易的唯一地点。——47。

47 这里提到的土地法指提交全俄苏维埃第三次代表大会批准的《土地社会化基本法》。这个法令的草案是由农业人民委员部部务委员会拟的,曾交有列宁参加的代表大会特设的委员会审定。法令的最后文本于1918年1月27日(2月9日)经全俄中央执行委员会批准,2月15日和16日在《士兵真理报》第25号和第26号上公布。

    列宁请玛·亚·斯皮里多诺娃在全俄苏维埃第三次代表大会上代为宣读的材料未查明。——49。

48 这封信是在苏维埃和谈代表团去布列斯特-里托夫斯克前夕写的。信中提到的卡·伯·拉狄克的意见,是指他在媾和问题上的"左派共产主义者"立场。——50。

49 姆·卡·捷尔-阿鲁琼扬茨当时是最高总司令大本营革命野战司令部参谋长,负责组建部队同乌克兰中央拉达进行斗争。——51。

50　论坛派是 1907—1918 年荷兰左派社会民主党人的称谓，因办有《论坛报》而得名。第一次世界大战期间，论坛派基本上持国际主义立场。1918 年 11 月，论坛派创建了荷兰共产党。——52。

51　1918 年 1 月 16 日(29 日)，苏维埃军队占领了切尔卡瑟城和巴赫马奇车站，并开始向乌克兰中央拉达的主力集结地基辅挺进。——54。

52　1918 年 1 月 16 日(29 日)弗·亚·安东诺夫-奥弗申柯致电列宁，说顿河哥萨克军事革命委员会建议对卡列金反革命军队采取统一的军事行动，请求苏维埃政府支援他们服装、武器和钱款，并请求就顿河地区哥萨克土地问题作出正式的解释。这里是列宁对这份电报的复电。

　　　　哥萨克的代表参加了 1918 年 1 月 10—18 日(23—31 日)在彼得格勒举行的全俄工兵农代表苏维埃第三次代表大会。——54。

53　指全俄工兵农代表苏维埃第三次代表大会 1918 年 1 月 15 日(28 日)通过的《关于俄罗斯共和国的联邦机关的决议》。决议说，俄罗斯社会主义苏维埃共和国作为俄国各民族的苏维埃共和国联邦，是建立在这些民族自愿联合的基础上的。——55。

54　1918 年 1 月 19 日(2 月 1 日)，列宁接见了将两列车粮食从鄂木斯克运到彼得格勒的西伯利亚人代表团。代表团向列宁递交了西西伯利亚和乌拉尔边疆区苏维埃粮食经济委员会给人民委员会的公函。公函中说，鄂木斯克铁路部门暗中破坏向西部地区发运粮食的工作，致使 1 000 多节装满粮食的车皮发不出去。接见后，列宁在公函上写下了这里收载的给秘书的指示。——56。

55　这份电报是列宁在收到乌克兰苏维埃中央执行委员会对弗·亚·安东诺夫-奥弗申柯的控告后发的。安东诺夫-奥弗申柯未经地方机关同意，就从自己的司令部中派人到一些火车站和顿涅茨煤田的某些城市去当政治委员，因而引起乌克兰当局的不满。

　　　　安东诺夫-奥弗申柯收到这份电报和列宁的信(见下一号文献)以后，采取了消除摩擦的措施，召回了他所任命的政治委员。——57。

56　指瑞典资产阶级报刊对芬兰爆发革命的报道。

　　　　1918年1月27日(公历)，斯温胡武德资产阶级政府被推翻，政权转到工人手里。1月28日，建立了芬兰革命政府——人民代表委员会，库·曼纳、爱·居林、奥·库西宁、尤·西罗拉、A.泰米等人都参加了这个政府。但是无产阶级革命仅在芬兰南部取得胜利。斯温胡武德政府在芬兰北部站稳脚跟后，便向德皇政府求援。由于德国武装力量的干涉，在持续了三个月的激烈的国内战争之后，1918年5月2日芬兰工人革命失败。白色恐怖遍及全国，成千上万的革命工人和农民惨遭杀害或被投入监狱。——59。

57　这份电报是对阿瑟·韩德逊的来电的答复。韩德逊以英国工党的名义来电，建议列宁派布尔什维克党的代表参加定于1918年2月20日在伦敦举行的协约国社会党人代表会议，以制定关于战争问题的共同协议。——60。

58　此人是俄军上校工程师 H.Π.波波夫，1917年7月在谢佩托夫卡车站因涉嫌宣传布尔什维主义而被敢死营士兵杀害，当时任日托米尔营房处长助理。——63。

59　这里提到的第一个俄国共产党员共耕社是在彼得格勒奥布霍夫工厂和谢米扬尼科夫工厂工人倡议下于1918年初组织起来的。列宁对这个共耕社的筹建工作给予了巨大的帮助。根据列宁的指示，拨给社员们200个军用帐篷、6个行军灶、1套面包房设备和其他设备。1918年3月，社员们携带家属搬到哈萨克斯坦定居，并领得土地耕种。

　　　　但是，彼得格勒工人的这一创举因国内战争的爆发而夭折。社员们甚至没有来得及收获第一熟庄稼。邻近村镇的富农和哥萨克白匪袭击公社，把公社的财物掠夺一空，社员们四处流散。1919年9月，有28名社员被高尔察克匪帮逮捕并杀害。——64。

60　指发行"自由公债券"作为货币流通的法令。1918年1月20日(2月2日)，人民委员会会议讨论了发行新纸币问题。人民委员会认为原则上可以发行小面额"自由公债券"作为辅助货币使用。1月29日(2月11

日)，人民委员会再次讨论了"自由公债券"作为具有准确规定的兑换率的信用货币投入流通的问题。该法令于 1 月 30 日(2 月 12 日)通过。法令指出:国家银行按票面价值发行面额不超过 100 卢布的"自由公债券",在俄罗斯联邦境内与钞票同等使用。法令公布于 1918 年 2 月 14 日(公历)《真理报》(见《苏维埃政权法令汇编》1957 年俄文版第 1 卷第 449—450 页)。——66。

61　主进堂节是东正教十二大节日之一,在俄历 2 月 2 日(公历为 2 月 15 日)。——66。

62　列宁的这个批示写在他收到的波罗的海舰队中央委员会来电的下方,该电称:"一艘瑞典轮船和挂有瑞典军旗的一艘巡洋舰和一艘雷击舰驶入奥兰群岛海域,派 15 名瑞典水兵在奥兰群岛登陆,以诉诸武力相威胁,强迫我通讯站撤退。"

　　列宁同时给芬兰人民政府发了一份电报(见下一号文献)。——67。

63　芬兰革命人民政府就瑞典军队在奥兰群岛登陆一事向瑞典政府提出了抗议。不久瑞典把军队从群岛上撤走。——68。

64　这是列宁对弗·亚·安东诺夫-奥弗申柯的参谋长助理布良斯基的请示的答复。布良斯基请示如何处理在哈尔科夫逮捕的以 Н.Φ.冯·迪特马尔为首的南俄矿业主代表大会主席团全体成员。——69。

65　弗·亚·安东诺夫-奥弗申柯向人民委员会报告,由于 С.Л.库金斯基屡次破坏革命纪律,已解除了委托给他的一切工作。为此,列宁给在乌克兰担任人民书记的埃·维·卢甘诺夫斯基发了这份电报。关于此事,参看本卷第 99 号文献。

　　人民书记是指当时乌克兰苏维埃政府人民书记处的成员。——69。

66　指在新霍皮奥尔斯克查获的前沙俄将军米·瓦·阿列克谢耶夫给驻基辅的法国使团的信。阿列克谢耶夫在信中请求法国使团提供援助,因为他的军队遭到惨败,被迫离开顿河地区。阿列克谢耶夫在谈到顿河州和库班州局势时,不得不承认他对哥萨克所抱的希望落空了。他写道:"布尔什维主义思想在广大哥萨克群众中找到了拥护者。"1918年2月19日《中央执行委员会消息报》第28号公布了这封信。——72。

67　这份电报是列宁对德里萨市苏维埃主席 Л.Б.乌尔班的请示的答复。乌尔班请示列宁,在德军逼近该市时,苏维埃该如何行动。德里萨在维捷布斯克省,后称上德文斯克。——74。

68　指安排 В.Л.博格罗娃到国外治疗一事。——75。

69　1918年2月22日,党中央委员会开会讨论从英法方面取得抗击德军、保卫苏维埃共和国所必需的武器和粮食的问题。"左派共产主义者"反对这样做,认为同帝国主义者进行任何妥协都是根本不能容许的。列宁未能出席这次会议,所以写了这个声明送交中央委员会。

　　　党中央委员会通过的决议认为,为了向红军提供武器和给养,必须采取一切必要的手段,包括在保持对外政策完全独立的同时从资本主义国家的政府方面获得这些物资。同一天,人民委员会会议也决定从英法方面取得武器和粮食(参看本版全集第33卷第376—379页)。——76。

70　列宁的这份电报是给和谈代表团的复电。1918年2月25日,苏俄代表团在前往布列斯特-里托夫斯克签订和约的途中,因为桥梁被炸而耽搁在新谢利耶车站。代表团由于不能同德国政府直接取得联系,便电请人民委员会将代表团即将抵达一事通知德国政府。——77。

71　列宁之所以指出代表团可能犹豫不定,看来是因为代表团团员格·雅·索柯里尼柯夫和阿·阿·越飞曾拒绝参加代表团,他们是在党中央委员会作出决定后才去的。——78。

72　指全俄中央执行委员会和人民委员会接受德国政府提出的媾和条件一事。

　　　1918年1月28日(2月10日),在德方以最后通牒口气要求苏俄立即接受德方条件时,苏俄和谈代表团团长列·达·托洛茨基违背了同列宁的约定,书面声明苏俄宣布停止战争,复员军队,但拒绝在和约上签字,随即退出了谈判。德方利用这一点于2月16日宣布停战协定失效,2月18日发起全线进攻。在十分危急的形势下,布尔什维克党中央经过激烈争论,终于在2月18日晚以7票赞成、5票反对、1票弃权通过了同意签订和约的协定。2月23日上午,苏俄方面收到了德方提出的、条件更为苛刻的最后通牒。当天中央会议以7票赞成、4票反对、4票弃权同意签订和约。2月24日晨,全俄中央执行委员会通过决议,接受德方最后通牒。3月3日,在布列斯特-里托夫斯克签订了和约。

　　1918年11月13日,在德国爆发革命以后,全俄中央执行委员会通过决定,宣布废除布列斯特和约。——78。

73　签订和约的苏俄和谈代表团于1918年2月24日启程前往布列斯特-里托夫斯克。3月1日,代表团秘书列·米·卡拉汉发回要求为代表团提供列车的电报,而代表团报告和谈进展情况的密码电报由于德国人的阻挠未能及时从布列斯特-里托夫斯克发出。列宁担心和谈可能被德国人所破坏,因此发布了这个加强戒备的通告。代表团上述密码电报是过后才收到的。——80。

74　这次撤退是因为德国人即将从爱斯兰向彼得格勒发起进攻而组织的。印刷纸币和邮票的国家有价证券印刷厂由彼得格勒撤往奔萨。——81。

75　最高军事委员会是苏维埃共和国武装力量最早的最高战略指导机关,负责指导全部军事行动,1918年3月4日由人民委员会设立。最高军事委员会最初由一名军事指导员(米·德·邦契-布鲁耶维奇)和两名政治委员组成,以后,由陆军人民委员(任主席)、海军人民委员、两名陆军专家和一名海军专家组成。1918年9月2日根据全俄中央执行委员会的命令撤销,其职权转归共和国革命军事委员会。——85。

76　这份电报是列宁对格·亚·乌西耶维奇的报告的答复。乌西耶维奇的报告是库尔斯克铁路军事革命委员会于1918年3月25日通过直达电报收到的。报告人要求立即将它转给莫斯科军区司令部、全俄中央执行委员会和粮食委员会。报告说,各部门的特派员充斥奥廖尔,这种状况妨碍了铁路卸货工作的进行,因为"他们人人向铁路员工发布相互矛盾的命令,而且以枪决和送交军事革命法庭审判相威胁"。

在向奥廖尔发出电报的同时,人民委员会于3月25日通过了一项决定,责成交通人民委员部指派一名全权代表监督库尔斯克和奥廖尔两车站的卸货工作,他有权把那些妨碍铁路枢纽卸货工作的特派员和委员会解职和撤销。全权代表应于1918年3月26日上午10时启程前往库尔斯克(见《苏维埃政权法令汇编》1959年俄文版第2卷第571—572页)。——88。

77　这是列宁和斯大林对A.M.尤里耶夫的电报的回复,尤里耶夫的电报没有找到。这里说的是摩尔曼斯克工兵代表苏维埃(其中孟什维克和社会革命党人占多数)与自第一次世界大战开始便驻在摩尔曼斯克的协约国代表的关系。1918年3月2日,摩尔曼斯克苏维埃主席尤里耶夫以听说芬兰白军和德军准备袭击摩尔曼斯克铁路为由,同协约国达成了一个"口头协议",其内容如下:"1.摩尔曼斯克地区境内的最高权力属于摩尔曼斯克工人、农民和红军代表苏维埃。2.该地区一切武装力量的最高指挥权属于工人、农民和红军代表苏维埃领导下的摩尔曼斯克军事委员会,该委员会由三人组成(苏维埃政权任命的一人以及一名英国人和一名法国人)。3.英国人和法国人不干涉地区内部行政事务:工人、农民和红军代表苏维埃可以必要的形式(视情况而定)将作出的所有一般性决定告知他们。4.协约国应设法向边疆区提供必需的储备"(见《苏联对外政策文件汇编》1957年俄文版第1卷第221页)。根据这一协定,3月6日英国"光荣"号巡洋舰进入摩尔曼斯克港,170名海军陆战队员登陆。3月14日英国的"科克列因"号巡洋舰上的陆战队登陆,3月18日,法国的"奥布海军上将"号巡洋舰上的陆战队登陆。

尤里耶夫后来不顾列宁的提醒,坚持认为摩尔曼斯克苏维埃"不能实行反协约国的政策"。另见本卷第250号文献和注177。——89。

78　1918年4月上半月,从彼得格勒派出了几支赤卫队,他们将入侵的芬兰白军赶出了凯姆县。——90。

79　大概是指尼·伊·波德沃伊斯基,他于1918年3月15—18日巡视了摩尔曼斯克,并于4月初和5月2日在人民委员会会议上报告了摩尔曼斯克的情况。

1918年5月10日人民委员会任命谢·巴·纳察列努斯为摩尔曼斯克-白海边疆区特派员。——90。

80 这里说的是从彼得格勒疏散工业企业的问题。这一问题是因德军进攻彼得格勒而提出来的。1918年2月22日,人民委员会通过了关于彼得格勒疏散工作的法令,建立了负责彼得格勒疏散工作的具有特别权限的工作组。尼·彼·哥尔布诺夫是人民委员会派驻该工作组的代表。人民委员会决定建立中心小组来集中领导彼得格勒的全部疏散和撤退工作;这个中心小组必须每天向人民委员会报告其工作情况。3月29日,人民委员会重新审议了该中心小组的问题,并批准由人民委员会代表亚·加·施略普尼柯夫任中心小组组长,小组成员有3名彼得格勒劳动公社代表和几名工会代表。

彼得格勒劳动公社人民委员会是在苏维埃政府从彼得格勒迁往莫斯科后根据彼得格勒工兵代表苏维埃1918年3月11日的决定建立的。1918年4月底,北方区域苏维埃代表大会出于军事和经济方面的考虑成立了北方区域公社联盟也称北方公社,彼得格勒省加入了这一联盟。后来,根据北方区域苏维埃第三次代表大会的决定,北方区域公社联盟及其领导机构人民委员会于1919年2月24日撤销。——92。

81 彼得格勒古图耶夫斯基岛上设有市海关。这份电报发出后的第二天,即1918年3月29日,人民委员会作出决定,责成彼得格勒劳动公社人民委员会运出各仓库的所有多余物资和食品,并准许把存放在古图耶夫斯基海关的一部分储备物资出售给彼得格勒居民。这一决定作出后,在1918年4—6月期间,从古图耶夫斯基海关运出了各种货物1 180车皮。——92。

82 指德国外交部1918年4月1日就几支赤卫队越境进入芬兰一事发出的电报。——93。

83 当天,列宁给彼得格勒劳动公社人民委员会主席打电话,并写了电报稿,要求该人民委员会作出决定,立即召回违背苏维埃当局的意志而进入芬兰的赤卫队(见下一号文献)。——94。

84 这张便条是列宁接见制革工会代表团之后写的。在接见中,代表团请求协助他们按工人占三分之二席位、企业主代表占三分之一席位的原则改组地区制革业委员会,并恢复被地方机关解散的地区制革业委员会。

制革业总委员会及其各地区委员会是制革工业企业的管理机构。十月革命后,通过全俄制革工会和企业主的谈判,制革业总委员会及其各地区委员会进行了改组:工人占三分之二席位,而企业主和资产阶级技术知识分子的代表占三分之一席位。列宁认为这种工业管理形式有巨大意义(参看本版全集第33卷第281页,第34卷第239—240页)。——96。

85 根据列宁指示起草的给各级苏维埃的电报稿如下:"经过按工人代表占三分之二席位的原则改组的制革业总委员会及其下属机构各地区委员会在最高国民经济委员会领导下,负责制革垄断业务。制革业总委员会和各地区委员会的各项指示必须严格执行,其他组织不得干涉制革业的工作。已解散的地区委员会应立即恢复。凡未实现民主化的地区委员会,应根据全俄制革工人第一次代表大会赞同的制革业总委员会工作细则,立即实现民主化。人民委员会主席**列宁** 化学工业局局长**列·卡尔波夫** 1918年4月6日"。

列宁在电报稿后边画了一道横线,接着写了给秘书的批示:"把列·卡尔波夫和我签署的这份电报发给**各级工人、农民和红军代表苏维埃。列宁**"(参看《列宁文稿》人民出版社版第14卷第500页)。——96。

86 指西伯利亚苏维埃中央执行委员会因1918年4月5日晨日军在符拉迪沃斯托克登陆而作出的决议。决议抗议日本政府的非法行动,宣布整个西伯利亚处于战争状态,责成各地方苏维埃立即着手加紧组织红军。

西伯利亚苏维埃中央执行委员会是由1917年10月16—24日(10

月29日—11月6日)在伊尔库茨克召开的西伯利亚苏维埃第一次代表大会选出的,1918年夏西伯利亚苏维埃政权暂时被推翻后停止活动。——96。

87　指苏维埃政府同美、英、法代表就日军在符拉迪沃斯托克登陆一事进行的谈判。谈判是在1918年4月5日晚间举行的。

　　　　4月7日,列宁致电符拉迪沃斯托克苏维埃,指出日本人一定会进攻,协约国所有国家都可能帮助日本人;要求立即做好抵抗外国干涉者的准备工作(见本版全集第34卷第198页)。——97。

88　这张便条是在人民委员会开会时写的。——98。

89　西伯利亚苏维埃中央执行委员会主席尼·尼·雅柯夫列夫向列宁报告了对在符拉迪沃斯托克登陆的日本武装干涉者进行反击的措施。——98。

90　这个指示是列宁在1918年4月6日接见塔夫利达共和国中央执行委员会主席让·奥·米列尔之后写的。米列尔向列宁汇报了左派社会革命党人、驻罗马尼亚方面军特派员 В.Б.斯皮罗在塞瓦斯托波尔进行的反苏维埃活动,并呈交上《黑海舰队中央委员会1918年3月23日紧急全会第34号记录》。这次全会在斯皮罗的积极参与下通过了一项否认布列斯特和约并宣称黑海舰队中央委员会为独立于人民委员会的全舰队最高管理机构的决议。斯皮罗在这次会上发言时泄露了外交机密。——99。

91　列宁的这个批示写在格·瓦·契切林1918年4月13日给弗·德·邦契-布鲁耶维奇的信上。契切林在信中请求派9名可靠的拉脱维亚步兵保护德国大使馆。——104。

92　指谢·帕·谢列达去梁赞向梁赞省执行委员会移交工作。他在调任农业人民委员之前在那里工作。——105。

93　全俄苏维埃第四次(非常)代表大会批准布列斯特和约后,反对签订和约的左派社会革命党人声明退出人民委员会。1918年3月18日,人民委员会研究了农业人民委员、左派社会革命党人安·卢·柯列加耶夫的声明,解除了他的职务。4月3日,谢·帕·谢列达被委任为农业人民委员。

　　谢·帕·谢列达答复说,柯列加耶夫请了两个星期假。——105。

94 指农业人民委员部从丹麦购买种子的谈判。谢·帕·谢列达报告列宁说,他正在和丹麦大使馆代表紧急磋商此事。——105。

95 这里说的是《关于登记股票、债券和其他有价证券的法令》草案。最初两个草案是最高国民经济委员会拟的。列宁审阅后,勾掉了第一个草案;第二个草案经列宁修改后转给了财政人民委员部德·彼·博哥列波夫和伊·埃·古科夫斯基。经财政人民委员部加工后的草案,列宁重新作了修改,加上了标题,于1918年4月17日提交人民委员会讨论。会上就这个草案通过如下决定:"转交外交人民委员部和司法人民委员部,责成他们邀请专家一起讨论,在4月18日下一次人民委员会会议召开前提出意见。"这项法令4月18日得到人民委员会批准,4月20日发表于《全俄中央执行委员会消息报》第78号(见《苏维埃政权法令汇编》1959年俄文版第2卷第130—138页)。——106。

96 这封信是列宁同雷宾斯克区域国民经济委员会办公厅主任、工程师尼·伊·德连科夫谈话后写在德连科夫从最高国民经济委员会收到的一份指令上的。

　　德连科夫去莫斯科是为了向最高国民经济委员会汇报雷宾斯克区域国民经济委员会的工作情况。1918年4月15日,他在最高国民经济委员会主席团会议上汇报了雷宾斯克的经济状况;根据列宁的提议,主席团会议决定迅速向雷宾斯克提供贷款。4月20日,列宁同德连科夫就苏维埃共和国的经济形势、雷宾斯克工业状况和雷宾斯克区域国民经济委员会采取的措施等进行了交谈。——107。

97 在列宁的故乡辛比尔斯克(现称乌里扬诺夫斯克),伊·雅·雅柯夫列夫创办了第一所楚瓦什学校。他创制了楚瓦什字母,编写了第一本楚

瓦什识字课本,并从1874年起开始使用。他为楚瓦什族的教育事业做
了大量工作。

后来列宁收到回电说,雅柯夫列夫留任女子学校校长。——109。

98　1918年1月4日(17日),人民委员会通过了改组红十字会的法令,规
定取消沙皇政府时期的红十字会总会,将其财产和资金移交给国家。
改组红十字会的工作由苏维埃组织、军事组织和社会组织的代表所组
成的委员会进行(法令第1章第3节)。该委员会受命向人民委员会提
交改组红十字会各机构的计划。可是委员会没完成交给它的任务,
维·米·邦契-布鲁耶维奇将此事报告了列宁。为此,列宁写了这封
信。——109。

99　这份电报是对1918年4月20日—5月1日在塔什干举行的土耳其斯
坦边疆区苏维埃第五次代表大会来电的答复。代表大会因人民委员会
执行正确的民族政策而向它表示敬意。

这次代表大会的中心议题是土耳其斯坦边疆区的自治问题。大会
于4月30日宣布土耳其斯坦苏维埃社会主义自治共和国成立。1918
年10月5—14日举行的土耳其斯坦共和国苏维埃第六次(非常)代表
大会通过了共和国的宪法。共和国首都是塔什干市。——110。

100　后来,列宁在这份电报稿的下面注明:“此电至今(5月8日)**未获答复**。”
1918年5月8日列宁拟了给西伯利亚苏维埃中央执行委员会的第
二份电报稿(见本卷第176号文献)。但这份电报未发出(秘书在电报上
注明“未发”二字)。5月15日列宁致电西伯利亚苏维埃中央执行委员
会,告诉他们通过财政人民委员部了解到的最近一个月汇给西伯利亚的
款项总数和每个城市所得的款额。列宁写道:“此电收到后请告知并提出
你们的意见。”(参看《列宁文稿》人民出版社版第14卷第581页)——112。

101　这里说的是币制改革的准备工作。这次币制改革的目的是建立稳定的
苏维埃通货,消灭战争和沙皇政府及资产阶级临时政府所造成的通货
膨胀。币制改革的必要性问题是列宁1917年12月在《关于实行银行
国有化及有关必要措施的法令草案》(见本版全集第33卷)中提出的。

币制改革的准备工作在列宁的直接领导下进行。列宁力求加速苏维埃新币的发行准备工作,参加了对新币样张的全部细节的讨论(见本卷第275、276 号文献以及《列宁文集》俄文版第 21 卷第 180 页)。

由于进行反对外国武装干涉和国内反革命的战争,实施战时共产主义政策,币制改革在当时未能实现。苏联的第一次币制改革是根据列宁的原则在 1922—1924 年实行的。——113。

102　指全俄中央执行委员会委员 Я.Я.罗泽的《直接税提纲》。下文说的"泽米特的提纲"是指财政人民委员部部务委员 Ф.A.泽米特的《我国经济(财政)政策提纲》。——113。

103　这封信是列宁在接见即将动身回国的美国记者阿伯特·里斯·威廉斯时用英文写的。——114。

104　这是列宁通过直达电报对黑海舰队政治委员尼·巴·阿维洛夫(格列博夫)从新罗西斯克发来的报告的答复。阿维洛夫在报告中汇报了克里木的严重局势,并表示关心俄罗斯联邦同乌克兰中央拉达的和谈。——117。

105　这是受命同乌克兰人民共和国进行和谈的俄罗斯联邦代表团成员。列宁于 1918 年 4 月 27 日签署了人民委员会任命他们为和谈全权代表的决定。——117。

106　这份电报是列宁对赴库尔斯克同乌克兰中央拉达进行和谈的代表团来电的答复。1918 年 4 月 29 日,代表团通过直达电报向列宁报告他们已经到达库尔斯克,并询问中央拉达的代表是否已动身前往库尔斯克。

根据列宁的指示,和谈代表团于 4 月 30 日向克里木、顿河区、沃罗涅日、库尔斯克和布良斯克等地前线派出军使去同乌克兰军方就立即停止军事行动并划定分界线问题进行谈判。——118。

107　列宁同到达库尔斯克的和谈代表团通过直达电报通话后发出了这份电报。代表团报告说,弗·亚·安东诺夫-奥弗申柯的行动妨碍代表团安排在乌克兰战线尽快停火。代表团请求列宁命令安东诺夫-奥弗申柯

"不要干涉派遣军使一事"。——118。

108　这份电报是列宁对高加索事务临时特派员、巴库人民委员会主席斯·格·邵武勉来信的答复。邵武勉在信中报告了巴库的政治形势、巩固苏维埃政权的成就、镇压木沙瓦特党人反革命叛乱的情况以及巴库苏维埃正在拟定的实行银行、油田、海运企业国有化的措施，并请求人民委员会寄去钱款、电台和书籍。

　　　　这封信是由里海区舰队中央委员会秘书瓦·伊·博伊措夫带给列宁的。博伊措夫被派往莫斯科是为了请求拨给保卫巴库所必需的 4 艘雷击舰、步兵部队和军事装备。——119。

109　这封信是列宁对美国红十字会代表团领导人雷蒙德·罗宾斯上校 1918 年 4 月 25 日来信的答复。列宁在罗宾斯来信的背面注明："1918 年 4 月 30 日复。"

　　　　罗宾斯的信是在他从苏维埃俄国动身回国前写的，他对自己在完成美国红十字会代表团的工作中所得到的协助表示衷心的感谢。罗宾斯希望俄罗斯苏维埃共和国"发展成一个巩固的民主的强国"，并写道："您的高瞻远瞩和英明领导使苏维埃政权在全俄获得巩固，我相信：人们民主生活方式的这一新的创造性机构必将鼓舞和推动全世界自由事业前进。"（见《苏联对外政策文件汇编》1957 年俄文版第 1 卷第 276 页）

　　　　5 月 11 日，列宁接见了罗宾斯并写了一封致各地苏维埃和其他苏维埃组织的信，要求它们尽力协助罗宾斯上校和美国红十字会代表团其他成员顺利而迅速地从莫斯科抵达符拉迪沃斯托克。——119。

110　1918 年 4 月 30 日，列宁在同下诺夫哥罗德省谢尔加奇县苏维埃主席 Г.Г.罗季昂诺夫谈话后写了这张便条，介绍他找有关的人民委员部解决一些具体问题。

　　　　列宁同罗季昂诺夫的谈话涉及地方苏维埃，特别是谢尔加奇苏维埃状况的许多问题。

　　　　1918 年 5 月 17 日谢尔加奇县苏维埃机关报《农民思想报》在发表这张便条的同时还刊载了 1918 年 5 月 14 日罗季昂诺夫向谢尔加奇县

苏维埃所作的报告。他谈了自己的莫斯科之行、同列宁的谈话以及参加全俄中央执行委员会会议的情况。——120。

111 这份电报是列宁对乌拉尔生产委员弗·尼·安德龙尼科夫和区域国有化企业管理局成员 И.И.卡里亚金 1918 年 4 月 30 日来电的答复。来电说,谣传博戈斯洛夫斯克矿区要取消国有化。列宁认为必须迅速揭露这些谣言,以免工人群众迷失方向。他在来电上批注:"1918 年 5 月 2 日 **晚 7 时** 收到。我要求查明电报迟到 **两天** 的原因。**列宁**"。——122。

112 这是列宁同斯大林的一次直达电报谈话记录。斯大林当时是俄罗斯联邦同乌克兰中央拉达就缔结和约进行谈判的代表团团长。——122。

113 《基辅思想报》(《Киевская Мысль》)是俄国资产阶级民主派的政治文学报纸(日报),1906—1918 年在基辅出版。1915 年以前,该报每周出版插图附刊一份;1917 年起出晨刊和晚刊。该报的编辑是 А.尼古拉耶夫和 И.塔尔诺夫斯基。参加该报工作的社会民主党人主要是孟什维克,其中有亚·马尔丁诺夫、列·达·托洛茨基等。第一次世界大战期间,该报采取护国主义立场。——123。

114 指德国资产阶级政治活动家和政论家保尔·罗尔巴赫。——123。

115 大概是指斯大林本人和克·格·拉柯夫斯基。——124。

116 列宁起草的这份给俄共(布)中央的报告,由列宁同担任农业人民委员部部务委员的布尔什维克举行的会议通过。这次会议讨论了左派社会革命党首领玛·亚·斯皮里多诺娃和弗·亚·卡列林所提出的把农业人民委员部完全交给左派社会革命党人掌管的要求。自从左派社会革命党人安·卢·柯列加耶夫退出农业人民委员部以后,一批布尔什维克(谢·帕·谢列达、弗·尼·美舍利亚科夫、Н.М.彼得罗夫斯基等)被派到农业人民委员部任职,使左派社会革命党人在农业人民委员部的势力大为削弱。斯皮里多诺娃和卡列林是在这种情况下提出这一要求的。

列宁还为这次会议写了决定草案,指出斯皮里多诺娃和卡列林提出的问题应视为重大政治问题加以研究,因此应该无条件地提交俄共中央(见本版全集第34卷第262页)。

1918年5月3日俄共(布)中央会议讨论了农业人民委员部的情况,并批准了上述会议的决议,认为左派社会革命党人的要求是没有根据的。——125。

117　列宁写这张便条是因为莫斯科革命法庭1918年5月2日审理莫斯科侦查委员会4名工作人员被控受贿和敲诈勒索一案时轻判了这些人(只判了半年监禁)。5月4日列宁向俄共(布)中央提议把作出这一轻判的法官开除出党(见本版全集第34卷第263页)。

当天人民委员会会议在议程外听取了尼·瓦·克雷连柯关于革命法庭判处侦查委员会人员受贿案的报告。根据列宁这张便条中的指示,人民委员会作出决定,责成司法人民委员部"在近期"制定出"关于从严惩治受贿和一切涉及受贿的行为的最低量刑标准"的法令草案。司法人民委员部所提出的《关于惩治受贿的法令》草案经列宁作了修改后,由人民委员会5月8日会议审议批准(见《苏维埃政权法令汇编》1959年俄文版第2卷第236—237、240—242页)。由于列宁的坚决要求,全俄中央执行委员会重新审理了莫斯科侦查委员会4名工作人员的案件,其中3名被告各被判处10年徒刑。——127。

118　指德国占领者解散中央拉达并在乌克兰建立公开的资产阶级地主专政一事。1918年4月29日,武装干涉者于基辅召开的富农地主代表大会宣布乌克兰大地主、前沙俄将军帕·彼·斯科罗帕茨基为乌克兰的盖特曼(意为统领)。——127。

119　1918年5月6日,德军和白卫军占领顿河畔罗斯托夫。5月7日该城被苏维埃军队解放,但5月8日德军和白卫军重又占领该城。——127。

120　伊诺炮台在俄国芬兰边界线上,和喀琅施塔得共同构成彼得格勒的屏障。根据俄罗斯联邦与芬兰社会主义工人共和国缔结的条约,为了保卫这两个社会主义共和国的共同利益,伊诺炮台归属俄罗斯联邦。芬兰革命失败后,芬兰资产阶级政府在德帝国主义者支持下,要求把伊诺炮台移交给芬兰。苏俄军队在撤离前,遵照喀琅施塔得要塞司令的命令,炸毁和破坏了该炮台的主要工事。1918年5月,芬兰军队占领了伊诺炮台。——127。

121 由于德国要求把伊诺炮台移交给资产阶级芬兰,苏俄同德国关系日益紧张,英国人占领摩尔曼斯克并准备向内地推进,1918年5月6日俄共(布)中央委员会召开紧急会议,讨论了苏维埃共和国面临的国际形势问题。中央委员会通过了列宁提出的关于国际形势问题的决定(参看本版全集第34卷第294、319—321页)。——127。

122 这张便条是列宁在人民委员会开会时对亚·德·瞿鲁巴递来的便条的答复。瞿鲁巴在便条中报告说,尼古拉铁路的粮食组织拒绝接受粮食人民委员部部务委员阿·伊·斯维杰尔斯基的检查,而这次检查是按粮食人民委员部、交通人民委员部和最高国民经济委员会的协议决定进行的。瞿鲁巴请示列宁,在这种情况下应采取什么措施。——128。

123 这里说的是派代表团去基辅同乌克兰盖特曼政府进行和谈一事,当时已收到了德国政府就此问题提出的正式建议。当天,即1918年5月8日,列宁签署了给和谈代表团秘书Π.Α.扎伊采夫的电报,指示他们同盖特曼政府进行谈判(见本卷《附录》第16号文献)。——128。

124 这份电报是对列宁1918年4月23日电报的答复。在电报中,西伯利亚苏维埃中央执行委员会报告了收到的经费的用途,并要求补充经费,以便给国有化企业拨款。这份电报没有及时收到,曾造成一点误会(见本卷第176号文献)。——130。

125 这封信是列宁同普梯洛夫工厂工人代表、该厂粮食采购委员会主席安·瓦·伊万诺夫谈话后写的。接见时,伊万诺夫详细描述了彼得格勒严重的饥饿情景,谈了工厂的形势和工人们的情绪。

列宁告诉伊万诺夫,人民委员会1918年5月9日通过了一项法令,授予粮食人民委员同私藏粮食并搞粮食投机的农村资产阶级进行斗争的特别权力。列宁把这项法令的副本交给伊万诺夫,让他向普梯洛夫工厂的工人传达。

关于列宁同伊万诺夫会见的情况,可参看《回忆列宁》1982 年人民出版社版第 3 卷第 304—305 页。——131。

126　这里说的是向莫斯科和彼得格勒两市两省紧急运粮的问题。——132。

127　指人民委员会 1918 年 4 月 12 日通过的、《真理报》和《全俄中央执行委员会消息报》4 月 14 日发表的《关于拆除为历代沙皇及其仆从建立的纪念碑和设计各种俄国社会主义革命纪念碑的法令》。法令提出了拆除没有历史价值和艺术价值的沙皇及其仆从的纪念碑、建立革命的纪念碑的任务。法令责成由教育人民委员、共和国国有产业人民委员和教育人民委员部造型艺术司司长组成的特别委员会确定莫斯科和彼得格勒哪些纪念碑应该拆除、并建议吸收艺术家设计新的革命的纪念碑。人民委员会命令特别委员会在 5 月 1 日前把必须拆除的纪念碑拆掉,提出第一批新纪念碑的模型,并赶快准备好用反映革命俄国思想感情的新标语、新标记、新街名去替换旧标语、旧标记、旧街名。

列宁认为贯彻这项法令具有巨大意义。1918 年 7 月 8 日、17 日和 30 日人民委员会会议讨论了法令执行情况。列宁不止一次批评过教育人民委员部、国有产业人民委员部和莫斯科苏维埃的领导人对人民委员会的这项法令执行不力(见本卷第 181、235、408、420 号文献)。——132。

128　由于最高国民经济委员会正在清点仓库的货物,列宁提出了这些问题。阿·伊·李可夫在回答列宁提出的问题时报告说:(1)货物是按私人仓库、军需仓库、铁路仓库及其他仓库分类登记的;(2)仓库属于哪个组织就由哪个组织负责保护,从各库提取货物凭相应的中央管理机构(中央纺织工业委员会,中央肥皂工业委员会等)的提货单;(3)定量、凭票分配由市粮食委员会通过合作商店和私人商号进行;(4)没收的食品很少。——134。

129　1918 年 3 月底,随着木沙瓦特党人叛乱被粉碎,巴库苏维埃政权得到了巩固。4月25日,巴库苏维埃举行会议,成立了巴库人民委员会。参加人民委员会的除布尔什维克外,还有几名左派社会革命党人。斯·格·邵武勉被任命为巴库人民委员会主席和外交人民委员。巴库人民委员会着手采取一系列社会主义措施。1918年4—5月,在阿塞拜疆的大片土地上纷纷建立了苏维埃政权。但是阿塞拜疆工农争取社会主义革命胜利的斗争是在非常复杂的环境中进行的。德国和土耳其在外高加索进行武装干涉,土耳其军队侵入阿塞拜疆;另一方面,设在伊朗的英军司令部勾结巴库的达什纳克党人、社会革命党人和孟什维克,指望利用他们来推翻巴库的苏维埃政权。列宁的这封信就是在这种情况下写的。另见本卷第196号文献。——135。

130 指磋商恢复俄德两国经济关系的俄德贸易委员会的会议。这次会议于1918年5月15日在莫斯科举行。副工商业人民委员美·亨·勃朗斯基在会上作了报告,报告要点经列宁审阅过。——135。

131 信中提到的计划是在列宁倡议下制定的。苏维埃政府在计划中表示愿意以农产品和采掘工业产品偿付从美国购买的货物,同时也表示愿意像对其他国家一样向美国提供承租权。

　　这个计划最初以《俄美贸易关系》为题发表于1918年6月《工商业人民委员部通报》第1期。在美国,这个计划连同列宁给雷·罗宾斯的信一起发表于1920年在纽约出版的《俄美关系。1917年3月—1920年3月》一书。——136。

132 这张便条是列宁获悉外高加索资产阶级政府的军队在一支武装商船队的支持下正向苏呼米推进并威胁整个黑海沿岸地区的消息后,写给格·瓦·契切林的。列宁同时给契切林送去了给黑海舰队司令 М.Л. 萨布林的电报草稿,其中命令萨布林武装一些苏维埃商船去保卫苏呼米。

　　1918年5月20日,苏维埃政府向德国政府发出照会,抗议德国军事当局纵容"根本不被外高加索任何人承认的所谓外高加索政府"的武装商船队的行动。——138。

133　水运总管理局是根据 1918 年 5 月 18 日人民委员会会议讨论并通过的
改组水运管理机构的法令建立的。根据这个法令,最高国民经济委员
会水路交通局局务委员会被撤销。以前建立的最高国民经济委员会水
路交通局改为水运总管理局。领导水运总管理局全部日常工作的指挥
机关是由 5 人组成的最高局务委员会,它对最高国民经济委员会主席
团负责。——139。

134　这里说的是关于改组粮食人民委员部和地方粮食机构的法令草案。在
人民委员会 1918 年 5 月 20 日会议上,亚·德·瞿鲁巴根据列宁指示,
提议对这个法令草案进行讨论。人民委员会 5 月 22 和 23 日会议讨
论了这个法令草案,稍作修改后予以通过。5 月 27 日这个法令得到全
俄中央执行委员会的批准。5 月 31 日,《全俄中央执行委员会消息报》
第 109 号发布了这个法令。

　　　　这个法令的第 3 条规定,要建立由党组织和工会组织推荐的工人
组成的附属于地方粮食委员部的特别工作队(多数应在消费地区组
建)。这些工作队受地方粮食机构指挥,其"主要任务是组织劳动农民
反对富农"(见《苏维埃政权法令汇编》1959 年俄文版第 2 卷第 310
页)。——140。

135　指人民委员会 1917 年 11 月 18 日(12 月 1 日)通过、11 月 23 日(12 月 6
日)发布的《关于人民委员、高级职员和官员的薪金额的决定》。决定草
案是列宁写的(见本版全集第 33 卷第 105 页)。根据这一决定,人民委
员每月薪金最高标准为 500 卢布,另给没有劳动能力的家属每人每月
补贴 100 卢布。

　　　　列宁对人民委员会秘书尼·彼·哥尔布诺夫也给了同样的严重警
告处分。——142。

136　1918 年春天,德帝国主义者占领乌克兰,并违反布列斯特和约,侵入克
里木,进抵黑海舰队的集结地——塞瓦斯托波尔。根据苏维埃政府的
命令,黑海舰队的部分舰只,即它的战斗核心,于 1918 年 4 月 29—30
日从塞瓦斯托波尔转移到新罗西斯克。5 月 11 日,德国统帅部最后通
牒式地要求舰队返回原地,声称黑海舰队离开塞瓦斯托波尔是违反布

列斯特和约的,并威胁要继续进攻黑海沿岸。5月13日,苏维埃政府向德国政府发出了抗议照会(参看本版全集第34卷第299—300页)。

苏维埃政府试图就这个问题同德国政府达成协议,但一切努力都未产生任何结果。在无法挽救舰队的情况下,为了使舰队不致落入德帝国主义者手中,列宁指示最高军事委员会立即毁掉该舰队(见下一号文献)。人民委员会在给海军当局的秘密指示中命令毁掉停泊在新罗西斯克的黑海舰队的全部舰艇和商轮。1918年6月18—19日,命令得到执行,大部分船只沉入新罗西斯克附近水下。——144。

137 《工人政治》杂志(《Arbeiterpolitik》)是德国科学社会主义刊物(周刊),由不来梅左翼激进派(该派于1919年并入德国共产党)创办,1916—1919年在不来梅出版。俄国十月革命后,该杂志广泛介绍苏维埃俄国的情况,发表过列宁的几篇文章和讲话。

《社会民主党人报》(《Der Sozialdemokrat》)是德国符腾堡独立社会民主党机关报(日报),1915年在斯图加特创刊。从1921年起该报成了符腾堡统一共产党的机关报,改名《共产党人报》。——145。

138 大概指1918年5月14日给斯·格·邵武勉的信(见本卷第183号文献)。

5月24日写的这封信是由巴库公社一个活动家萨·米·捷尔-加布里耶良带到巴库的。——146。

139 1918年5月23日,人民委员会颁发给萨·米·捷尔-加布里耶良一份由列宁签署的证明书,内容是委派他前往巴库采取一切措施立即将石油由巴库沿伏尔加河运出。——147。

140 当时土耳其人威胁着巴库,因而需要给巴库以军事援助。——147。

141 由于日本帝国主义者在符拉迪沃斯托克登陆和捷克斯洛伐克军叛乱,《真理报》从1918年5月24日起到月底,刊登了有关这方面的文章。——148。

142 1918年5月26日—6月4日在莫斯科举行的全俄国民经济委员会第

一次代表大会讨论了关于批准《国有化企业管理条例》的问题。5月28日和30日,代表大会的生产组织小组会议讨论了《条例》草案。最高国民经济委员会主席团委员加·达·魏恩贝尔格在小组会上就这个问题作了报告,"左派共产主义者"弗·米·斯米尔诺夫和乌拉尔工业方面的代表弗·尼·安德龙尼科夫作了副报告。在"左派共产主义者"的压力下,生产组织小组通过了同党的关于实行一长制和国有化企业管理集中化的方针相抵触的《条例》草案。

阿·伊·李可夫在回答列宁便条中提出的问题时说,生产组织小组所成立的审定《国有化企业管理条例》一项规定的委员会,在"左派共产主义者"的要求下,通过了一些错误决定。

列宁严厉批评了该小组制定的《条例》草案,揭露了它的无政府工团主义的实质(见本版全集第34卷第367页)。按照列宁的建议,草案被转交给有列宁(代表人民委员会)、李可夫和魏恩贝尔格(代表最高国民经济委员会)参加的协商委员会。协商委员会以列宁的意见为基础改写《条例》草案。改写后的草案被代表大会批准。——151。

143　1918年5月29日,经过激战之后,奔萨被捷克白卫部队占领。以瓦·弗·库拉耶夫为主席的省执行委员会撤到了鲁扎耶夫卡车站。库拉耶夫在5月31日给列宁的电报中报告了捷克白卫部队开始撤离奔萨、当时迁到奔萨的国家有价证券印刷厂未遭破坏等情况,并请求解除他在奔萨的工作。列宁的电报是对库拉耶夫来电的答复。

奔萨从捷克白卫部队手中获得解放后,库拉耶夫回到那里继续工作,直到1918年9月。——151。

144　指人民委员会1918年5月8日的决定。这项决定要求对现有的全部汽车进行清点并把多余的载重汽车移交给粮食人民委员部。——153。

145　这份电报是对维克萨工人来电的答复。来电说,他们"挨够了饿",正派遣征粮队带着机枪去夺取富农的粮食。——153。

146　1918年5月28日,人民委员会会议讨论了西伯利亚预算审查委员会的报告,决定贷款2 000万卢布给勒拿采金工业公司,供其购买日用必需品和金矿设备。5月29日,人民委员会又通过了关于拨付这笔贷款的程序和条件的决定。最高国民经济委员会黄金总委员会受命派遣一个特别委员会前去考察这些金矿,尤其是查明把它们收归国有的可能性。列宁的这张便条大概是因为最高国民经济委员会还未准备好此事的全部文件而写的。——154。

147　格·雅·索柯里尼柯夫、尼·伊·布哈林和尤·拉林是即将去柏林同德国人就缔结经济协定进行谈判的苏俄代表团成员。——156。

148　可能指1918年6月2日列宁给扬·安·别尔津或格·李·什克洛夫斯基的信(见下一号文献)。——157。

149　这里提到的附信指列宁当天写给法国社会党人昂利·吉尔波的信,列宁在信中问候吉尔波,并望他来信(参看《列宁文稿》人民出版社版第14卷第616页)。——158。

150　人民委员会于1918年6月5日作出给巴库拨款5 000万卢布的决定。最高国民经济委员会燃料局局长Н.И.索洛维约夫和萨·米·捷尔-加布里耶良写便条给列宁,请求给财政人民委员部下达一个相应的指令,把此款拨给巴库国民经济委员会作为"维持石油开采"的专款。——159。

151　由于必须向广大工人群众解释人民委员会1918年6月1日通过的关于单独各自收购粮食问题的决定,列宁给亚·德·瞿鲁巴写了这两张便条,第一张便条里拟有传单提纲草稿。人民委员会的决定指出,一些组织和工会的代表向人民委员会请求允许它们单独自行收购粮食,这种做法将会破坏粮食工作,给富农和地主扫清道路,断送革命。决定提出了建立征粮队的任务并要求从工人和职员中挑选忠实的优秀分子参加征粮队,"组成一支全体工人的战斗队伍去建立秩序,帮助监督,收集一切余粮,彻底战胜投机商"(见《苏维埃政权法令汇编》1959年俄文版第2卷第379—381页)。

　　关于这个问题,参看本版全集第34卷第361、362—363页。

——160。

152　大概是指上沃洛乔克来的地方代表。——162。

153　这份电报是对斯大林从察里津来电的答复。斯大林在来电中报告了他为向中心地区运粮而采取的措施,并为此请求命令下诺夫哥罗德立即派轮船去察里津(见《斯大林全集》第4卷第104—105页)。——164。

154　指斯大林1918年6月9日从察里津发来的电报。斯大林来电说,必须给察里津汇款和运送商品以便收购粮食,并且必须确保货物能畅通无阻地经铁路和水路运往中心地区。——165。

155　指通过《关于组织贫苦农民和对贫苦农民的供应的法令》一事。1918年6月8日(星期六)人民委员会会议讨论了该法令草案。亚·德·瞿鲁巴作了关于这个问题的报告。人民委员会决定于6月10日(星期一)把法令草案提交中央执行委员会讨论。6月10日全俄中央执行委员会会议开始之前,雅·米·斯维尔德洛夫给列宁打电话说,左派社会革命党人要求把讨论法令的问题起码推迟一天,他和瞿鲁巴认为可以同意,因为布尔什维克党团的会议拖了下来,全俄中央执行委员会的会议又尚未开始。列宁给斯维尔德洛夫的这个电话是对他的答复。

　　由于时间已晚,根据斯维尔德洛夫的建议,全俄中央执行委员会会议次日继续进行。6月11日全俄中央执行委员会紧急会议讨论了《关于组织贫苦农民和对贫苦农民的供应的法令》。左派社会革命党人强烈反对通过这项法令。但法令以压倒多数票通过,并于1918年6月16日公布在《全俄中央执行委员会消息报》上。——165。

156　这份电报是列宁对格·叶·季诺维也夫来电的答复。季诺维也夫问列宁是否曾下令恢复与鄂木斯克的电报联系(实际上并无此事),还问可否在鄂木斯克采购粮食。

　　1918年5月26日,所谓西伯利亚临时政府全权代表在新尼古拉耶夫斯克(现称新西伯利亚)成立反革命政府——西西伯利亚委员会。1918年6月7日捷克叛军和白卫部队占领鄂木斯克后,该委员会迁往鄂木斯克。这个傀儡政府嘴上喊的是民主词句,实际上推行的却是反革命政策,为建立公开的资产阶级地主军事专政准备条件。——167。

157 这些便条是列宁在 1918 年 6 月 12 日人民委员会会议上写的。当时会议正在讨论彼·阿·科兹明所作的关于农机制造业拨款总额的报告。由于发现最高国民经济委员会农机制造局工作中存在不少缺点,拨款 4 亿卢布生产农机具等问题暂时被搁置起来。会议决定成立一个委员会以"研究工作安排并弄清讨论过程中所提出的问题"。——170。

158 这两张便条是列宁在 1918 年 6 月 12 日人民委员会会议上写的,与任命尼·彼·哥尔布诺夫担任交通人民委员部负责工作有关。——172。

159 尼·彼·哥尔布诺夫后来写便条答复,说明他不能担任交通人民委员部负责工作的个人原因。——172。

160 列宁同尼·彼·哥尔布诺夫是在 1918 年 6 月 12 日人民委员会开会时互递便条的。——173。

161 这份电报是列宁得悉黑海舰队没有执行政府关于毁掉舰只的命令后发的。

亚·加·施略普尼柯夫收到这份电报后,即前往叶卡捷琳诺达尔。他把舰队代表从新罗西斯克叫到那里,召开了北高加索中央执行委员会同舰队代表的联席会议。会议通过了执行政府命令的决定。1918 年 6 月 18—19 日,黑海舰队的大部分舰只沉入新罗西斯克附近水域(参看本版全集第 34 卷第 299—300、433 页和本卷第 195 号文献)。——174。

162 指全俄苏维埃第五次代表大会。这次代表大会于 1918 年 7 月 4 日在莫斯科开幕。——177。

163 这里说的是 1918 年 4 月 12 日人民委员会通过的关于纪念碑的法令。另见本卷第 180 号文献和注 127。——179。

164 这些意见写在南方面军野战司令部参谋长 B.M.克维尔克利亚 1918 年

6月15日的电报抄件上。电报说,1918年6月8日德军第一陆战队在波季登陆,格鲁吉亚孟什维克政府武装德军俘虏,这些俘虏同格鲁吉亚政府军一起正向巴库苏维埃军队发起进攻。——180。

165　阿·阿·越飞通过直达电报向列宁报告说,他已向德国政府递交了照会,说明苏维埃政府正采取措施准备把黑海舰队的舰只从新罗西斯克调回塞瓦斯托波尔,苏维埃政府恪守它所承担的义务。照会同时要求德国履行苏维埃政府所提出的条件(关于这个问题,参看注136)。越飞还向列宁报告了他为避免苏俄同德国政府关系紧张所采取的措施。——181。

166　列宁是因为黑海舰队对执行政府关于毁掉新罗西斯克水域的舰只这一命令继续犹豫不决而发出这份电报的。

　　　看来,他还不知道亚·加·施略普尼柯夫在接到他1918年6月13日的电报(见本卷第228号文献)后,已动身去叶卡捷琳诺达尔。——182。

167　海军人民委员部部务委员 И.И.瓦赫拉梅耶夫根据人民委员会主席批准的最高军事委员会的决定,携带如下指示去新罗西斯克:"到达后,如未接到撤销命令的指示,即着手毁掉停泊在此港的全部船只。"——183。

168　指捷克斯洛伐克军。

　　　捷克斯洛伐克军是第一次世界大战期间由奥匈帝国军队的战俘和侨居俄国的捷克斯洛伐克人在俄国组成的军队。1918年3月26日苏维埃政府决定同意该军通过符拉迪沃斯托克离开俄国,条件是交出武器。但该军指挥人员在美、英、法帝国主义分子的指使和支持下,于5月底发动武装叛乱,反对苏维埃政权。他们同社会革命党白卫部队一起占领了乌拉尔、伏尔加河流域和西伯利亚的大部分地区,在占领区内建立了有孟什维克和社会革命党人参加的白卫政府。

　　　1918年秋,红军解放了伏尔加河流域。捷克斯洛伐克军随着高尔察克军队的败退而东撤。1920年春,捷克斯洛伐克军陆续经符拉迪沃斯托克撤出俄国。——183。

169 这是对阿·阿·越飞来电的答复。越飞来电说,他与抵达柏林的苏俄代表团成员尤·拉林无法共事,请求立即下令将拉林调回莫斯科(见本卷第 208 号文献)。——184。

170 尤尼乌斯的小册子是指罗·卢森堡写的《社会民主党的危机》。

卡尔·李卜克内西的小册子是指在德国出版的小册子《用阶级斗争反对战争! 关于"李卜克内西案件"的材料》。

《伯尔尼哨兵报》(《Berner Tagwacht》)是瑞士社会民主党的机关报,1893 年在伯尔尼创刊。——185。

171 指德国左派社会民主党人奥·吕勒的文章《论党的分裂》,载于 1916 年 1 月 12 日德国社会民主党中央机关报《前进报》第 11 号。——185。

172 指德国政府要求把黑海舰队舰只从新罗西斯克调回塞瓦斯托波尔一事。关于这个问题,参看本卷第 195 号文献和注 136。——185。

173 石油工业国有化法令由人民委员会于 1918 年 6 月 20 日通过。——186。

174 根据农业人民委员部部务委员会的决定,农业司司长 H.Л.奥尔日茨基被派往丹麦,同丹麦方面进行关于按照十月革命前丹麦几家商行同前俄国农业司所签订的合同向苏俄提供蔬菜良种的谈判。俄罗斯联邦政府与丹麦王国驻彼得格勒使团关于提供种子的协议于 1918 年 9 月 21 日在莫斯科签订。——187。

175 指 1917 年 12 月 18 日(31 日)人民委员会通过的《关于将问题列入人民委员会会议议事日程的程序的指令》(见本版全集第 33 卷第 185 页)。——189。

176 彼得格勒布尔什维克领导人之一、彼得格勒《红色日报》编辑、彼得格勒苏维埃主席团成员弗·沃洛达尔斯基于 1918 年 6 月 20 日被社会革命党人杀害。此后不久,彼得格勒肃反委员会主席莫·索·乌里茨基也于 8 月 30 日在彼得格勒被社会革命党人杀害。同一天又发生了暗杀列宁的事件,社会革命党恐怖分子卡普兰向列宁开枪,致使列宁身负重伤。

苏维埃政权以红色恐怖回答反革命的白色恐怖。1918 年 9 月 2 日全俄中央执行委员会通过的决定指出:一切反革命分子及其教唆者要对每一暗害苏维埃政权活动家的罪行负责。决定说:"工人和农民将对资产阶级及其代理人实行群众性的红色恐怖,以回答工农政权的敌人所实行的白色恐怖。"(见 1918 年 9 月 3 日《真理报》第 187 号)——190。

177 这份电报是列宁给摩尔曼斯克边疆区苏维埃主席 A.M.尤里耶夫(阿列克谢耶夫)的最后警告。早在 1918 年 3 月 2 日,尤里耶夫就同协约国代表谈判并达成了一个"口头协议",把边疆区的军事力量和经济的领导权实际上全部交给了协约国(见注 77)。尽管苏维埃政府对尤里耶夫多次警告,但他仍然坚持投靠协约国的路线。他在 6 月 26 日的来电中向列宁提出必须继续向武装干涉者让步的问题。这份电报就是列宁给他的答复。

尤里耶夫和摩尔曼斯克苏维埃执行委员会并未执行列宁的指示。7 月 6 日摩尔曼斯克苏维埃中的一伙叛徒同武装干涉者签订了正式协定,同意外国帝国主义者继续占领边疆区。

由于尤里耶夫背叛祖国,1918 年 7 月 1 日人民委员会作出决定,宣布他为人民的敌人,不受法律保护。——192。

178 1918 年 6 月 27 日,苏俄外交人民委员部照会英国驻莫斯科外交代表罗·汉·洛克哈特,抗议英军在摩尔曼斯克登陆(见《苏联对外政策文件汇编》1957 年俄文版第 1 卷第 376—377 页)。——194。

179 这些便条是在 1918 年 6 月 29 日人民委员会会议上写的。格·瓦·契切林在会议上提到,参加战俘问题混合委员会的苏俄代表团对阿·阿·越飞签署的委员会停止活动的议定书表示异议。契切林要求恢复委员会的工作,因为德国大使米尔巴赫对此也提出了建议。——196。

180 指对达尼洛夫的粮食接济。1918 年 6 月底英国人占领摩尔曼斯克后,该据点具有重要战略意义。亚·德·瞿鲁巴写便条答复说:"一收到粮食就拨给。"——198。

181 全俄中央执行委员会和全俄肃反委员会武装征粮队军事特派员瓦·卢·帕纽什金1918年7月1日致电列宁,报告了波克罗夫乡富农残害征购队队员的情况,请求转告全俄肃反委员会派人前往调查。——200。

182 这份电报是在1918年7月1日人民委员会会议讨论交通人民委员弗·伊·涅夫斯基的报告后发出的。涅夫斯基报告说,铁路员工对某些征购队的胡作非为提出抗议。电报由尼·彼·哥尔布诺夫拟稿,列宁作了修改和补充。——201。

183 1918年7月6日下午,左派社会革命党人雅·格·布柳姆金和尼·安德列耶夫持伪造的证件,借口要同威廉·米尔巴赫大使会谈,混入德国大使馆,向大使投掷了一枚炸弹,米尔巴赫被炸死。左派社会革命党人指望以此挑起同德国的战争,并在一切革命敌人的支持下推翻苏维埃政权。这一事件是1918年7月6—7日左派社会革命党人在莫斯科组织的反革命叛乱的开端,而这次叛乱又是国内反革命势力和协约国帝国主义者反对苏维埃俄国的总行动的组成部分。叛乱分子暗中受到外国使馆的支持。

　　叛乱发生在全俄苏维埃第五次代表大会期间,参加叛乱者共1 800人。他们炮轰克里姆林宫,占领电话局和电报局。在两小时的占领期间,他们以左派社会革命党中央的名义发出了几个挑拨性的宣言、公报和电报,诡称左派社会革命党已掌握了政权,他们的行动得到全体居民的欢迎,等等。

　　苏维埃第五次代表大会命令政府立即镇压叛乱。参加代表大会的左派社会革命党党团全体成员被逮捕。由于苏维埃政府采取了坚决措施以及莫斯科工人和卫戍部队一致行动,叛乱在7月7日下午被粉碎。——205。

184 指1918年5月21日列宁给乌拉尔州苏维埃的电报。在这份电报里,列宁请求协助他所熟悉并给过他很多帮助的芬兰人胡·海科年、亚·

海科年、保·帕尔姆费尔特等人出国(参看《列宁文稿》人民出版社版第14卷第589页)。亚·海科年是尤·拉图卡的妻子的兄弟。1917年秋,列宁最后一次转入地下期间就住在拉图卡家里。保·帕尔姆费尔特是胡·海科年的同事。

1918年7月10日,列宁在收到胡·海科年请求帮助她以及她的芬兰同志索还被乌拉尔州苏维埃机关没收的钱款的来电后,再次发出电报要求有关机关立即把全部钱款还给海科年等人。——206。

185 指维·康·塔拉图塔,他从1909年起侨居国外,1919年回到俄国。
——207。

186 这份电报写于1918年7月7日凌晨1时。电文中的今天是指7月6日。

1时35分,当斯大林从察里津回电时,莫斯科电报局被左派社会革命党叛乱分子占领,电报联系中断。——207。

187 这是列宁对东方面军革命军事委员会委员康·亚·梅霍诺申1918年7月7日直达电报的答复。梅霍诺申通过直达电报询问7月6日左派社会革命党人在莫斯科发动叛乱的情况。他请求告诉他左派社会革命党人安·卢·柯列加耶夫持什么立场。此外,梅霍诺申报告说:东方面军司令、左派社会革命党人米·阿·穆拉维约夫声明他忠于苏维埃政权,既然左派社会革命党反对苏维埃政权,他决定退出该党。

但是,穆拉维约夫发表这样的声明是为了掩盖他的叛变活动。在他收到左派社会革命党中央委员会诡称该党在莫斯科夺权成功的电报后,他便投向叛乱者一边。按照他们的计划,穆拉维约夫负责发动东方面军的军队反对苏维埃政权并联合捷克斯洛伐克军向莫斯科进军。7月10日穆拉维约夫来到辛比尔斯克,声称他不承认布列斯特和约,并向德国宣战。

苏维埃政府采取了紧急措施来制止穆拉维约夫的冒险活动。7月11日发表的政府通告宣布穆拉维约夫是苏维埃政权的叛徒和敌人。7月11日晚,穆拉维约夫应邀参加辛比尔斯克执行委员会会议。当会上宣读穆拉维约夫关于对武装干涉者和白卫分子停止军事行动的电报时,共产党人要求将他逮捕。穆拉维约夫拒捕,被当场击毙,他的同伙纷纷就擒。——210。

188 列宁的这个指令意在阻挡白军进攻察里津。1918 年 7 月中旬,季霍列茨卡亚车站被白卫分子占领。白军继续前进时遇到了红军的有力抵抗,因为红军已迅速重新部署了兵力,并根据列宁的指示牢牢地守卫了通向察里津的道路。——212。

189 这两张便条谈的是筹备发行新的苏维埃纸币的问题。参看本卷第 155 号文献和注 101。——213。

190 显然指的是下述情况:由于左派社会革命党在莫斯科发动叛乱,该党萨拉托夫委员会开会通过决定,谴责左派社会革命党中央委员会妄想消灭苏维埃政权的活动。左派社会革命党萨拉托夫武装纠察队也开会指责莫斯科左派社会革命党人的背叛行为,并声明萨拉托夫武装纠察队仍将站在保卫苏维埃政权的立场上。

列宁收到萨拉托夫左派社会革命党人在会上通过决定的消息后,在消息前面加了如下说明:"去高加索的伊万诺夫委员自萨拉托夫报道",并将其送交《真理报》。这则消息连同列宁加的说明发表在《真理报》上。——216。

191 建筑师尼·德·维诺格拉多夫是纪念碑拆建委员会秘书。

这张便条是列宁在人民委员会会议上写的。阿·瓦·卢那察尔斯基的答复是,他尚未同维诺格拉多夫谈过。列宁随后写道:"能否打电话同维诺格拉多夫联系一下并约定明天见面?"**"您有他的电话号码吗?"**然后指示秘书给维诺格拉多夫打电话(见下一号文献)。——216。

192 列宁 1918 年 7 月 7 日曾发电报给 В.Г.伊万诺夫,表示允许伊万诺夫在沃利斯克情况好转时动身去巴库。当时,沃利斯克左派社会革命党人的叛乱已平息。——217。

193 这是列宁在北高加索军区供给局局长姆·卡·捷尔-阿鲁琼扬茨 1918 年 7 月 13 日给海军人民委员部部务委员会的公函上的批语。公函请求赶快派 8—10 艘摩托艇去里海和库拉河归巴库人民委员会调遣，并列举了舰艇的类型，指出舰艇上应配置火炮、机枪和发动机备件。——218。

194 人民委员会南俄粮务特派员斯大林 1918 年 7 月 4 日和 5 日从察里津来电说，萨拉托夫挤满了装有石油和重油的驳船，而石油总委员会会务委员 К.А.马赫罗夫斯基却无所事事，不采取卸船的措施。——220。

195 指建立一支保护德国大使馆的特别分队一事。德国政府利用 1918 年 7 月 6 日左派社会革命党人杀死德国大使威廉·米尔巴赫这一挑拨性事件（见注 183），要求让他们派一营德国士兵到莫斯科来保护大使馆。这个要求被苏维埃政府坚决驳回，苏维埃政府声明保证德国大使馆安全。后来由于德国大使馆不久便迁往德国占领下的普斯科夫，建立上述分队一事已无必要。——221。

196 1918 年 7 月 15 日，费·伊·科列索夫致电列宁，报告土耳其斯坦共和国局势严重，阿什哈巴德发生社会革命党人叛乱等情况，请求援助钱款、武器和部队。列宁的这份电报是对上述电报的答复。——222。

197 列宁写这张便条是由于德国政府提出了新要求，以致同德国政府的关系更加复杂化，而与此同时协约国军队占领了摩尔曼斯克。——223。

198 指尼·伊·波德沃伊斯基建议由他负责领导镇压捷克斯洛伐克军叛乱以及平息伏尔加河流域和乌拉尔的反革命活动一事。——224。

199 最高军事委员会委员尼·伊·波德沃伊斯基答复列宁说，从库尔斯克派往东方战线（即捷克斯洛伐克战线）的部队尚在组编中，由 3 个团和 3 个炮兵连组成的一个旅将于 7 月 23 日乘车出发。——225。

200 列宁的便条是在 1918 年 7 月 20 日人民委员会开会时写的。格·瓦·契切林写便条给列宁说，Н. М. 魏恩贝尔格是德国驻苏俄代理外交代表库·里茨勒尔的情报员，他因投机倒把罪而被处决将会使事态复杂化。

　　　　契切林给列宁写的第二张便条说：里茨勒尔曾 5 次要求释放魏恩贝尔格，并认为，枪毙魏恩贝尔格将被视为苏维埃政府同左派社会革命党人暗中串通的证据。——227。

201 指由全俄肃反委员会决定并经全俄中央执行委员会 1918 年 7 月 7 日批准将积极参加反革命叛乱的 13 名左派社会革命党人判处死刑一事。——228。

202 指斯大林 1918 年 7 月 20 日从察里津发给斯·格·邵武勉的电报。斯大林在电报中谴责巴库苏维埃中孟什维克、达什纳克党人和社会革命党人的政策，这些人借口抵御土耳其军队对巴库的进攻，主张邀请英国军队前来"援助"。斯大林代表全俄中央执行委员会和人民委员会要求巴库人民委员会无条件地执行全俄苏维埃第五次代表大会关于实行独立的对外政策并同外国资本的代理人进行坚决斗争的决定。

　　　　关于这个问题，参看 1918 年 7 月 29 日列宁给邵武勉的电报（本卷第 301 号文献）。——228。

203 驻图拉省军事特派员瓦·卢·帕纽什金所率部队的会计主任 C.K.阿加波夫因盗用公款被地方司法机关逮捕。格·瑙·卡敏斯基致电列宁说，帕纽什金企图释放阿加波夫。——230。

204 指土耳其斯坦共和国人民委员会主席费·伊·科列索夫 1918 年 7 月 24 日从塔什干发出的要求提供军事援助的无线电报。——230。

205 指雅罗斯拉夫尔白卫分子的叛乱。这次叛乱是协约国帝国主义者在孟什维克和社会革命党人的积极参与下策划的，是反对苏维埃政权的反革命总计划的一部分。叛乱于 1918 年 7 月 6 日开始。叛乱分子夺取雅罗斯拉夫尔的中心区，占领了军火库、邮局、电报局、银行等。各企业的党组织在同叛乱分子作斗争中发挥了巨大的组织作用。苏维埃政府从莫斯科、彼得格勒、伊万诺沃-沃兹涅先斯克、科斯特罗马、沃洛格达、雷宾斯克调来许多军队和工人武装队伍支援雅罗斯拉夫尔工人。1918 年 7 月 21 日，叛乱最终被平定。——231。

206 斯巴达克派（国际派）是德国左派社会民主党人的革命组织，第一次世界大战初期形成，创建人和领导人有卡·李卜克内西、罗·卢森堡、弗·梅林等。1915年4月，卢森堡和梅林创办了《国际》杂志，这个杂志是团结德国左派社会民主党人的主要中心。1916年1月1日，全德左派社会民主党人代表会议在柏林召开，会议决定正式成立组织，取名为国际派。1916年—1918年10月，该派定期出版秘密刊物《政治书信》，署名斯巴达克，因此该派也被称为斯巴达克派。1917年4月，斯巴达克派加入德国独立社会民主党，但保持组织上和政治上的独立。1918年11月，斯巴达克派改组为斯巴达克联盟。1918年底，联盟退出了独立社会民主党，并在1918年12月30日—1919年1月1日举行的全德斯巴达克派和激进派代表会议上创建了德国共产党。——232。

207 在信末列宁盖上了俄罗斯联邦的国印。——233。

208 这份电报是对巴库来电的答复。来电报告了1918年7月25日巴库苏维埃举行特别会议的情况。这次会议讨论了在土耳其军队进攻下巴库的政治和军事形势。孟什维克、达什纳克党人和社会革命党人借口保卫巴库，要求向英国军队求援。尽管巴库苏维埃政权中的布尔什维克领导人坚决反对，会议还是以微弱多数通过了"邀请"英国军队前来巴库的决议。

在巴库苏维埃会议上，当通过了"邀请"英国人的决议后，布尔什维克声明辞去人民委员职务，但他们继续为捍卫苏维埃政权而斗争。1918年7月26日，巴库苏维埃执行委员会紧急会议作出决定，在政权问题没有彻底解决以前，全体人民委员要继续留在自己的岗位上。7月27日举行的全巴库布尔什维克代表会议决定，立即在人民委员会领导下开展保卫巴库的工作，宣布总动员，号召工人保卫城市和苏维埃政权。巴库人民委员会采取了一系列措施以贯彻这一决定。

1918年7月29日，在起草给斯·格·邵武勉的电报的当天，列宁在全俄中央执行委员会、莫斯科苏维埃、工厂委员会和工会联席会议上发表讲话，高度评价了巴库共产党员的活动，强调指出，他们反对"邀请"英国人，这是"真正的而不是口头上的社会党人唯一应该采取的步骤"(见本版全集第35卷第6页)。——234。

209 莫斯科交通区政治委员 В.И.列多夫斯基在1918年7月28日的电报中报告说,某些负责干部过多地要求提供客车车厢,他请求对使用客车车厢的权利加以限制。为了解决这方面的问题,后来专门制定了《使用客车车厢、公务车厢和指派紧急列车的规定》,由全俄中央执行委员会批准,公布于1918年9月10日《全俄中央执行委员会消息报》第195号。——236。

210 后来,尤·拉林在答复莉·亚·福季耶娃关于列宁这封信的询问时说:"我从未收到您寄来的弗拉基米尔·伊里奇的信(关于编写论述最高国民经济委员会的小册子一事)。信可能是在我被派往柏林去同德国人进行谈判时(1918年)写的,准备在我回来后立即转交给我。至少我回来后不久就收到弗拉基米尔·伊里奇的一封同样主题的信,只是内容更广泛些,要求写整个苏维埃共和国,而不仅写最高国民经济委员会(信未找到。——俄文版编者注),以便把我们在一年中所取得的成就介绍给国外和我们的人民。为此,弗拉基米尔·伊里奇后来向所有部门发出指示,要求向我提供我所需要的一切材料。但是,各部门寄来的材料都不大令人满意,所以我们不得不放弃编写我们政权建立第一年的那样具体的政府工作报告。显然,编写政府工作报告的这种想法代替了弗拉基米尔·伊里奇原先只编写关于最高国民经济委员会情况的小册子的想法。"

列宁起草并由人民委员会1918年8月29日通过的、要求各人民委员部提交其1917年10月25日(11月7日)以来工作情况的书面报告的决定以及列宁就此问题写给各人民委员的信(见本版全集第35卷第79、80页),都与拉林在给福季耶娃的信中所提到的委托有关。——238。

211 1918年8月1日,人民委员会派往萨拉托夫省的特派员维·巴·诺根从萨拉托夫通过直达电报向列宁报告了该省该市因捷克斯洛伐克军的叛乱而形成的严重局势以及有关富农叛乱和有关对居民尤其是对农民的组织和宣传工作很差的情况,指出中央必须派去一两个做党的工作和懂得报纸业务的人，必须经常寄去《真理报》、《消息报》、《贫苦农民报》以及鞑靼文和其他民族文字的报纸。这里收载的是列宁给他的回电。——240。

212 指俄罗斯联邦国印。——241。

213 指1918年7月31日协约国武装干涉者在奥涅加登陆并占领了该地一事。——241。

214 这封信是列宁托意大利战俘 M.普林齐克和 R.斯列科韦兹带往伯尔尼交给俄罗斯联邦驻瑞士全权代表扬·安·别尔津的。——242。

215 这张便条是列宁在人民委员会开会时写的，当时会议正在讨论粮食人民委员部根据列宁的提纲制定的关于吸收工人组织参加粮食采购工作的法令草案。亚·德·瞿鲁巴答复列宁说：粮食人民委员部没有控制马铃薯的采购工作，所以这方面不可能存在形式主义，而在粮食运输和采购问题上，粮食人民委员部建议给予各缺粮省的苏维埃以自主权，对此全体粮食工作人员都表示同意。——243。

216 指韦·米·斯维尔德洛夫。他在1918年任交通人民委员部运营管理局政治委员。——243。

217 指库尔斯克—下诺夫哥罗德环行铁路警卫队队长哥尔布诺夫的电报。电报说，他在1918年8月1日深夜扣留了一批奥地利和德国俘房并把他们押送到谢尔普霍夫。几小时后这些人又被他在谢尔普霍夫车站扣留，然而这次俘房们出示了谢尔普霍夫民政委员部发给他们的进入莫斯科的许可证。电报指出，民政委员部的人违反关于进入莫斯科的规定发放这些证件，并向每个俘房索取了一个卢布。——244。

218 1918年8月2日协约国军队在阿尔汉格尔斯克登陆。当天，由武装干涉者协助，在阿尔汉格尔斯克组成了一个以"人民社会党人"尼·瓦·柴可夫斯基为首的反革命政府。武装干涉者的军队随即开始进攻沃洛格达和科特拉斯。——245。

219 瓦·卢·帕纽什金的分队被调往东方战线。——247。

220 指根据列宁1918年8月2日写的《关于粮食问题的提纲》(见本版全集第35卷)而制定的人民委员会法令:《关于吸收工人组织参加粮食收购工作的法令》(在列宁的便条中被称做关于集体车队的法令)和《关于收割队和收割征购队的法令》。这两项法令在1918年8月3日和4日的人民委员会会议上通过,8月6日公布在《全俄中央执行委员会消息报》上。

下文提到的《关于吸收工人组织参加粮食收购工作的法令》第7条中规定:"派去的征粮队必须协助当地居民收割庄稼。"——249。

221 列宁给最高军事委员会的这一命令,写在米·谢·克德罗夫和亚·弗·埃杜克1918年8月8日的报告上。报告列举了北方面军所必需的军事装备和弹药等。

8月9日,最高军事委员会的军事指导员米·德·邦契-布鲁耶维奇给列宁送去了关于执行他的命令的情况报告,后来又递交了详细报告,其中开列了负责执行列宁此项命令的人员名单。——251。

222 1918年7月31日,由于外敌的压力和一系列内部因素的作用,巴库苏维埃政权暂时遭到失败(参看注208)。8月1日,社会革命党人、孟什维克和达什纳克党人组成一个叫做"里海区舰队中央委员会专政"的反革命政府,并立即派代表去伊朗请英国派兵进驻。8月4日英国军队在巴库登陆。

在这紧急关头,巴库共产党员深入基层,向劳动人民讲明局势,揭露社会革命党人、孟什维克和达什纳克党人的叛卖性政策。但是巴库共产党员没有足够的力量扭转这种政治局势。8月10日共产党员代表会议决定暂时撤往阿斯特拉罕。会议还决定留下一批同志在巴库坚持斗争。

苏维埃部队在乘船撤往阿斯特拉罕的途中遭反革命政府军舰劫持。巴库苏维埃政权领导人被捕入狱。1918年9月中旬土耳其军队进攻巴库,"里海区舰队中央委员会专政"的军队和英国军队弃城而逃。9月15日早晨,土耳其侵略者和木沙瓦特党人占领巴库。在土军占领巴库前夕，一批共产党员设法把苏维埃政权的委员和其他布尔什维克营救出狱。他们搭乘"土库曼"号轮船驶离巴库，准备前往阿斯特拉罕。然而，船上部分反革命船员却于9月17日把船开进由社会革命党人的"外里海临时政府"和英国武装干涉者所占据的克拉斯诺沃茨克港。巴库人民委员会全体委员和其他工作人员在此立即被捕。根据英国军事使团和社会革命党人政府代表的决定，9月19日深夜，巴库公社领导人斯·格·邵武勉、普·阿·贾帕里泽、麦·阿·阿济兹别科夫、伊·季·菲奥列托夫、雅·达·捷文、格·尼·科尔甘诺夫、М.Г.韦济罗夫和一批党、政、军干部共26人（史称26名巴库委员），被枪杀在里海东岸的沙滩上。——252。

223　这封信由粮食人民委员部代表阿·尼·博勃罗夫带往下诺夫哥罗德。列宁在信封上写的是："交下诺夫哥罗德省苏维埃主席、劳动人民委员部部务委员格里戈里·**费多罗夫**同志收"。——253。

224　在协约国军队1918年8月2日占领阿尔汉格尔斯克后，阿尔汉格尔斯克省执行委员会的一些工作人员到沃洛格达向米·谢·克德罗夫报告北德维纳河一带的事态。他们在沃洛格达得知列·达·托洛茨基命令把离开阿尔汉格尔斯克的工作人员作为逃兵交最高革命法庭审判。这个命令激怒了这些共产党员，因为他们对于阿尔汉格尔斯克的陷落没有直接的责任。阿尔汉格尔斯克省执行委员会委员亚·杰·梅捷列夫从沃洛格达致电列宁和雅·米·斯维尔德洛夫，请求允许他前往莫斯科报告事情真相。列宁发了这份电报作为答复。——254。

225　指俄共（布）奔萨省委员会主席叶·波·博什关于粮食收购情况和该省形势的报告。

1918年8月5日，奔萨县库奇金斯卡亚乡爆发了富农暴动，不久暴动蔓延邻近各乡。在富农的欺骗和裹胁下，许多中农甚至贫农也参加了暴动。8月8日奔萨县的暴动被镇压下去，但省内形势仍然很紧张。8月18日深夜，切姆巴尔县城内发生了左派社会革命党人的暴动（见注242）。奔萨领导人在镇压反革命暴动方面表现得不够坚决有力。为此列宁多次电令奔萨方面对富农采取坚决措施。——254。

226　指从彼得格勒撤到奔萨的印刷纸币和邮票的国家有价证券印刷厂。
　　　——255。

227　1918年8月10日瓦·弗·库拉耶夫致电列宁和雅·米·斯维尔德洛
　　　夫,说奔萨省农民对苏维埃政权采取的政策和措施不甚了解,而萨马拉
　　　的立宪会议的爪牙却在农村四处活动,有迹象表明各乡都存在反革命
　　　的基层组织。电报还报告了奔萨县富农暴动对红军地方部队所起的消
　　　极影响。为了争取劳动农民,库拉耶夫建议在靠近前线的奔萨、喀山和
　　　萨拉托夫成立全俄中央执行委员会鼓动宣传特别分部。——255。

228　亚·德·瞿鲁巴在回答列宁的前一张便条时写道:"只有在有实际力量
　　　的时候才能抓人质。但是否有实际力量呢? 令人怀疑。"——257。

229　这是列宁对亚·彼·斯米尔诺夫1918年8月10日来电的答复。斯米
　　　尔诺夫通过直达电报向列宁报告了萨拉托夫省收购和发运粮食的情
　　　况,请求敦促粮食人民委员部和交通人民委员部立即派载重汽车和燃
　　　油机车装运在萨拉托夫铁路枢纽待运的粮食。斯米尔诺夫还请列宁转
　　　告陆军人民委员部,必须立即成立一个军事委员会以统一指挥该地区
　　　的所有作战部队,并且必须供应部队武器和装备。——257。

230　这份电报是列宁于1918年8月11日收到谢·巴·纳察列努斯对他8
　　　月6日电报(见本卷第319号文献)的答复后发出的。纳察列努斯在答
　　　复中解释道,他被迫离开前线亲自去彼得格勒是因为急需安排对前线
　　　的供应工作,并说已派专人送上有关此事的详细报告。——259。

231　这份电报是列宁在收到图拉省执行委员会和"社会主义者"机械厂工人
　　　的来电后发的。来电抗议图拉肃反委员会听信资产阶级分子的谣言,
　　　非法作出逮捕省国民经济委员会局长 E.H.基斯利亚科夫的决定。П.
　　　П.皮尤里亚伊年1918年8月13日电告列宁说,基斯利亚科夫未被逮
　　　捕,他同劳动局长阿尔先耶夫一起被派往莫斯科,向列宁汇报图拉省国
　　　民经济委员会的工作情况,同时说明自己的事。——260。

232　米·谢·克德罗夫的莫斯科之行,正值协约国干涉军开始向沃洛格达

和科特拉斯方向进攻。

　　由于科特拉斯储存大量炸药,列宁下令"要坚决组织好科特拉斯的防御"。同时他派去一个爆破小组进行炸毁弹药库的准备工作,并发出在情况危急时炸毁弹药库的命令。列宁还指示莫斯科军区司令尼·伊·穆拉洛夫把一个已从莫斯科调往乌拉尔的重炮连拨交克德罗夫指挥。

　　苏维埃军队保住了科特拉斯及那里储存的军火,这对国内战争在北方地区的胜利起了重大作用。——261。

233　指叶·波·博什1918年8月11日发给列宁的电报。她在电报中报告了粮食脱粒工作的进度和从巴什马科沃车站发运粮食的情况。——261。

234　指1918年8月13日俄共(布)奔萨省委员会主席叶·波·博什的电报和奔萨省出版委员亚·弗·库图佐夫的电报。——263。

235　这封信是列宁在收到瑞士左派社会民主党人弗·普拉滕的来信后写的。普拉滕告诉列宁说,他正在申请去莫斯科的护照签证,并问列宁对此行的意见。

　　列宁将此信附在他当天给扬·安·别尔津的信中(见上一号文献),托人捎往伯尔尼,并请别尔津将此信转交普拉滕。——265。

236　这份电报是列宁对派往奥尔沙督促红军部队调入东方面军的莫斯科区军事委员部代表杰·季·彼特鲁丘克的直达电报的答复。彼特鲁丘克来电说,有不少部队腐败,当地苏维埃机关工作不力,并请求给予他发直达电报的权力。——266。

237　给国家监察人民委员部部务委员A.K.派克斯的这两张便条是列宁在1918年8月15日人民委员会开会时写的。这次会议将审议国家监察人民委员卡·伊·兰德尔与该部部务委员A.B.加尔金之间的冲突,而兰德尔拒绝到会解释。——267。

238　由于列宁的这封信是写给陆军人民委员部部务委员埃·马·斯克良斯

基的,所以这里说的可能是某军事部门的舞弊行为。——269。

239　这份电报是列宁对沃罗涅日省扎顿斯克县执行委员会主席 M.Ф.博尔德列夫 1918 年 8 月 16 日来电的答复。来电报告了富农分子在左派社会革命党人支持下把持扎顿斯克县苏维埃第五次代表大会的情况。大会否决了共产党党团提议发出的贺电,而通过了左派社会革命党党团关于向斯皮里多诺娃致敬的提议。为此,共产党党团拒绝投票并退出会场。

　　根据列宁的指示,苏维埃政权逮捕了在扎顿斯克代表大会上煽动反革命情绪的人,把扎顿斯克及其郊区捷舍夫卡村富农组织的武装暴乱消灭于萌芽状态之中。左派社会革命党人阻挠贯彻苏维埃政权的政策的企图未能得逞。县苏维埃第五次代表大会在土地和粮食问题上通过了布尔什维克的决议。大会最后选出了出席省苏维埃第四次代表大会的代表,6 名共产党员和 4 名左派社会革命党人当选。——270。

240　谢·瓦·马雷舍夫当时作为北方区域公社联盟的特派员领导一支流动驳船商队,在伏尔加河流域开展以商品交换粮食的活动。他在给列宁的电报中报告了粮食采购工作进展顺利的情况。列宁的这份电报是给他的回电。——271。

241　这份电报是列宁在接到 Д.С.卢布宁娜寄来的关于她的丈夫、教师 M.B.卢布宁被捕一事的控告信后发给科捷利尼奇执行委员会的。1918 年 7 月底,维亚特卡省科捷利尼奇召开教师代表大会,讨论关于全体教师递交志愿继续从事国民教育工作的声明书问题。按照教育人民委员部通知,教师应在声明书上填写自己的政治观点和所属党派。但是卢布宁主持下的教师代表大会不主张填写这些项目。当地肃反委员会主席尼基京因此逮捕了卢布宁。——271。

242　北方区域财政人民委员 A.И.波嘉耶夫下令奔萨国家有价证券印刷厂厂长不执行列宁 1918 年 8 月 16 日的命令,要求该厂停止火车的卸车工作。为此奔萨省执行委员会主席亚·叶·敏金请示列宁,波嘉耶夫的这项命令应否执行,这份电报是列宁对他的请示所作的答复。

电报中提到的奔萨省切姆巴尔县城左派社会革命党人的叛乱,是8月18日深夜爆发的,8月20日被从奔萨来的一队拉脱维亚步兵和红军战士所平息。——275。

243 1918年8月19日,列宁收到约·约·瓦采季斯、彼·阿·科博泽夫和康·亚·梅霍诺申的电报,建议讨论组建军士特别支队、教官及教官训练班学员特别支队的问题。同日,列宁收到陆军人民委员部的电报,建议嘉奖首先进入喀山和辛比尔斯克的部队。列宁的这份电报是对以上两份电报的答复。——276。

244 1917年七月事变后,为了躲避资产阶级临时政府的追捕,列宁转入地下。1917年9月17日(30日)—10月7日(20日),他住在维堡尤·拉图卡家里。——277。

245 当天(即1918年8月19日),在写这封信以前,列宁与法国国际主义者让·拉布勃讨论了在苏维埃俄国境内成立一个英法国际主义者组织以及他们的活动任务的问题。——278。

246 《明日》杂志(«Demain»)是法国国际主义者、作家昂·吉尔波创办的文艺评论性和政治性刊物(月刊),1916年1月—1919年9月先后在日内瓦和莫斯科出版(1917年1—4月休刊)。为它撰稿的有作家罗曼·罗兰、斯·茨威格等。该杂志反对沙文主义,宣传齐美尔瓦尔德的纲领,刊载过列宁的一些文章和讲话。最后一期即第31期是作为法国共产主义者莫斯科小组的刊物在莫斯科出版的。——283。

247 这一批示写在 A.Л.沙捷尔尼科娃的申请书上。沙捷尔尼科娃的丈夫是地方自治局医生,在扑灭斑疹伤寒的斗争中牺牲。沙捷尔尼科娃请求帮助她取出存在莫斯科银行保险库里的一笔钱,那是她丈夫死后地方自治机关发给她的子女抚养费。——284。

248 指粮食人民委员部驻乌拉尔和维亚特卡省的特派员 Б.И.莫纳斯特尔斯基1918年8月20日从彼尔姆发来的直达电报。来电报告了在伊热夫斯克工厂和沃特金斯克工厂区平定社会革命党白卫分子的叛乱的进展情况。——284。

249　这一批示写在陆军人民委员部选拔红军军官最高鉴定委员会主席亚·
伊·叶戈罗夫的报告书上。叶戈罗夫在报告书中分析了红军现行管理
制度的缺点,建议任命向人民委员会负责的最高总司令,并成立最高总
司令部。——285。

250　这份电报是列宁当天(即 1918 年 8 月 21 日)收到北高加索军区军事委
员尼·安·阿尼西莫夫从阿斯特拉罕的来信后写的。阿尼西莫夫在来
信中提到阿斯特拉罕省执行委员会的某些委员已在谈论撤退问题。
——285。

251　这张便条大概是在人民委员会开会时写的。亚·德·瞿鲁巴的答复没
有保存下来。
　　　　1918 年 8 月 22 日,人民委员会通过了列宁起草的关于马铃薯价
格问题的决定。决定责成中央统计局动员其全部力量统计马铃薯收获
量并登记中等规模和大规模种植马铃薯的农户,首先统计和登记莫斯
科附近各省的。粮食人民委员部受命于 1918 年 8 月 25 日前按非固定
价格组织采购不少于 4 000 万普特的马铃薯,并送交两个首都和各军
事基地的国家仓库储存。决定拨给粮食人民委员部 5 亿卢布用于采购
马铃薯,还命令通过各工业省份的工会和苏维埃广泛吸收工人参加马
铃薯的采购和运送工作。——289。

252　粮食人民委员部驻萨拉托夫省的特派员 A.K.派克斯和第 4 集团军政
治委员 Б.П.佐林从萨拉托夫通过直达电报向列宁反映军队供应情况
不好,请求采取紧急措施把军服、装备和弹药送去。他们还报告了揭露
和粉碎一起反革命阴谋的情况,经查明,阴谋策划者企图解除乌拉尔师
的武装并逮捕集团军司令部全体成员和政治委员。——289。

253　列宁在 1918 年 8 月 21 日深夜收到俄共(布)奔萨省委副主席斯·斯·
图尔洛、省委委员 A.M.布兹杰斯和秘书 Ф.B.韦谢洛夫斯卡娅发给他
的电报,他们在电报中汇报了省委在接到列宁 8 月 19 日电报(见本卷

第 355 号文献)后召开省委会议的情况。会上省委委员们决定派遣一名粮食工作人员和 50 名拉脱维亚战士去镇压富农的暴动并没收他们的粮食,但省执行委员会主席亚·叶·敏金却声明说,他拒绝执行这个决定。——290。

254 这是列宁与莉·亚·福季耶娃在 1918 年 8 月 23 日人民委员会开会时互递的便条。其中提到的亚·德·瞿鲁巴"两次发病",是指他由于饥饿而昏厥过去。——295。

255 这份电报是列宁当天(即 1918 年 8 月 26 日)收到粮食人民委员部驻萨拉托夫省的特派员 A.K.派克斯从乌尔巴赫的来电后发的。来电请求列宁协调他与人民委员会派往萨拉托夫省收购和发运粮食及其他食品的特派员亚·彼·斯米尔诺夫之间的工作关系。参看下一号文献。——296。

256 1918 年 8 月 27 日人民委员会开会时,阿·伊·李可夫给列宁写便条说,土耳其斯坦水利考察团希望每人都有一份委任书,以备他们在土耳其斯坦分散活动时使用,李可夫建议除此以外还给他们发一份总的委任书。——297。

257 这是列宁就派工人参加征粮队一事所作的批示。——299。

258 这里谈的是农业人民委员部单独办报的问题。——299。

259 这份电报是列宁当天(即 1918 年 8 月 28 日)收到亚·叶·敏金的报告后发的。敏金报告说,俄共(布)奔萨省委不顾省苏维埃共产党党团的反对,决定罢免他的省苏维埃主席团主席的职务。——300。

260 给海军人民委员部部务委员瓦·米·阿尔特法特的这两张便条是在列宁收到北高加索军区供给局的报告后写的。报告说,在阿斯特拉罕建立里海区舰队所需的潜艇迟迟未派去。——301。

261 瓦·米·阿尔特法特于 1918 年 8 月 29 日就派潜艇一事答复列宁说,适合于调往伏尔加河和里海的小排水量潜艇正在寻找中,派遣的可能性正在研究。——302。

262 这封信是列宁当天(即1918年8月29日)接见了北方区域公社联盟派往卡马河和维亚特卡河流域负责收购粮食的特派员谢·瓦·马雷舍夫之后写的。接见时列宁听取了马雷舍夫关于组织驳船商队用商品向农民交换粮食的计划,答应给予支持,并建议驳船商队携带爆破器材,以备受到捷克白卫军队拦截时组织敌后斗争。——304。

263 为了缓解莫斯科市内的粮食危机,莫斯科苏维埃于1918年8月24日作出决定,允许劳动者自由运入莫斯科不超过一普特半的只供自己食用的食物。这一决定的执行,给取缔粮食投机的工作造成了困难。为此,负责这方面工作的粮食人民委员部部务委员列·伊·卢泽尔向部务委员会提出辞呈。对上述决定也持反对观点的粮食人民委员亚·德·瞿鲁巴在卢泽尔的辞呈上写了批语,建议人民委员会开会讨论,要求莫斯科苏维埃从1918年9月15日起停止执行这项决定。列宁的这张便条是在他看了卢泽尔的辞呈和瞿鲁巴的批语后写的。

　　人民委员会1918年9月5日作出决定,规定莫斯科苏维埃的决定和彼得格勒苏维埃的一项类似决定从1918年10月1日起停止生效。——307。

264 这封信以及后面的一些文献是列宁遭社会革命党恐怖分子范·卡普兰枪击后治伤期间写的。列宁是在1918年8月30日遇刺受伤的。9月16日医生才允许列宁开始工作,但他在伤后几天就开始视事。9月25日至10月14日,列宁在哥尔克村休养。

　　这封信谈的是关于奥廖尔省叶列茨县征购粮食的问题。关于这个问题,参看本卷第406号文献。

　　据俄文版编者注,这封信的日期在手稿上误为1918年9月7日。根据现存这封信副本上注的日期以及1918年9月7日《彼得格勒真理报》第194号登载的亚·德·瞿鲁巴同格·叶·季诺维也夫的谈话,可以断定这封信是1918年9月6日写的。——309。

265 这份电报是列宁对东方面军第5集团军政治部领导干部的回电。他们于 1918 年 9 月 7 日致电列宁,祝他早日康复。——310。

266 这份电报于 1918 年 9 月 10 日晨 6 时 54 分转到喀山,下午 2 时红军部队便从白卫部队和捷克白卫部队手中解放了喀山。

　　列宁就收复喀山给红军战士的贺电见本版全集第 35 卷第 87、97 页。——311。

267 辛比尔斯克于 1918 年 9 月 12 日由加·德·加伊指挥的"铁师"解放。——312。

268 列宁当天(即 1918 年 9 月 14 日)曾与克里姆林宫警卫长帕·德·马尔科夫谈话。马尔科夫建议把人民委员会从在克里姆林宫的司法机关大楼迁入大克里姆林宫,并交给列宁一张大克里姆林宫中供人民委员会占用的房间的平面图。——312。

269 后来列宁听取了弗·德·邦契-布鲁耶维奇汇报察看大克里姆林宫房间的结果,决定人民委员会仍留在司法机关大楼,并要邦契-布鲁耶维奇保证给大楼供应燃料,安排修理火炉。——313。

270 这份电报是列宁对人民委员会派往萨拉托夫省采购和发运粮食的特派员亚·彼·斯米尔诺夫来电的答复。斯米尔诺夫在来电中建议从 1918 年 9 月 20 日起铁路专门用于运输粮食。——314。

271 奥廖尔省叶列茨县各乡贫苦农民委员会发给列宁的电报,是他们读了列宁给农业人民委员谢·帕·谢列达的信(见本卷第 399 号文献)以后给列宁的答复。——315。

272 指 1918 年 9 月 20 日《真理报》刊登的《卡尔·考茨基和罕丽达·罗兰-霍尔斯特论布尔什维克》一文。文章摘引了卡·考茨基《是民主还是专政》一文。考茨基的这篇文章载于 1918 年 8 月《社会主义的对外政策》杂志第 34 期。

　　《社会主义的对外政策》杂志(《Sozialistische Auslandspolitik》)是考茨基派的刊物,1915—1922 年在柏林出版(1918 年 11 月起改名为

《社会主义者》杂志）。——318。

273　列宁《国家与革命》一书的德文版于 1918 年在伯尔尼出版，该书附有按照列宁意思撰写的出版者序言。同年该书德文版在柏林出了两版，并在以后年代里多次再版。——319。

274　指卡·考茨基的小册子《无产阶级专政》。这本小册子于 1918 年秋在维也纳出版。列宁在《无产阶级革命和叛徒考茨基》一书（见本版全集第 35 卷）中对考茨基的这本小册子作了详尽的分析和批判。——319。

275　这个批示写在东方面军军事交通局代局长 Н.Г.卡京的电报上。卡京在来电中报告说，1918 年 9 月 28 日敌人炸毁了辛比尔斯克的伏尔加河大桥。他请求派一个由莫斯科优秀技术力量组成的委员会到那里去组织修复这座桥梁的工作。——320。

276　根据列宁提议，1918 年 10 月 3 日（星期四）召开了全俄中央执行委员会、莫斯科苏维埃联席会议（有工厂委员会代表和工会代表参加）。列宁当时在哥尔克养伤，未获准参加会议。会上宣读了他给会议的信（见本版全集第 35 卷第 98—101 页）。列宁的信的基本论点写进了会议通过的决议。该决议当天便通过电报发到全世界。——323。

277　这是列宁因弗·德·邦契-布鲁耶维奇的妻子、卫生人民委员部部务委员维·米·韦利奇金娜-邦契-布鲁耶维奇于 1918 年 9 月 30 日逝世而写给弗·德·邦契-布鲁耶维奇的慰唁信。——323。

278　列宁的这一指示写在边防特派员 Р.А.穆克列维奇给外交人民委员格·瓦·契切林的电报上。电报说，路经托罗希诺车站前往普斯科夫的外交信使滥用彼得格勒外事处发给的证件，进行投机倒把，偷运黄金、白银、纺织品、橡胶和私人物品，谎称是使馆财物和外交信件。在电报上有秘书记下的契切林的答复：他将同彼得格勒通电话。——325。

279　列·波·克拉辛请列宁签署给察里津肃反委员会的一份电报，内容是要求释放石油总委员会职员 Н.穆欣并让他能自由去莫斯科。克拉辛还建议把这份电报抄送给正在察里津的斯大林。——326。

280　指《无产阶级革命和叛徒考茨基》一文（见本版全集第35卷）。该文发表于1918年10月11日《真理报》。——326。

281　指沙皇政府和资产阶级临时政府欠英、法、美等国帝国主义者的债务。全俄中央执行委员会于1918年1月21日（2月3日）颁布法令，废除了沙皇政府和临时政府的一切外债。——327。

282　给美国总统伍·威尔逊的照会于1918年10月24日发出（见《苏联对外政策文件汇编》1957年俄文版第1卷第531—539页）。——328。

283　马·马·李维诺夫是俄罗斯联邦驻英国全权代表。在英国驻苏俄特别使团团长罗·汉·洛克哈特由于进行反对苏维埃共和国的反革命活动在1918年8月31日被捕后，英国政府进行报复，无端将李维诺夫逮捕。1918年10月，李维诺夫与洛克哈特互换，回到了苏维埃俄国。——328。

284　这封信是针对莫斯科苏维埃主席团1918年10月7日的决定而写的。莫斯科苏维埃领导人在这个决定中企图推卸自己不执行人民委员会关于在莫斯科为杰出的革命家和文化名人建立纪念碑以迎接十月革命一周年的法令的责任。

　　在列宁手稿上，有人注明："10月14日已在主席团内宣读。"——331。

285　指哥尔克村，当时列宁在那里疗养。——332。

286　指亚·德·瞿鲁巴的健康状况。——333。

287　1918年10月3日《小报》上刊登了左派社会革命党人编写的《社会主义俄国》一书出版的消息。

　　《小报》（《La Feuille》）是1917年8月—1920年在日内瓦出版的一种法文报纸（日报），由让·德布雷任编辑。该报标榜不追随任何政党，实际上站在伯尔尼国际的立场上。——334。

288　《劳动公社旗帜报》(《Знамя Трудовой Коммуны»)起初由一批左派社会
革命党人于 1918 年 7 月 26 日—8 月 18 日出版,名为《斗争旗帜报》,
1918 年 8 月 21 日起,改名《劳动公社旗帜报》,成为从左派社会革命党
中分裂出来的民粹主义共产党的机关报。1918 年 11 月,民粹主义共
产党非常代表大会通过关于解散该报并与俄共(布)合并的决定后,该
报停刊。

　　《劳动意志报》(《Воля Труда»)是 1918 年 9 月从左派社会革命党
中分裂出来的"革命共产党"的机关报。1918 年 9 月 14 日起出版,同
年 12 月 4 日停刊。1918 年 12 月 29 日开始改为《劳动意志》杂志出版。
1920 年 10 月"革命共产党"与俄共(布)合并后停刊。——334。

289　《人民权利报》(«Le Droit du Peuple»)是瑞士社会民主党以及该党在沃
州和洛桑市的分部的机关报(周报),1917—1940 年先后在洛桑和日内
瓦出版。——335。

290　指德国斯巴达克派出版的秘密刊物《政治书信》,从 1916 年 9 月到 1918
年 10 月共出了 12 期。——335。

291　波·索·魏斯布罗德医生当时被派往奥匈帝国,参加战俘事务委员会
的工作。参看本卷第 447 号文献。——336。

292　指《国家与革命》的德译本。——336。

293　尔·马尔托夫的文章《马克思和无产阶级专政问题》发表于 1918 年 7
月 18 日和 25 日出版的《社会主义的对外政策》杂志第 29 期和第 30
期。——338。

294　指 1918 年 10 月 2 日《给全俄中央执行委员会、莫斯科苏维埃联席会议
(有工厂委员会代表和工会代表参加)的信》(见本版全集第 35 卷)。列
宁在 1918 年 10 月 22 日全俄中央执行委员会联席会议上所作的报告
以及在苏维埃第六次代表大会上关于国际形势的讲话更详尽地指出了
协约国扩大对苏维埃共和国进行武装干涉的可能性(同上书,第 120—
121、129、159、527 页)。——339。

295　指德国社会民主党左派不来梅小组。1919 年该小组加入德国共产党。
——340。

296　指平定社会革命党白卫分子在伊热夫斯克工厂和沃特金斯克工厂（维
亚特卡省）的叛乱。1918 年 8 月叛乱分子占领了伊热夫斯克和沃特金
斯克。苏维埃军队于 11 月 7 日和 12 日先后解放了这两座城市（列宁
对解放伊热夫斯克的贺电见本卷第 443 号文献）。——342。

297　这里说的是米·亚·邦契-布鲁耶维奇和 B.M.列辛斯基 1918 年创办
的下诺夫哥罗德无线电实验室。这个实验室是十月社会主义革命后建
立的第一批科学研究机构之一。列宁非常关心该实验室的工作，曾多
次给予支持（参看本卷《附录》第 34、35、36 号文献）。——343。

298　指尼古拉二世的一个亲属。——343。

299　这份电报是在列宁同斯大林就南方面军的问题谈话以后写的。
　　1918 年 9 月 17 日，共和国革命军事委员会作出决定，任命斯大
林、谢·康·米宁、方面军司令帕·巴·瑟京和副司令克·叶·伏罗希
洛夫为新组建的南方面军革命军事委员会委员。稍后，康·亚·梅霍
诺申也被任命为委员。在南方面军革命军事委员会中，以斯大林、米宁
和伏罗希洛夫为一方，以瑟京和梅霍诺申为另一方，一开始就产生尖锐
的意见分歧。分歧的实质是，察里津的干部不愿执行党关于在红军建
设中使用旧军事专家的路线，而试图实行已被党否定了的集体指挥军
队的制度。共和国革命军事委员会主席列·达·托洛茨基，不是根据
通常的党内相互关系准则迅速消除冲突，而是对察里津的干部不止一
次地采取粗暴的和不礼貌的态度，并且对列宁的建议也不予以执行。
　　南方面军革命军事委员会内的冲突，极大地影响了部队的战斗力。
为了改变这种状况，南方面军革命军事委员会进行了改组。新的革命
军事委员会由方面军司令员瑟京、梅霍诺申和波·瓦·列格兰组成。
　　10 月 19 日，斯大林由察里津动身赴莫斯科。斯大林没有立即返
回南方面军。1919 年 9 月 27 日，他重新被任命为南方面军革命军事
委员会委员。——344。

300　这个电话稿是为卡尔·李卜克内西于 1918 年 10 月 22 日被从苦役监狱释放出来而写的。——345。

301　指雅科布·赫尔佐格被开除出瑞士社会民主党一事。——347。

302　列宁的《国家与革命》一书的法文版最初于 1919 年在莫斯科出版。1921 年起,该书法文版在巴黎多次出版。——347。

303　指一批被派往南方战线去的彼得格勒维堡区的工人。他们对莫斯科苏维埃办事拖拉有意见。1918 年 10 月 27 日,列宁接见了他们。——348。

304　这个批示写在社会保障人民委员部儿童保育院司司长安·伊·乌里扬诺娃-叶利扎罗娃给莫斯科人民宫殿财产管理局的信上。乌里扬诺娃-叶利扎罗娃在信中请求拨一些枕头、棉被和内衣给那些因饥饿而从莫斯科撤往产粮省的孤儿院。列宁的这一批示得到了执行。——349。

305　1918 年 11 月 12 日,瑞士政府在协约国的压力下驱逐了以扬·安·别尔津为首的俄罗斯联邦驻瑞士全权代表处全体人员。——350。

306　指列宁的小册子《无产阶级革命和叛徒考茨基》(见本版全集第 35 卷)。——351。

307　这份电报是列宁对东方面军第 2 集团军司令瓦·伊·绍林等人的电报的答复。来电向列宁祝贺十月革命节,并报告说,伊热夫斯克已于当天(即 1918 年 11 月 7 日)下午 5 时 40 分收复。——351。

308　1918 年 11 月 10 日凌晨 2 时以后,列宁从无线电技术委员会主席阿·马·尼古拉耶夫打来的电话中得知德国革命已经开始的消息,便在当天凌晨 2 时 55 分以前起草了这份电报稿。——352。

309　这些藏书是在列宁逝世后才陆续转交给苏联的。——354。

310　这是列宁对南方面军里海—高加索战区革命军事委员会主席亚·加·

施略普尼柯夫当天来电的答复。来电请求立即从察里津或萨拉托夫地区调至少两个步兵团到阿斯特拉罕，并请求供应军服和装备。——356。

311 这份电报是列宁对当天收到的发自乌克兰切尔尼戈夫省乌涅恰车站的下述电报的答复：“德国革命士兵的代表、雷希奇士兵代表苏维埃的代表和俄共（布）乌涅恰组织一起通过您向世界革命致敬。雷希奇村德国革命部队代表（署名）、俄共（布）乌涅恰组织主席**伊万诺夫**、革命委员**林德**、博贡团团长**邵尔斯**”。——356。

312 1918年11月22日，粮食人民委员部采购供给局通知芬兰共产主义俱乐部：“……由于现在对各组织只能给予部分供应，因此从粮食人民委员部的储备中拨给你们6 000普特粮食。兹附上列宁同志来信的副本。”——358。

313 这里说的是俄罗斯联邦卫生人民委员部部务委员帕·格·达乌盖的儿子马·帕·达乌盖。马·帕·达乌盖毕业于莫斯科高等技术学校附属训练班，对航空有强烈爱好。航校招收的多半是共产党员，所以他的父亲就请列宁帮助。列宁为此于1918年8月14日指示航空局学校处录取马·帕·达乌盖进航校学习。后来马·帕·达乌盖以优异成绩毕业于航校，勇敢地战斗在国内战争的各个战线上（见 Ф.И.扎罗夫《红色飞行员的功勋》1963年俄文版第24—25页）。——359。

314 这张便条是列宁在1918年11月16日人民委员会会议上讨论运到莫斯科的货物的卸车问题时写的。——361。

315 这是列宁在俄罗斯联邦人民银行北方区域办事处主任 M.A.谢尔盖耶夫给总行行长格·列·皮达可夫的公函上的批示。公函建议12月14日隆重庆祝私人银行国有化法令颁布一周年，并请求拨给庆祝费用。

俄罗斯联邦人民银行是根据全俄中央执行委员会1917年12月14日（27日）的法令将前国家银行同收归国有的私人股份银行及其他信贷机关合并组成的，1918年春以前称做国家银行。俄罗斯联邦人民银行发行纸币,1918年秋起集中管理国民经济各部门和苏维埃机关的拨款、预算工作以及对货币流通的控制。根据人民委员会1920年1月19日的法令,俄罗斯联邦人民银行被撤销。——361。

316　这个指示是列宁在接到南方面军政治部部务委员约·伊·霍多罗夫斯基的一份电报后写的。霍多罗夫斯基在电报中反映,莫斯科第18后送医院的医生们没有正当理由便免除红军战士的兵役。——362。

317　这份电报是列宁在看了最高国民经济委员会科学技术局局长尼·彼·哥尔布诺夫打来的电话的记录和有关材料后写的。哥尔布诺夫控告北方区国民经济委员会技术委员会拖延向军事部门中央科学技术实验室提供一项试验汽车发动机所需的材料。列宁在电话记录上批示,要秘书向哥尔布诺夫索取有关此事的证据。——362。

318　这是列宁在莫斯科普列斯尼亚区某幢房子的住户的控告材料上的批示。控告材料中说这幢房子被征用,他们被强令迁出。——365。

319　列宁的这个批示是针对1918年11月10日成立的、主要由右翼社会民主党人和中派分子组成的德国政府的无线电报写的。该政府于11月21日致电苏维埃政府,请求苏维埃政府发表声明承认它,并承担如下义务:"不对德国居民施加任何旨在另立政府的影响。"

　　　列宁的指示精神后来具体反映在由格·瓦·契切林签署的1918年11月25日致德国外交部的照会中(见《苏联对外政策文件汇编》1957年俄文版第1卷第576—577页)。——366。

320　指小人民委员会1918年11月12日关于国立大剧院和国立小剧院向人民委员和人民委员部部务委员提供中央包厢的决定。11月26日,人民委员会建议小人民委员会修改这个决定,而"作出理由更充足、更民主的另一个决定"。

　　　小人民委员会是俄罗斯联邦人民委员会所属的一个常设委员会,1917年11月成立。设立小人民委员会是为了减轻人民委员会的负担。小人民委员会预先审议应由人民委员会决定的问题,自身也决定某些财政经济问题。小人民委员会一致作出的决定,经人民委员会主席签署,即具有人民委员会决定的效力。如遇意见分歧,则把问题提交人民委员会解决。小人民委员会的主席、副主席、成员由人民委员会从人民委员和副人民委员中任命,全俄工会中央理事会的代表也参加小人民委员会。1930 年,小人民委员会被撤销。——367。

321　这个批示写在教育人民委员部博物馆管理与文物保护司 1918 年 11 月 26 日给人民委员会办公厅的报告上。报告请求将大克里姆林宫的一些厅拨给国家博物馆使用。

　　　　1918 年 12 月 12 日人民委员会作出决定:"采取措施,拨出大克里姆林宫的一些厅供博物馆使用,特别是供展示沙皇宫廷生活的历史情景用。"——368。

322　这份电报是对 В.И.苏霍帕罗夫 1918 年 11 月 28 日来电的答复。来电请求在审理他提交人民委员会的申诉书之前,缓交图拉省肃反委员会对苏霍帕罗夫协作社的 6 000 卢布罚款。——368。

323　列宁怀疑驻乌克兰德军士兵苏维埃的大部分站在布尔什维克立场上这一消息的真实性是有充分根据的。1918 年 12 月 13 日在基辅召开的全乌克兰德军士兵苏维埃代表大会是在德国机会主义分子的影响下进行的,没有通过任何政治决议。大会决定同佩特留拉分子达成协议,以不经战斗让出基辅为条件来换取德国军用列车西去的通行权。——369。

324　亚·加·施略普尼柯夫在 1918 年 11 月 21 日给列宁的信中,请求给南方面军运去 5 000 把刺刀、20 门火炮及其他技术装备,并且指出由于土耳其随时可能入侵,必须给予他们大力支援。——370。

325　这份电报是列宁对亚·加·施略普尼柯夫当天来电的答复。来电再次请求对支援武器装备一事给予答复。文中提到的信见上一号文献。——371。

326　指人民委员会 1918 年 11 月 21 日通过的《关于组织居民供应工作的法

令》。根据这个法令,合作社在组织居民供应工作中发挥重要作用。该法令要求开展合作社的活动,恢复已被收归国有和地方所有的合作社商店和仓库。法令还责成贫苦农民委员会和地方苏维埃对合作社的活动建立系统的监督,以防止富农和其他反革命分子操纵合作社。——372。

327 指全俄苏维埃第六次(非常)代表大会1918年11月6日通过的关于对某几类在押犯实行特赦的决定(见《苏维埃政权法令汇编》1964年俄文版第3卷第529页)。——372。

328 这份电报是列宁当天收到特维尔省上沃洛乔克县原里亚布申斯基纺织厂女工、全俄女工代表大会代表瓦·费·布雷夫金娜的来信后写的。布雷夫金娜在信中说,她的父亲费·彼·博利沙科夫给她的孩子们运送的20俄磅黑麦粉和25俄磅燕麦粉被乡委员会没收,并被处以500卢布的罚款。她请求豁免这笔罚款。——373。

329 这四项命令是列宁同格罗兹尼中央苏维埃代表 Б.Д.平松谈话后于当天签发的。平松向列宁汇报了遭受武装干涉军和哥萨克白卫分子围困的格罗兹尼的情况。他还带了南方面军里海—高加索战区办公厅1918年11月28日给列宁写的一封信:"亲爱的同志:兹派平松同志前来见您。他于夏季为收购粮食一事出差来北高加索,后因事态变化在格罗兹尼及其周围地区度过了长达3个月的围困期。格罗兹尼中央苏维埃派他作代表,为这个对我们至关重要的地区申请经费、药品、纺织品等。

请给予该同志大力协助。一切经费、物资均可通过革命军事委员会送达。致同志的敬礼!"这封信由亚·加·施略普尼柯夫签署。——374。

330 Г.К.里津坎普夫是土耳其斯坦灌溉工程局负责人。该局由一大批专家组成,1918年10月由人民委员会派往土耳其斯坦为纺织工业筹建棉花基地。在他们快要到达萨马拉时,萨马拉肃反委员会收到检举该局是反革命组织的材料。因此,俄共(布)省委、市执行委员会和肃反委员会举行联席会议,决定逮捕该局全体成员。

列宁阅过萨马拉寄给全俄肃反委员会的材料后,于 1918 年 12 月 10 日致电萨马拉肃反委员会主席 И.Г.比恩,命令他们在全俄肃反委员会工作人员到达之前继续侦查(参看《列宁文稿》人民出版社版第 15 卷第 114 页)。根据全俄中央执行委员会和人民委员会的指示,有关土耳其斯坦灌溉工程局的全部案卷和该局被捕人员于 1919 年 1 月被送到莫斯科。鉴于查无实据,2 月 25 日全俄中央执行委员会决定撤销原案,并命令各苏维埃机关"对该局承担的工作给予必要的协助"。1919 年 8 月 11 日,人民委员会决定解散该局,将灌溉工程设计方案交由最高国民经济委员会完成。

电报中谈到的监察机关的代表是国家监察人民委员部派到该局去的。——377。

331 这份电报是列宁收到博里索格列布斯克失业保险基金会工作人员伊·波格丹诺夫就他儿子被捕一事提出申诉以后写的。波格丹诺夫的儿子从农业委员部被派往疏散工作组。他以没有经验和身体不好为理由,拒绝参加该工作组的工作。——377。

332 这封短信写在国家监察人民委员部特派检查员 Н.В.捷尔济耶夫从彼尔姆发来的电报上。看来列宁是在写了前边那一封给尼·巴·布留哈诺夫的短信后收到这份电报的。电报说,彼尔姆省供给局和乌拉尔供给局在粮食征购工作中玩忽职守,因而引起工厂停工、工人骚动和前线危机。——378。

333 大概由于亚·加·施略普尼柯夫 1918 年 11 月 26 日的信中谈到有必要组织开发和利用阿斯特拉罕边疆区的粮食和工业资源,最高国民经济委员会专门派去了一个工作组(参看《列宁文稿》人民出版社版第 15 卷第 59 页)。——379。

334 这张便条是列宁在人民委员会开会时就允许莫斯科工人组织自行采购非定量供应的食品等问题给列·波·加米涅夫的答复。加米涅夫建议推迟两个月再"抓紧把全部供应工作……转到国家手里",他在给列宁的便条里写道:"不要把这叫做让步,还是叫做随机应变吧,应当承认现在正是应该随机应变的时候。"——380。

335　这本小册子于1919年出版,书名是《执行苏维埃共和国的法律!》。小册子中载有全俄苏维埃第六次(非常)代表大会1918年11月8日通过的关于革命法制的决定。决定号召"共和国全体公民、苏维埃政权的所有机关和全体公职人员最严格地遵守俄罗斯联邦的法律,执行中央政权已颁布的和正在颁布的决定、条例和命令"。决定把因同反革命斗争而不得不采取的背离法律的各种做法限制在严格规定的范围内,并规定了同苏维埃机关中的官僚主义和拖拉作风进行坚决斗争的措施。——380。

336　附件作者不详,其中提出了一项把为转运而存放在私营商行、银行、社会团体和国家机关等单位仓库里的粮食和木柴加速送达目的地的计划。——381。

337　指有关一伙混进阿斯特拉罕苏维埃机关、破坏红军供应工作的投机商和受贿者的材料。——382。

338　指加速往阿斯特拉罕运送武器和装备。——382。

339　看来是指阿斯特拉罕—里海区舰队一个支队在里海—高加索战线基兹利亚尔地区旧捷列克码头登陆作战一事。——383。

340　1918年11月底,高尔察克白卫军以优势兵力进攻东方面军第3集团军,以求同北方的外国武装干涉军会合。经过多次艰苦的防御战斗后,第3集团军不得不放弃大片土地。造成失败的原因是:部队的服装、粮食、弹药供应不好;没有必要的预备队;许多部队中混进了反革命分子;集团军司令米·米·拉舍维奇和集团军革命军事委员会工作中存在缺点。

　　关于这个问题,参看本卷第525、534号文献和注377、383。——384。

341　这个批语写在总司令约·约·瓦采季斯和共和国革命军事委员会委员谢·伊·阿拉洛夫1918年12月14日给红军供给管理局局长的下述电报上："西进部队给养不足,尤其是粮食。命令由您亲自负责立即组织此项工作,使部队在各方面都得到满足。"——385。

342　列宁给内务人民委员格·伊·彼得罗夫斯基的这一命令写在1918年12月16日收到的雅罗斯拉夫尔省布季洛沃村农民的来电上。这些农民控告当地贫苦农民委员会主席没收他们的口粮和种子。他们请求列宁作为"农民政府的首脑"保护他们。——386。

343　这张便条写在北方面军第6集团军政治委员尼·尼·库兹明的来电上。来电说,左派社会革命党人正在北方面军部队中进行鼓动。在这种鼓动的影响下,一些部队纪律涣散,出现了拒绝进入阵地的现象,等等。

　　至于左派社会革命党的首领之一玛·亚·斯皮里多诺娃,大概是指她多次在群众大会和会议上攻击苏维埃政权,攻击布尔什维克。1919年2月24日,莫斯科革命法庭审理了斯皮里多诺娃进行反革命鼓动和诽谤苏维埃政权的案件。法庭认为,对斯皮里多诺娃的控告是有根据的,但是鉴于"被告的歇斯底里病状",法庭判决:"禁止玛·斯皮里多诺娃在一年内参加政治和社会活动,把她关进疗养院,给予她从事健康的体力和脑力劳动的条件。"(1919年2月25日《真理报》第43号)——386。

344　列宁的这个指令写在最高国民经济委员会木材采办委员会1918年12月14日的来电上。来电控告人民银行莫斯科办事处拖延支付人民委员会拨发的采购木材款项。——387。

345　1918年12月3日,粮食人民委员部根据人民委员会1918年11月21日关于组织居民供应的法令,请求全俄肃反委员会将它掌管的存放工业品和手工业品的一些仓库移交给产品分配总管理局,但直到12月20日仍未得到答复。12月20日粮食人民委员部将此问题提交国防委员会。为此,列宁写了这封给费·埃·捷尔任斯基的信。——388。

346 1918 年 12 月 22 日,列宁收到几个工人发来的署名"饥饿工人"的电报。电报声称纠察私贩粮食的巡查队在加夫里洛夫镇夺走了他们"用仅有的钱"买的粮食。列宁在这份电报的电文下边给秘书写道:"**是哪个省,哪个县的? 查一下。**"秘书查后答复道:"弗拉基米尔省苏兹达利县。"

　　1918 年 12 月 26 日,苏兹达利县执行委员会主席复电列宁,声言巡查队征收粮食没有违反人民委员会的有关法令。列宁在来电上批注:"**存档**(备日后查考)。"——389。

347 由于发生了连续三天的暴风雪,南方战线铁路军事特派员米·康·弗拉基米罗夫在直达电报中请求列宁下令给东南铁路线调拨燃油机车和燃料。这里收载的是列宁的回电。

　　列宁的电报中所说的命令,是指发给铁路沿线各省、县苏维埃的命令。命令要求全体 18—45 岁的男性居民清除铁路的积雪。——390。

348 德·亚·布拉托夫收到列宁的信后,即照列宁嘱咐于 1918 年 12 月 26 日复电:"信悉,一定完成任务。"12 月 28 日他致电列宁说:佩尔维京斯卡亚乡的贫苦农民委员会委员捷捷林当过宪兵,现已革职;其他几名委员因所控证据不足,仍然保留原职。12 月 31 日布拉托夫就这个问题给列宁发了一封详细的信。——391。

349 这份电报是列宁对上沃洛乔克县国民经济委员会主席索·阿·班克1918 年 12 月 25 日请示的答复。班克请示说:"根据国防委员会的决定,军用物资仓库业已查封,正在迅速开列清单。由于斑疹伤寒在我县城乡惊人蔓延,县国民经济委员会主席团已允准将医疗物资拨给卫生局。我们对此承担重大责任,请批准我们的决定。"——391。

350 指人民委员会 1918 年 11 月 21 日通过的《关于组织居民供应工作的法令》。见注 326。——392。

351 这份电报是列宁收到前第三届国家杜马社会民主党党团成员彼·伊·苏尔科夫的控告信后写的。苏尔科夫控告伊万诺沃-沃兹涅先斯克省罗德尼基县肃反委员会决定没收他的藏书。苏尔科夫说他反对将书运往罗德尼基县城,但同意献出藏书供本村青年学习使用。关于苏尔科夫的藏书问题,参看本卷第 502、503、513 号文献。——393。

352 针对总司令约·约·瓦采季斯对联欢的担心,列·达·托洛茨基在 1918 年 12 月 26 日给列宁和共和国革命军事委员会的电报中谈了进行联欢,尤其是在美军、英军和法军驻扎的北方战线进行联欢的意义。为了制止敌人在红军战士中进行煽动和防止红军部队战斗力的削弱,电报建议联欢要在负责干部首先是政治委员的监督下有组织地进行。——394。

353 列宁的这封信是为筹备共产国际第一次代表大会而写的。

　　早在第一次世界大战初期,由于西欧社会党大多数领袖转到社会沙文主义立场而使第二国际遭到破产时,列宁就提出了建立新的即真正革命的国际的任务,并为争取国际工人运动中左派社会党的力量的团结而展开斗争。十月革命的胜利以及在它的影响下国际革命运动的发展,共产党或共产主义小组在许多资本主义国家的产生,使这一任务变得更加迫切,并为这一任务的解决创造了有利条件。

　　迫切需要把共产党人联合起来还有一个原因,那就是一些社会党的领袖们已试图恢复第二国际。英国工党领导人向各国社会党人发出呼吁,建议 1919 年 1 月 6 日在洛桑召开国际社会党代表会议,以恢复第二国际。针对这个呼吁书,俄共(布)中央 1918 年 12 月 24 日发出无线电报,号召一切革命的国际主义者拒绝参加"打着社会主义招牌的工人阶级敌人的代表会议"(1918 年 12 月 25 日《真理报》第 281 号)。同时,从这封给格·瓦·契切林的信中可以看出,列宁提出了紧急召开共产党和左派社会民主党人国际代表会议以建立第三国际的问题。——395。

354 指斯巴达克联盟中央委员会委员爱·富克斯。1918 年 12 月底富克斯由柏林来到莫斯科向列宁介绍德国形势。——395。

355 1918 年 12 月 31 日列宁收到了为他准备的一份说明以上名单中的党

派和组织的材料。除列宁提出的组织外，材料还提到 8 个组织，并提出邀请中国、朝鲜和波斯的革命工人代表作为来宾参加代表会议。

同一天，列宁还收到受他委托并按他的建议拟出的题为《迎接共产国际第一次代表大会召开》的呼吁书草案。列宁对草案作了许多原则性修改和补充。现将草案第 1 章（《宗旨和策略》）的部分文字连同列宁作的修改摘录如下（列宁的补充和修改用黑体字印出，勾掉的文字括在方括号里）：

"我们认为，新的国际应以承认这里作为纲领提出的、**根据**德国斯巴达克联盟和俄国共产党（布尔什维克）的纲领制定的下述原则为基础。

'斯巴达克联盟'的纲领已在他们的小册子《斯巴达克联盟的愿望是什么?》中作了阐述，而且我们即将用各种语言（具体说明哪些）予以再版。

1. 当前的时代是整个世界资本主义体系瓦解和崩溃的时代，如果资本主义及其无法解决的矛盾不被消灭，这种瓦解和崩溃也将意味着整个欧洲文明的崩溃。

2. 现在无产阶级的任务是立即夺取国家政权。而夺取国家政权就是消灭[旧的]资产阶级的国家机构，组织新的无产阶级的政权机构。

3. 这个新的政权机构应当体现工人阶级的（在某些地方——则是和**农村半无产阶级**即贫苦农民的）专政，即应当成为系统镇压剥削阶级和剥夺剥削阶级的工具。不是虚伪的资产阶级的民主——那是金融寡头统治的伪善形式——及其纯粹形式上的平等，而是有可能实现[广大]**劳动**群众自由的无产阶级民主；不是议会制，而是**这些**群众[自己]通过他们选出的机构实行的自治；不是资本主义的官僚机构，而是群众自己建立的、由这些群众[广泛]**真正**参加国家管理和社会主义建设的管理机构——无产阶级国家就应当是这种类型的。苏维埃或者类似组织的政权就是这种国家类型的具体形式。

4. 无产阶级专政应当成为立即剥夺资本和[实现完全无偿的生产资料社会化]**废除生产资料私有制，使之变成全民所有制**的杠杆。

对大工业及其组织中心即银行实行社会化（**社会化应理解为废除**

私有财产,使其归无产阶级国家所有,由工人阶级进行社会主义管理),没收地主土地,对资本主义农业生产实行社会化;垄断大商业;对城市和地主庄园中的大房产实行社会化;实行工人管理并把经济职能集中于无产阶级专政机关的手中——这就是当前最重要的任务。"

在第2章(《对待社会党的态度》)中,列宁对第11项进行了修改:"最后,必须吸引那些虽未公开拥护左派即革命派、但在其发展中显示出这种倾向的无产阶级团体和组织。"列宁在列出那些被邀请派代表参加大会的政党、团体和派别的第12项中,建议把"洛里欧小组(法国)"改为洛里欧的"志同道合者"或"法国社会主义运动和工团主义运动内部基本上同洛里欧观点一致的团体和组织"。此外,列宁还提出了邀请"日本党"的问题。

在第3章《组织问题和党的名称》之后,列宁写了有关发表呼吁书及其他一些问题的意见。

1919年1月列宁在一些共产主义的和社会主义的政党和团体的座谈会上提出了题为《迎接共产国际第一次代表大会召开》的呼吁书草案。座谈会经过讨论后通过了这个草案。1919年1月24日,呼吁书在报刊上发表。

共产国际第一次代表大会于1919年3月2—6日举行(参看本版全集第35卷第483—503页)。——398。

356 由于采取了这些措施,维亚兹尼基工人得到6车皮面粉,其中2车皮是给尤扎工厂的。——399。

357 见注351。——399。

358 1918年12月27日,罗德尼基县执行委员会、肃反委员会和俄共(布)委员会扩大会议讨论了征用彼·伊·苏尔科夫藏书的问题。会议通过的决定确认:"公民苏尔科夫收藏的具有社会价值的书籍是不对外出借的,谁也读不到,而供广大工农群众阅读的书籍却极感缺乏",因罗德尼基正在建立供4万居民使用的图书馆,"所征用的书籍作为公共财产将会带来巨大的益处"。为了更确切地向列宁说明这个问题,会议决定派当地肃反委员会秘书安·尼·普罗科菲耶夫去见列宁。

列宁接见了普罗科菲耶夫,并在同他谈话后写了这张给教育人民委员部的便条。——399。

359 1919年1月2日教育人民委员部图书馆处处长瓦·雅·布留索夫给列宁回信,说图书馆处接待了安·尼·普罗科菲耶夫并听取了他的意见。布留索夫写道,根据现行规定,征用图书须先上报教育人民委员部批准,以便征用时考虑到全国性的需要——首先是一些大的国立书库的需要,即鲁勉采夫博物院(现俄罗斯国立列宁图书馆)、历史博物馆、社会主义科学院、大学等单位的需要。因此他建议普罗科菲耶夫提出一份征用图书的目录来。

列宁接到布留索夫的回信以后,便给普罗科菲耶夫写了一封信(见本卷第513号文献)。——400。

360 大概指全俄中央执行委员会批准并在1918年9月10日《全俄中央执行委员会消息报》公布的《使用客车车厢、公务车厢和指派紧急列车的规定》。——400。

361 这张便条大概是列宁由于打算派A.M.扎尔科参加乌克兰苏维埃政府而写的。扎尔科答复如下:"(1)波尔塔瓦省泽尼科夫县人;(2)懂;(3)我31岁,1917年12月1日以前一直住在波尔塔瓦省,1904年开始工作;(4)对土地问题和粮食问题,他们需要有一个正确的提法,对合并毫不反对。"(见《列宁文集》俄文版第35卷第43页)——401。

362 这张便条是列宁在看了农业人民委员部出版的《1918年土地改革资料》第6分册《农具的归公和使用》的校样后写的。这本小册子于1918年底出版,书中总结了在农业协作社、劳动组合、公社、村社、国营农场和劳动农民中分配和使用没收来的私人农具的经验。——401。

363 这里说的是刊印传单和在协约国军队中以及在外国干涉军和白卫军占领区散发传单的事。——402。

364 列宁的这个批示写在交通人民委员弗·伊·涅夫斯基给他的一份材料的背面。这份材料报告了从莫斯科运往彼得格勒的粮食货物的数量以及从下诺夫哥罗德运往彼得格勒的粮食货物发运时被耽搁的情况。
——404。

365　见注359。——406。

366　从1919年1月10日起,彼·伊·苏尔科夫的藏书归罗德尼基国民教育局管理,其中一部分书籍还给了原主。被征用书籍的目录和还给苏尔科夫的书籍的目录,于2月3日寄给了列宁和教育人民委员部图书馆处。——407。

367　列宁写了这份电报后,在马卡托夫乡谢苗诺夫组织的来电上作了批注:"1月3日已复尤里耶韦茨","存档,备近期查考"。——407。

368　国防委员会关于这个问题的决定于1919年1月2日通过。——409。

369　这封信是列宁在同特维尔省韦谢贡斯克县洛帕京乡瓦休季诺村农民Ф.Ф.奥布拉兹佐夫谈话后写的。奥布拉兹佐夫受村里共产党员的委托,请求列宁帮助重建1917年底毁灭于火灾的村民众文化馆。

　　奥布拉兹佐夫回去后,当地《韦谢贡斯克工人、农民和红军代表苏维埃消息报》于1919年1月18日发表了一篇关于列宁接见他的文章,题目是《在列宁同志那里做客》。奥布拉兹佐夫在文章中说,他与列宁谈话的主要话题是党和苏维埃政权对贫苦农民和中农的政策。奥布拉兹佐夫在文章末尾写道:"韦谢贡斯克县的农民同志们! 请相信我,我亲眼看到,在上面管理我们共同事业的不是官吏和官僚,而是我们的普普通通的同志,他们有权称工农政府。我们要听他们的话。他们在为我们和我们的孩子们工作。我们要尽力帮助他们进行艰苦的工作。这样,我们就能更快地看到我们的黄金时代。同志们! 我希望同你们大家一起高呼:无产阶级的领袖、贫苦农民的保护者、我们的朋友和兄弟弗拉基米尔·伊里奇·列宁万岁!!!"——410。

370　这张便条写在乌克兰工农临时政府主席格·列·皮达可夫的来电上。皮达可夫在电报里请求让俄罗斯联邦粮食人民委员部特派员亚·格·施利希特尔在乌克兰工作,担任乌克兰政府土地局局长。列宁起初认为让施利希特尔离开粮食人民委员部去乌克兰长期工作是不适宜的。（见本卷第 539 号文献）鉴于在从邓尼金匪帮手中解放出来的地区组织粮食工作具有重要意义,后来列宁坚决要求施利希特尔去领导乌克兰粮食人民委员部的工作(见本卷第 603 号文献)。——410。

371 这是列宁对 1919 年 1 月 4 日戈尔基诺车站来电的答复。来电说:"我们北方铁路戈尔基诺车站的职员、工匠和工人全体大会认为有必要请求您允许我们派代表前去说明一些迫切的需要。您如同意接见,请将接见时间通知我们。全体大会主席**里亚比宁**　秘书**涅斯捷列欣**"(见《列宁文集》俄文版第 35 卷第 51 页)。——411。

372 1919 年 1 月 11 日库尔斯克《浪潮报》第 5 号发表这份电报时,一并刊载了库尔斯克肃反委员会的下述声明:"库尔斯克肃反委员会在公布无产阶级革命领袖列宁同志的这份电报的同时声明:所有工作人员,凡对工作采取形式主义态度、造成损失、表现不积极、不完成苏维埃工农政府交给的任务者,将给予严厉处罚。"

电报中提到的中央采购局是俄罗斯联邦粮食人民委员部的附属机构,成立于 1918 年 7 月 10 日。到该年 12 月,中央采购局共有 23 个地方办事处。1919 年 1 月底,中央采购局与粮食人民委员部合并,该局的地方办事处与地方粮食机关合并。

关于科甘案件,参看本卷第 537、547 号文献。——412。

373 这份电报是列宁看了辛比尔斯克发来的两份电报后写的。莫斯科和彼得格勒 42 个工人团体派往辛比尔斯克收购非定量供应的食品的一个委员会致电列宁,请求帮助运出收购到的马铃薯;东方面军第 5 集团军粮库工作人员、共产党员格鲁金发电报请求命令辛比尔斯克省粮食委员会日夜收购农民交的粮食。——412。

374 这份电报是列宁对乌法省革命委员会的请示的答复。右派社会革命党人当时向乌法省革命委员会提议就共同反对高尔察克的问题开始谈判。

同乌法右派社会革命党人的谈判于 1919 年 1—2 月在乌法和莫斯

科举行。2 月底全俄中央执行委员会通过了关于对待右派社会革命党人态度的决定。鉴于谈判取得积极成果并注意到右派社会革命党人的党代会于 1919 年 2 月 8 日表示反对同苏维埃政权进行武装斗争、反对外国干涉俄国内政,全俄中央执行委员会决定给予那些持这一立场的右派社会革命党人以"参加苏维埃工作"的权利(见 1919 年 2 月 27 日《全俄中央执行委员会消息报》第 45 号)。——413。

375　这份电报和下一份电报以及 1919 年 1 月 8 日的另一份电报(见本卷《附录》第 42 号文献)都是为处理里海—高加索方面军政治部与革命军事委员会之间以及革命军事委员会与俄共(布)阿斯特拉罕省委之间的冲突而发的。这次冲突是由于革命军事委员会主席亚·加·施略普尼柯夫和政治部主任、阿斯特拉罕省党委委员叶·波·博什的错误行为引起的。冲突妨碍了军事机关与党的机关的共同工作,并有可能在里海—高加索方面军战斗紧张时期削弱部队的战斗力。

亚·加·施略普尼柯夫违背列宁的指示(见本卷第 449 号文献),没有尽力与地方党的机关和苏维埃机关协调一致地工作,轻视它们的作用,损害它们的威信。前线肃反委员会主任、后来担任方面军革命军事委员会特别部主任的卡·亚·格拉西斯滥用职权,行为过火,违背党内生活准则和苏维埃法制,甚至没有确凿证据就批准逮捕地方上的负责干部。他的错误激化了革命军事委员会和省党委的冲突,引起了党员积极分子和苏维埃积极分子的气愤。1919 年 1 月 4—5 日举行的市党代表会议通过决议,要求逮捕格拉西斯并将他押送莫斯科。方面军革命军事委员会委员 C.E.萨克斯和尼·安·阿尼西莫夫、方面军司令 M.C.斯韦奇尼科夫给当时正在莫斯科的施略普尼柯夫发电报,还直接致电列宁和雅·米·斯维尔德洛夫,指出革命军事委员会和省党委之间的冲突只能对反革命势力有利,坚决要求博什离开阿斯特拉罕,因为她的行为使冲突双方的关系更为紧张。

里海—高加索方面军是根据共和国革命军事委员会 1918 年 12 月 8 日的命令成立的,辖第 11、12 两个集团军和阿斯特拉罕—里海区舰队,司令部设在阿斯特拉罕。该方面军是从南方面军分出来的,1919 年 3 月 13 日撤销。——414。

376 这份电报是由亚·加·施略普尼柯夫通过直达电报同 C.E.萨克斯谈话时转达的。

萨克斯报告说：革命军事委员会和省党委之间的冲突在激化，省党委似乎力图掌管军事，正在建立城防司令部这个平行机构，在守备部队中开展反对革命军事委员会的鼓动工作。萨克斯坚决要求让 1 月 6 日雅·米·斯维尔德洛夫责令前去莫斯科的卡·亚·格拉西斯离职（革命军事委员会根据同省党委的协议，已通过决定宣布格拉西斯被捕并于 1 月 7 日将其押往莫斯科。格拉西斯被要求移交工作）。

同一天，列宁和斯维尔德洛夫在得到来自阿斯特拉罕省党委的消息后，又发给里海—高加索方面军革命军事委员会、省执行委员会和省党委一份电报（见本卷《附录》第 42 号文献和注 620）。——414。

377 1918 年 12 月 25 日高尔察克军队占领彼尔姆。俄共（布）中央研究了乌拉尔区域党委会关于第 3 集团军失利原因的来信后，成立了由斯大林和费·埃·捷尔任斯基组成的党的调查组。该调查组于 1919 年 1 月初启程去第 3 集团军。

这里发表的命令是列宁在收到斯大林和捷尔任斯基 1 月 5 日的来信后写的。他们在信中报告说调查已经开始，并指出为了防止敌人迅速进攻，必须急速派 3 个可靠的团来加强第 3 集团军。

关于这个问题，参看本卷第 486、534 号文献和注 340、383。——415。

378 指格·康·奥尔忠尼启则 1919 年 1 月 6 日报告格鲁吉亚、亚美尼亚和阿塞拜疆局势的电报。——416。

379 莫里斯即加·达·莱特伊仁（林多夫）的儿子莫·加·莱特伊仁。1918 年莫·加·莱特伊仁任苏维埃俄国驻瑞士公使馆工作人员，后被派往斯德哥尔摩，1918 年底赴莫斯科途中因涉嫌宣传革命在芬兰被捕。他是在苏维埃政府再三要求下才获释的（见本卷第 575 号文献）。——417。

380 梁赞省执行委员会主席瓦·斯·科尔涅夫对列宁的这份电报答复说，

1919年1月15日省执行委员会主席团和市执行委员会主席团举行会议,决定立即成立市执行委员会公共饮食局,负责管理梁赞市所有食堂和小吃店。——419。

381 这份电报是列宁在当天晚上收到苏兹达利县加夫里洛夫镇4名工人的来电后写的。来电控告该镇肃反委员会没收了他们的16普特燕麦,请求下令将燕麦退还给他们。——419。

382 列宁的这个指示写在图拉省某区铁路民警局局长 И. В. 帕什科夫给国防委员会的电报上。电报报告了清除铁路积雪工作的进展情况,列举了参加这项工作的人数与马车数的具体材料。——420。

383 这份电报是列宁看了斯大林和费·埃·捷尔任斯基关于第3集团军放弃彼尔姆原因的初步调查简报后写的。——421。

384 列宁的这个指示写在教育人民委员部为莫斯科和彼得格勒儿童采购食品的跨部门委员会1919年1月14日的报告书上。报告书汇报了这两个首都儿童营养不良的严重状况,拟定了改善儿童粮食供应的措施,特别是筹备并宣布举行"饥饿儿童周",以便在乡村地区用商品换取食品并把这些食品运进城市。——422。

385 列宁对尼·巴·布留哈诺夫的便条的答复,第一份是在1919年1月15日写的,第二份是在第二天即1月16日写的。关于这个问题,参看本卷第594号文献和注437。——422。

386 列宁在发这份电报的当天,曾读到列·叶·加尔佩林向全俄中央执行委员会提出的为 Д. М. 科甘作保的声明。——424。

387 这张便条写在格·列·皮达可夫从哈尔科夫发来的电报上。来电坚决请求放亚·格·施利希特尔去乌克兰主持粮食部门的工作。关于这个问题,参看本卷第518号文献和注370。——425。

388 Л. С. 施蒂赫医生搬家一事后来作罢。——426。

389 这个批示写在交通人民委员弗·伊·涅夫斯基给列宁的便函上。便函请求下令把非法使用紧急列车的共和国革命军事委员会委员Γ.M.祖斯马诺维奇送交法庭审判。

后来,埃·马·斯克良斯基在便函上写了一道命令:"致共和国革命军事委员会革命法庭庭长。请调查,如属实,请送交法庭审判。1月23日"。

1919年3月22日,祖斯马诺维奇非法使用紧急列车一案由共和国革命军事法庭军事侦查员作了审查,以"缺乏犯罪构成"了结,因为"根据共和国军事革命委员会11月23日第10307号委托书,该列车归祖斯马诺维奇同志调配"。

列宁在涅夫斯基的便函中下列词句下面画了两道着重线:"革命军事委员会委员"和"请下令把他送交法庭审判"。——426。

390 列宁的这个指令写在斯大林和费·埃·捷尔任斯基关于彼尔姆陷落原因的报告上。该报告说,总司令约·约·瓦采季斯原打算用来加强东方面军第3集团军的那3个团接到了开赴纳尔瓦附近的新任务(见《斯大林全集》第4卷第171页)。——427。

391 1919年1月18日,莫斯科、彼得格勒等地工人组织派往辛比尔斯克采购非定量供应的食品的人员呈送列宁一份报告,自愿帮助粮食人民委员部从辛比尔斯克和布古利马地区运出粮食及其他食品,但要求让他们支配机车和车皮,并在采购和发运的食品中提取20%由派遣他们的工人组织分配,以缓解中心地区的严重粮荒。1月20日,列宁批复:"请向布留哈诺夫提出,因为首先必须这样做。"

工人组织的粮食采购人员的建议被尼·巴·布留哈诺夫拒绝。他指出,粮食人民委员部已采取一切措施从伏尔加—布古利马铁路地区运出粮食机关采购到的粮食和其他食品,并且认为把列车交给个别组织是不能接受的,从运送的粮食中提成20%会破坏总的供应计划。这里收载的批示是列宁看了工人组织粮食采购人员给布留哈诺夫的信和布留哈诺夫的意见后写的。——427。

392 这些便条是在1919年1月21日人民委员会会议上写的。会议当时在讨论为文化程度不高的人出版读本的问题。——428。

393　指人民委员会1918年11月19日关于分配纸张的法令。这个法令规定："轮转印刷机用的新闻纸，即所谓卷筒纸（卷筒的或成卷的），只能用于出版……日报……　所有其他出版物必须使用平版印刷机用的令纸。"（见《苏维埃政权法令汇编》1968年俄文版第4卷第555页）——428。

394　指南线铁路军事管制特派员米·康·弗拉基米罗夫1919年1月19日的来信。弗拉基米罗夫在信中报告了他所管辖的各铁路线的情况并随信寄来一份对国防委员会1918年12月22日关于清除积雪问题的决定的补充草案。——430。

395　这是列宁对库尔斯克省执行委员会1919年1月18日来电的答复，来电询问Д.М.科甘被捕的原因。关于科甘案件，参看本卷第520、537号文献。——430。

396　列宁给邮电人民委员瓦·尼·波德别尔斯基的这个批示写在全俄中央执行委员会和人民委员会驻土耳其斯坦全权代表、共和国革命军事委员会委员彼·阿·科博泽夫的来电上。来电报告说，东方面军第1集团军已开始进攻，在规定期限内将收复奥伦堡。这份电报分3个地址（党中央委员会、人民委员会、国防委员会）发给列宁，此外还发给国民经济委员会、斯维尔德洛夫、克拉辛、斯大林、土耳其斯坦代表处特派员等13个单位和个人。——431。

397　明斯克省莫济里县俱乐部成立庆祝会向无产阶级领袖们发了大量致敬电。列宁的这个批示写在其中的一份电报上。——431。

398　指1919年1月18日人民委员会通过的关于国营机器制造厂的燃料与粮食状况问题的决定。该决定要求粮食人民委员部提出确切材料，说明"为国营机器制造厂和纺织企业订了多少车皮粮食，是在何时何地订的"（见《列宁文集》俄文版第34卷第94页）。——432。

399　列宁的这个指示写在布良斯克工厂管理处的来电上。来电请求允许用工厂的机车从坦波夫省把粮食拉到布良斯克工厂,因为坦波夫省积压了大量直达运粮列车。——433。

400　指普林杰沃群岛会议。

普林杰沃群岛会议是帝国主义国家计划召开的关于恢复俄国和平问题的会议。1919年1月22日,美国总统伍·威尔逊受巴黎和会的十人会议的委托发表呼吁书,建议在马尔马拉海的普林杰沃群岛召开有前俄帝国境内事实上存在的各方政府参加的会议,以便同协约国代表共同制定停止俄国内战的办法。2月4日,苏维埃政府通电英、法、意、日、美各国政府,指出,苏维埃政府虽然没有收到直接邀请,但为了和平,愿意立即在普林杰沃群岛或其他任何地点同所有大国,或者同某些国家或政治集团举行谈判。协约国对苏维埃政府的电报未予答复。而安·伊·邓尼金、亚·瓦·高尔察克和其他反革命政府的首领指望用武力扼杀苏维埃共和国,拒绝参加会议。会议没有开成。——433。

401　列宁的这个质问写在罗斯塔社1919年1月25日的《战报》上。这份战报公布了不应公布的某些战线的情况。——435。

402　这份电报是列宁收到国防委员会特派员K.Ю.施瓦尔茨从萨马拉发来的关于逮捕右派社会革命党人亚·米·斯米尔诺夫的电报后写的。斯米尔诺夫在捷克白卫部队占领时期是萨马拉市市长。他认罪自首并声明愿意同苏维埃政权合作反对高尔察克。施瓦尔茨报告说:斯米尔诺夫对今后活动未提出任何条件;他手下有一批原属于他那个阵营的人愿意为苏维埃政权服务。

列宁在萨马拉来电上批注:"备近期查考,1月27日电复。"——435。

403　谢·伊·古谢夫当时任东方面军革命军事委员会委员。他在来信中建议给交通人民委员部和粮食人民委员部下命令,要它们利用东方面军军事交通局的人力物力将伏尔加—布古利马铁路沿线的粮食运往莫斯科和彼得格勒。——436。

404 指 100 亿卢布一次性特别革命税。征收这一税款的法令是 1918 年 10 月 30 日全俄中央执行委员会会议通过的。按照这项法令,一次性特别税主要由富农和城市资产阶级负担。中等阶层只负担一小部分。对城乡贫民以及以不超过 1 500 卢布的工资或退休金为唯一生活来源的人免征。1919 年 4 月 9 日全俄中央执行委员会通过了在征收特别税方面对中农实行优待的补充法令。——438。

405 列宁的这个指令写在副粮食人民委员尼·巴·布留哈诺夫的公函上。布留哈诺夫报告说,莫斯科苏维埃粮食部门有提货单,却不能及时领到供应居民的某些食品。

　　根据列宁的指示,国家监察人民委员部对此事作了调查。莫斯科苏维埃主席团受命撤销失职人员的职务并采取一切措施及时分配供应居民的食品。——439。

406 列宁的信是对尼·亚·罗日柯夫下面这封信的答复:

　　"彼得格勒　下诺夫哥罗德大街 12 号 73 室

　　1919 年 1 月 11 日

　　弗拉基米尔·伊里奇:我给您写这封信不是因为我指望您能倾听我的声音,理解我的想法,而是由于我面对当前的局势再也不能沉默了,我以为局势已经十分危急,因此我应该做能做的一切,以防止令人战栗的灾难发生。我不得不尝试一下,即使毫无指望也要试试。

　　苏维埃俄国的经济状况,尤其是粮食状况简直糟透了,正在一天天恶化。最后的可怕的大灾难正在迫近。我现在不从一般经济意义上说灾难的原因(关于这个问题,如果您愿意的话,可以另外再写信),只谈粮食问题。这方面的局势到了这样的地步,举例来说,彼得格勒的一半居民注定要饿死。在这样的条件下您保持不住政权,尽管没有任何帝国主义者和白卫分子对您构成直接的威胁。您作为经济学家应该懂得这一点。

　　您关于动用巡查队的种种威胁帮不了您的忙,因为全国无政府主义猖獗,没有人怕您,也没有人听您的。即使有人听,问题也不在这里,问题在于您的整个粮食政策构筑在错误的基础上。要是政府能向居民充分供应最重要的日用必需品,那么有谁会反对国家垄断这类必需品的买卖呢?但这是办不到的,您现在和将来都办不到。毕竟不能冒着自己失去生存的危险去为明知无望的事业承担责任。请保留您的供应机关,继续使用它,但不要再垄断粮食以至任何食品的买卖。请您供应能供应的东西,但要允许完全自由的买卖,断然地给各地方苏维埃下令取消对运入和运出的一切禁令,撤销一切巡查队,必要的时候甚至可以动用武力。您以至任何人不借助私人买卖的主动精神都克服不了不可避免的灾难。这一点如果您做不到,那么您的敌人就会做到。在20世纪里不能把国家变成中世纪闭关自守的地方市场的大杂烩,因为在我们的中世纪时,居民只有现在苏维埃俄国版图内居民的5%,当时这样做是正常的。而现在这样做则是荒谬之至。

我们和您分道扬镳,走得已经太远了。也许(甚至十分可能)我们彼此无法理解。但依我看,目前的局势已如此,只有您个人的独裁才能截断道路,从反革命独裁者的手中夺下政权,而反革命独裁者将不会像至今仍在荒唐地剥夺农民土地的沙皇将军和立宪民主党人那么蠢。目前还没有这样聪明的独裁者。但这样的独裁者将会出现,因为'只要有沼泽,就会出现魔鬼'。应该从他的手中夺得独裁权。这一点现在只有您,以您的威信和干劲才能做到。应该在最危急的粮食工作中首先马上这样做,否则灭亡就是不可避免的。但是当然不能以此为限。应该根据社会主义目标来改变整个经济政策。为此又需要独裁。让苏维埃代表大会为此授予您非常全权吧。

为什么正是首先要做一般经济意义上的'这件事',然后再由此而抓其他各种政策——关于这一点,如果您想知道,我下次再给您写信。您的使命是作出判断并决定是否需要这样做。我认为,从我这方面来说,写这封信已经是可笑的唐·吉诃德行为。既然如此,那么就让这封信成为第一封信也是最后一封信吧。

尼·罗日柯夫"

(俄罗斯现代史文献保存和研究中心第5全宗,第1目录,第1315卷宗,第1—4张)。

罗日柯夫把这封信交给阿·马·高尔基,请他转交列宁。高尔基在罗日柯夫的信中附了一封信。在指出不能允许自由买卖的同时,赞成罗日柯夫关于必须建立列宁个人独裁的想法(见《不为人知的高尔基(纪念高尔基诞辰 125 周年)》1994 年俄文版第 28—29 页)。——439。

407　埃·马·斯克良斯基收到列宁的便条后,便命令共和国革命军事委员会委员谢·伊·阿拉洛夫立即进行调查。1919 年 2 月 3 日阿拉洛夫向斯克良斯基报告说,航空和浮空野战领率机关已派遣全俄空军委员会工作人员前往察里津战线进行检查。——441。

408　这里收载的便条是在 1919 年 1 月 30 日人民委员会会议上写的。当天《真理报》刊登的一则电讯公布了乌克兰工农临时政府成员的名单,尼·伊·波德沃伊斯基和瓦·伊·梅日劳克为该政府陆军人民委员。——442。

409　指乌克兰共产党(布)敖德萨地区委员会对外宣传工作部秘密出版过的法文报纸《共产党人报》。该部是根据俄共(布)中央的决定为在英法干涉军中进行革命工作而成立的,俄共(布)中央外国团体中央联合会曾派共产党员到那里工作。对外宣传工作部存在于 1918 年 12 月—1919 年 8 月。——443。

410　1919 年 1 月 12 日,国防委员会通过了关于派遣莫斯科和彼得格勒工人去伊热夫斯克军械制造厂和沃特金斯克军械制造厂工作的决定。1 月 22 日和 31 日,国防委员会又重新讨论了这个问题。国防委员会 1 月 31 日会议作出如下决定:"责成克拉辛同志起草给北方公社劳动委员的电报,授权列宁同志以国防委员会主席身份签署。"这里收载的电报就是根据这项决定发的。——443。

411　这张便条是列宁对莫斯科苏维埃主席列·波·加米涅夫的便条的答复。加米涅夫的便条说,费·埃·捷尔任斯基请求责成莫斯科刑事调查局把被捕的一伙匪徒的案卷和卡片交给全俄肃反委员会。尼·瓦·克雷连柯则反对这样做,断言这"会破坏侦查工作"。——444。

412 这张便条是列宁看了当时住在俄国的原波兰社会党活动家 В.Я.雅斯特尔任布斯基关于其华沙之行的结果的报告后写的。雅斯特尔任布斯基去华沙的目的,是为了探索苏维埃共和国与波兰建立贸易和文化关系的可能性。由于波兰社会党右派首领们的反对,雅斯特尔任布斯基此行没有取得成功。尽管这样,列宁还是主张继续谈判。——445。

413 乌法省革命委员会主席波·尼·尼姆维茨基来电请示,如何对待前来省革命委员会进行谈判的巴什基尔资产阶级民族主义政府的代表 М.Д.哈利科夫。哈利科夫提出了对过去反对苏维埃政权的巴什基尔人实行大赦的问题,并称巴什基尔军队已转到红军一边。列宁与斯大林商谈后同斯大林联名发了这一复电。

关于这个问题,参看本卷第 588 号文献和注 433。——446。

414 波兰天主教会驻彼得格勒代表、莫吉廖夫的大主教罗普是因进行反革命活动于 1919 年初被捕的。1919 年 2 月,他被释放,用来交换一批被囚禁在波兰的共产党员。但是,这批共产党员在通过波兰边界时被波兰边防当局背信弃义地杀害了。——447。

415 指俄共(布)法国支部成员雅·沙杜尔写的法文小册子《苏维埃共和国万岁!》,该书于 1918 年在莫斯科出版。——447。

416 П.И.米哈伊洛夫因被指控进行反革命活动而被捕。北德维纳省克拉斯诺戈尔斯克肃反委员会已决定把米哈伊洛夫当做苏维埃政权的敌人枪毙。在米哈伊洛夫的子女向列宁提出请求后,他的案件转到全俄肃反委员会特别部。该部认为证据不足,将此案交全俄中央执行委员会革命法庭审理。1919 年 3 月 17 日米哈伊洛夫获释。——448。

417 1919 年 2 月 2 日,家住奔萨的 С.Д.科尔尼利耶娃写信给列宁,称她的丈夫 М.М.科尔尼利耶夫曾是地下工作者,被流放到奔萨并受警察监视,现已去世,她和 4 个孩子生活没有着落,她请求给予救济,并请求帮助她领到她当时在前线红军部队中作战的儿子的证明书。——449。

418 这个指示写在乌克兰陆军人民委员尼·伊·波德沃伊斯基的秘书的电

报上。这份电报同时发给 7 个受电单位,内容是说波德沃伊斯基的列车已由莫斯科驶往哈尔科夫。——449。

419　这个指示是列宁看了列·达·托洛茨基列车的通讯主任的电报后写的。这份电报同时发给了许多受电人,内容是说托洛茨基的列车已从彼得格勒开往扬堡。——450。

420　指亚·加·施略普尼柯夫 1919 年 2 月 6 日的来电。施略普尼柯夫在电报中向列宁报告:据他从巴库得到的情报,巴库企业工人和水手痛恨英国占领者,一些留有俄国水手的船只准备投向苏维埃政权,红军发起进攻时,巴库工人将举行起义。——450。

421　参看注 379。——451。

422　列宁的这封短信写在军事检查院一位工作人员关于库尔斯克省状况的报告上。报告说,库尔斯克省劳动群众对当地苏维埃和党的干部的违法乱纪行为不满,乡村宣传鼓动工作组织得不好,该省党组织软弱无力。——451。

423　关于维·伊·多勃罗沃尔斯基一案,全俄肃反委员会审理后于 1919 年 3 月作出决定:将多勃罗沃尔斯基以从事反革命活动罪关押在集中营里,直到国内战争结束。——454。

424　列宁的这个指示写在沃罗涅日省粮食委员冈察洛夫从菲洛诺沃车站发来的电报上。来电说,在霍皮奥尔专区和乌斯季梅德韦杰茨专区存有大量粮食,但沃罗涅日谷物银行并没有采取任何措施运出粮食,虽然该地区肃清克拉斯诺夫匪帮已有一个月左右。——455。

425　军粮局(全俄中央军粮局)是根据人民委员会 1918 年 8 月 3 日和 4 日的法令成立的,隶属于全俄工会中央理事会和粮食人民委员部。军粮局领导工会组织招收骨干工人参加粮食机关和扩大粮食、原料采购的工作,它的地方分支机构直接领导征粮队。在改行新经济政策后,根据 1921 年 5 月 25 日全俄工会第四次代表大会通过的决定停止活动。

——455。

426 列宁在收到布留哈诺夫的答复后,在冈察洛夫的电文上方给秘书写了如下批示:"复制5份(不加我的意见)发给:(1)加米涅夫,(2)党的**莫斯科委员会**,(3)军粮局,(4)工人粮食检查机关,(5)全俄工会理事会"(见《列宁文集》俄文版第24卷第116页)。——455。

427 后来列宁得到报告说,关于维·伊·查苏利奇和其他革命家被强令搬迁一事是没有根据的谣传。——456。

428 这份电报是列宁在收到俄共(布)党员 M.H.鲁卡维什尼科夫从喀山省马马德什发来的电报后写的。鲁卡维什尼科夫请求列宁下令审理他的案件。他说,他是党的老干部,因为拒绝同时担任征粮队政治委员、粮食收集站站长、出纳员和办事员职务而被捕。

列宁在来电上批注:"2月18日已去电","归档,备近期查考"。——456。

429 这份电报是列宁收到坦波夫省叶拉季马县阿泽耶沃村公民米·米·费多谢耶夫的来信后拍发的。费多谢耶夫来信说,他设在叶拉季马县城的印刷所于1918年10月被收归国有,但印刷机至今搁置在"仓房里生锈,没有使用",而叶拉季马县城却没有印刷所,要印东西只得到其他县城去。费多谢耶夫写道,他"不是资产者",27年来当过办事员、秘书、教师和会计;他借债买了一部破旧的印刷机,自己把它修好,亲自在印刷所任校对和排字工。

列宁在费多谢耶夫的信上批注:"2月18日已去电","归档,备近期查考"。——457。

430 叶拉季马县执行委员会主席 Ⅱ.哥尔布诺夫在接到列宁的电报后,当天就回电说,县执行委员会打算把费多谢耶夫的印刷所同当地另一家收归国有的印刷所(美舍利亚科夫印刷所)合并,把费多谢耶夫和美舍利亚科夫作为行家安排在这个印刷所工作。——457。

431 1919年2月18日人民委员会会议讨论了中央统计局局长帕·伊·波

波夫关于在乌克兰组织统计工作的报告,列宁受人民委员会的委托拍发了这份电报。——458。

432 这张便条是列宁于1919年2月18日收到格·瓦·契切林的来信并给邮电人民委员瓦·尼·波德别尔斯基打了电话后在当天写的。契切林来信要求采取措施,早日启用新的莫斯科无线电台。来信说,旧的莫斯科无线电台已经不能胜任工作,而新的莫斯科电台由于缺乏取暖燃料而迟迟未能开始工作。——458。

433 东方面军革命军事委员会委员谢·伊·古谢夫1919年2月19日来电报告了同巴什基尔资产阶级民族主义政府的代表就停止该政府的反苏维埃活动、巴什基尔军队协同红军部队抗击高尔察克以及在苏维埃宪法基础上给予巴什基尔自治权的问题开始谈判的情况。古谢夫说:如果巴什基尔军队立即转入对高尔察克的进攻,则不应解除其武装;如他们拒绝这样做,其武装必须解除。

　　1919年2月底,巴什基尔军队和红军开始对白卫军协同作战,成立了巴什基尔革命委员会。1919年3月20日,俄罗斯联邦政府和巴什基尔政府签订了关于成立巴什基尔苏维埃自治共和国的协定。——460。

434 指萨马拉省执行委员会主席阿·彼·加拉克季昂诺夫。这张便条是列宁当天同他谈话后写的。列宁向他了解了该省粮食采购工作的进度,看了他呈送的材料。——461。

435 列宁的这个批示写在比利时股份公司图拉轧铁厂厂长从图拉发给列宁的电报上。来电请求撤销图拉省执行委员会房产局关于没收工厂家具的命令。——462。

436 1919年2月22日列宁会见了特维尔省教师代表团成员 А.П.拉缅斯基(列宁的父亲伊·尼·乌里扬诺夫的同事)。代表团来莫斯科是请求给特维尔省教师以粮食援助的。列宁把他的小册子《为粮食而斗争》(1918年莫斯科版)托拉缅斯基转交代表团,并在小册子的扉页上写了这封短信。

列宁的这本小册子收载了列宁于1918年6月4日在全俄中央执行委员会、莫斯科苏维埃和工会联席会议上作的关于同饥荒作斗争的报告和结论(见本版全集第34卷第368—390页)。——463。

437 这张便条是列宁在收到副粮食人民委员尼·巴·布留哈诺夫的来条后写的。布留哈诺夫报告说,他下达的逮捕莫斯科苏维埃粮食局局务委员、市食品分配管理局主席 А.И.格罗斯贝尔格的命令受到莫斯科苏维埃主席团的抵制,他们的理由是格罗斯贝尔格是莫斯科苏维埃执行委员会委员,须经中央执行委员会主席团同意,才能逮捕他,同时,司法人民委员德·伊·库尔斯基认为这一命令是非法的。关于逮捕格罗斯贝尔格的问题,参看本卷第536号文献。——464。

438 指共和国革命军事委员会呈报的关于红军新编部队的资料。——465。

439 米·康·弗拉基米罗夫当天在直达电报中对列宁说,如果有修理设备并授权他能从地方当局获得修理工程所需的一切,则修复两条铁路是有可能的;同时他请求在这些工程完成前让他留在南方战线。——466。

440 这份电报是列宁对莫吉廖夫省奥尔沙县米库利诺乡鲁德尼亚执行委员会主席 С.Е.策哈诺夫斯基1919年2月26日来电的答复。来电说,米库利诺乡党支部组织了一个乡工人中心合作社,其宗旨是"按照共产主义商业制度的原则联合工人和农民,消灭私营商业和奸商活动,改造现有的富农消费合作社";该工人合作社的章程曾由最高国民经济委员会审查过。策哈诺夫斯基报告说,莫吉廖夫和奥尔沙两地的省、县组织的领导人对米库利诺乡共产党员的行动持否定态度,他请求允许他向列宁本人报告上述情况。——467。

441 这里说的是接待到莫斯科参加共产国际第一次代表大会的代表的问题。——468。

442 1919年2月27日人民委员会会议决定起草关于改组中央消费合作总

社理事会(当时资产阶级的合作社工作者在理事会中占优势)和采取措施迅速全面控制该理事会的法令草案。人民委员会命令粮食人民委员部向全俄工人合作社理事会提供 25 000 万卢布贷款的财政援助。1919 年 3 月 16 日人民委员会通过了《关于消费公社的法令》,规定把城乡一切消费合作社合并为统一的消费公社,并命令把工人合作社作为城市和工厂区建立这类公社的基础。中央消费合作总社成了各地方消费公社总社统一的经济中心,粮食人民委员部被授权派代表参加中央消费合作总社理事会。——469。

443 这张便条是列宁在 1919 年 2 月 27 日人民委员会开会时对玛·米·科斯捷洛夫斯卡娅递来的便条的答复。科斯捷洛夫斯卡娅在便条中建议推迟讨论工人征粮队问题。——469。

444 征粮军是 1918—1921 年苏维埃国家实行粮食专政的工具,由武装征粮队组成,任务是组织贫苦农民,征用富农的粮食,执行余粮收集制,镇压叛乱,在乡村进行鼓动宣传工作。1919 年以前由粮食人民委员部领导,后编入内卫部队(归粮食人民委员部指挥)。1921 年实行新经济政策后被撤销。——469。

445 这个指示是列宁在接见尤扎村布尔什维克组织的代表、工人 B.A.博尔佐夫后写的。博尔佐夫请求给尤扎纺织厂以粮食援助。——470。

446 这个指示是列宁在收到尼·巴·布留哈诺夫的答复后写的。布留哈诺夫答复说,能否给尤扎纺织厂提供粮食援助,要等第二天同交通人民委员部磋商后才能决定,因为届时才能知道今后的粮食运送情况。

大概就在这次国防委员会会议上,秘书同布留哈诺夫商定了接见 B.A.博尔佐夫一事,因为在此件上有布留哈诺夫的答复:"请让他下午 3 时持便条来找我。"——470。

447 此件可能是在人民委员会开会时写在粮食人民委员部部务委员阿·伊·斯维杰尔斯基递来的便条上的。斯维杰尔斯基在便条上写道:粮食人民委员部在讨论如何确定俄罗斯联邦与乌克兰边界的开放程度的问题:是准许自由运输一切粮食产品,还是只准运输非定量供应的食品。

1919年初,在乌克兰已解放地区组织粮食工作具有很重要的意义。列宁很重视这个问题,曾建议催促亚·格·施利希特尔赶快到乌克兰去主持乌克兰粮食人民委员部的工作。1919年2月25日,列宁在格·列·皮达可夫报告乌克兰粮食储备情况的电报上写道:"转告施利希特尔,并请补充一句,我对他迟迟不动身极不满意。"(亚·施利希特尔《劳动者的导师和朋友》1957年俄文版第55页)1919年2月19日和3月11日,俄共(布)中央通过了关于乌克兰粮食政策的专门决定(参看本版全集第35卷第474页)。——471。

448 埃米尔·斯坦格是出席1919年3月2—6日在莫斯科举行的共产国际第一次代表大会的挪威社会民主党的代表。

共产国际第一次代表大会主席团由3名常务委员、1名常务秘书和临时选出的1名委员组成。当选为代表大会主席团常务委员的是列宁、德国共产党代表麦克斯·阿尔伯特(胡戈·埃贝莱因)和瑞士社会民主党(反对派)代表弗里茨·普拉滕。当选为主席团常务秘书的是俄国德意志人移民区共产党代表古斯塔夫·克林格尔。根据大会的决议,当选的常务主席团必须为每次会议从各个不同国家的组织成员中选出第5名委员。

这里收载的便条是列宁于1919年3月2日在代表大会第一次会议上用德文写的,主席团所有委员都签了名。——471。

449 列宁的这个批示写在瓦·阿·杰斯尼茨基(斯特罗耶夫)的来信上。杰斯尼茨基在信中代表彼得格勒第三师范学院的领导,请求列宁支持该校向共和国革命军事委员会提出的申请:作为例外免征该校学生服兵役,因为当时国内急需师资。——472。

450 人民委员会秘书莉·亚·福季耶娃请求列宁录用一名由人民委员会办公厅职工委员会推荐的女工作人员到人民委员会秘书处工作。人民委员会办公厅主任弗·德·邦契-布鲁耶维奇反对录用,说这样做违反《关于不准亲属同在一个苏维埃机关中工作的法令》(被推荐者的姐姐当时在人民委员会工作)。为此,福季耶娃给列宁写信说,职工委员会推荐的是个"很可贵的工作人员,我们就是对录用她感兴趣…… 法令不能绕过吗?"因此列宁给她写了这两张便条。——472。

451 这个建议写在波兰社会党中央工作委员会给俄共(布)中央的信上。信中阐述了波兰社会党对波兰共和国与苏维埃俄国相互关系的立场,信的第三点表示希望在有争议地区,首先是立陶宛和白俄罗斯,以本地区居民自决为基础解决同波兰的边界问题。列宁的建议被俄共(布)中央采纳,后来反映在格·瓦·契切林给波兰政府特别代表文茨科夫斯基的信中(见《苏联对外政策文件汇编》1958 年俄文版第 2 卷第 105—106 页)。——473。

452 察里津房产局的 17 岁女职员瓦·佩尔希科娃因涂画她从一本小册子上撕下来的列宁画像而被逮捕。察里津一个民警分局局长 B.C.乌萨乔夫和红军战士米宁分别给列宁来电请求释放佩尔希科娃。关于这个问题,参看本卷第 611 号文献。——474。

453 这张便条是列宁在人民委员会开会讨论国家监察人民委员部机构改革问题时写的。费·伊·加里宁是教育人民委员部部务委员和该部编制核查委员会主席,主持过该部机构改革和精简编制的工作。当时其他机关也在进行同样工作。——474。

454 这个指示写在察里津红军战士米宁请求释放瓦·佩尔希科娃的来电上。关于这个问题,参看本卷第 608 号文献和注 452。——475。

455 安·卢·柯列加耶夫复电说,已往莫斯科发了 3 列直达运粮列车。电报还报告了征粮工作的进展情况并指出,为了加速征购工作,必须从中央增派工人和粮食工作的负责干部。——477。

456 1919 年 1 月 29 日,维亚特卡省萨拉普尔县苏维埃第二次代表大会决定在全县征集粮食赠送给莫斯科和彼得格勒。代表大会决定:赠给莫斯科的 4 万普特粮食"要亲自送去,献给我们敬爱的领袖列宁同志"。这张便条是列宁在 1919 年 3 月 11 日接见随运粮列车来的萨拉普尔县农民代表团时写的,正文中的3月12日是笔误。

1919年3月13日,列宁在彼得格勒民众文化馆召开的群众大会上讲了他和萨拉普尔县农民代表团谈话的情况(见本版全集第36卷第28—29页)。——477。

457 这张便条是列宁在看了阿·马·高尔基关于最高国民经济委员会国营造纸工业企业总管理局及其彼得格勒分局不给世界文学出版社调拨纸张的电报以及由高尔基的妻子玛·费·安德列耶娃转交的有关文件后写的。——478。

458 列·波·克拉辛后来在这张便条的背面写道:"彼得格勒坚决不发这些几个月置之不用的纸张,是明显的恶意怠工,但不知怠工的是右纸局,左纸局,还是其他什么纸局。**克拉辛** 3月17日"。克拉辛这里说的是俏皮话。Правбум 这个俄文缩写词,可作"纸管局"解,也可以作"右面的纸张"解。——478。

459 列宁的这个批示写在图拉省新西利县苏罗夫乡库列沙村农民 C.M.伊萨耶夫1919年3月15日的呈文上。伊萨耶夫在呈文里控告乡执行委员会主席 B.И.卢科夫尼科夫在征收特别税问题上的错误行为。——478。

460 指俄共(布)第八次代表大会。——479。

461 列宁的这个批示写在圣阿列克谢兄弟会会员 М.И.斯维特给列宁的信上。该信请求把保存在克里姆林宫楚多夫修道院的圣者阿列克谢的干尸交给兄弟会。信上有德·伊·库尔斯基的如下指令:

"**急**。送第八处

彼·阿·克拉西科夫

下令在莫斯科工人代表苏维埃、司法人民委员部和内务人民委员部的代表参加下解剖干尸。"

圣者干尸即东正教尊奉的圣者的遗体。根据教会散布的迷信说法,圣者干尸不朽不腐,一直保持新鲜,能医治患者,创造奇迹。在苏维埃政权成立初期,为揭穿这种欺骗,许多省份都曾当众解剖过寺院和庙宇里保存的圣者干尸。结果发现坟墓和圣龛中保存的只是干尸或骨头,甚至是用黄蜡等物伪造的骨骼。——479。

462　这张便条是列宁在收到斯摩棱斯克省别利斯克县阿列克谢耶沃村农民E.尼基京的来信后写的。尼基京请求列宁给村苏维埃共产党员组织寄去"由您签署的您的法令和您的纲领"。——480。

463　这张便条上有亚·格·施利希特尔的批注:"1919 年 3 月 19 日在莫斯科召开的第八次党代表大会的一次会议上收到。"便条中提到的"中央委员会指示"是指俄共(布)中央 1919 年 3 月 11 日通过的关于在乌克兰收购 5 000 万普特粮食并于当年 6 月 1 日前运往中心地区的决定。——480。

464　列宁的这个批示写在东方面军政治部主任格·伊·泰奥多罗维奇和东方面军革命军事委员会委员谢·伊·古谢夫和康·康·尤列涅夫发给列宁、伊·捷·斯米尔加和瓦·亚·阿瓦涅索夫的电报上。电报请求中央派出专门工作组调查辛比尔斯克省苏维埃和党的工作人员的错误行为,该工作组要有权就地改组地方政权机关。——481。

465　这张便条上有全俄中央执行委员会秘书阿·萨·叶努基泽的批语:"发给今天去彼得格勒的火车票两张。**阿·叶努基泽** 3 月 22 日"。——482。

466　这个批示写在娜·康·克鲁普斯卡娅所拟的下述电报稿上:"致沃洛格达省卡德尼科夫县科尔班格乡苏维埃。请立即编出各村苏维埃选民名册,要排除的只是明显的富农分子,要吸收中农参加选举。请你们在名册编完后确定改选苏维埃的日期。将要进行检查。编错名册将受到追究。"在此之前,列宁曾收到沃洛格达省卡德尼科夫县科尔班格乡农民控告该乡执行委员会以错误态度对待中农的来信。

　　此后不久,列宁得知内务人民委员部部务委员亚·格·普拉夫金采取形式主义的态度对待沃洛格达农民的控告信,便写信告诉格·

伊·彼得罗夫斯基:"……应当痛斥普拉夫金。您不要放纵他,要加以监督,他喜欢瞎'指挥'。这是必须杜绝的。"——482。

467 弗·维·阿多拉茨基(当时在教育人民委员部工作)写信请求列宁准许他妻子的姐妹 H.M.萨波日尼科娃和 B.M.萨波日尼科娃从萨马拉迁居喀山,并让她们做本行工作。这张便条是列宁收到阿多拉茨基的信以后写的。

　　费·埃·捷尔任斯基指示给予萨波日尼科娃两姐妹在喀山的居住权,并指示免征她们的特别税,因为她们没有财产。——483。

468 这张便条是列宁在收到莫斯科省农民 A.Γ.瑙莫夫 1919 年 3 月 26 日发来的电报后写的。瑙莫夫请求免除维舍戈罗德乡苏维埃向他"非法征收的 55 000 卢布特别革命税"。——483。

469 这份电报是列宁在接到东方面军第 5 集团军政治部主任瓦·尼·卡尤罗夫的来电后写的。来电说,乌法被白卫军占领,第 5 集团军处境困难,同时表示确信,如能派来"有觉悟的、训练有素的增援部队",则"敌人将被击溃"。——484。

470 这份电报是列宁在收到雅罗斯拉夫尔消费合作总社理事会的来电后写的。该理事会说,罗斯托夫县粮食委员 Φ.H.维什涅夫斯基颁布了一项条例,无视省粮食委员会所批准的罗斯托夫城乡合作社网点,而在县的管辖范围内建立新的网点。来电断言,这项条例必将导致罗斯托夫合作社这一进行合理分配的技术机构的垮台。——484。

471 列宁的这个批示写在最高国民经济委员会副主席阿·洛莫夫(格·伊·奥波科夫)的来信上。洛莫夫在来信中报告,右派社会革命党中央的一位代表向他提议要与苏维埃政权达成协议,他为此请示是否进一步谈判。——486。

472 这张便条是列宁在收到切列波韦茨省切列波韦茨县亚加诺夫乡的一批公民的申请书后写的。他们派代表 B.巴赫瓦洛夫来莫斯科向列宁递交申请书,请求允许他们把 1915 年动工修建的教堂建成。——487。

473　这份电报是列宁在收到图拉省执行委员会主席格·瑙·卡敏斯基关于图拉各兵工厂工人罢工的直达电报后写的。罢工是孟什维克和社会革命党人利用当时粮食供应紧张和缺乏货币发不出工资的时机组织的。关于这个问题，参看本卷第648号文献和注486。——488。

474　1919年4月5日人民委员会根据司法人民委员德·伊·库尔斯基的报告批准了人民委员会会议的议事规程，列宁的全部建议均被采纳。——489。

475　这封信是列宁在收到梁赞省斯科平县咨议代表大会的请求书后写的。农民们在请求书中提出了减轻中等收入和低于中等收入的农民的特别革命税、停止征用役马和奶牛、提高农户留粮标准等问题。——490。

476　《关于在征收一次性特别革命税方面对中农实行优待的办法的法令》由全俄中央执行委员会1919年4月9日通过，4月10日在《全俄中央执行委员会消息报》上公布。——490。

477　列宁指的是给梁赞省斯科平县农民写信答复其他问题一事（见上一号文献）。——491。

478　指接见全俄制糖业农业劳动者工会代表大会代表团。——492。

479　这封信是列宁在同索科利尼基森林学校总务主任菲·伊·博德罗夫谈话后写的。列宁当天曾给克里姆林宫警卫长写便条："请放来人菲力浦·伊里奇·博德罗夫同志进入克里姆林宫和人民委员会。人民委员会主席**弗·乌里扬诺夫（列宁）**"（参看《列宁文稿》人民出版社版第15卷第398页）。——492。

480　尼古拉节和彼得节都是东正教节日。尼古拉节在俄历5月9日，彼得节在俄历6月29日。——492。

481　瓦·卢·帕纽什金当时正在西北战线。由于高尔察克军队进攻，帕纽什金的部队被派往东方战线。

另见本卷第649号文献。——493。

482 这两份电报是列宁在获悉 1919 年 4 月 7 日慕尼黑宣布成立苏维埃共和国后发的。当时莫斯科还不知道这个徒具空名的苏维埃共和国是由以恩·托勒尔为首的德国独立社会民主党人宣布成立的。他们想以此来欺骗工人,阻止革命在巴伐利亚深入发展。4 月 13 日,巴伐利亚的反革命势力发动反革命暴乱,企图建立公开的资产阶级专政。当天,在巴伐利亚首府慕尼黑街头爆发了激烈战斗,结果无产阶级取得了胜利。晚上,在革命的工厂委员会和士兵苏维埃的联席会议上,成立了由 15 人组成的共和国最高权力机关——行动委员会,选出了以巴伐利亚共产党人欧·莱维纳为首的最高执行机关——执行委员会;独立社会民主党人也参加了这个政府。巴伐利亚苏维埃共和国政府着手解除资产阶级的武装,建立红军,实行银行国有化,建立企业的工人监督制度,组织粮食供应。

　　1919 年 4 月 27 日,列宁写了《向巴伐利亚苏维埃共和国致敬》一文(见本版全集第 36 卷第 311—312 页),在该文中向巴伐利亚革命政府提出一些建议,这些建议成了执政的无产阶级政党的具体行动纲领。

　　当时巴伐利亚苏维埃共和国的国内外形势是严重的。在苏维埃共和国遇到最初一些困难时,独立社会民主党人的代表们就采取叛卖政策。4 月 27 日,独立社会民主党人把共产党人排挤出领导岗位。5 月 1 日,白卫军攻进慕尼黑,经过三天的激战后占领了该市。——494。

483 这份电报是列宁对北方面军第 6 集团军革命军事委员会委员尼·尼·库兹明三次来电的答复。库兹明来电报告了英国将军艾恩赛德提出的交换俘虏的建议。他请求授予他进行谈判的权力。——495。

484 指国防委员会 1919 年 4 月 7 日的决定:"鉴于红军急需医务人员,全体五年级医科大学生立即毕业并应召服役,最迟于今年 4 月 10 日务必开赴前线。"(见 1919 年 4 月 9 日《消息报》第 76 号)——495。

485 神父 C.布雷金的控告由卡卢加省执行委员会管理局指导员兼检查员作了调查,断定没收他的财产是正确的。检查员的报告副本于 1919 年 6 月 30 日由省执行委员会转交列宁和省革命法庭侦查委员会。——496。

486　这份电报是列宁对内务人民委员部部务委员谢·康·米宁关于平息图拉各兵工厂和铁路修配厂罢工情况的直达电报的答复。电报说，必须由粮食人民委员部及时、认真地向图拉工厂的工人供应粮食并由财政人民委员部尽速汇款来付清工人工资。

　　　　列宁在米宁来电的上方批注："送**中央组织局**"。——498。

487　列宁的这个指示写在司法人民委员部部务委员彼·阿·克拉西科夫的便条背面。克拉西科夫在便条中报告了谢尔吉圣三一大修道院内在居民、医生、修道士等方面代表在场的情况下解剖"圣者干尸"一事。克拉西科夫写道，解剖记录和电影胶卷很快就会搞好。——499。

488　这份电报是列宁在 1919 年 4 月 12 日收到阿·马·高尔基的来电后写的。高尔基在来电中说，文学家伊·沃尔内在小阿尔汉格尔斯克被捕，请求列宁电令"对逮捕原因进行公正调查，并将其释放后加以监视"；高尔基写道："我看他在政治上的忠诚是毋庸置疑的"。

　　　　关于这个问题，参看本卷第 654 号文献。——499。

489　这张便条谈的是彼得格勒苏维埃出版社因出版《苏维埃政权的成就和困难》(见本版全集第 36 卷)的单行本小册子而付给列宁稿费一事。——500。

490　这个批示写在东南铁路一批职员从利佩茨克发给列宁的来电上。来电请求允许他们复活节前夕在车站和车站的办公场所摆放圣像。——500。

491　列宁的这个批示写在 C.A.加林的来信背面。加林从 1918 年 1 月起担任俄罗斯联邦驻丹麦处理被拘禁人员事务的全权代表。他在信中说，把他当做一般工作人员使用是不正确的。——502。

492　这封信是列宁在收到《贫苦农民报》编辑列·谢·索斯诺夫斯基的来信后写的。索斯诺夫斯基来信告诉列宁："3 月下半月，图拉县苏维埃就组织播种工作召开了县代表大会。开始(我们这里有这种惯例)有人提议以参加大会的共产主义者的名义向列宁发致敬电。代表们声明：发致敬电可以,但不同意说我们是共产主义者。我们不愿当共产主义者。何必给自己加这个称号呢!! 这次代表大会因此被作为反革命代表大会解散了。将近200个气愤的受了污辱的人返回县内各地去了。这是一位同志告诉我的,他答应进一步核实。您是否要查问一下这次代表大会的情况?"

1919年4月23日,图拉省土地局局长 A.H.莫罗萨诺夫和图拉县土地局局长 И.A.梅利尼科夫向列宁汇报了解散1919年4月1—2日图拉县劳动农民代表大会的原因。——502。

493 指人民委员会办公厅向共和国革命军事委员会提出请求,希望让红军战士 M.Д.齐甘科夫留在人民委员会办公厅工作,担任警卫长。——504。

494 1919年4月11日《全俄中央执行委员会消息报》公布了人民委员会关于征召中部各省1886—1890年间出生的、不剥削他人劳动的工农到红军中服役的法令。格·叶·季诺维也夫在电报中报告说,彼得格勒共产党员大会决定,除了一般的动员外,还要动员20%共产党员参军。——505。

495 当时全俄中央执行委员会主席米·伊·加里宁在彼得格勒。他到地方上去是为了加强临近前线地区的党的政治工作。——505。

496 指吸收社会革命党人参加乌克兰苏维埃政府一事。关于这个问题,参看列宁1919年4月25日给克·格·拉柯夫斯基的电报(本卷第678号文献)。——506。

497 指帕·叶·德宾科指挥的克里木方向的部队对克里木半岛纵深的进攻。这次进攻是错误的,因为进攻的部队与主力的联系可能在彼列科普地区被切断,此外,当时本应集中最大兵力对主要战略方向——顿巴斯和罗斯托夫发动进攻(关于这个问题,参看注510)。——506。

498 列宁的这个批示写在农业人民委员部转给列宁的切尔尼戈夫省波切普县农民代表 Н.Д.哥列洛夫和 П.И.诺维科夫来信的抄件上。哥列洛夫和诺维科夫曾来莫斯科控告地方当局的违法乱纪行为并受到列宁的接见。他们来信说，他们回去后便遭到了迫害甚至被逮捕。——506。

499　参看注330。——507。

500　指南方战线后方的韦申斯卡亚和卡赞斯卡亚地区（顿河上游）发生的反苏维埃叛乱。这次叛乱表明了哥萨克当时的动摇性。地方苏维埃机关所犯严重错误，如强迫劳动哥萨克与反革命哥萨克一起迁出村子、大肆逮捕等等，也是引起叛乱的一个原因。列宁在给共和国革命军事委员会和南方面军的一系列指示中，屡次强调指出叛乱分子与正在进攻的邓尼金白卫军队联合的危险性和迅速平息叛乱的重要性。——508。

501　指坦波夫消费者协会就执行人民委员会1919年3月16日《关于消费公社的法令》而发给人民委员会的电报。人民委员会的这项法令规定：为了建立统一的分配机构，要把城乡各消费合作社合并成消费公社。而坦波夫这份来电说，坦波夫消费者协会252名会员开会认为经营商业是正当的，"不愿把消费者协会移交给消费公社"。——508。

502　列宁的这个批示写在南方面军第8集团军军事交通部政治委员的一份冗长的来电上。来电报告了军用列车在利斯基—叶夫斯特拉托夫卡路段受阻的原因。——510。

503　Г.М.拉布金在给列宁的电报中还解释说，医生住处离药房很远，他为了同医生联系非常需要自行车。列宁的电报由戈梅利省执行委员会主席在1919年5月20日作了答覆。复电说，自行车是因白卫分子在戈梅利发动叛乱而宣布戒严时拿来作联络工具用的。因此列宁就该问题写了第二份电报（见本卷第736号文献）。——511。

504　这份电报是列宁对总司令约·约·瓦采季斯和共和国革命军事委员会委员谢·伊·阿拉洛夫1919年4月21日来电的答复。来电询问，从政治观点看，究竟允许向加利西亚和布科维纳推进到什么程度以及对这次推进提出什么任务。

列宁在瓦采季斯和阿拉洛夫的来电上写道："斯克良斯基同志的秘

书:请把附件(可能指列宁的电报。——编者注)译成密码发出,然后交斯克良斯基同志归档。"(见《苏联国内战争史料选辑》1961 年俄文版第 2 卷第 382 页)——511。

505　这份电报是列宁在收到 И.Т.哥里切夫等人从叶列茨车站发来的电报后写的。哥里切夫等人来电请求下令退还他们在叶列茨车站被没收的黑麦,并且说他们极为贫困,他们往莫扎伊斯克县和波多利斯克县运黑麦完全是供自己吃的。——513。

506　列宁的这个指示写在总司令约·约·瓦采季斯 1919 年 4 月 23 日关于俄罗斯联邦军事形势的报告书上。瓦采季斯论证了把各苏维埃共和国的武装力量联合起来置于统一的指挥之下的必要性,并提议暂时撤销普遍军训部,动员普遍军训部的 24 000 名教官去加强东方面军后备部队的指挥力量。——514。

507　在约·约·瓦采季斯的报告书上有谢·伊·阿拉洛夫的附笔,他反对完全撤销普遍军训部,建议只把它缩减 50％—75％。——514。

508　维尔纳于 1919 年 4 月 21 日被波兰白军占领。列宁所说的必须拍发的电报于 1919 年 4 月 24 日发给了总司令和西方面军革命军事委员会(见下一号文献)。——516。

509　指南方战线后方的哥萨克叛乱。——517。

510　俄共(布)中央和列宁考虑到夺取顿巴斯的巨大意义,曾不止一次指示乌克兰方面军司令部和乌克兰苏维埃政府,要求他们增援南方面军。但是,有些乌克兰军事领导人(尼·伊·波德沃伊斯基,弗·亚·安东诺夫-奥弗申柯等)出于本位主义的考虑,迟迟不把部队投向顿巴斯。乌克兰方面军司令安东诺夫-奥弗申柯要求修改乌克兰方面军和南方面军在顿巴斯的分界线,由他来指挥这一地区作战的主要部队,而不同意把顿涅茨地段看成是最重要地段,断言乌克兰方面军在乌克兰西部和南部有着更重要的任务。列宁驳斥了这个方案。——519。

511 列宁的这个批示写在乌克兰社会革命党叶卡捷琳诺斯拉夫组织的决议上。列宁还在决议上画了着重线。——520。

512 这张便条大概是列宁在1919年4月25日国防委员会会议上对埃·马·斯克良斯基递来的便条的答复。斯克良斯基来条报告说，一天后，将再派出两个指挥员训练班去镇压韦申斯卡亚和卡赞斯卡亚一带的叛乱。——521。

513 埃·马·斯克良斯基就列宁的这个建议在这张便条上写道："人员还是部队？"列宁接着注明："部队"。——521。

514 列宁的这个批示写在粮食人民委员部部务委员瓦·尼·雅柯夫列娃的电话的记录上。雅柯夫列娃对列宁就彼得格勒乌克兰族公民合作社请求把定量供应的食品交给他们经售一事所提问题打电话答复说，根据乌克兰苏维埃政府的请求，粮食人民委员部作为例外情况允许这个合作社从乌克兰运进少量定量供应的食品，但是彼得格勒劳动公社粮食委员阿·叶·巴达耶夫却加以阻挠。雅柯夫列娃说，巴达耶夫拒不执行粮食人民委员部的命令，已不是第一次了。

关于这个问题，参看本卷第698号文献和注523。——523。

515 这封信是列宁在同彼得格勒工人尼·亚·叶梅利亚诺夫讨论了彼得格勒形势和派彼得格勒优秀工人去农村做苏维埃工作的必要性之后写的。叶梅利亚诺夫当时是北方区国民经济委员会汽车畜力车运输局主席团成员，他是为了了解从已解放地区收购马匹问题而出差到莫斯科的。——525。

516 这张便条是列宁对列·波·加米涅夫的便条的答复。加米涅夫建议，除谷物外，对其他粮食的自由运入要"放宽，示意下面可以放任不管"，并且断言，反正"到了6月份我们将采取这一步骤"。——528。

517 这张便条是列宁对共产党员、军粮局成员玛·米·科斯捷洛夫斯卡娅的便条的答复。科斯捷洛夫斯卡娅问，如何理解派她到东方面军担任第2集团军政治部主任这一任命。——528。

518 红军在南方战线缴获的战利品中有几辆法国坦克。乌克兰苏维埃第 2 集团军司令部把其中的一辆连同致敬信一起送给列宁。——529。

519 列宁的这个批示写在一份 1919 年 4 月 27 日由喀山发给水运总管理局的电报上。这份电报说，有几船粮食、重油和煤油由于白卫军骑兵的射击未能从白卫军占领的奇斯托波尔（喀山省）运出。——530。

520 列宁的这个批示写在第 11 独立集团军革命军事委员会委员康·亚·梅霍诺申从阿斯特拉罕发来的电报上。电报请求把预定调往东方面军的第 33 师一部分留在阿斯特拉罕地区。梅霍诺申报告说，第 33 师全部调走，而第 34 师又由于兵员未得到补充不可能迅速编成，势必停止对基兹利亚尔的进攻，放弃占领出产石油的古里耶夫和拉库希，使面临丧失基地危险的舰队陷于绝境。梅霍诺申写道："由于得不到野战司令部的明确指示，我集团军处境十分困难，我们会被指责为不尽职守。"——533。

521 O.B.布哈诺娃 1919 年 5 月 1 日请求赦免她的儿子 H.П.布哈诺夫。布哈诺夫被捕前任粮食局征用处助理检查员，因盗用公款、越权行事和破坏公共伙食而被莫斯科革命法庭判处枪决。1919 年 5 月 23 日，全俄中央执行委员会主席团会议听取了关于请求赦免布哈诺夫的申诉后决定把枪决改为 15 年徒刑。——534。

522 列宁的这个批示写在莫斯科—喀山铁路基尔斯木材加工厂职工给列宁的祝贺五一节的致敬电上。——535。

523 这张便条是列宁看了阿·叶·巴达耶夫给彼得格勒苏维埃执行委员会主席的辞呈后写的。巴达耶夫在辞呈中为自己没有执行粮食人民委员部的命令（见注 514）辩解，说对他的责难是"中央某集团的阴谋"，请求在 5 天内派人接替他彼得格勒劳动公社粮食委员的职位。——535。

524 列宁的这个批示是在 1919 年 5 月 4 日俄共（布）中央全会讨论了给挪威著名学者、探险家、社会活动家弗·南森复信的问题后，写在格·瓦·契切林的电话的记录上的。

　　　　1919 年 5 月 4 日苏俄政府从无线电中收到了南森 1919 年 4 月 17 日给列宁的信。南森在信中陈述了他向协约国四个大国(美、法、英、意)政府首脑发出的呼吁成立一个委员会向俄国提供食品和药品援助的信件以及四国政府首脑的答复。协约国的这些政府首脑(伍·威尔逊、戴·劳合-乔治、若·克列孟梭和维·奥兰多)在答复中提出提供这种援助的条件是:在苏维埃俄国境内要停止军事行动并停止调运军队和各种军用物资。可是答复却未指出正在对苏维埃共和国进行武装干涉的列强也必须遵守这个条件。关于这个问题,参看本卷第 705 号文献。——536。

525　美国外交家威·布利特为了了解苏维埃政府同意在什么条件下同协约国媾和,于 1919 年 3 月间到莫斯科。

　　　　布利特在谈判中转达了美国总统伍·威尔逊和英国首相戴·劳合-乔治的建议。苏维埃政府为了尽快缔结和约,同意按照他们提出的条件进行谈判,但对这些条件作了一些重要修改(美国政府代表布利特和苏俄政府共同制定的和平建议草案全文见《苏联对外政策文件汇编》1958 年俄文版第 2 卷第 91—95 页)。

　　　　布利特离开苏维埃俄国之后不久,高尔察克军队在东线取得了一些胜利。帝国主义各国政府指望借助高尔察克的力量来消灭苏维埃俄国,于是拒绝了和平谈判。威尔逊不准公布布利特带回的协定草案,劳合-乔治则在议会宣称他同与苏维埃政府谈判一事根本没有关系。——536。

526　指多次向协约国列强提出媾和建议的正式呼吁(见本版全集第 37 卷第 354 页)。——541。

527　1919 年 5 月 7 日,格·瓦·契切林致电弗·南森。契切林按照列宁的指示,表明了苏维埃政府对南森的建议的态度,揭露了帝国主义国家把流血战争强加于苏维埃俄国的政策,指出这场战争使各国人民蒙受了巨大的灾难(参看《苏联对外政策文件汇编》1958 年俄文版第 2 卷第 154—160 页)。南森提出的计划没有实现。——543。

528 参看注509。——544。

529 指镇压顿河区的哥萨克叛乱。参看注500。——545。

530 这个批示写在喀山基督教福音会会长给人民委员会办公厅主任弗·德·邦契-布鲁耶维奇的申诉书上。申诉书控告地方苏维埃组织阻挠福音会集会,请求准许信徒集会。申诉书提到了人民委员会关于信仰自由的法令。——545。

531 列·波·加米涅夫当时担任国防委员会派驻南方面军的特派员。列宁在获悉卢甘斯克于1919年5月4日被白军攻占后,给他发了这份电报。——546。

532 这个指示是用直达电报发往叶卡捷琳诺斯拉夫给列·波·加米涅夫的秘书的。电报开头是列宁给加米涅夫秘书的命令:"请与基辅联系,在基辅拉柯夫斯基那里有给加米涅夫的两份(或者更多)电报。"——548。

533 教育人民委员阿·瓦·卢那察尔斯基当时是全俄中央执行委员会派驻科斯特罗马处理逃兵问题的特派员。看来,这张便条是列宁看到他关于科斯特罗马市和科斯特罗马省严重缺粮的报告后写的。——549。

534 1919年4月24日,人民委员会通过了《关于向产粮省份和顿河州组织移民的法令》。组织俄罗斯联邦北方省份的农民和工人移居南方地区,是为了改善他们的粮食状况和恢复受白卫分子叛乱之害的地区的农业生产。关于这个问题,参看列宁和谢·帕·谢列达签署的1919年5月21日给斯摩棱斯克、特维尔、莫斯科和梁赞等省土地局的电报(《列宁文稿》人民出版社版第15卷第536页)。——549。

535 当时,在奥伦堡以东进行防御的苏维埃军队在哥萨克白卫分子的压力下,已后撤到离该城7公里的地方。——550。

536 1919年5月13日,最高国民经济委员会合作社局局长彼·伊·沃耶沃金写信给列宁,抱怨俄共(布)中央组织局断然拒绝他由于健康原因提出的调往南方的请求,而派他去萨拉托夫工作。沃耶沃金提出,如果他不能调往南方，请求列宁给他两个月假期去治病，并发给补助金。——554。

537 指哥萨克阿塔曼尼·亚·格里戈里耶夫的反革命叛乱。这次叛乱于1919年5月9日在乌克兰南部的叶卡捷琳诺斯拉夫省和赫尔松省爆发，直接威胁顿巴斯一线苏维埃军队的侧翼和后方，威胁当时驻在克里木的乌克兰第2集团军部队的后方交通线，并给乌克兰的铁路运输工作造成了困难。叛乱帮助了邓尼金军队在乌克兰南部展开进攻，并且阻碍苏维埃军队及时调往罗马尼亚战线去支援匈牙利苏维埃共和国。列宁对尽快平定这次叛乱极为重视。1919年5月底，在乌克兰各集团军从东、北、南三个方向的夹击下，叛军被击败；残部于6—7月被歼。——556。

538 见注534。——557。

539 这是列宁看了最高国民经济委员会主席阿·伊·李可夫给彼得格勒防卫委员会主席格·叶·季诺维也夫的电报后所加的附言。李可夫在电报中建议季诺维也夫赶快向国防委员会控告西方面军司令部下令彼得格勒及其郊区进行疏散，因为这一命令违背1919年5月13日国防委员会关于停止疏散彼得格勒等地居民的决定（见《苏维埃政权法令汇编》1971年俄文版第5卷第487页）。季诺维也夫没有坚决执行国防委员会的上述决定，实际上纵容了对城防工作的破坏（见本卷《附录》第49号文献）。列宁在看这份电报稿的手抄件时，把收报地址"防卫委员会"改为"斯莫尔尼"。——558。

540 尼·巴·布留哈诺夫当时作为国防委员会的特派员被派往乌克兰和克里木。给他的委托书说，他的任务是采取一切措施"加强国家粮食采购，把采购到的粮食运往加工地点、火车站和码头，并保证这些粮食能进一步通过铁路和水路顺利运到指定地点"。

　　粮食人民委员部部务委员阿·伊·斯维杰尔斯基把委托书草稿送给列宁并在草稿上方写了下面的话："部务委员会请求发给布留哈诺夫这样一份证明。如果您不反对，我提请把它列入议事日程。"给布留哈诺夫的委托书按列宁的意见补充后于 1919 年 5 月 19 日由国防委员会批准。——561。

541 指被派去帮助南方面军镇压顿河区反革命叛乱的第 11 独立集团军第 33 师。——562。

542 东方面军革命军事委员会委员谢·伊·古谢夫、米·米·拉舍维奇和康·康·尤列涅夫致电俄共（布）中央，反对亚·亚·萨莫伊洛代替谢·谢·加米涅夫任东方面军司令。电报说，共和国革命军事委员会参谋长费·瓦·科斯佳耶夫毫无根据地撤换军队指挥员，而共和国革命军事委员会委员谢·伊·阿拉洛夫却指署科斯佳耶夫的这些命令。1919 年 5 月 25 日，谢·谢·加米涅夫重新被任命为东方面军司令。——563。

543 这份电报是列宁对斯大林两次来电的答复。斯大林报告了彼得格勒附近的情况和巩固前线的必要措施。

　　当天（即 1919 年 5 月 20 日），国防委员会听取了埃·马·斯克良斯基关于开往彼得格勒前线增援部队推进情况的报告。——564。

544 这份电报是列宁在 1919 年 5 月 20 日晚上收到彼得格勒的一份来电后当天发出的。来电说，出席北方区域合作社代表大会的代表 А.А.布拉托夫（曾受到列宁接见）和 И.И.柳比莫夫回到诺夫哥罗德以后就被捕了。来电请求释放他们。

　　列宁在收到的这份电报上面批注：“归档，备近期查考。5 月 20 日已复。”

　　列宁上次的质问见本卷第 720 号文献。——566。

545 农民 Ф.罗曼诺夫（雅罗斯拉夫尔省）和 И.加里宁（莫斯科省）分别写信给人民委员会办公厅，控告地方当局非法征用他们的马匹。这些信交给了管理这类事务的一个专门委员会处理，而该委员会的一个工作人员却以官僚主义的态度复文说：“工作太忙，无暇顾及琐碎事务。”列宁的这个批示就写在这一复文上。——567。

546　坦波夫省军事委员后来报告说:给南方战线派去679名共产党员,5月22日还将再派200名左右。参看本卷第748号文献。——567。

547　列宁的这个指示写在第11独立集团军司令H.A.日丹诺夫从阿斯特拉罕发给列宁的电报上。日丹诺夫在电报中汇报了黑雷诺克失守的原因以及该集团军由于兵源不足和给养缺乏所面临的严重困难(参看《列宁文稿》人民出版社版第15卷第526页和本卷第762号文献)。——568。

548　康·亚·梅霍诺申在报告中汇报了阿斯特拉罕地区的令人担忧的形势。——571。

549　1919年5月22日,里加被吕·哥尔茨将军统率的德军和拉脱维亚白卫分子占领。——571。

550　米·瓦·伏龙芝在列宁电报的背面写道:“关于您5月22日的来电,报告如下:您在奥伦堡问题上提出的要求,凡是我所掌握的手段允许我做的,实际上我已全部做了。应当报告的是,要想充分援助奥伦堡并同时在主要方向即乌法方向上解决问题,这些手段是完全不够的。但不管怎么说,为保住奥伦堡,直到在主要方向上解决问题,所提供的援助是足够的,这一点已为近日来许多事件所证实。我认为奥伦堡向数不尽的地方大叫其苦,在很大程度上说明它自己不善于正确使用归它支配的力量和手段。请原谅我没有及时答复。原因是收到您的电报时我正在前线。南方军队集群司令**伏龙芝**”(见《苏联国内战争史料选辑》1961年俄文版第2卷第195页)。——572。

551　1919年5月26日,列宁再次致电沃罗涅日省军事委员会(抄送省党委)。电报说:“请立即报告,你们给南方面军派去了多少名共产党员。人民委员会主席**列宁**”(见《列宁军事书信集》1957年俄文版第133页)。——577。

552　亚历山德里亚和兹纳缅卡是哥萨克阿塔曼尼·亚·格里戈里耶夫反革命叛乱的中心。1919年5月21日深夜,苏维埃军队攻入格里戈里耶夫司令部所在地亚历山德里亚。——578。

553 当天(即1919年5月28日)还给乌克兰人民委员会主席克·格·拉柯
夫斯基拍发了一份由列宁、尼·尼·克列斯廷斯基和列·波·加米涅
夫签署的直达电报,其中援引了俄共(布)中央决定的全文并拟定了执
行这一决定的具体措施(参看《列宁文稿》人民出版社版第15卷第
552—553页)。——582。

554 指同后方反革命作斗争。——586。

555 1919年5月下半月,南方战线形势急剧恶化。5月底,米列罗沃附近苏
维埃军队的前线被突破,南方面军部队被迫撤退,邓尼金匪帮得以同顿
河上游村镇的哥萨克叛乱分子会合。——587。

556 列宁的这个批示写在俄共(布)中央组织局收到的叶·米·雅罗斯拉夫
斯基《偏见的牺牲品》一文手稿的最后一页背面。雅罗斯拉夫斯基在文
章中引了一些共产党员因参加宗教仪式而被开除出党的例子,呼吁共
产党员们对这个问题发表意见。——588。

557 阿·伊·李可夫回电报告了第11集团军的困难处境,分析了该集团军
革命军事委员会委员们的状况,指出必须加强革命军事委员会,迅速改
善武器和粮食的供应,因为对保卫阿斯特拉罕来说,这方面的储备实在
太少了。——588。

558 指彼得格勒附近出现敌方雷击舰一事。——591。

559 指乌克兰一些军事干部提出的建立隶属于南方面军的顿巴斯方面军革
命军事委员会的计划,顿巴斯方面军将辖乌克兰第2、8、13集团军。该
计划是1919年5月31日由国防委员会特派员从哈尔科夫电告列宁
的。——593。

560 1919年5月27日,人民委员会听取了粮食人民委员部部务委员阿·
伊·斯维杰尔斯基关于粮食采购情况以及在新粮收获前征粮运动计划
的报告。人民委员会决定把斯维杰尔斯基的报告以文章形式发表,同

时摘编一份包括数字资料的简讯向国外报道。

列宁给秘书的指示写在准备好的无线电讯稿上，其中强调指出，尽管条件极为不利（商品不足、货币贬值、产粮最多的地区被白卫军占领），1919年粮食采购工作还是比上一年进行得顺利：从1917年11月到1918年8月这10个月内，苏维埃粮食机关采购了2 800万普特粮食，而从1918年8月到1919年4月这9个月期间则采购了10 200万普特。电讯稿说，苏维埃共和国粮食机关已"减轻了居民的饥饿痛苦，因此展望未来时，精神是振奋的"。

斯维杰尔斯基的文章《最近的粮食展望》发表在1919年6月3日和4日《全俄中央执行委员会消息报》上。——594。

561　指关于粮食收购工作进展情况的电讯稿。——595。

562　这份电报谈的是西方战线的形势以及西方面军革命军事委员会委员阿·伊·奥库洛夫同斯大林、格·叶·季诺维也夫、第7集团军领导人之间的冲突。据《列宁全集》俄文第5版编者注，在苏共中央马克思列宁主义研究院中央党务档案馆中保存着列宁和埃·马·斯克良斯基就此问题交换意见的便条。列宁给斯克良斯基写便条说："斯大林要求把奥库洛夫调回，说他搞阴谋诡计，把工作搅得一团糟。"斯克良斯基的回条对奥库洛夫作了好评，在答复斯克良斯基的便条时列宁对他作了如下指示："那么您就起草一份电报稿（准确陈述奥库洛夫对第7集团军的指责），我用密码发给斯大林和季诺维也夫，以便使冲突不再扩大，而得到正确处理。"这里发表的电报，就是按上述指示草拟，然后由列宁补充和签署的。

关于调回奥库洛夫的问题，参看本卷第780号文献。——596。

563　列·达·托洛茨基当时在哈尔科夫。——599。

564　后来，1919年6月18日，俄共（布）中央政治局和组织局联席会议根据列宁的建议，任命谢·康·米宁为保卫察里津的第10集团军革命军事委员会委员。1918年10月以前他曾在该集团军中工作过。——599。

565　这张便条是列宁收到印度教授 M.巴拉卡图尔的信以后写给格·瓦·契切林的。巴拉卡图尔在信中谈到了印度国内反对英帝国主义的斗争情况,并请求发表他关于布尔什维主义的文章,"以便把穆斯林的心吸引到布尔什维主义方面来"。——600。

566　这里所说的最后通牒,是由英国工会联盟代表团向英国政府提出的。工人们要求政府不得干涉苏维埃俄国和苏维埃匈牙利的内政,并且提出,如果他们的要求得不到满足,就要举行总罢工。——600。

567　1919 年 6 月 6 日,俄共(布)中央政治局通过决定,调谢·巴·纳察列努斯到乌克兰去,就此问题给斯大林发去如下电报:"彼得格勒　斯莫尔尼　斯大林。鉴于在乌克兰立即实行统一指挥的极端必要性,中央政治局决定派纳察列努斯任第 14 集团军——原乌克兰第 2 集团军——革命军事委员会委员。**列宁、克列斯廷斯基、加米涅夫**"。——605。

568　指对侵犯苏维埃俄国边境的芬兰白军的还击。——605。

569　看来指列宁 1919 年 5 月 30 日给多·伊·叶弗列莫夫的电报(见本卷第 758 号文献)。——607。

570　在发这份电报前,列宁当天曾与巴什基尔苏维埃共和国军事委员艾·扎·瓦利多夫及巴什基尔革命委员会的代表们讨论在东方战线利用巴什基尔军队的问题以及土耳其斯坦形势的问题。——608。

571　看来是指工农国防委员会 1919 年 5 月 12 日《关于征召旧军队中已遣返或正在遣返的被俘士兵服兵役的决定》。——610。

572　埃·马·斯克良斯基起草的 1919 年 6 月 9 日给格·纳·梅利尼昌斯基和 6 月 10 日给亚·格·别洛博罗多夫的电报,见《列宁军事书信集》1957 年俄文版第 148 页。——611。

573　指彼得格勒的严重局势。——613。

574　指格·叶·季诺维也夫 1919 年 6 月 8 日的信。信中报告了尤登尼奇白卫军发动进攻后彼得格勒的危急情况。——614。

575　指埃·马·斯克良斯基 1919 年 6 月 9 日给斯大林的直达电报。电报进一步询问了抽调 3 个团去保卫彼得格勒的必要性。当天,斯克良斯基就下令调去所需的团(参看《列宁文集》俄文版第 34 卷第 167—168页)。——614。

576　斯大林和格·叶·季诺维也夫通过直达电报报告说,他们"最近两天都在前线",6 月 10 日才收到埃·马·斯克良斯基的查询电,所以未能立即答复。——614。

577　在东方面军南方军队集群向高尔察克部队发动决定性进攻时,临近前线各地区(萨马拉省、奥伦堡省、乌拉尔州)爆发了哥萨克白卫分子和富农的叛乱。——616。

578　指同意列·达·托洛茨基返莫斯科参加俄共(布)中央全会,当时他在科兹洛夫。——619。

579　斯大林和格·叶·季诺维也夫在给列宁的电报中建议举行俄共(布)中央组织局和政治局联席会议,他们能来参加;至于中央全会,他们建议推迟召开。——619。

580　俄共(布)中央全会于 1919 年 6 月 15 日举行,会上讨论了高级指挥人员的调动和加强各革命军事委员会的问题以及东方面军的问题等。斯大林和格·叶·季诺维也夫没有出席全会。——620。

581　1919 年 6 月 11 日,克·格·拉柯夫斯基致电共和国革命军事委员会,建议"催促叶卡捷琳诺斯拉夫的阿韦林,让他加紧进行动员工人的工作"。根据埃·马·斯克良斯基的提议,列宁以自己的名义往叶卡捷琳诺斯拉夫发了这份电报。

　　在电文上方列宁写道:"**阿韦林**是谁? 我不认识。地址这样写行吗? 阿韦林知道密码吗?"——621。

582 斯大林收到列宁的电报以后,在电报上写了发给莫斯科的回电:"失地尚未收复。仍在大规模交火。陆战所需的一切,能送去的均已送去。显然,这几天去莫斯科不行,不应当去。请把全会推迟一下。我们不反对部分发表文件……"

电报中提到的文件未查到。——622。

583 瓦·尼·波德别尔斯基当时被派到坦波夫省调查军需品生产问题。——624。

584 彼得格勒肃反委员会侦查员 H.M.尤金答复说,H.B.彼得罗夫斯卡娅是因为她所认识的两名白卫军官一案而受到侦查的。——626。

585 指克里木苏维埃共和国人民委员会主席德·伊·乌里扬诺夫 1919 年 6 月 9 日就列·达·托洛茨基下令逮捕克里木第 1 师参谋长谢·伊·彼得里科夫斯基一事写给列宁的信,来信请求查明此事。

彼得里科夫斯基和该师政治委员阿斯塔霍夫受到的指控是:1919 年 4 月 20 日他们擅自与联军司令部缔结关于协约国陆军部队撤出塞瓦斯托波尔的协议。——627。

586 这份电报是列宁收到米·瓦·伏龙芝和沙·祖·埃利亚瓦 1919 年 6 月 15 日的来电后写的。伏龙芝和埃利亚瓦来电说:"乌拉尔斯克已经受了 50 天的围攻。至少还须坚持两星期。可是守备部队的士气逐渐低落。最好由您亲自拍发一份致敬电。电报可发往南方军队集群司令部,由司令部用无线电转发。"(见《米·瓦·伏龙芝文选》1957 年俄文版第 1 卷第 205—206 页)

1919 年 7 月 11 日,苏维埃军队在瓦·伊·夏伯阳指挥下冲破敌人的封锁圈,与乌拉尔斯克守备部队会合。——628。

587 1919 年 6 月 12 日深夜在红丘炮台发生的反革命叛乱,于 6 月 15 日深夜被平息。6 月 16 日白天,参加叛乱的灰马炮台也被攻下。在叛乱平息前几小时,苏维埃军队司令得到情报说,一支由 23 艘船只组成的英国分舰队已从利巴瓦出动,前来增援红丘炮台的叛乱分子。但是在通向彼得格勒的海上要冲均由苏维埃舰队牢牢控制的情况下,英军指挥部未敢采取大规模行动,只有个别舰只进行了袭击。——629。

588　指俄共(布)中央1919年6月15日关于加强大本营的决定。列·达·托洛茨基在给俄共(布)中央的声明中反对中央委员会的这个决定,硬说这个决定"包含着荒诞、胡闹",等等。——631。

589　列宁的这个指示写在俄共(布)中央顿河局委员谢·伊·瑟尔佐夫的来信上。瑟尔佐夫在信中报告了顿河地区党和苏维埃机关在对哥萨克工作中出现的失误,说这是顿河上游村镇发生反革命叛乱的原因之一。瑟尔佐夫建议改组顿河州党的领导机构。——631。

590　指在高尔察克军队后方库斯塔奈发生的起义。

　　库斯塔奈游击队突围后同苏维埃军队会合,改编成共产主义团,同革命的敌人一直战斗到国内战争结束。——635。

591　尤·约·马尔赫列夫斯基是波兰和国际工人运动的著名活动家,曾以德国共产党中央委员的身份在鲁尔地区从事秘密革命工作,1919年春因受到德国诺斯克军队的迫害而由德国逃往波兰。6月19日,他越过波兰战线到达莫斯科。在波兰,马尔赫列夫斯基征得波兰共产党的同意,建议皮尔苏茨基政府同苏维埃俄国开始和平谈判。他的妻子马尔赫列夫斯卡娅1918年从柏林到达莫斯科后,便在民族事务人民委员部所属波兰民族事务委员部工作,负责该委员部的文教工作,当时在基辅。——638。

592　这是列宁于1919年6月20日收到弗·伊·涅夫斯基和列·谢·索斯诺夫斯基从特维尔发来的电报后当天写的回电。涅夫斯基和索斯诺夫斯基在来电中报告:当地的罢工正在平息,所有企业开始复工。为了加强同农村的联系,除按宪法由各县苏维埃代表大会选举代表外,还以省执行委员会的名义邀请每个乡派一名代表出席筹备中的省苏维埃代表大会。省苏维埃代表大会已决定向全俄中央执行委员会请求给予各乡代表以表决权。涅夫斯基和索斯诺夫斯基反对这样做,指出各乡代表中有 80％是非党员，其中富农居多数，请求列宁火速答复。——640。

593 这张便条是列宁在 1919 年 6 月 23 日收到内河运输管理局发给他的电报后当天写的。来电说在别拉亚河流域有大量存粮，必须迅速运出来。

阿·伊·斯维杰尔斯基答复列宁的询问说，为了在别拉亚河流域和整个乌法省加速粮食采购工作，粮食人民委员部部务委员莫·伊·弗鲁姆金已从萨马拉出发去那里，还将采取往别拉亚河流域派征粮军的措施。——643。

594 列宁给最高国民经济委员会主席阿·伊·李可夫的这个命令写在维亚特卡省国民经济委员会 1919 年 6 月 24 日给国防委员会的电报上。电报请求命令中央军需采购局发给维亚特卡省军需采购局制造军事装备的预支款。该电报告说，虽已多次向中央军需采购局请求，但预支款迄未收到，致使工厂因无钱支付工人工资而将于日内停产。——643。

595 1919 年 6 月 27 日，列宁同弗·维·阿多拉茨基谈了搜集和研究十月社会主义革命史资料的问题。为便于阿多拉茨基进行这方面的工作，列宁给他写了这两个证明。——645。

596 指西方面军在 1919 年 6 月 27 日收复拉多加湖东岸的维德利察村及维德利察工厂时夺得的一些仓库中储存的弹药、装备、粮食和军装。此处原是芬兰白军在彼得格勒战线奥洛涅茨地段作战时的主要基地。——646。

597 指邓尼金军队中由彼·尼·弗兰格尔将军指挥的高加索集团军正向萨拉托夫—奔萨方向发动进攻。——647。

598 1918 年 1 月 28 日（2 月 10 日），列·达·托洛茨基在布列斯特-里托夫斯克和谈中违背了他同列宁的约定，在德方提出最后通牒时，他书面声明苏俄宣布停止战争，复员军队，但拒绝在和约上签字，随即退出谈判。当天，托洛茨基没有通知俄共（布）中央和人民委员会就给最高总司令大本营发了一个电报，命令于 1 月 28 日（2 月 10 日）深夜发布同德国及其盟国结束战争状态并复员俄国军队的命令。电报未提布列斯特和谈已经中断,从电文中却可以推论:和谈以签订和约而告结束。1月29日(2月11日)凌晨,最高总司令尼·瓦·克雷连柯发布命令,根据托洛茨基的电报宣告和约已签订,命令各战线停止军事行动并着手复员军队。这份电报和下一份电报都是因克雷连柯的命令而发的。——654。

599 列宁在收到爱沙尼亚布尔什维克领导人扬·亚·安韦尔特从雷瓦尔给人民委员会发来的电报后,通过直达电报提出了这些询问。安韦尔特在来电中报告说,前波罗的海沿岸地区贵族为配合德军对爱斯兰的进攻而进行的阴谋活动已被揭露。——656。

600 这些贵族在他们的反苏维埃政权的阴谋于1918年1月底被揭露后已遭逮捕。——656。

601 这次疏散是因为德军即将从爱斯兰方面发起进攻。——657。

602 指弗·亚·安东诺夫-奥弗申柯1918年2月26日的电报。电报说,在他同顿河哥萨克军方代表团的谈判中,该代表团要求顿河州自治并有权独立解决土地问题。——658。

603 这个文献大概是斯大林草拟的,因为1918年4月22日人民委员会会议审议切尔特科沃车站有可能被德国人和哈伊代马克占领的问题时,曾委托他"草拟致陆军人民委员的有关公函"。——659。

604 哈伊代马克是指乌克兰资产阶级民族主义部队。"哈伊代马克"一词源自土耳其语,意为"袭击",本来是指18世纪第聂伯河右岸乌克兰地区反对民族压迫和宗教压迫的人民解放斗争的参加者。在1918—1920年的国内战争时期,乌克兰资产阶级民族主义者借用民间传统观念投机,自称为哈伊代马克。——659。

605 俄罗斯联邦和乌克兰盖特曼帕·彼·斯科罗帕茨基政府之间的停战条约于1918年6月14日签订。根据这项条约,双方停止军事行动,恢复相互之间的铁路交通和贸易关系。条约还确立了双方公民撤退的规则。——660。

606 指1918年6月18日捷克斯洛伐克军占领塞兹兰一事。——662。

607 这份电报是列宁在收到阿尔汉格尔斯克省执行委员会委员亚·杰·梅捷列夫和阿尔汉格尔斯克港卸货非常委员会委员 C.H.苏利莫夫1918年6月24日的电报后发的。梅捷列夫和苏利莫夫来电报告了阿尔汉格尔斯克宣布戒严的情况以及在卸货和把阿尔汉格尔斯克港的贵重物品疏散到内地方面采取的措施。——664。

608 内容类似的信件由列宁签署后发往司法人民委员部。参看本卷第224号文献和注157。——666。

609 人民委员会的这个决定规定了有关在帕拉特水湾(喀山省)建立伏尔加河区舰队造船基地的措施(经列宁修改的人民委员会关于帕拉特修配厂的决定草案,参看《列宁文稿》人民出版社版第14卷第729页)。内容类似的信由列宁签署后分别发给了最高国民经济委员会主席团、陆军人民委员部和海军人民委员部。——667。

610 这份电报是因土耳其驻德大使里法特-帕沙建议签订俄土调整高加索军事态势议定书而拍发的。里法特-帕沙提出的议定书草案规定土耳其军队从高加索撤到布列斯特和约规定的分界线,但是没有规定把土耳其人撤出的地区直接交给苏维埃当局。

电报中所提出的担心后来被证实了。1918年10月30日,土耳其政府同协约国签订了穆德罗斯停战协定,其中包括土耳其同意协约国占领巴库的条款。1918年11月,土耳其人根据此项协定把军队撤出巴库后,该地便为英国人所占领。——668。

611 指全俄中央执行委员会1918年5月13日《关于授予粮食人民委员同隐藏存粮并进行粮食投机活动的农村资产阶级作斗争的特别权力的法令》。——670。

612 这份电报是列宁在收到第10集团军司令克·叶·伏罗希洛夫和察里

津苏维埃主席谢·康·米宁的求援电报后拍发的。来电说,敌人在察里津战线的中部和北部地段大举进攻,企图在南部切断伏尔加河,占领察里津。——671。

613　指最高国民经济委员会通过并于 1918 年 8 月 16 日公布在《全俄中央执行委员会消息报》上的《镭提炼试验厂筹建和经营委员会条例》。——671。

614　指 1918 年 4 月 19 日人民委员会通过的关于成立全俄疏散非常委员会的法令(见《苏维埃政权法令汇编》1959 年俄文版第 2 卷第 140—143 页)。——673。

615　指 1918 年 11 月 2 日人民委员会通过的关于改善红军军事装备供给措施的决定(见《苏维埃政权法令汇编》1964 年俄文版第 3 卷第 515—516 页)。——673。

616　1918 年 12 月 3 日,司法人民委员部侦查司在给德·伊·库尔斯基的信中报告说,已对这起案件进行了侦查。

　　　　这封信上有库尔斯基的批示:"交弗·德·邦契-布鲁耶维奇。**库尔斯基** 12 月 3 日"。——675。

617　关于下诺夫哥罗德无线电实验室,参看本卷第 432 号文献。——675。

618　这份电报是列宁在收到总司令约·约·瓦采季斯和共和国革命军事委员会委员谢·伊·阿拉洛夫的来电后拍发的。来电转达了从萨马拉发出的电报的内容,萨马拉省的乌克兰人请求组建一些民族团开往乌克兰。列宁在收到的电报上给秘书写了如下批示:"1918 年 12 月 17 日。打电话给斯大林,说我请他拟一份拒绝乌克兰人的请求的电报,由我和他共同签署。**列宁**"。由此可见,这份电报可能是斯大林草拟的。——678。

619　这份电报是列宁在 1918 年 12 月 31 日红军解放乌法后拍发的,当时一些苏维埃负责干部的家属居住在那里。

东方面军第5集团军革命军事委员会委员斯米尔诺夫从乌法回电说,尼·巴·布留哈诺夫和尼·伊·波德沃伊斯基的家属在乌法,都活着,没有受到伤害,其他人的家属的情况待查明后再报。——681。

620 这份电报是对1919年1月8日当选为俄共(布)阿斯特拉罕省委主席的娜·尼·科列斯尼科娃来电的答复。科列斯尼科娃在来电中报告了省委通过的一项决定的内容。该决定指出:省委过去和现在都不干预革命军事委员会和政治部的相互关系;亚·加·施略普尼柯夫拒绝同省委达成协议;革命军事委员会参谋部党支部摆脱省委领导,与省委对立。决定说:"我们急切期待中央工作组前来调查目前的情况……　在情况调查清楚之前,我们请求中央对革命军事委员会和党委之间的相互关系持慎重态度,因为群众对此十分敏感。"

里海—高加索方面军革命军事委员会(尼·安·阿尼西莫夫和C.E.萨克斯)和俄共(布)阿斯特拉罕省委收到列宁和雅·米·斯维尔德洛夫的这份电报后,采取了贯彻指示的措施。双方通过了协商一致的决定,建立了研究军事问题的工作委员会。1月9日,卡·亚·格拉西斯在警卫陪伴下被送往莫斯科。同一天叶·波·博什也动身去莫斯科。

1919年1月18日,俄共(布)中央收到了由科列斯尼科娃签署的《阿斯特拉罕省委关于阿斯特拉罕现状的报告》。阿斯特拉罕省委向俄共(布)中央报告了施略普尼柯夫的错误行为,要求把他调离阿斯特拉罕。报告说:"省委认为唯一的出路是另派一个能同党配合工作的人代替施略普尼柯夫。否则巩固党、提高群众革命性的事业将全部垮台,我们的队伍将发生动摇,以致严重危害防卫工作。省委请求中央讨论这一问题并作出决定。"

俄共(布)中央派遣以维·阿·拉杜斯-曾科维奇为首的工作组前往阿斯特拉罕调查冲突的原因。俄共(布)中央工作组了解情况后指出了施略普尼柯夫、博什和格拉西斯的错误。同时工作组也指出当地组织工作中的严重缺点,特别是省委没有考虑到同革命军事委员会的冲突的激化归根到底有利于敌对分子。

施略普尼柯夫和博什被调出阿斯特拉罕。俄共(布)中央还同意工作组和省委关于格拉西斯不适宜继续留在阿斯特拉罕工作的意见,不久他被调往东方面军。

康·亚·梅霍诺申被任命为里海—高加索方面军革命军事委员会主席。为了组织阿斯特拉罕地区的整个防御工作,俄共(布)中央派谢·米·基洛夫赴阿斯特拉罕。为改进和协调各组织各部门的工作、团结前后方的力量,1919年2月25日建立了以基洛夫为首的阿斯特拉罕临时军事革命委员会。在俄共(布)中央批准的这一委员会的组成名单中,包括了省委主席娜·尼·科列斯尼科娃、省执行委员会主席И.И.利帕托夫、方面军政治部主任Ю.П.布佳金等人。

关于这个问题,参看注375。——682。

621　指1919年4月4日以外交人民委员格·瓦·契切林的名义发给法国外交部长斯·皮雄的关于俄法交换战俘的照会(见《苏联对外政策文件汇编》1958年俄文版第2卷第112—115页)。——683。

622　这份电报是在收到下诺夫哥罗德省克尼亚吉宁县的一份反映地方当局强迫农民参加劳动组合和公社的报告后拍发的。

电报稿是农业人民委员部拟的。

1919年4月10日,《全俄中央执行委员会消息报》还发表了由列宁和谢·帕·谢列达签署的通告信:

"致各省土地局

抄送:各省执行委员会

农业人民委员部获悉,有些土地局、国营农场管理局为了组织国营农场、公社和其他集体联合组织,竟违背《社会主义土地规划条例》第9条的精神,收回已归农民耕种的原属非劳动户的土地。兹重申这种现象是不容许的。在《社会主义土地规划条例》公布之前农民耕种的和根据县或省土地局的决定或指令给予农民的全部土地,决不能强迫转让去组织国营农场、公社和其他集体联合组织。只有在自愿的情况下,为了土地规划,才允许把农民耕种的土地划归上述组织。不容许以强制措施迫使农民共同耕种土地、参加公社和其他集体经济单位。只有准确遵守《条例》的要求,政权机关不进行任何强制,才能实现向集体形式的过渡。不执行本指令者将受到革命时期法律的惩治。本指令要尽可能做到家喻户晓。

人民委员会主席 **列宁**

农业人民委员 **谢列达**

1919年4月9日"。

——684。

623 据《列宁全集》俄文第5版编者注称,这份电报显然是卫生人民委员部草拟的,因为它是用卫生人民委员部的公文纸打印的,在上面署名的还有卫生人民委员尼·亚·谢马什柯。——685。

624 这份电报是列宁在1919年4月19日收到教师 M.C.布雷金的控告信后拍发的。当天,由列宁签署,给布雷金发了如下内容的电报:"斯帕斯-杰缅斯克 教师布雷金。您父亲的问题我已决定派人调查。人民委员会主席**列宁**"。——686。

625 1919年3月25日,人民委员会审议了给予弗·伊·塔涅耶夫物质帮助的问题后,通过了以下决定:

"(1)每月发给丧失劳动能力的弗·伊·塔涅耶夫公民2 000卢布的社会保障费。他已78岁,曾多年从事学术工作,据卡尔·马克思证明,他是'人民解放的忠实朋友'。

(2)委托列宁同志签发保护证书。"——686。

626 由于出现芬兰白军进攻的威胁,彼得格勒在1919年5月初开展了动员劳动者保卫城市的工作。然而彼得格勒的某些领导人,其中包括市防卫委员会主席格·叶·季诺维也夫,对彼得格勒保卫者的力量估计不足。他们惊慌失措,不向国防委员会报告便擅自决定疏散城内及郊区的某些工厂,并准备凿沉波罗的海舰队的船只。在彼得格勒,对工人开始不加区别地进行普遍动员,以致许多具有重大国防意义的工厂的工作遭到削弱。为此,列宁以国防委员会的名义拍发了这份电报。在电报上签名的还有列·波·克拉辛和阿·伊·李可夫。

关于这个问题,参看注 539。——688。

627 国防委员会后来把组织彼得格勒的防卫工作置于它的直接监督之下。1919 年 5 月 17 日国防委员会通过决定:不宣布、不组织彼得格勒及彼得格勒地区的普遍疏散,而建立专门委员会并授权它决定运出哪些财物和运出的次序。——689。

628 鉴于南方战线形势恶化,俄共(布)中央于 1919 年 5 月初决定在乌克兰至少动员 2 万名工人以加强南方面军各集团军。1919 年 5 月 9 日中央委员会指令指出:"中央委员会认为,为了使我南方战线局势得以挽回,2 万名是最低数字,为期两周是最长期限。必须以最大的干劲进行此项工作。你们采取的全部措施,请立即电告。工作进度情况每 3 天用电报向中央汇报一次。"

1919 年 5 月 15 日,列宁收到了煤炭总委员会主席谢·阿·格佐夫从顿巴斯发来的请求停止动员全体矿工的电报,次日列宁拍发了这份电报。——689。

629 这封信是对阿富汗国王阿曼努拉汗 1919 年 4 月 7 日来信的答复。阿曼努拉汗在信中写道,他已加冕登基,由于苏维埃政府"担负起了关心和平和人类福祉的光荣而崇高的使命"并宣布了"世界各国和各民族一律自由平等的原则",他"为自己能第一个代表追求进步的阿富汗人民寄上独立自由的阿富汗的这封友好的信……而感到荣幸"。阿曼努拉汗的信和阿富汗外交大臣马赫穆德·塔齐的附信是寄给俄罗斯联邦外交人民委员的。塔齐在附信中写道,他在发出国王"出于奠定友谊基础和建立友好关系的良好目的"而写的信时,请外交人民委员促进"两大高贵国家——俄国和阿富汗之间友好关系的巩固和发展"(见《苏联对外政策文件汇编》1958 年俄文版第 2 卷第 175 页)。

据《列宁全集》俄文第 5 版编者注介绍,苏共中央马克思列宁主义研究院中央党务档案馆里保存着两份给阿曼努拉汗的信的打字副本。其中一份大概是该信初稿的副本,只有列宁一人署名。第二份是发给土耳其斯坦共和国外交人民委员部的电报副本,其中所附的请求转给阿富汗的信由列宁和米·伊·加里宁署名。在这份副本中,信后有下述附言:"请把此信副本通知布拉温(H.3.布拉温是俄罗斯联邦外交人民委员部驻土耳其斯坦特派员。——编者注)。信的正本将于最近寄出。人民委员会主席　**列宁**"。——690。

人 名 索 引

A

阿多拉茨基，弗拉基米尔·维克多罗维奇（Адоратский，Владимир Викторович 1878—1945）——苏联马克思主义宣传家，历史学家，哲学家。1904 年加入俄国社会民主工党。1918 年在教育人民委员部工作，后在喀山大学任教。1920—1929 年任中央档案局副局长。参加《马克思恩格斯全集》和《列宁全集》的编辑出版工作，写有许多研究马克思列宁主义的参考书和马克思主义史方面的著作。——483、645—646。

阿尔汉格尔斯基（Архангельский）——681。

阿尔曼德，费多尔·亚历山德罗维奇（Арманд，Федор Александрович 1896—1936）——伊·费·阿尔曼德的儿子。国内战争时期曾担任飞行观察员，后在莫斯科体育组织中工作。——533—534。

阿尔乔姆（**谢尔盖耶夫，费多尔·安德列耶维奇**）（Артем（Сергеев，Федор Андреевич）1883—1921）——1901 年加入俄国社会民主工党。十月革命后任哈尔科夫苏维埃主席、顿涅茨—克里沃罗格苏维埃共和国人民委员会主席、乌克兰共产党（布）中央委员。1919 年 1 月起任乌克兰临时工农政府副主席。1920 年任顿涅茨克省执行委员会主席。1920—1921 年任俄共（布）莫斯科委员会书记，1921 年 2 月起任全俄矿工工会中央委员会主席。在党的第七、第九和第十次代表大会上当选为中央委员，第八次代表大会上当选为候补中央委员。在莫斯科—库尔斯克铁路试验螺旋桨式机车时殉职。——55、84、547、592、593。

阿尔特法特，瓦西里·米哈伊洛维奇（Альтфатер，Василий Михайлович 1883—1919）——沙俄海军少将，十月革命后转向苏维埃政权。1918 年 2 月起任海军总参谋长助理；曾以海军专家身份参加布列斯特和谈。1918

年4月起任海军人民委员部部务委员,10月起任共和国革命军事委员会委员兼海军司令。——116、301。

阿加波夫,C.K.（Агапов,C.K.）——驻图拉省的军事特派员瓦·卢·帕纽什金所率部队的会计主任,因盗用公款被地方司法机关逮捕。——230。

阿克雪里罗得,托维·Л.（Аксельрод,Товий Л.1888—1938）——1917年加入俄国社会民主工党(布)。早年是崩得分子。1910—1917年住在瑞士。1917年3月列宁曾通过他转交了《给瑞士工人的告别信》(见本版全集第29卷)。1917年10月—1918年7月领导人民委员会报刊局,1920—1921年领导共产国际报刊部,1922年起在外交人民委员部工作。后从事编辑出版工作。——116。

阿拉洛夫,谢苗·伊万诺维奇（Аралов,Семен Иванович 1880—1969）——1903年参加俄国社会民主主义运动。1918年1月参加红军,3月加入俄共(布)。1918—1920年先后任莫斯科军区司令部作战部部长和陆海军人民委员部作战部部长,共和国革命军事委员会委员,第12和第14集团军及西南方面军革命军事委员会委员。——289、511、563。

阿列克谢耶夫,米哈伊尔·瓦西里耶维奇（Алексеев,Михаил Васильевич 1857—1918）——沙俄将军,君主派分子和反革命分子。国内战争时期是北高加索白卫志愿军的首领。——72、233。

阿曼努拉汗（Amanullah Khan 1892—1960）——阿富汗艾米尔(1919—1926)和阿富汗国王(1926—1929)。执政期间,阿富汗宣布完全独立,并于1919年与苏维埃俄国建立了外交关系。1921年同俄罗斯联邦签订友好条约。——690。

阿尼西莫夫,尼古拉·安德列耶维奇（Анисимов,Николай Андреевич 1892—1920）——1913年加入俄国布尔什维克党。1914—1918年是格罗兹尼布尔什维克组织的领导人之一。1917年二月革命后任格罗兹尼工人代表苏维埃主席。国内战争时期历任斯塔夫罗波尔省军事委员、布良斯克区政治委员和北高加索军区军事委员,北高加索军区军事委员会驻阿斯特拉罕特派员,第12和第9集团军以及里海—高加索方面军革命军事委员会委员。——252。

阿萨尔赫（阿扎尔赫）,И.Х.（Асарх（Азарх）,И.Х.1896—1918）——沙俄军

官,十月革命后转向苏维埃政权。先后任红军步兵团团长和独立混成旅旅长。曾积极参加红军部队的组建工作。——225。

阿瓦涅索夫,瓦尔拉姆·亚历山德罗维奇(Аванесов, Варлаам Александрович 1884—1930)——1903 年加入俄国社会民主工党。1917—1919 年任全俄中央执行委员会秘书和主席团委员、全俄铁路运输修建委员会委员。1919—1920 年初任国家监察人民委员部部务委员,1920—1924 年任副工农检查人民委员、全俄肃反委员会会务委员,1924—1925 年任副对外贸易人民委员。1922—1927 年任苏联中央执行委员会委员。——480、482、567。

阿韦林,瓦西里·库兹米奇(Аверин, Василий Кузьмич 1884—1945)——1903 年加入俄国社会民主工党。1917 年 2 月起任俄国社会民主工党(布)叶卡捷琳诺斯拉夫委员会委员。1919 年 2—7 月任叶卡捷琳诺斯拉夫苏维埃主席。——621。

阿维洛夫,尼古拉·巴甫洛维奇(格列博夫)(Авилов, Николай Павлович (Глебов)1887—1942)——1904 年加入俄国社会民主工党。1918 年 5 月任黑海舰队政委。后任全俄工会中央理事会主席团委员和书记、乌克兰劳动人民委员。——117。

阿赞切夫斯卡娅,安娜·瓦西里耶夫娜(Азанчевская, Анна Васильевна 生于 1885 年)——俄国钢琴家。伊·尼·阿赞切夫斯卡娅的女儿。——348。

阿赞切夫斯卡娅,索菲娅·瓦西里耶夫娜(Азанчевская, Софья Васильевна 1874—1951)——俄国革命运动参加者,社会革命党党员,后为左派社会革命党党员。1908—1917 年侨居国外。1918 年任教育人民委员部财政司司长和部务委员。1920—1921 年任外交人民委员部财政司副司长和人事处处长。后从事统计和会计工作。——406。

埃利奥维奇,М.(Элиович, М.)——1918 年任苏俄阿斯特拉罕军事委员会委员和红军司令部政委、巴库人民委员会驻阿斯特拉罕特派员。——235。

埃利钦,波里斯·米哈伊洛维奇(Эльцин, Борис Михайлович 生于 1875 年)——1897 年参加俄国社会民主主义运动。1919—1920 年任乌法省革命委员会主席。——132、681。

埃利亚瓦,沙尔瓦·祖拉博维奇(Элиава, Шалва Зурабович 1883—1937)——

1904年加入俄国社会民主工党。1917年12月起任沃洛格达省工兵代表苏维埃主席团主席,1918年4月起任沃洛格达省执行委员会副主席。1918年11月—1919年2月在莫斯科任工商业人民委员部部务委员。1919年6—8月任第1集团军革命军事委员会委员兼东方面军南方军队集群革命军事委员会委员。1919—1920年任土耳其斯坦方面军革命军事委员会委员、全俄中央执行委员会和俄罗斯联邦人民委员会土耳其斯坦事务委员会主席。1920年9月起任第11集团军和高加索独立师革命军事委员会委员。——244、254、628。

埃森,叶夫多基娅·安德列耶夫娜(Эссен,Евдокия Андреевна)——俄国社会民主主义运动参加者亚·马·埃森和埃·马·埃森的继母。她和养子侨居国外时,听过列宁的学术报告。——61。

艾伯特,弗里德里希(Ebert,Friedrich 1871—1925)——德国社会民主党右翼领袖之一。1905年起任德国社会民主党执行委员会委员,1913年起是执行委员会主席之一。第一次世界大战期间领导德国社会民主党内的社会沙文主义派,是该派与帝国政府合作的主要组织者之一。1918年十一月革命开始后接任巴登亲王马克斯的首相职务,领导所谓的人民代表委员会,借助旧军队镇压革命。1919年2月起任德国总统。——322。

艾希霍恩(Eichhorn)——在乌克兰的德国占领军司令。——123、124。

安德列耶娃,玛丽亚·费多罗夫娜(Андреева,Мария Федоровна 1868—1953)——俄国女演员,社会活动家,高尔基的妻子和助手。1904年加入俄国社会民主工党。参加过1905年革命,是布尔什维克《新生活报》的出版人。多次完成列宁委托的党的各种任务。十月革命后曾任彼得格勒剧院等娱乐场所的政治委员,在对外贸易人民委员部系统工作,参加苏维埃影片生产的开创工作。1931—1948年任莫斯科科学工作者之家主任。——82—83、478。

安德龙尼科夫,弗拉基米尔·尼古拉耶维奇(Андронников,Владимир Николаевич 1885—1942)——1905年加入俄国社会民主工党。1918年初任乌拉尔州苏维埃主席和乌拉尔人民委员会主席,1918年3月—1919年2月任生产委员。——122。

安东诺夫——见安东诺夫-奥弗申柯,弗拉基米尔·亚历山德罗维奇。

安东诺夫–奥弗申柯，弗拉基米尔·亚历山德罗维奇（安东诺夫；奥弗申柯）（Антонов-Овсеенко, Владимир Александрович（Антонов, Овсеенко）1883 —
1939）——1901 年参加俄国革命运动，1903 年加入俄国社会民主工党。
1910 年流亡巴黎，加入孟什维克。1914 年底与孟什维克决裂。第一次世
界大战期间是国际主义者。1917 年 5 月回国，6 月加入布尔什维克党。十
月革命后参加第一届人民委员会，任陆海军事务委员会委员、彼得格勒军
区司令。1917 年底——1918 年初指挥同卡列金匪帮和反革命乌克兰中央拉
达部队作战的苏维埃军队。1918 年 3—5 月任南俄苏维埃部队最高总司
令，1919 年 1—6 月任乌克兰方面军司令。1921 年 2—8 月任全俄中央执
行委员会肃清坦波夫省境内匪帮特设委员会主席。1921 年 12 月为了解
喀琅施塔得局势的委员会成员。曾任俄罗斯联邦小人民委员会副主席。
——17、25、33—34、35、48、50、54—55、56、57、65、66、67、69、73、76、83—
84、118、124、506、512、518、519、538、539、547、583、651、655、657。

安东诺夫–萨拉托夫斯基，弗拉基米尔·巴甫洛维奇（Антонов-Саратовский,
Владимир Павлович 1884 — 1965）——1902 年加入俄国社会民主工党。
1917 年 9 月起任萨拉托夫省苏维埃执行委员会主席。——217。

安特罗波夫，П. В.（Антропов, П. В.）——当时是苏俄乌拉尔苏维埃区域委员
会的代表。——48。

安韦尔特，扬·亚诺维奇（Анвельт, Ян Янович 1884—1937）——爱沙尼亚共
产党领导人之一。1907 年加入俄国社会民主工党。1917 年 10 月起任爱
斯兰边疆区军事革命委员会委员和边疆区苏维埃执行委员会主席。1918
年 2 月起任西北地区军事委员。1918 年 11 月起任爱斯兰劳动公社人民
委员会主席和陆军人民委员。——656。

奥博连斯基，瓦·瓦·——见奥新斯基，恩·。

奥尔洛夫，弗拉基米尔·彼得罗维奇（Орлов, Владимир Петрович 1886 —
1961）——1902 年加入俄国社会民主工党。1918 年 12 月—1919 年 8 月
先后任西方面军粮食特设委员会主席和土耳其斯坦方面军军事外交管理
局局长。——625。

奥尔洛夫，基里尔·尼基托维奇（叶戈罗夫，伊万·尼基托维奇）（Орлов,
Кирилл Никитович（Егоров, Иван Никитович）1879 — 1943）——1904 年加

入俄国社会民主工党。1917—1918 年任全俄红军装备委员会主席。1918
年 8 月—1919 年 12 月是图拉兵器厂和弹药厂以及炮库的政治委员。
——488。

奥尔日茨基，Н.Л.（Оржицкий，Н.Л.）——俄罗斯联邦农业人民委员部农业
司司长。——187。

奥尔忠尼启则，格里戈里·康斯坦丁诺维奇（谢尔戈）（Орджоникидзе，
Григорий Константинович（Серго）1886—1937）——1903 年加入俄国社会
民主工党，布尔什维克。1912 年在党的第六次（布拉格）全国代表会议上
当选为中央委员和中央委员会俄国局成员。十月革命后任乌克兰地区临
时特派员和南俄临时特派员。国内战争时期任第 16、第 14 集团军和高加
索方面军革命军事委员会委员。1920 年起是俄共（布）中央委员会高加索
局成员。1921 年在党的第十次代表大会上当选为中央委员。1922—1926
年任党的外高加索边疆区委第一书记和北高加索边疆区委第一书记。
——47、50、58、83—84、118、416、651。

奥弗申柯——见安东诺夫-奥弗申柯，弗拉基米尔·亚历山德罗维奇。

奥金佐夫，谢尔盖·伊万诺维奇（Одинцов，Сергей Иванович 生于 1874
年）——沙俄少将。1917 年 4 月起任高加索第 3 哥萨克骑兵师师长。
1918 年任陆军人民委员部办公厅主任。1919 年 6 月起先后在乌克兰最高
军事检查院和共和国革命军事委员会检查院工作。——9。

奥库洛夫，阿列克谢·伊万诺维奇（Окулов，Алексей Иванович 1880—
1939）——1903 年加入俄国社会民主工党。国内战争时期任南方面军、西
方面军和第 10 集团军革命军事委员会委员。1919 年 1—7 月任共和国革
命军事委员会委员。1920—1921 年任东西伯利亚部队司令。后从事苏维
埃工作和写作。——596、603。

奥新斯基，恩·（奥博连斯基，瓦列里安·瓦列里安诺维奇）（Осинский，Н.
（Оболенский，Валериан Валерианович）1887—1938）——1907 年加入俄国
社会民主工党。曾在莫斯科、特维尔、哈尔科夫等地做党的工作，屡遭沙皇
政府迫害。斯托雷平反动时期是召回派分子，新的革命高涨年代参加布尔
什维克的《明星报》、《真理报》和《启蒙》杂志的工作。十月革命后任俄罗斯
联邦国家银行总委员、最高国民经济委员会主席。1918 年初曾参加顿涅

茨煤矿国有化的工作。1919 年—1920 年初先后任全俄中央执行委员会驻奔萨省、图拉省和维亚特卡省的特派员。1920 年任图拉省执行委员会主席。1921—1923 年任副农业人民委员、最高国民经济委员会副主席。在党的第十次代表大会上当选为候补中央委员。——31、65—66。

奥佐尔,B.(Озол,B.)——驻扎在克里姆林宫的第 9 拉脱维亚步兵团副团长。——308。

<h2 style="text-align:center">B</h2>

巴比塞,昂利(Barbusse, Henri 1873—1935)——法国作家和社会活动家。1923 年加入法国共产党。曾积极参加反对协约国武装干涉苏维埃俄国的运动。——283。

巴达耶夫,阿列克谢·叶戈罗维奇(巴达伊奇)(Бадаев, Алексей Егорович(Бадаич)1883—1951)——1904 年加入俄国社会民主工党。第四届国家杜马彼得堡省工人代表,参加布尔什维克杜马党团,同时在杜马外做了大量的革命工作,是中央委员会俄国局成员,为布尔什维克的《真理报》撰稿。因进行反对帝国主义战争的革命活动,1914 年 11 月被捕,1915 年流放图鲁汉斯克边疆区。十月革命后任彼得格勒粮食委员会主席、彼得格勒劳动公社粮食委员。1920 年夏起任莫斯科消费合作社和莫斯科消费公社主席。1921—1929 年先后任彼得格勒统一消费合作社主席和列宁格勒消费合作总社主席。——523、535。

巴达伊奇——见巴达耶夫,阿列克谢·叶戈罗维奇。

巴赫瓦洛夫,B.(Бахвалов,B.)——1919 年是苏俄切列波韦茨省切列波韦茨县阿法纳西耶夫村苏维埃主席。——487。

巴加耶夫,И.Я.(Багаев,И.Я.1884—1942)——1918 年是苏俄阿斯特拉罕省民警局局长。——320。

巴克,Б.А.(Бак,Б.А.1897—1939)——1917 年加入俄国社会民主工党(布)。1921 年任伊尔库茨克省肃反委员会副主席。——152。

巴拉巴诺娃,安热利卡·伊萨科夫娜(Балабанова, Анжелика Иссаковна 1878—1965)——俄国社会民主党人,俄国和意大利社会主义运动的参加者。1897 年出国,加入国外俄国社会民主党人联合会。1903 年俄国社会民主工党第二次代表大会后是孟什维克。后积极参加意大利社会党的活动。第一次世界大战期间持中派立场,曾参加齐美尔瓦尔德代表会议和昆塔尔代表会议的工作,加入齐美尔瓦尔德联盟。1917年回国,加入布尔什维克党。作为有发言权的代表参加了共产国际第一次代表大会。1924年因再次采取孟什维克立场被开除出俄共(布)。——335、425。

巴拉诺夫(Баранов)——441。

巴洛诺夫,米哈伊尔·米特罗范诺维奇(Балонов,Михаил Митрофанович 1877—1945)——俄国医生,1913年起为医学博士。十月革命后在彼得格勒苏维埃军事革命委员会医疗卫生局工作。1939年加入联共(布)。——63。

巴斯卡科夫,Г.Н.(Баскаков,Г.Н.)——1918年是苏俄特维尔省特维尔县佩尔维京斯卡亚乡贫苦农民委员会主席。1920年1月加入俄共(布),但同年11月即因贪污受贿、窝藏逃兵被开除出党。——390。

巴索克——见美列涅夫斯基,马里安·伊万诺维奇。

巴扎诺夫,瓦西里·米哈伊洛维奇(Бажанов,Василий Михайлович 1889—1939)——苏联采矿工程师。1910年加入俄国社会民主工党。十月革命后是顿涅茨克一些国营厂矿的负责人、最高国民经济委员会矿业委员会会务委员。1918—1921年先后任煤炭总委员会会务委员会主席和煤炭总委员会负责人。——689。

班克(利巴夫斯基),索洛蒙·阿罗诺维奇(Банк(Либавский),Соломон Аронович 1894—1938)——1917年加入俄国社会民主工党(布)。1918年任上沃洛乔克县执行委员会秘书和主席团委员,1918年6—12月任该县国民经济委员会主席。——391。

邦契-布鲁耶维奇,弗拉基米尔·德米特里耶维奇(Бонч-Бруевич,Владимир Дмитриевич 1873—1955)——19世纪80年代末参加俄国革命运动,1896年侨居瑞士。在国外参加劳动解放社的活动,为《火星报》撰稿。俄国社会民主工党第二次代表大会后是布尔什维克。1903—1905年在日内瓦领导俄国社会民主工党中央委员会发行部,组织出版布尔什维克的书刊(邦契-布鲁耶维奇和列宁出版社)。以后几年从事布尔什维克报刊和党的出版社的组织工作。积极参加彼得格勒十月武装起义,是斯莫尔尼—塔夫利达宫区的警卫长。十月革命后任人民委员会办公厅主任（至 1920 年 10 月，其间曾兼任反破坏、抢劫和反革命行动委员会主席）、生活和知识出版社总编辑，后任莫斯科卫生局所属林中旷地国营农场场长，同时从事科学研究和著述活动。——26、40、44—45、142、289、312—313、323—324、380、675。

邦契-布鲁耶维奇，米哈伊尔·德米特里耶维奇（Бонч-Бруевич，Михаил Дмитриевич 1870—1956）——弗·德·邦契-布鲁耶维奇的哥哥。十月革命后转到苏维埃政权方面的首批俄军将领之一。1917 年 11 月—1919 年 7 月先后任最高总司令大本营参谋长、最高军事委员会军事指导员、共和国革命军事委员会野战司令部参谋长。1919—1923 年任最高国民经济委员会最高大地测量局局长。——85、251、258、546、654。

邦契-布鲁耶维奇，维·米·——见韦利奇金娜，维拉·米哈伊洛夫娜。

鲍罗廷，С.Ф.（Бородин，С.Ф.）——当时是西伯利亚苏维埃中央执行委员会委员。——154。

比尔舍尔特（Биршерт）——1918 年是俄罗斯联邦粮食人民委员部护粮队队长。——178—179。

彼得罗夫，普·——即列宁，弗拉基米尔·伊里奇。

彼得罗夫斯基，格里戈里·伊万诺维奇（Петровский，Григорий Иванович 1878—1958）——1897 年参加俄国社会民主主义运动。第四届国家杜马叶卡捷琳诺斯拉夫省工人代表，布尔什维克杜马党团主席。1912 年被增补为党中央委员。因进行反对帝国主义战争的革命活动，1914 年 11 月被捕，1915 年流放图鲁汉斯克边疆区，在流放地继续进行革命工作。积极参加十月革命。1917—1919 年任俄罗斯联邦内务人民委员，1919—1938 年任全乌克兰中央执行委员会主席。1921 年在党的第十次代表大会上当选为中央委员。——96、194、386、418、451、462、482、626、652。

彼得罗夫斯卡娅，Н.В.（Петровская，Н.В.）——620、626。

彼得斯，雅柯夫·克里斯托福罗维奇（Петерс，Яков Христофорович 1886—1938）——1904 年加入俄国社会民主工党。1917 年当选为拉脱维亚边疆区社会民主党中央委员。十月革命期间任彼得格勒军事革命委员会委员。1917 年 12 月起任革命法庭庭长、全俄肃反委员会会务委员和副主席；是镇压莫斯科左派社会革命党人叛乱的领导人之一。1918 年 7 月—1919 年

3月任全俄肃反委员会临时代理主席和副主席。1919—1920年先后任驻彼得格勒特派员、彼得格勒和基辅两地筑垒地域司令以及图拉筑垒地域军事委员会委员。1920—1922年为俄共（布）中央委员会土耳其斯坦局成员、全俄肃反委员会驻土耳其斯坦全权代表。1922年起任国家政治保卫局—国家政治保卫总局局务委员会委员。——26、253、601、614。

彼得松，卡尔·安德列耶维奇（Петерсон，Карл Андреевич 1877—1926）——1898年加入俄国社会民主工党。十月革命期间任彼得格勒军事革命委员会委员，后任全俄中央执行委员会主席团委员、全俄中央执行委员会革命法庭成员、拉脱维亚步兵师政委。1918年12月起任拉脱维亚苏维埃政府陆军人民委员，1920年1月起任叶尼塞斯克省军事委员。——279。

彼特鲁丘克，杰米扬·季莫费耶维奇（Петручук，Демьян Тимофеевич 生于1890年）——1917年6月加入俄国社会民主工党（布）。1918年作为莫斯科区军事委员部代表被派往奥尔沙协助向东方面军运送红军部队。——266。

别尔津，莱茵霍尔德·约瑟福维奇（Берзин，Рейнгольд Иосифович 1888—1939）——1905年加入俄国社会民主工党。1918年6月起任北乌拉尔—西伯利亚方面军司令，7—11月任第3集团军司令。1919—1920年任西方面军、南方面军和西南方面军革命军事委员会委员。——352。

别尔津，扬·安东诺维奇（季耶美利斯；帕维尔·瓦西里耶维奇）（Берзин，Ян Антонович（Зиемелис，Павел Васильевич）1881—1938）——拉脱维亚革命运动最早的参加者之一。1902年加入俄国社会民主工党。曾参加1905—1907年革命。1908年起侨居国外，是俄国社会民主工党中央委员会国外局和拉脱维亚边疆区社会民主党国外小组联合会的成员。拉脱维亚边疆区社会民主党第四次代表大会代表，会后是该党国外委员会委员和中央机关报《斗争报》的编辑部成员。第一次世界大战期间持国际主义立场，曾出席齐美尔瓦尔德代表会议并参与建立齐美尔瓦尔德左派。1917年夏返回彼得格勒，积极参加十月革命。1918年领导苏俄驻瑞士公使馆。1919年任苏维埃拉脱维亚教育人民委员。1921年任驻芬兰全权代表，1921—1925年任驻英国副全权代表。——30、158、184、242—243、264、283、318、326、328、333—335、336、347、350—351、459。

别洛博罗多夫,亚历山大·格奥尔吉耶维奇(Белобородов, Александр Георгиевич 1891—1938)——1907 年加入俄国社会民主工党。1918 年起任乌拉尔州苏维埃执行委员会主席。1919 年 4 月起先后任工农国防委员会驻南方面军镇压顿河流域反革命叛乱的特派员、共和国革命军事委员会政治部副主任和第 9 集团军革命军事委员会委员。1920 年 8 月起任高加索劳动军委员会副主席、东南劳动军委员会主席、俄共(布)中央委员会东南局书记。1921 年 3 月起任东南边疆区(区域)经济委员会主席、内务人民委员部部务委员、内务人民委员部第二副人民委员。在党的第八次代表大会上当选为中央委员。曾任俄共(布)中央委员会高加索局成员。——517、545、555、559、561、569、611。

波波夫(Попов)——574。

波波夫,帕维尔·伊里奇(Попов, Павел Ильич 1872—1950)——苏联统计学家,1924 年加入俄共(布)。1918 年起任中央统计局局长、苏联国家计划委员会主席团委员。——256、458。

波波夫,伊万·费多罗维奇(Попов, Иван Федорович 1886—1957)——俄国社会民主党人,后成为苏联著名作家。1905—1914 年是布尔什维克党党员,在莫斯科和国外从事革命工作。1908 年移居比利时,负责建立俄国社会民主工党中央委员会同社会党国际局之间的联系。曾为《真理报》、《启蒙》杂志和比利时工人党机关报《人民报》等撰稿。第一次世界大战期间被德国人俘虏。1918 年回国后,被派到瑞士任商务代办,后在工农检查人民委员部出版社、报刊部门以及戏剧单位工作。写有一些以俄国革命事业为题材的作品,创作了反映列宁少年时代的著名话剧《家》。——157。

波波夫,Т.И.(Попов, Т.И.)——十月革命后任俄罗斯联邦国家银行莫斯科办事处主任,后任人民银行行长。——93、97、102、139—140。

波波娃(**卡斯帕罗娃**),叶夫根尼娅·米纳索夫娜(Попова (Каспарова), Евгения Минасовна 1888—1963)——1903 年参加俄国革命运动,1919 年加入俄共(布)。1918—1922 年任全俄中央执行委员会房管局局长,后任外高加索联邦驻苏联人民委员会代表处办公室主任助理和责任秘书、苏联国家计划委员会主席团责任秘书等职。——27—28。

波波维茨基,Н.А.(Поповицкий, Н.А. 生于 1885 年)——俄罗斯联邦最高国

民经济委员会工作人员。1918 年 7 月以前是左派社会革命党人,后加入
俄共(布)。1923 年退党。——214。

波德别尔斯基,瓦季姆·尼古拉耶维奇(Подбельский, Вадим Николаевич
1887—1920)——1905 年加入俄国社会民主工党。十月革命后任莫斯科
和莫斯科地区邮电委员。1918 年 4 月起任俄罗斯联邦邮电人民委员。曾
参与平定莫斯科、坦波夫、雅罗斯拉夫尔等地的反革命叛乱。1919 年 5—8
月任党中央和全俄中央执行委员会驻南方战线坦波夫地段特派员。——
168、431、449—450、458—459、535、609、624、666。

波德沃伊斯基,尼古拉·伊里奇(Подвойский, Николай Ильич 1880 —
1948)——1901 年加入俄国社会民主工党。十月革命期间任彼得格勒军
事革命委员会主席,是攻打冬宫的领导人之一。克伦斯基—克拉斯诺夫叛
乱期间任彼得格勒军区司令,积极参与平定叛乱。1917 年 11 月—1918 年
3 月任陆军人民委员。1918 年 1 月起任全俄红军建军委员会主席。1918
年 9 月—1919 年 7 月任共和国革命军事委员会委员,1919 年 1—9 月兼任
乌克兰陆海军人民委员。——17、33、52、54、61、62、63、69、71、224、225、
442、454、506、512、518、519、538、539、547、570、583、584、625、642、
652、689。

波格丹诺夫,弗拉基米尔·伊万诺维奇(Богданов, Владимир Иванович 生于
1902 年)——1918 是苏俄坦波夫省博里索格列布斯克农业委员部的职员。
——377。

波格丹诺夫,伊万·В.(Богданов, Иван В. 生于 1885 年)——1918 年是苏俄
坦波夫省博里索格列布斯克失业保险基金会的工作人员。——377。

波克罗夫斯基,米哈伊尔·尼古拉耶维奇(Покровский, Михаил Николаевич
1868—1932)——1905 年加入俄国社会民主工党,历史学家。曾积极参加
1905—1907 年革命。1907 年在党的第五次(伦敦)代表大会上当选为候
补中央委员。1908—1917 年侨居国外。斯托雷平反动时期参加召回派和
最后通牒派,后加入"前进"集团,1911 年与之决裂。第一次世界大战期间
持国际主义立场,从事布尔什维克书刊的出版工作,曾编辑出版列宁的《帝
国主义是资本主义的最高阶段》一书。1917 年 8 月回国,参加了莫斯科武
装起义。十月革命后任莫斯科苏维埃主席,俄罗斯联邦副教育人民委员以

及共产主义科学院、红色教授学院和中央国家档案馆等单位的领导人。
——317、428、437。

波克罗夫斯卡娅(Покровская)——103。

波泽尔恩,波里斯·巴甫洛维奇(Позерн,Борис Павлович 1882—1939)——
1902 年加入俄国社会民主工党。1918—1919 年任彼得格勒军区军事委
员,1919 年 6 月—1920 年 12 月先后任西方面军、东方面军和第 5 集团军
革命军事委员会委员。——498、596。

伯恩施坦,爱德华(Bernstein,Eduard 1850—1932)——德国社会民主党和第
二国际右翼领袖之一,修正主义的代表人物。1881—1890 年任党的中央
机关报《社会民主党人报》编辑。从 90 年代中期起完全同马克思主义决
裂。1896—1898 年以《社会主义问题》为题在《新时代》杂志上发表一组文
章,1899 年发表《社会主义的前提和社会民主党的任务》一书,从经济、政
治和哲学方面对马克思主义的理论和策略作了全面的修正。第一次世界
大战期间持中派立场。1917 年参加德国独立社会民主党,1919 年公开转
到右派方面。1918 年十一月革命失败后出任艾伯特—谢德曼政府的财政
部长助理。——319。

勃朗斯基,美契斯拉夫·亨利霍维奇(Бронский,Мечислав Генрихович
1882—1941)——波兰社会民主党人,后为布尔什维克。1902 年加入波兰
王国和立陶宛社会民主党,曾在波兰和瑞士做党的工作。第一次世界大战
期间是国际主义者。曾代表波兰王国和立陶宛社会民主党出席昆塔尔代
表会议,属齐美尔瓦尔德左派,参加了瑞士社会民主党的活动。1917 年 6
月起任俄国社会民主工党(布)彼得堡委员会的鼓动员和宣传员。十月革
命后历任副工商业人民委员。1920 年起任苏俄驻奥地利全权代表和商务
代表。1924 年起任财政人民委员部部务委员和对外贸易人民委员部部务
委员。——135、196。

博勃罗夫,阿列克谢·尼古拉耶维奇(Бобров,Алексей Николаевич 1886—
1938)——1905 年加入俄国社会民主工党。1907—1914 年侨居国外。后
在彼得格勒"凤凰"工厂当钳工。1918—1920 年为粮食人民委员部特派
员。后在内务人民委员部和工农检查人民委员部工作。——177、253。

博德罗夫,菲力浦·伊里奇(Бодров,Филипп Ильич 1867—1948)——1894

年参加俄国社会民主主义运动；工人。曾参加列宁领导的社会民主主义小组。1918年4月—1919年5月主管莫斯科结核病儿童患者森林学校的总务工作。1919—1921年在红军中任书刊发行检查员。后在政治教育委员会韦纽夫区分会工作，是俄共（布）韦纽夫县委员会主席团委员。——492、540、541。

博尔德列夫，М.Ф.（Болдырев，М.Ф.1894—1939）——1917年3月加入俄国社会民主工党（布）。十月革命后任沃罗涅日省扎顿斯克县执行委员会主席。——270。

博尔夏特，尤利安（Borchardt，Julian 1868—1932）——德国社会民主党人，经济学家和政论家。1913—1916年和1918—1921年任左派社会民主党人的《光线》杂志编辑。第一次世界大战期间领导以《光线》杂志为中心组成的左派社会民主党人的组织"德国国际社会党人"，开展反对社会沙文主义、反对帝国主义战争的斗争；曾参加齐美尔瓦尔德代表会议，加入齐美尔瓦尔德左派。但因不了解与社会沙文主义者彻底决裂和建立工人阶级独立政党的必要性，于战争结束前夕转向工团主义立场。战后不再积极参加政治活动。——185。

博尔佐夫，В.А.（Борзов，В.А.生于1894年）——1917年5月加入俄国社会民主工党（布）。1919年是弗拉基米尔省尤扎纺织厂的工人。——470。

博哥列波夫，德米特里·彼得罗维奇（Боголепов，Дмитрий Петрович 1885—1941）——1907年加入俄国社会民主工党。1918年任财政人民委员部部务委员、副财政人民委员。1919—1920年任北方公社财政委员。1921—1922年在国家计划委员会财政处工作。——97、101、106。

博哥亚夫连斯基，Л.Н.（Богоявленский，Л.Н.）——苏联化学工程师，最高国民经济委员会放射性金属处处长。1918年在别列兹尼基市领导一家镭提炼厂。——672。

博格达齐扬，М.С.（Богдатьян，М.С.）——1919年任乌克兰红军供给非常委员会主席、乌克兰工农国防委员会委员和中央军事统计分配委员会主席。——689。

博格罗娃，В.Л.（Богрова，В.Л.）——75、102。

博利沙科夫，费多尔·彼得罗维奇（Большаков，Федор Петрович）——瓦·

费·布雷夫金娜的父亲。——373。

博什,叶夫根尼娅·波格丹诺夫娜(Бош, Евгения Богдановна 1879—1925)——格·列·皮达可夫的妻子。1901年加入俄国社会民主工党,曾在基辅和国外做党的工作。第一次世界大战期间,在民族问题及其他问题上,赞同布哈林和皮达可夫的反列宁主义观点。1917年二月革命后在基辅任党的区域委员会主席。十月革命后参加第一届乌克兰苏维埃政府。1918—1922年在奔萨、阿斯特拉罕、外高加索、白俄罗斯和乌克兰从事党的工作以及军事和苏维埃工作。反对签订布列斯特和约。——73、254、261—262、263、287、414、589。

博伊措夫,瓦西里·伊万诺维奇(Бойцов, Василий Иванович 1892—1944)——1918年加入俄共(布)。1913年起是波罗的海舰队水兵。1917年在里海区舰队任职,被选为区舰队中央委员会秘书。1917年11月巴库建立苏维埃政权后,参加镇压反革命的斗争。1918年4月中旬参加水兵代表团,受到列宁的接见。后为巴库广播电台的政委。巴库公社失败后,在阿塞拜疆为建立苏维埃政权进行武装斗争,此后担任过一系列重要职务。——119。

布勃诺夫,安德列·谢尔盖耶维奇(Бубнов, Андрей Сергеевич 1884—1940)——1903年加入俄国社会民主工党。1918年3月参加乌克兰苏维埃政府,先后当选为乌克兰共产党(布)中央委员和中央政治局委员。1919年任乌克兰方面军和第14集团军革命军事委员会委员。——582、584、605、621。

布哈林,尼古拉·伊万诺维奇(Бухарин, Николай Иванович 1888—1938)——1906年加入俄国社会民主工党,1908年起任党的莫斯科委员会委员。1909—1910年几度被捕,1911年从流放地逃往欧洲。在国外开始著述活动,参加欧洲工人运动,1915年为《共产党人》杂志撰稿。1917年二月革命后回国。十月革命后任《真理报》主编。1918年初反对签订布列斯特和约,是"左派共产主义者"集团的领袖。1919年起先后当选为党中央政治局候补委员和政治局委员,共产国际执行委员会委员和主席团委员。1920—1921年工会问题争论期间领导"缓冲"派。——21、156、157、386、395、397、520、614。

布哈诺娃,O.B.(Буханова, O.B.)——534。

布拉贡拉沃夫,格奥尔吉·伊万诺维奇(Благонравов, Георгий Иванович 1896—
　　1938)——1917 年 3 月加入俄国社会民主工党(布)。1917 年 10 月 23 日
　　(11 月 5 日)由彼得格勒军事革命委员会任命为彼得保罗要塞政委。十月
　　革命后任彼得保罗要塞司令。1918 年 6—7 月任东方面军革命军事委员
　　会委员。1918—1932 年在全俄肃反委员会、国家政治保卫局、国家政治保
　　卫总局机关工作。——26、28、212。

布拉托夫,德米特里·亚历山德罗维奇(Булатов, Дмитрий Александрович
　　1889—1941)——1912 年加入俄国布尔什维克党。1917 年任特维尔省的
　　县苏维埃主席。1918—1920 年先后任特维尔省执行委员会副主席、主席
　　和省粮食委员。——390。

布拉托夫,А.А.(Булатов, А.А.生于 1877 年)——1917 年 3—11 月任俄国临
　　时政府驻诺夫哥罗德省委员。1919 年为诺夫哥罗德手工业生产合作总社
　　主席。——566。

布雷夫金娜,瓦尔瓦拉·费多罗夫娜(Брывкина, Варвара Федоровна)——苏
　　俄特维尔省上沃洛乔克县原里亚布申斯基织布厂女工、全俄女工代表大会
　　代表。——373。

布雷金,М.С.(Бурыкин, М.С.)——苏俄卡卢加省莫萨利斯克县斯帕斯-杰缅
　　斯克村的教员。——686。

布雷金,С.(Бурыкин, С.)——苏俄卡卢加省莫萨利斯克县拉津基村神父。
　　——496。

布利特,威廉·克里斯蒂安(Bullitt, William Christian 1891—1967)——美国
　　外交家和新闻工作者。1919 年被威尔逊总统派往苏俄执行特别使命。
　　——536、542。

布良斯基(Брянский)——弗·亚·安东诺夫-奥弗申柯的参谋长助理。
　　——69。

布留哈诺夫,尼古拉·巴甫洛维奇(Брюханов, Николай Павлович 1878—
　　1942)——1902 年加入俄国社会民主工党。1918 年 2 月起任粮食人民委
　　员部部务委员,6 月起任副粮食人民委员;1919 年 8 月起兼任东方面军粮
　　食特设委员会主席。1921 年起任粮食人民委员。——101、192、193、224、
　　250—251、295、358、378、410、418、422—423、425、427、455、464、469—

470、507、561、670、673、681。

布留索夫，瓦列里·雅柯夫列维奇（Брюсов, Валерий Яковлевич 1873 — 1924）——俄国诗人。欢迎十月革命，呼吁资产阶级知识分子同苏维埃政权积极合作。1919 年加入俄共（布），领导教育人民委员部图书馆处。——406。

布罗夫，米哈伊尔·尼基托维奇（Буров, Михаил Никитович 1889 — 1955）——1907 年加入俄国社会民主工党。1917 年任奥廖尔军事革命委员会主席、工兵代表苏维埃执行委员会委员。1918 年任奥廖尔省肃反委员会主席、人民委员会主席和省委主席；是镇压奥廖尔省利夫内县富农和左派社会革命党人暴动的领导人。——273。

布洛欣，К.Н.（Блохин, К.Н.）——1918 年 6 月 18 日—7 月 3 日任苏俄东方面军第 2 集团军司令。——239。

C

蔡特金，克拉拉（Zetkin, Clara 1857 — 1933）——德国工人运动和国际工人运动活动家，国际社会主义妇女运动领袖之一，德国共产党创建人之一。1881 年加入德国社会民主党。1892 — 1917 年任德国社会民主党主办的女工运动机关刊物《平等》杂志主编。第一次世界大战期间持国际主义立场。1916 年参与组织国际派（后改称斯巴达克派和斯巴达克联盟）。1919 年起为德国共产党党员，当选为中央委员。1920 年起为国会议员。1921 年起先后当选为共产国际执行委员会委员和主席团委员，领导国际妇女书记处。——232、318。

策哈诺夫斯基，С.Е.（Цехановский, С.Е.）——当时是苏俄莫吉廖夫省奥尔沙县米库利诺乡鲁德尼亚执行委员会主席。——467。

查苏利奇，维拉·伊万诺夫娜（Засулич, Вера Ивановна 1849 — 1919）——俄国民粹主义运动和社会民主主义运动活动家。1883 年参与创建劳动解放社。1900 年起是《火星报》和《曙光》杂志编辑部成员。在俄国社会民主工党第二次代表大会上是《火星报》编辑部有发言权的代表，属火星派少数派，会后成为孟什维克领袖之一，参加孟什维克的《火星报》编辑部。斯托雷平反动时期和新的革命高涨年代是取消派分子。第一次世界大战期间

D

活动家。1897 年领导建立美国社会民主党,是 1901 年成立的美国社会党
左翼领袖之一。第一次世界大战期间持国际主义立场,反对美国参战。拥
护俄国十月革命。1918 年因进行反对帝国主义的宣传被判处十年徒刑,
于 1921 年获赦。——398。

德连科夫,尼古拉·伊万诺维奇(Дыренков, Николай Иванович)——苏联工
程师。1918 年 3 月起任雷宾斯克国民经济委员会办公厅主任。曾受雷宾
斯克苏维埃执行委员会委托制定恢复和发展当地工业的计划。——107。

德沃列茨基兄弟(Дворецкие)——383。

邓尼金,安东·伊万诺维奇(Деникин, Антон Иванович 1872—1947)——沙
俄将军。国内战争时期任白卫军"南俄武装力量"总司令。1919 年夏秋进
犯莫斯科,被击溃后于 1920 年 4 月逃亡国外。——512、520、543、644。

迪马,沙尔(Dumas, Charles 生于 1883 年)——法国新闻工作者和政论家,社
会党人,众议员。第一次世界大战期间是社会沙文主义者。——32。

迪特马尔,Н. Ф.(Дитмар, Н. Ф.)——南俄矿业主代表大会委员会主席。
——69。

杜德金(Дудкин)——681。

杜缅科,波里斯·莫克耶维奇(Думенко, Борис Мокеевич 1888—1920)——
1919 年加入俄共(布)。1914 年起服兵役。1917 年参加赤卫队,后参加红
军。1918 年初组织骑兵游击队,积极投入打击顿河流域反革命的斗争。
1918 年 11 月起任第 10 集团军第 1 混成骑兵师师长,参加了保卫察里津的
战斗。1919 年 4 月起任第 10 集团军副参谋长(主管骑兵)。1919 年 9
月—1920 年 2 月任混成骑兵军军长。——488。

杜托夫,亚历山大·伊里奇(Дутов, Александр Ильич 1879—1921)——沙俄
上校,奥伦堡哥萨克军阿塔曼(统领)。1917—1919 年是哥萨克反革命首
领之一。——95。

多勃罗沃尔斯基,维克多·伊万诺维奇(Добровольский, Виктор Иванович
1865—1919)——俄国立宪民主党中央委员。1918 年 8 月被彼得格勒肃
反委员会逮捕,1919 年 9 月因进行反革命活动被处决。—— 453 —
454、455。

E

恩格斯，弗里德里希（Engels, Friedrich 1820—1895）——科学共产主义创始人之一，世界无产阶级的领袖和导师，马克思的亲密战友。——396。

F

法尔科夫斯基（Фалковский）——73。

菲利莫诺夫，А.П.（Филимонов, А.П.生于 1866 年）——1917 年 10 月—1919年 11 月为库班哥萨克军阿塔曼（统领）。——650。

费多罗夫，格里戈里·Ф.（Федоров, Григорий Ф.1891—1936）——1907 年加入俄国社会民主工党。十月革命后任副劳动人民委员。1918 年先后任下诺夫哥罗德省和萨拉托夫省执行委员会主席。——253。

费多罗夫，А.С.（Федоров, А.С.）——当时是莫斯科鲍曼高等技术学校教授。——355。

费多谢耶夫，米哈伊尔·米特罗范诺维奇（Федосеев, Михаил Митрофанович）——俄国坦波夫省叶拉季马县城一个印刷所的业主。——457。

费久申（Федюшин）——574。

弗拉基米尔斯基，米哈伊尔·费多罗维奇（Владимирский, Михаил Федорович 1874—1951）——1895 年参加俄国社会民主主义运动，布尔什维克。1905年积极参加莫斯科十二月武装起义。1906 年侨居国外，在布尔什维克巴黎小组工作。十月革命后在莫斯科苏维埃主席团工作。1919—1921 年任全俄中央执行委员会主席团委员、俄罗斯联邦副内务人民委员。1922—1925 年任乌克兰苏维埃社会主义共和国人民委员会副主席，乌克兰共产党（布）中央委员会书记、中央监察委员会主席，乌克兰工农检查人民委员。在党的第七次代表大会上当选为中央委员，第八次代表大会上当选为候补中央委员。——348。

弗拉基米罗夫（舍印芬克尔），米龙·康斯坦丁诺维奇（Владимиров（Шейнфин-кель），Мирон Константинович 1879—1925）——1903 年加入俄国社会民主工党，布尔什维克。曾在彼得堡、戈梅利、敖德萨、卢甘斯克和叶卡捷琳诺斯拉夫做党的工作。参加 1905—1907 年革命，后被捕和终身流放西伯

利亚，1908 年从流放地逃往国外。1911 年脱离布尔什维克，后加入出版
《护党报》的普列汉诺夫派巴黎小组。第一次世界大战期间参加托洛茨基
的《我们的言论报》的工作。1917 年二月革命后回国，参加区联派，在俄国
社会民主工党(布)第六次代表大会上随区联派集体加入布尔什维克党。
十月革命后在彼得格勒市粮食局和粮食人民委员部工作。1919 年任南方
面军铁路军事特派员和粮食特设委员会主席。1921 年先后任乌克兰粮食
人民委员和农业人民委员。1922—1924 年任俄罗斯联邦财政人民委员和
苏联副财政人民委员。——155、389、400、430、466、674。

弗拉皮埃，莱昂·欧仁(Frapié, Léon-Eugène 1863 — 1949)——法国作家。
　　——334。

弗兰西斯，戴维·罗兰(Francis, David Roland 1850—1927)——美国驻俄国
　　大使。1918 年为外交使团团长。——37。

弗鲁姆金，莫伊塞·伊里奇(Фрумкин, Моисей Ильич 1878—1938)——1898
　　年加入俄国社会民主工党。1918 年—1922 年 3 月先后任粮食人民委员部
　　部务委员和副粮食人民委员、西伯利亚革命委员会副主席、粮食人民委员
　　部驻北高加索特派员。1922 年 4 月起任副对外贸易人民委员。——423、
　　468—469、491。

弗罗洛夫，安德列·伊格纳季耶维奇(Фролов, Андрей Игнатьевич 1892 —
　　1918)——1917 年加入俄国社会民主工党(布)。1917 年二月革命后是撒
　　马尔罕布尔什维克小组的领导人；全俄苏维埃第一次和第二次代表大会代
　　表。一度在彼得格勒军事革命委员会领导下工作。1917 年 11 月起任撒
　　马尔罕苏维埃主席。1918 年是土耳其斯坦共和国政府驻外里海州的特派
　　员。同年 6 月率领红军部队镇压社会革命党人的反革命叛乱时，在战斗中
　　牺牲。——1。

伏龙芝，米哈伊尔·瓦西里耶维奇(米哈伊洛夫)(Фрунзе, Михаил Васильевич
　　(Михайлов)1885—1925)——1904 年加入俄国社会民主工党。1917 年在
　　莫斯科参加十月武装起义。1919 年起先后任东方面军第 4 集团军和土耳
　　其斯坦集团军司令、东方面军南方军队集群司令、东方面军和土耳其斯坦
　　方面军司令。1920 年 9 月根据列宁的提议被任命为南方面军司令。1920
　　年 12 月—1924 年 3 月任共和国革命军事委员会驻乌克兰全权代表、乌克

兰和克里木部队司令、乌克兰人民委员会副主席(1922年2月起)。1921
年在党的第十次代表大会上当选为中央委员。——507、550—551、
572、628。

伏罗希洛夫,克利缅特·叶弗列莫维奇(Ворошилов,Климент Ефремович 1881—
1969)——1903年加入俄国社会民主工党。1917年积极参加十月武装起
义。1918—1919年任察里津军队集群司令、南方面军副司令兼革命军事
委员会委员、第10集团军司令。1918年12月任乌克兰内务人民委员、哈
尔科夫军区司令、第14集团军司令和内乌克兰方面军司令。1919—1921
年是骑兵第1集团军的组织者之一和革命军事委员会委员;曾率领党的第
十次代表大会代表参与平定喀琅施塔得叛乱。1921—1924年任俄共(布)
中央委员会东南局成员、北高加索军区司令。从党的第十次代表大会起为
中央委员。——344、346、584、587、592、593。

福季耶娃,莉迪娅·亚历山德罗夫娜(Фотиева,Лидия Александровна 1881—
1975)——1904年加入俄国社会民主工党。1904—1905年在日内瓦和巴
黎的布尔什维克支部工作,协助娜·康·克鲁普斯卡娅同国内地下党组织
进行通信联系。1905—1907年革命和十月革命的参加者。1918—1930
年任人民委员会和劳动国防委员会秘书,1918—1924年兼任列宁的秘书。
——89、295、299、313、325、332、333、461、472、475、480、677。

福克,И.Г.(Фокке,И.Г.)——苏俄布列斯特-里托夫斯克和谈代表团的军事
顾问。——14。

G

盖舍(Гайше)——拉脱维亚人。——637。

高尔察克,亚历山大·瓦西里耶维奇(Колчак,Александр Васильевич 1873—
1920)——沙俄海军上将,君主派分子。1918年11月在外国武装干涉者
支持下发动政变,在西伯利亚、乌拉尔和远东建立军事专政,自封为"俄国
最高执政"和陆海军最高统帅。叛乱被平定后,1919年11月率残部逃往
伊尔库茨克,后被俘。1920年2月7日根据伊尔库茨克军事革命委员会
的决定被枪决。——435、446、460、520、543、550、610、612、644。

高尔基,马克西姆(彼什科夫,阿列克谢·马克西莫维奇)(Горький,Максим

科学和科普图书,在莫斯科(后在柏林)设有分社。——478。

格拉贝,厄内斯特·保尔(Graber,Ernest-Paul 生于 1875 年)——瑞士社会民
　　主党人。1912 年起为国民院议员。曾任瑞士社会民主党执行委员会委
　　员。1915—1925 年任瑞士社会民主党《哨兵报》编辑。第一次世界大战初
　　期接近国际主义派,参加瑞士左派社会民主党人的工作;曾出席齐美尔瓦
　　尔德代表会议和昆塔尔代表会议。1917 年初转向中派和平主义立场,
　　1918 年完全转向社会民主党右翼。1919 年起任瑞士社会民主党书记。
　　1919—1921 年反对瑞士社会民主党加入共产国际,参与组织第二半国际。
　　——334。

格拉西斯,卡尔·亚诺维奇(Грасис,Карл Янович 1894—1937)——1909 年
　　加入拉脱维亚社会民主党,1913 年起为孟什维克。1914 年被开除出拉脱
　　维亚社会民主党。1917 年 5 月起为布尔什维克党党员。曾任喀山省切博
　　克萨雷工兵代表苏维埃主席,喀山革命司令部主席;一度领导党的喀山省
　　委。1918 年 11 月—1919 年 1 月任里海—高加索方面军前线肃反委员会
　　主席、革命军事委员会特别部主任。后在里海—高加索方面军和东方面军
　　司令部侦察部门工作。——415。

格里戈里耶夫,尼古拉·亚历山德罗维奇(Григорьев,Николай Александрович
　　1878—1919)——沙俄军官,乌克兰反革命首领之一。1919 年初,由于红军
　　在乌克兰取得胜利,声明转到苏维埃政权方面。1919 年 5 月在乌克兰南
　　部苏维埃军队后方发动反革命叛乱。叛乱被粉碎后,于 1919 年 7 月率残
　　部投奔马赫诺的队伍,不久被杀。——557、579、593。

格里戈里耶夫,М.Г.(Григорьев,М.Г.)——苏联水运专家。1918 年是最高国
　　民经济委员会的负责工作人员。——139。

格里姆,罗伯特(Grimm,Robert 1881—1958)——瑞士社会民主党和第二国
　　际领袖之一;职业是印刷工人。1909—1918 年任《伯尔尼哨兵报》主编,
　　1919 年以前任瑞士社会民主党主席。第一次世界大战期间是中派分子,
　　齐美尔瓦尔德代表会议和昆塔尔代表会议主席,国际社会党委员会主席。
　　1921 年参与组织第二半国际。1911 年起为议员。——334。

格列博夫——见阿维洛夫,尼古拉·巴甫洛维奇。

格鲁舍夫斯基,米哈伊尔·谢尔盖耶维奇(Грушевский,Михаил Сергеевич

1866—1934)——乌克兰资产阶级民族主义运动的领袖之一。1917—
1918 年任反革命的乌克兰中央拉达主席。——123。

格罗曼，C. B.（Громан，C. B. 1898—1938)——1918 年任俄罗斯联邦人民委员
会疏散事务特派全权代表助理。1919 年任国防委员会全俄疏散委员会委
员、国防委员会直接领导彼得格勒财产疏散工作的特派员。1920—1921
年任最高国民经济委员会运输器材司司长、人民委员会最高运输委员会委
员。——674。

格罗斯贝尔格，A. И.（Гросберг，A. И.)——当时是莫斯科苏维埃粮食局局务
委员、莫斯科市食品分配管理局主席。——423。

格佐夫，谢苗・阿罗诺维奇（Гецов，Семен Аронович 1883—1937)——1918
年是南俄国民经济委员会主席团委员。1918—1923 年任煤炭总委员会主
席，1920 年起兼任国营莫斯科近郊矿区煤炭工业联合公司经理。
——689。

龚贝格，亚历山大（Gumberg，Alexander)——美国记者。——116。

古比雪夫，瓦列里安・弗拉基米罗维奇（Куйбышев，Валериан Владимирович
1888—1935)——1904 年加入俄国社会民主工党。积极参加十月革命，是
萨马拉武装起义的组织者。1918 年起任萨马拉省执行委员会主席。1919
年 10 月起任全俄中央执行委员会和俄罗斯联邦人民委员会土耳其斯坦事
务委员会副主席。1921 年 5 月起任最高国民经济委员会主席团委员和电
机工业总管理局局长。1921—1922 年为候补中央委员，1922—1923 年为
中央委员。1922 年 4 月起任党中央委员会书记。——95、666。

古科夫斯基，伊西多尔・埃马努伊洛维奇（Гуковский，Исидор Эммануилович
1871—1921)——1898 年加入俄国社会民主工党。十月革命后任副财政
人民委员和财政人民委员。1919—1920 年任俄罗斯联邦驻爱沙尼亚全权
代表。——93、99—100、106、113—114、139、170、187、194、196、213、214。

古谢夫，谢尔盖・伊万诺维奇（德拉布金，雅柯夫・达维多维奇）（Гусев，
Сергей Иванович（Драбкин，Яков Давидович)1874—1933)——1896 年在
彼得堡开始革命活动。是 1902 年罗斯托夫罢工和 1903 年三月示威游行
的领导人之一。1903 年在俄国社会民主工党第二次代表大会上是顿河区
委员会的代表，属火星派多数派。1904 年 8 月参加了在日内瓦举行的 22

个布尔什维克的会议。1904 年 12 月—1905 年 5 月任多数派委员会常务局书记和党的彼得堡委员会书记,后为敖德萨布尔什维克组织的领导人之一。1906 年起任党的莫斯科委员会委员。斯托雷平反动时期反对取消派和召回派。十月革命期间领导彼得格勒军事革命委员会秘书处。十月革命后历任一些集团军和方面军革命军事委员会委员、共和国革命军事委员会野战司令部政委、工农红军政治部主任、共和国革命军事委员会委员等职。——413、436、453、460、522、585、597、602、609、612、615、616、629。

H

哈尔洛夫,瓦西里·尼古拉耶维奇(Харлов,Василий Николаевич 生于 1887 年)——1917 年加入俄国社会民主工党(布),1923—1930 年中断党籍。1917—1918 年参加普斯科夫省奥斯特罗夫苏维埃工作,任省土地委员会主席。1918—1920 年任农业人民委员部部务委员。1918 年是人民委员会驻萨拉托夫省落实收成工作的全权代表。——100、286、304—307。

哈利科夫,М.Д.(Халиков,М.Д.生于 1894 年)——俄国巴什基尔小资产阶级民族主义政府(1917 年 12 月—1919 年 3 月)穆斯林事务委员。1919 年加入俄共(布)。1921—1925 年任巴什基尔苏维埃社会主义自治共和国人民委员会主席。——446。

哈帕莱年,埃罗(Haapalainen,Eero 1880—1938)——芬兰革命家。1908—1913 年先后任芬兰工会联合会书记和主席。积极参加芬兰 1918 年革命,任人民代表委员会(芬兰革命政府)的内务和陆军人民代表、芬兰赤卫队总司令。革命失败后住在苏联。——548。

哈特金,萨穆伊尔(Хаткин,Самуил(Hatkin,Samuel))——52—53。

海科年,亚历山大(Haikonen,Alexander)——芬兰共产党老战士;尤·拉图卡妻子的兄弟。——206。

海伍德,威廉(比尔)(Haywood,William(Bill)1869—1928)——美国工人运动活动家;职业是矿工。1901 年加入美国社会党,后为该党左翼领导人之一。世界产业工人联合会的创建人和领导人之一。第一次世界大战一开始即谴责军国主义和帝国主义战争。欢迎俄国十月革命。美国共产党成立(1919)后不久加入该党。因从事革命活动遭受迫害而离开美国。1921

J

基斯利亚科夫，Е.Н.（Кисляков，Е.Н.）——当时在苏俄图拉省国民经济委员会任局长。——260。

基谢廖夫，И.（Киселев，И.）——1919年在《全俄中央执行委员会消息报》编辑部工作。——501。

吉尔波，昂利（Guilbeaux, Henri 1885—1938）——法国社会党人，新闻工作者。第一次世界大战期间是中派分子，出版《明日》杂志，主张恢复国际联系。1916年参加昆塔尔代表会议。20年代初起住在德国，是《人道报》通讯员。——157、264、334、337、347。

吉洪（Тихон 1865—1925）——莫斯科大主教。——675。

吉季斯，弗拉基米尔·米哈伊洛维奇（Гиттис，Владимир Михайлович 1881—1938）——沙俄军官，十月革命后转向苏维埃政权。1918年2月起在红军中任职。1918年9月—1921年5月先后任北方面军第6集团军司令、南方面军第8集团军司令、南方面军司令、西方面军司令、高加索方面军司令。1925年加入联共（布）。——365、592。

季诺维也夫（**拉多梅斯尔斯基**），格里戈里·叶夫谢耶维奇（Зиновьев（Радомысльский），Григорий Евсеевич 1883—1936）——1901年加入俄国社会民主工党，党的第二次代表大会后是布尔什维克。1908—1917年侨居国外，参加布尔什维克《无产者报》编辑部和党的中央机关报《社会民主党人报》编辑部。斯托雷平反动时期对取消派、召回派和托洛茨基分子采取调和主义态度。1912年后和列宁一起领导中央委员会俄国局。第一次世界大战期间持国际主义立场。1917年4月回国，进入《真理报》编辑部。十月革命后任彼得格勒苏维埃主席。1919年共产国际成立后任共产国际执行委员会主席。1919年当选为党中央政治局候补委员，1921年当选为中央政治局委员。——64、132、152、167、169、176、177、190、193、210、226、233、248、299、343、363、371、372、385、392、404—405、416、434、443、447、451、453—454、455、456、505、523、525、527、563、580、590、591、594、596、605、606、611、614、619、621、688。

季耶美利斯——见别尔津，扬·安东诺维奇。

加里宁,费多尔·伊万诺维奇（Калинин, Федор Иванович 1882—1920）——
1903 年加入俄国社会民主工党。十月革命后任教育人民委员部部务委
员。1918 年 6 月起在教育人民委员部财政局工作,后任该部编制核查委
员会主席。——474。

加里宁,米哈伊尔·伊万诺维奇（Калинин, Михаил Иванович 1875—
1946）——1898 年加入俄国社会民主工党。十月革命后任彼得格勒市长,
后任市政委员。1919 年 3 月起任全俄中央执行委员会主席,1922 年起任
苏联中央执行委员会主席。从党的第八次代表大会起为中央委员。1919
年起为中央政治局候补委员。——416、505、553、573、691。

加林,С. А.（Гарин, С. А.）——1918 年 1 月起任俄罗斯联邦驻丹麦处理被拘禁
人员事务全权代表。——502。

加米涅夫（**罗森费尔德**）,列夫·波里索维奇（Каменев（Розенфельд）, Лев
Борисович 1883—1936）——1901 年加入俄国社会民主工党,党的第二次
代表大会后是布尔什维克。曾在梯弗利斯、莫斯科、彼得堡从事宣传工作。
1908 年底出国,任布尔什维克的《无产者报》编委。斯托雷平反动时期对
取消派、召回派和托洛茨基分子采取调和主义态度。1914 年初回国,在
《真理报》编辑部工作,曾领导第四届国家杜马布尔什维克党团。1914 年
11 月被捕,在沙皇法庭上宣布放弃使沙皇政府在帝国主义战争中失败的
布尔什维克口号。1917 年二月革命后反对列宁的《四月提纲》。十月革命
后历任全俄中央执行委员会主席、莫斯科苏维埃主席、国防委员会驻南方
面军特派员、人民委员会副主席、劳动国防委员会主席等重要职务。
1919—1925 年为党中央政治局委员。—— 49、299、300、321、361、380、
423、444、461、477、518、519、524、528、529、546、548、582、602、603、687。

加米涅夫,谢尔盖·谢尔盖耶维奇（Каменев, Сергей Сергеевич 1881—
1936）——沙俄军官,十月革命后转向苏维埃政权。1918 年春起任屏障军
西线防区涅韦尔地域军事指导员,同年 9 月起任东方面军司令。1919 年 7
月—1924 年 4 月任共和国武装力量总司令。1930 年加入联共(布)。——
563、585、612。

加涅茨基（**菲尔斯滕贝格**）,雅柯夫·斯坦尼斯拉沃维奇（Ганецкий
（Фюрстенберг）, Яков Станиславович 1879—1937）——波兰和俄国革命运

动活动家。1896年加入社会民主党。1903—1909年为波兰王国和立陶宛社会民主党总执行委员会委员。1907年在俄国社会民主工党第五次（伦敦）代表大会上缺席当选为中央委员。1912年波兰王国和立陶宛社会民主党分裂后，是最接近布尔什维克的所谓分裂派的领导人之一。第一次世界大战期间参加齐美尔瓦尔德左派。1917年是俄国社会民主工党（布）中央委员会国外局成员。十月革命后历任俄罗斯联邦财政人民委员部部务委员、人民银行委员和行长。1920年5月起兼任中央消费合作总社理事会理事，6月起任对外贸易人民委员部部务委员。1920—1921年任俄罗斯联邦驻拉脱维亚全权代表和商务代表。1921—1923年任外交人民委员部部务委员。——20—22、35、157。

捷尔-阿鲁琼扬茨，姆克尔季奇·卡拉佩托维奇（米哈伊尔·卡尔波维奇）（Тер-Арутюнянц，Мкртич Карапетович（Михаил Карпович）1894—1961）——1917年3月加入俄国社会民主工党（布），是党的彼得堡委员会军事组织成员。十月革命期间为彼得格勒军事革命委员会驻彼得保罗要塞军械库特派员。1917年11月—1918年3月参加了粉碎反革命的最高总司令大本营的战斗，任革命野战司令部参谋长。——51。

捷尔-奥西皮扬茨（Тер-Осипянц）——222。

捷尔-加布里耶良，萨克·米尔佐耶维奇（Тер-Габриелян，Саак Мирзоевич 1886—1937）——巴库公社活动家。1902年加入俄国社会民主工党。1918年任巴库公社石油委员和肃反委员会主席。1920年任亚美尼亚革命委员会委员、亚美尼亚共产党（布）中央委员。1921年起是亚美尼亚苏维埃社会主义共和国常驻俄罗斯联邦代表、俄共（布）外高加索边疆区委员。俄共（布）第十次代表大会代表。——147、159、222—223。

捷尔任斯基，费利克斯·埃德蒙多维奇（Дзержинский，Феликс Эдмундович 1877—1926）——波兰和俄国革命运动活动家，1895年加入社会民主党。是波兰王国和立陶宛社会民主党的组织者和领导人之一。1907年在俄国社会民主工党第五次（伦敦）代表大会上被缺席选入中央委员会。十月革命后任全俄肃反委员会主席。1919—1923年兼任内务人民委员。1921—1924年兼任交通人民委员。1924年起兼任最高国民经济委员会主席。1920年起先后任党中央组织局候补委员、委员，中央政治局候补委员。

——23、27、46、80、99、149、199 — 200、208、388、421、444、483、506、521、603、611。

捷捷林，E.E.（Тетерин，E.E.）——苏俄特维尔省特维尔县佩尔维京斯卡亚乡贫苦农民委员会委员。因当过宪兵，1918 年 12 月被解除了在委员会的工作。——390。

金兹堡，基里尔·谢苗诺维奇（Гинзбург，Кирилл Семенович）——俄国牙科医生。——353。

K

卡尔波夫，列夫·雅柯夫列维奇（Карпов，Лев Яковлевич 1879 — 1921）——1897 年参加俄国社会民主主义运动；化学家。俄国社会民主工党第二次代表大会后是布尔什维克。曾参与创建北方工人协会，以中央委员会代办员身份被派往萨马拉，组建并领导东方局。1904 年组建中央委员会南方局并参与创办波尔塔瓦地下印刷所，1905 年参加莫斯科十二月武装起义。1906 年在国外，回国后任俄国社会民主工党莫斯科委员会书记。1910 年在莫斯科高等技术学校毕业，后从事化学方面的科学研究。十月革命后任最高国民经济委员会主席团委员、化学工业局局长。——96、672。

卡尔塔绍夫（Карташов）——当时是苏俄沃罗涅日省执行委员会主席。——437。

卡尔塔舍夫，安东·弗拉基米罗维奇（Карташев，Антон Владимирович 1875 — 1952）——俄国立宪民主党人，教会史教授。1917 年任正教院总监、宗教部长。后为尤登尼奇白卫政府成员。——83。

卡京，H.Г.（Катин，H.Г.）——当时是苏俄东方面军军事交通局代局长。——320。

卡拉汉（**卡拉汉尼扬**），列夫·米哈伊洛维奇（Карахан（Караханян），Лев Михайлович 1889 — 1937）——1904 年参加俄国革命运动，1913 年在彼得堡加入俄国社会民主工党区联组织。1917 年在俄国社会民主工党（布）第六次代表大会上随区联派集体加入布尔什维克党。1917 年 11 月——1918 年初任苏俄布列斯特和谈代表团秘书。1918—1920 年任外交人民委员部部务委员、副外交人民委员。1921—1922 年任驻波兰全权代表。——39、

77、80、117、124、326、327、417、595。

卡拉库茨基，П.В.（Калакуцкий，П.В.）——当时任俄罗斯联邦国家有价证券印刷厂奔萨分厂厂长。——663。

卡列金，阿列克谢·马克西莫维奇（Каледин，Алексей Максимович 1861—1918）——沙俄将军，顿河哥萨克军阿塔曼（统领）。十月革命期间在外国干涉者的支持下，在顿河流域组建白卫志愿军并策动反革命叛乱。叛乱失败后于1918年1月开枪自杀。——25、57、650、651。

卡列林，弗拉基米尔·亚历山德罗维奇（Карелин，Владимир Александрович 1891—1938）——俄国左派社会革命党组织者之一，该党中央委员。1917年12月进入人民委员会，任国家产业人民委员，兼任司法人民委员部部务委员。1918年是苏俄布列斯特和谈代表团成员；因反对签订布列斯特和约退出人民委员会。1918年7月参与领导莫斯科左派社会革命党人的叛乱。1919年2月被捕，获释后逃往国外，继续进行反苏维埃活动。——125。

卡敏斯基，格里戈里·瑙莫维奇（Каминский，Григорий Наумович 1895—1938）——1913年加入俄国布尔什维克党。1917年是俄国社会民主工党（布）图拉委员会书记、莫斯科区域局成员。1918—1920年任党的图拉省委主席和省执行委员会主席、第2集团军革命军事委员会委员。1920年起任阿塞拜疆共产党（布）中央委员会书记和巴库苏维埃主席。——229、488、592、593、672。

卡斯帕罗夫，弗拉基斯拉夫·米纳索维奇（Каспаров，Владислав Минасович 1884—1917）——1904年加入俄国社会民主工党。1907—1911年任巴库委员会委员。1913—1914年住在柏林，俄国社会民主工党中央委员会曾通过他同国内党组织进行秘密通信联系。第一次世界大战期间移居伯尔尼，参加了俄国社会民主工党国外支部代表会议，在会上当选为国外组织委员会委员。——28。

卡斯帕罗娃，叶·米·——见波波娃，叶夫根尼娅·米纳索夫娜。

卡尤罗夫，瓦西里·尼古拉耶维奇（Каюров，Василий Николаевич 1876—1936）——1900年加入俄国社会民主工党。1918年夏领导喀山省征粮队，后在东方面军第5集团军政治部工作。1921—1922年任俄共（布）中央监察委员会西伯利亚边疆区清党委员会主席。——226、233、310、484。

卡赞采夫，А.И.（Казанцев，А.И.）——当时是彼得格勒军区代司令。——28。

考茨基，卡尔（Kautsky，Karl 1854—1938）——德国社会民主党和第二国际的领袖和主要理论家之一。从19世纪80年代到20世纪初写过一些宣传和解释马克思主义的著作。1883—1917年任德国社会民主党理论刊物《新时代》杂志主编。俄国社会民主工党分裂后支持孟什维克。1910年以后逐渐转到机会主义立场，成为中派领袖。第一次世界大战前夕提出超帝国主义论，大战期间打着中派旗号支持帝国主义战争。1918年后发表《无产阶级专政》等书，攻击俄国十月革命，反对无产阶级专政。——318—319、326、328、338、340、351。

考尔，А.И.（Кауль，А.И.）——当时是全俄中央执行委员会驻图拉省粮食事务特命全权代表和省粮食局局长。——672。

柯列加耶夫，安德列·卢基奇（Колегаев，Андрей Лукич 1887—1937）——俄国左派社会革命党组织者之一。1917年12月代表左派社会革命党进入人民委员会，任农业人民委员。1918年3月因反对签订布列斯特和约退出人民委员会。1918年7月左派社会革命党人叛乱被平定后同该党断绝关系，并于同年11月加入俄共（布）。1918—1920年任南方面军供给部长和革命军事委员会委员。1920—1921年任交通人民委员部部务委员和劳动国防委员会所属运输总委员会主席。——64、85—86、105、210、476、544、559、569。

柯伦泰，亚历山德拉·米哈伊洛夫娜（Коллонтай，Александра Михайловна 1872—1952）——19世纪90年代参加俄国社会民主主义运动。1906—1915年是孟什维克，1915年加入布尔什维克党。曾参加1905—1907年革命。1908—1917年侨居国外。第一次世界大战一开始即持革命的国际主义立场；受列宁委托，在斯堪的纳维亚国家和美国进行团结社会民主党国际主义左派的工作。1917年二月革命后回国。十月革命后任国家救济人民委员、党中央妇女部部长、共产国际国际妇女书记处书记等职。——341。

柯秀尔，斯坦尼斯拉夫·维肯季耶维奇（Косиор，Станислав Викентьевич 1889—1939）——1907年加入俄国社会民主工党。1917年二月革命后进入纳尔瓦—彼得戈夫区军事革命委员会。1918—1920年先后任乌克兰共产党（布）第聂伯河右岸地区地下委员会书记和中央委员会书记。——2。

科别茨基，米哈伊尔·韦尼阿米诺维奇（Кобецкий, Михаил Вениаминович 1881—1937）——1903年加入俄国社会民主工党，布尔什维克。曾积极参加彼得堡、巴库、库尔斯克和叶卡捷琳诺斯拉夫党组织的工作。多次被捕入狱。1908年移居丹麦，担任向俄国运送布尔什维克《无产者报》和俄国社会民主工党中央机关报《社会民主党人报》以及向列宁转送国内信件的工作。1917年回国。十月革命后担任党、苏维埃和外交部门的负责工作。1919—1923年在共产国际工作，1920—1921年任共产国际执行委员会书记，1921—1923年任共产国际执行委员会部长。——434。

科博泽夫，彼得·阿列克谢耶维奇（Кобозев, Петр Алексеевич 1878—1941）——1898年加入俄国社会民主工党。1917年11月—1918年2月任全俄中央执行委员会和俄罗斯联邦人民委员会驻中亚细亚和西西伯利亚特派员，领导镇压杜托夫叛乱的斗争。后任俄罗斯联邦人民委员会驻中亚细亚特派员、土耳其斯坦苏维埃共和国中央执行委员会主席、东方面军革命军事委员会主席等职。1919年任全俄中央执行委员会和俄罗斯联邦人民委员会土耳其斯坦事务委员会委员。——119、212、239。

科甘，Д. М.（Коган, Д. М.）——1918—1919年是俄罗斯联邦粮食人民委员部中央采购局库尔斯克办事处工作人员。——411、418、424、430。

科科什金，费多尔·费多罗维奇（Кокошкин, Федор Федорович 1871—1918）——俄国立宪民主党领袖之一。1917年二月革命后在临时政府中任部长。——42。

科列斯尼科娃（**德罗宾斯卡娅**），娜捷施达·尼古拉耶夫娜（Колесникова (Дробинская), Надежда Николаевна 1882—1964）——1904年加入俄国社会民主工党。1918年任巴库公社教育人民委员。1919年1月初至同年夏任俄共（布）阿斯特拉罕省委员会主席。1920年5月起任阿塞拜疆苏维埃社会主义共和国副教育人民委员、阿塞拜疆共产党（布）中央委员。1921—1923年在政治教育总委员会工作，是委员会成员和群众工作处处长。——414。

科列索夫，费多尔·伊万诺维奇（Колесов, Федор Иванович 1891—1940）——

1917 年加入俄国社会民主工党（布）。在土耳其斯坦参加十月革命。1917
年 11 月—1918 年 11 月任土耳其斯坦共和国人民委员会主席。——222、
292—293。

科罗特科夫，伊万·伊万诺维奇（Коротков, Иван Иванович 1885 — 1949）——
1905 年加入俄国社会民主工党。1918—1920 年先后任党的捷伊科沃县
委主席、在舒亚市的县执行委员会主席、在伊万诺沃-沃兹涅先斯克的省委
组织指导部部长，1921 年起是伊万诺沃-沃兹涅先斯克省委书记。
——497。

科热夫尼科夫，И.С.（Кожевников, И.С. 1879—1931）——1918 年在南俄各苏
维埃共和国境内组建战斗队的总政委。——65—66。

科斯佳耶夫，费多尔·瓦西里耶维奇（Костяев, Федор Васильевич 1878 —
1925）——沙俄少将，十月革命后转向苏维埃政权。1918 年 9—10 月任北
方面军参谋长，1918 年 10 月—1919 年 6 月任共和国革命军事委员会野战
司令部参谋长。1919 年 9 月起在工农红军军事学院从事教学工作。
——563。

科斯捷洛夫斯卡娅，玛丽亚·米哈伊洛夫娜（Костеловская, Мария Михайловна
1878—1964）——1903 年加入俄国社会民主工党。1917 年十月革命期间
是莫斯科赤卫队中央司令部成员。1918 年 8 月—1919 年 3 月任军粮局局
长，1919 年 3—7 月任东方面军第 2 集团军政治部主任，1919 年 8 月—
1920 年 11 月在波罗的海舰队政治部工作。——469、528。

科兹洛夫（Козлов）——苏俄特维尔省特维尔县佩尔维京斯卡亚乡贫苦农民
委员会委员。——390。

科兹洛夫斯基，美契斯拉夫·尤利耶维奇（Козловский, Мечислав Юльевич
1876—1927）——波兰和俄国革命运动活动家，法学家。1900 年加入社会
民主党。曾任波兰王国和立陶宛社会民主党总执行委员会委员。1917 年
二月革命后任彼得格勒苏维埃执行委员会委员、第一届中央执行委员会委
员和维堡区杜马主席。十月革命后任彼得格勒特别调查委员会主席、司法
人民委员部部务委员和小人民委员会主席等职。——19。

科兹明，彼得·阿列克谢耶维奇（Козьмин, Петр Алексеевич 1871 — 1936）——
俄国工艺工程师，后为工科博士，教授。十月革命后任粮食人民委员部部

务委员、农村农业机械供应委员、国防特别会议副主席。曾参与制定俄罗斯国家电气化计划。1921年起从事教学和科研工作。——31、170。

克德罗夫,米哈伊尔·谢尔盖耶维奇(Кедров, Михаил Сергеевич 1878—1941)——1901年加入俄国社会民主工党,布尔什维克。1905—1908年任科斯特罗马布尔什维克委员会委员,在特维尔做党的工作。曾任负责推销革命书刊的中央代办员。1906年组建种子出版社,出版秘密书刊,包括列宁的著作。多次被捕入狱。1912—1915年侨居国外。1917年5月起任俄国社会民主工党(布)军事组织成员和全俄布尔什维克组织局成员,《士兵真理报》编辑之一。十月革命后担任负责的军事职务。——62、259、261、303、664。

克尔日扎诺夫斯卡娅-涅夫佐罗娃,季娜伊达·巴甫洛夫娜(Кржижановская-Невзорова, Зинаида Павловна 1869—1948)——格·马·克尔日扎诺夫斯基的妻子。1895年加入彼得堡工人阶级解放斗争协会,次年被捕,随丈夫一起流放叶尼塞斯克省米努辛斯克专区捷辛斯克村,后转到米努辛斯克。1898年加入俄国社会民主工党,1899年8月在列宁起草的反对经济派《信条》的《俄国社会民主党人抗议书》上签了名。俄国社会民主工党第二次代表大会后是布尔什维克。曾参加火星派组织的工作;主持设在基辅的布尔什维克党中央委员会书记处,因此于1904年被捕。1905年在布尔什维克一些定期报刊编辑部工作。十月革命后任教育人民委员部社会教育司副司长、共和国政治教育总委员会副主席等职。——441。

克拉斯诺夫(Краснов)——1919年是苏俄科斯特罗马省科洛格里夫县哈尔布日乡农民代表苏维埃执行委员会主席。——569。

克拉斯诺夫,彼得·尼古拉耶维奇(Краснов, Петр Николаевич 1869—1947)——沙俄将军。1918—1919年领导顿河哥萨克白卫军。——353、408、680。

克拉西科夫,彼得·阿纳尼耶维奇(Красиков, Петр Ананьевич 1870—1939)——1892年在俄国彼得堡开始革命活动。1893年被捕,次年流放西伯利亚,在流放地结识了列宁。1900年到普斯科夫,成为《火星报》代办员。1902年被选入筹备召开俄国社会民主工党第二次代表大会的组织委员会。在代表大会上是基辅委员会的代表,属火星派多数派;和列宁、普列汉诺夫一起进

入大会常务委员会。会后积极参加同孟什维克的斗争。1904 年 8 月参加
了在日内瓦举行的 22 个布尔什维克的会议。代表国外组织出席了俄国社
会民主工党第三次代表大会。1905—1907 年革命期间任彼得堡工人代表
苏维埃执行委员会委员。屡遭沙皇政府迫害。1917 年二月革命后任彼得
格勒工兵代表苏维埃执行委员会委员。十月革命后任彼得格勒军事革命
委员会所属肃反侦查委员会主席、司法人民委员部部务委员、副司法人民
委员、小人民委员会委员、苏联最高法院检察长等职。——19。

克拉辛,列昂尼德·波里索维奇(Красин, Леонид Борисович 1870—1926)——
1890 年参加俄国社会民主主义运动。1900—1904 年在巴库当工程师,与
弗·扎·克茨霍韦利一起建立《火星报》秘密印刷所。俄国社会民主工党
第二次代表大会后加入布尔什维克党,被增补进中央委员会。参加了党的
第三次代表大会,在会上当选为中央委员。俄国第一次革命的积极参加
者。1905 年是布尔什维克第一份合法报纸《新生活报》的创办人之一。
1905—1907 年革命期间作为中央代表参加彼得堡工人代表苏维埃,领导
党中央战斗技术组。在党的第四次(统一)代表大会上当选为中央委员,第
五次(伦敦)代表大会上当选为候补中央委员。曾主管党的财务和技术工
作。1908 年侨居国外。一度参加反布尔什维克的"前进"集团,后脱离政
治活动。1918 年参加了同德国缔结经济协定的谈判,后任红军供给非常
委员会主席、最高国民经济委员会主席团委员、工商业人民委员、交通人民
委员。1919 年起从事外交工作。1920 年起任对外贸易人民委员,先后兼
任驻伦敦的苏俄贸易代表团团长、驻英国全权代表和商务代表。——
157、203、279、325、445、478、479、488、507、527、559、674、688。

克雷连柯,尼古拉·瓦西里耶维奇(Крыленко, Николай Васильевич 1885—
1938)——1904 年加入俄国社会民主工党。1907 年脱党。1911 年又回到
布尔什维克组织中工作,先后为《明星报》和《真理报》撰稿;曾被中央委员
会派到社会民主党杜马党团中工作。1913 年 12 月被捕。1914—1915 年
侨居国外,后在军队服役。积极参加十月革命。十月革命后参加第一届人
民委员会,任陆海军事务委员会委员,1917 年 11 月被任命为最高总司令。
1918 年 3 月起在司法部门工作。1922—1931 年任全俄中央执行委员会最
高革命法庭庭长、俄罗斯联邦副司法人民委员、检察长。——11、29、39、

52、54、80、444、655。

克雷斯(Крейс)——俄国水兵,无政府主义者。刺杀资产阶级临时政府部长安·伊·盛加略夫和费·费·科科什金的凶手之一。——45。

克列夫列耶夫,A.(Клевлеев,A.死于1918年)——1918年加入俄共(布)。曾任土耳其斯坦民族事务人民委员部特派员、土耳其斯坦中央执行委员会副主席。——110—111。

克列孟梭,若尔日(Clemenceau,Georges 1841—1929)——法国国务活动家。1876年起为众议员,80年代初成为激进派领袖,1902年起为参议员。1906年3—10月任内务部长,1906年10月—1909年7月任总理。维护大资产阶级利益,镇压工人运动和民主运动。1917—1920年再度任总理,在国内建立军事专制制度,积极策划和鼓吹经济封锁和武装干涉苏维埃俄国。——541、543。

克列斯廷斯基,尼古拉·尼古拉耶维奇(Крестинский,Николай Николаевич 1883—1938)——1903年加入俄国社会民主工党。1918—1921年任俄罗斯联邦财政人民委员。1921—1930年任苏联驻德国全权代表。在党的第六至第九次代表大会上当选为中央委员。1919—1921年任党中央政治局委员和中央书记处书记。——173、284、387、445、478、483、486、538、573、581、582、603、631、637、639—640。

克鲁泡特金,彼得·阿列克谢耶维奇(Кропоткин,Петр Алексеевич 1842—1921)——俄国无政府主义的主要活动家和理论家之一,公爵。1872年出国,在瑞士加入第一国际,属巴枯宁派。回国后作为无政府主义者参加民粹主义运动,为此于1874年被捕监禁,1876年逃往国外。在国外从事著述活动,宣传无政府主义。1917年6月回国。——402—403。

克鲁普斯卡娅,娜捷施达·康斯坦丁诺夫娜(**乌里扬诺娃,娜捷施达·康斯坦丁诺夫娜**)(Крупская,Надежда Константиновна(Ульянова,Надежда Константиновна)1869—1939)——列宁的妻子和战友。1890年在彼得堡大学生马克思主义小组中开始革命活动。1895年参与组织彼得堡工人阶级解放斗争协会。1896年8月被捕,后被判处流放三年,先和列宁一起在舒申斯克服刑,后来一人在乌法服刑。1901年起侨居国外,任《火星报》编辑部秘书。曾参加俄国社会民主工党第二次代表大会的筹备工作,作为有发言权的代表出席了大会。1904 年起先后任布尔什维克的《前进报》和《无产者报》编辑部秘书。曾参加党的第三次代表大会的筹备工作。1905—1907 年革命期间在国内担任党中央委员会秘书。斯托雷平反动时期和新的革命高涨年代积极参加反对取消派和召回派的斗争。1911 年在隆瑞莫党校工作。1912 年党的布拉格代表会议后协助列宁同国内党组织保持联系。第一次世界大战期间参加国际妇女运动和布尔什维克国外支部的活动。1917 年二月革命后和列宁一起回国,在党中央书记处工作,参加了十月武装起义。十月革命后任教育人民委员部部务委员,领导政治教育总委员会。——32、207、233、504、534、537、538、540。

克伦斯基,亚历山大·费多罗维奇(Керенский, Александр Федорович 1881—1970)——俄国政治活动家,资产阶级临时政府首脑。1917 年 3 月起为社会革命党人。第四届国家杜马代表,劳动派党团领袖。第一次世界大战期间是护国派分子。1917 年二月革命后任彼得格勒工兵代表苏维埃副主席、国家杜马临时委员会委员。在临时政府中任司法部长(3—5 月)、陆海军部长(5—9 月)、总理(7 月 21 日起)兼最高总司令(9 月 12 日起)。1917 年 11 月 7 日彼得格勒爆发武装起义时,从首都逃往前线,纠集部队向彼得格勒进犯,失败后逃亡巴黎,在国外参加白俄流亡分子的反革命活动。——372。

克维林,埃马努伊尔·约诺维奇(Квиринг, Эммануил Ионович 1888—1937)——1912 年加入俄国布尔什维克党。1917 年二月革命后是布尔什维克叶卡捷琳诺斯拉夫组织的领导人之一。1919 年先后任乌克兰国民经济委员会主席和第 12 集团军政治部副主任。1920—1921 年为驻波兰和谈代表团成员。1921 年任乌克兰共产党(布)顿涅茨克省委书记。1923—1925 年任乌克兰共产党(布)中央委员会书记。——584。

库德里亚夫采夫,А. П.(Кудрявцев, А. П.)——俄罗斯联邦教育人民委员部图书馆处处长。——420。

库恩·贝拉(Kun Béla 1886—1939)——匈牙利共产党创建人和领导人之一。1919 年是匈牙利苏维埃政权的实际领导人,任外交人民委员和陆军人民委员。苏维埃政权被颠覆后流亡奥地利,1920 年到苏俄,先后任南方面军革命军事委员会委员、克里木革命委员会主席。1921 年起在乌拉尔担任党的领导工作,曾任全俄中央执行委员会主席团委员、俄共(布)中央驻俄国共产主义青年团中央委员会全权代表、共产国际执行委员会主席团委员。——494、552、634、683。

库尔斯基,德米特里·伊万诺维奇(Курский, Дмитрий Иванович 1874—1932)——1904年加入俄国社会民主工党。1918—1928年任俄罗斯联邦司法人民委员、苏联第一任总检察长。1919—1920年兼任工农红军总参谋部政委和野战司令部政委、共和国革命军事委员会委员。1921年起任全俄中央执行委员会主席团委员。—— 126、445、479、487、489、500、545、674。

库金斯基,С.Д.(Кудинский, С.Д. 死于1918年)——俄国最高纲领派社会革命党人。1917年11月曾参与镇压克伦斯基—克拉斯诺夫叛乱。后在诺夫哥罗德和彼得格勒省建立了肃反混成部队,先后任北方各革命军事部队司令、总司令大本营政委。——69—70、71。

库拉耶夫,瓦西里·弗拉基米罗维奇(Кураев, Василий Владимирович 1892—1938)——1914年加入俄国布尔什维克党。十月革命后任奔萨省苏维埃执行委员会主席、党的省委书记、省人民委员会主席。国内战争时期曾担任几个集团军的革命军事委员会委员。1920年起任农业人民委员部部务委员、最高国民经济委员会主席团委员。后在苏联国家计划委员会担任领导工作。——151—152、255、263。

库兹明(Кузьмин)——当时是苏俄第8集团军军事革命委员会委员。——39。

库兹明,尼古拉·库兹米奇(Кузьмин, Николай Кузьмич)——1918年是苏俄哈尔科夫专区赤卫队队长。——49。

库兹明,尼古拉·尼古拉耶维奇(Кузьмин, Николай Николаевич 1883—1939)——1903年加入俄国社会民主工党。1917—1918年任西南方面军司令部政治委员。1918年8月起在北方苏维埃军队中供职,任第6和第3集团军革命军事委员会委员、波罗的海舰队政委、第12集团军司令、波罗的海舰队副司令等职。——495。

库兹涅佐娃,阿克西尼娅·叶梅利亚诺夫娜(Кузнецова, Аксинья Емельяновна 1878—1963)——383。

L

拉布勃，让娜·玛丽（Labourbe, Jeanne-Marie 1877—1919）——法国人，出身
于农民家庭。1896 年到俄国谋生，在托马舒夫城当教师。1918 年加入俄
共（布），在莫斯科组织法国共产主义小组并担任书记。1919 年 2 月起住
在敖德萨，在武装干涉部队的法国士兵中进行鼓动工作，编辑为法国士兵
和水兵出版的《共产主义者报》。1919 年 3 月被法国反间谍机关逮捕后枪
杀。——278。

拉布金，Г.М.（Рабкин, Г.М. 生于 1884 年）——苏俄戈梅利省日洛宾的药剂
师。——510、565。

拉查理，康斯坦丁诺（Lazzari, Costantino 1857—1927）——意大利工人运动
活动家，意大利社会党创建人之一，该党中央委员。俄国十月革命后支持
苏维埃俄国，曾参加共产国际第二次和第三次代表大会的工作。
——374。

拉德琴柯，伊万·伊万诺维奇（Радченко, Иван Иванович 1874—1942）——
1898 年加入俄国社会民主工党，彼得堡工人阶级解放斗争协会会员。
1901—1902 年是《火星报》代办员，对在俄国散发《火星报》起过重要作用。
1902 年参加筹备召开党的第二次代表大会的组织委员会。十月革命后是
苏联泥炭工业的组织者和领导人之一。1918 年起任泥炭总委员会主席和
林业总委员会副主席。1921—1922 年兼任对外贸易人民委员部部务委
员。——381。

拉狄克，卡尔·伯恩哈多维奇（Радек, Карл Бернгардович 1885—1939）——
20 世纪初参加加利西亚、波兰和德国的社会民主主义运动。1904—1908
年在波兰王国和立陶宛社会民主党内工作。1908 年到柏林，为德国左派
社会民主党人的报刊撰稿。第一次世界大战期间持国际主义立场。1917
年加入俄国社会民主工党（布）。十月革命后在外交人民委员部工作。
1918 年是"左派共产主义者"。1920—1924 年任共产国际执行委员会书
记、委员和主席团委员。在党的第八至第十二次代表大会上当选为中央委
员。——49、143。

拉狄克，Р.М.（Радек, Р.М.）——当时是俄罗斯联邦人民委员会国际部秘书

助理。——46。

拉吉舍夫，亚历山大·尼古拉耶维奇（Радищев, Александр Николаевич
　　1749—1802）——俄国作家，革命的启蒙思想家。——317。

拉柯夫斯基，克里斯蒂安·格奥尔吉耶维奇（Раковский, Христиан Георгиевич
　　1873—1941）——生于保加利亚。从 19 世纪 90 年代初起参加保加利亚、
　　罗马尼亚、瑞士、法国的社会民主主义运动。第一次世界大战期间是中派
　　分子。1917 年二月革命后到彼得格勒，加入俄国社会民主工党（布）。十
　　月革命后从事党和苏维埃的工作。1918 年起任乌克兰人民委员会主席，
　　1923 年派驻英国和法国从事外交工作。在党的第八至第十四次代表大会
　　上当选为中央委员。—— 67、117、118、124、164、442、443、458、505、512、
　　518、519、520、524、538、539、546、573、577、578、579、581、582、583、584、
　　618、625、638、642、685。

拉林，尤·（卢里叶，米哈伊尔·亚历山德罗维奇）（Ларин, Ю.（Лурье,
　　Михаил Александрович）1882—1932）——1900 年参加俄国社会民主主义
　　运动。1904 年起为孟什维克。斯托雷平反动时期和新的革命高涨年代是
　　取消派领袖之一，参加了"八月联盟"。第一次世界大战期间是中派分子。
　　1917 年二月革命后领导出版《国际》杂志的孟什维克国际主义派。1917 年
　　8 月加入布尔什维克党。十月革命后在最高国民经济委员会、国家计划委
　　员会任职。—— 92、129、156、157、184、196、238、428。

拉缅斯基，А.П.（Раменский, А.П. 1845—1924）——1873—1882 年在俄国辛
　　比尔斯克当教师，后为奥伦堡-奥尔斯克区国民学校学监和彼尔姆国民学
　　校校长。1917 年起为辛比尔斯克省档案馆研究员。——463。

拉齐斯，马尔丁·伊万诺维奇（苏德拉布斯，扬·弗里德里霍维奇）（Лацис,
　　Мартын Иванович（Судрабс, Ян Фридрихович）1888—1938）——1905 年加
　　入俄国社会民主工党。十月革命后任内务人民委员部部务委员、全俄肃反
　　委员会会务委员、全乌克兰肃反委员会主席、盐业总管理局局务委员和局
　　长。——96、208、602。

拉舍维奇，米哈伊尔·米哈伊洛维奇（Лашевич, Михаил Михайлович 1884—
　　1928）——1901 年加入俄国社会民主工党。1918 年 11 月—1919 年 3 月
　　任第 3 集团军司令，后任东方面军和南方面军革命军事委员会委员。在党

的第七次代表大会上当选为中央委员。——190、226、385、563、585、597、602、609、612、615、616、617、635、638、644。

拉斯科尔尼科夫，费多尔·费多罗维奇（Раскольников, Федор Федорович 1892—1939）——1910 年加入俄国社会民主工党。十月革命后任副海军人民委员、共和国革命军事委员会委员、东方面军革命军事委员会委员、伏尔加河—里海区舰队和波罗的海舰队司令。——183、239、253、273、382、588、622。

拉泰尔，尼古拉·约瑟福维奇（Раттель, Николай Иосифович 1875—1938）——沙俄将军，十月革命后转向苏维埃政权。1917 年 11 月起先后任最高总司令大本营军事交通主任、最高军事委员会军事交通局局长、最高军事委员会参谋长、共和国革命军事委员会野战司令部参谋长。1918 年 10 月起任全俄总参谋部参谋长。1921 年起改做经济工作。——589、637。

拉图卡，尤卡（Latukka, Jukka 1884—1925）——芬兰新闻工作者。1904 年起为芬兰社会民主党党员，后为共产党员。1918 年芬兰革命失败后住在彼得格勒。1917 年秋，列宁最后一次转入地下期间就住在他家里。——277。

拉维奇，索菲娅·瑠莫夫娜（Равич, София Наумовна 1879—1957）——1903 年加入俄国社会民主工党，曾在哈尔科夫、彼得堡和国外做党的工作。十月革命后从事党和苏维埃工作。1921 年任内务人民委员部部务委员。——416。

拉希亚，埃诺·阿布拉莫维奇（Рахья, Эйно Абрамович 1885—1936）——俄国和芬兰革命运动的积极参加者。1903 年加入俄国社会民主工党。1917 年七月事变期间积极参加秘密护送列宁到芬兰的工作，10 月又护送列宁回国。1918 年芬兰革命时期指挥赤卫队。1919 年是同尤登尼奇作战的兵团指挥员。国内战争结束后从事军事工作。芬兰共产党中央委员。——43、236。

莱特伊仁，加甫里尔·达维多维奇（林多夫）（Лейтейзен, Гавриил Давидович （Линдов）1874—1919）——俄国社会民主党人，火星派分子。19 世纪 90 年代开始革命活动，20 世纪初侨居国外，加入劳动解放社，后又参加国外俄国社会民主党人联合会。曾为《火星报》和《曙光》杂志撰稿。1903 年俄国社会民主工党第二次代表大会后是布尔什维克,为《前进报》、《无产者报》等布尔什维克报刊撰稿。1907 年在党的第五次(伦敦)代表大会上当选为中央委员。斯托雷平反动时期和新的革命高涨年代参加党中央委员会俄国局的工作。1917 年二月革命后一度持孟什维克国际主义者立场,追随新生活派。1918 年初回到布尔什维克党内。同年 8 月起为东方面军第 4 集团军革命军事委员会委员。1919 年 1 月 20 日在前线被白卫分子杀害。——417。

莱特伊仁,莫里斯·加甫里洛维奇(Лейтейзен, Морис Гаврилович 1897 — 1939)——加·达·莱特伊仁的儿子。1917 年 3 月加入俄国社会民主工党(布)。1918 年在苏俄驻瑞士公使馆工作,后被派往斯德哥尔摩。1918 年底在赴莫斯科途中因涉嫌宣传革命在芬兰被捕。经苏俄政府再三要求,于 1919 年获释。1923 年以前在外交人民委员部工作。——87、334、451。

兰德尔,卡尔·伊万诺维奇(Ландер, Карл Иванович 1883 — 1937)——1905 年加入俄国社会民主工党。1918—1919 年任俄罗斯联邦国家监察人民委员。1920 年任高加索方面军特别部主任、全俄肃反委员会驻顿河流域和北高加索的特命全权代表。——267、432、439。

劳合—乔治,戴维(Lloyd George, David 1863 — 1945)——英国国务活动家和外交家,自由党领袖。1890 年起为议员。1905 — 1908 年任商业大臣,1908—1915 年任财政大臣。对英国政府策划第一次世界大战的政策有很大影响。曾提倡实行社会保险等措施,企图利用谎言和许诺来阻止工人阶级建立革命政党。1916—1922 年任首相,残酷镇压殖民地和附属国的民族解放运动;是武装干涉和封锁苏维埃俄国的鼓吹者和策划者之一。曾参加 1919 年巴黎和会,是凡尔赛和约的炮制者之一。——541、543。

雷宗(Рейзон)——当时是苏俄第 8 集团军军事革命委员会委员。——39。

李卜克内西,卡尔(Liebknecht, Karl 1871 — 1919)——德国和国际工人运动活动家,德国社会民主党左翼领袖之一。第一次世界大战期间持革命的国际主义立场,是国际派(后改称斯巴达克派和斯巴达克联盟)的组织者和领导人之一。1916 年因领导五一节反战游行示威被捕入狱。1918 年 10 月出狱,领导了 1918 年十一月革命,与卢森堡一起创办《红旗报》,同年底领导建立德国共产党。1919 年 1 月柏林工人斗争被镇压后,于 15 日被捕,当天惨遭杀害。——185、283、335、345、459。

李可夫，阿列克谢·伊万诺维奇（Рыков，Алексей Иванович 1881—1938）——1899 年加入俄国社会民主工党。曾在萨拉托夫、莫斯科、彼得堡等地做党的工作。斯托雷平反动时期对取消派、召回派和托洛茨基分子采取调和主义态度。十月革命后任内务人民委员、最高国民经济委员会主席（曾兼任国防委员会军需特派员）、人民委员会和劳动国防委员会副主席、人民委员会主席等职。1923—1930 年为党中央政治局委员。——113、134、138、140、151、154、220、297、558、588、643。

李维诺夫，马克西姆·马克西莫维奇（Литвинов，Максим Максимович 1876—1951）——1898 年加入俄国社会民主工党。1900 年任党的基辅委员会委员。1901 年被捕，在狱中参加火星派，1902 年 8 月越狱逃往国外。作为《火星报》代办员，曾担任向国内运送《火星报》的工作。是俄国革命社会民主党人国外同盟的领导成员，出席了同盟第二次代表大会。1903 年俄国社会民主工党第二次代表大会后是布尔什维克。1905 年参加了布尔什维克第一份合法报纸《新生活报》的出版工作。1908 年起任布尔什维克伦敦小组书记。1914 年 6 月起为俄国社会民主工党中央委员会驻社会党国际局的代表。十月革命后在外交部门担任负责工作。——328、541。

里茨勒尔，库尔特（吕多费尔）（Ritzler，Kurt（Ruedorffer）1882—1955）——当时是德国驻苏俄代理外交代表。——193、227。

里夫林娜，Е.И.（Ривлина，Е.И.1874—1957）——1908 年加入俄国社会民主工党，同年起侨居瑞士；1913—1915 年任布尔什维克洛桑支部书记。受列宁委派，曾和瑞士社会党人商谈有关他们参加第一次齐美尔瓦尔德代表会议的问题。十月革命后在莫斯科做党的工作和编辑出版工作，曾任《莫斯科苏维埃消息报》编辑部秘书。——103。

里津坎普夫，Г.К.（Ризенкампф，Г.К.1886—1943）——教授。1918—1919 年任俄罗斯联邦最高国民经济委员会灌溉工程局局务委员会主席和技术局长。后从事科研和教学工作。——376。

里亚比宁（Рябинин）——411。

利特温年科（Литвиненко 死于 1922 年）——乌克兰社会革命共产党（斗争派）领导人之一。1919 年作为斗争派中央委员会代表参加乌克兰人民委员会,任财政人民委员。1920 年 3 月加入俄共(布)。1922 年秋被佩特留拉匪帮枪杀。——581。

利托林,И.В.(Литорин,И.В.)——1905 年加入俄国社会民主工党。1918—1919 年任诺夫哥罗德省粮食委员。1919 年 5 月起任西方面军第 7 集团军区粮食委员会主席。——554。

莉迪娅·亚历山德罗夫娜——见福季耶娃,莉迪娅·亚历山德罗夫娜。

列别捷夫(Лебедев)——1919 年是苏俄科斯特罗马省科洛格里夫县哈尔布日乡农民代表苏维埃执行委员会秘书。——569。

列别捷夫,谢苗·伊万诺维奇(Лебедев,Семен Иванович)——1918 年任苏俄坦波夫省捷姆尼科夫苏维埃主席。——194—195。

列多夫斯基,В.И.(Ледовский,В.И.生于 1886 年)——1918 年 5 月起任莫斯科交通区政治委员,后任中央运输部门教育管理局局长。——236。

列金,卡尔(Legien,Karl 1861—1920)——德国右派社会民主党人,德国工会领袖之一。1890 年起任德国工会总委员会主席。1903 年起任国际工会书记处书记,1913 年起任主席。1893—1920 年(有间断)为德国社会民主党国会议员。第一次世界大战期间是社会沙文主义者。1918 年十一月革命期间同其他右派社会民主党人一起推行镇压革命运动的政策。——185。

列辛斯基,В.М.(Лещинский,В.М. 1887—1919)——俄国通讯工程师。1916—1918 年是特维尔无线电接收台台长。1918 年与米·亚·邦契-布鲁耶维奇一起建立了下诺夫哥罗德无线电实验室,同年 8 月起任该实验室主任。——675、676。

林多夫——见莱特伊仁,加甫里尔·达维多维奇。

龙格,让(Longuet,Jean 1876—1938)——法国社会党和第二国际领袖之一,政论家;沙尔·龙格和燕妮·马克思的儿子。19 世纪末至 20 世纪初积极为法国和国际的社会主义报刊撰稿。第一次世界大战期间领导法国社会党中派和平主义少数派;是法国中派分子的报纸《人民报》的创办人(1916)和编辑之一。反对法国社会党加入共产国际,反对建立法国共产党。1921 年起是第二半国际执行委员会委员。1923 年起是社会主义工人国际领导人之一。——334。

卢布宁,М.В.(Лубнин,М.В. 1876—1956)——1900—1906 年在俄国维亚特

卡省科萨村担任小学校长。1906 年因涉嫌在农民中进行革命鼓动而被流放到沃洛格达省。1909 年起从事教学工作。1918 年在维亚特卡省科捷利尼奇当教员。后一直从事教学工作。——271—272。

卢布宁娜,Д.С.(Лубнина,Д.С.死于 1944 年)——М.В.卢布宁的妻子,医务工作者。——271。

卢甘诺夫斯基(**波尔图盖斯**),埃马努伊尔·维克多罗维奇(Лугановский (Португейс),Эммануил Викторович 1885—1940)——1902 年加入俄国社会民主工党。1917 年 12 月—1918 年 5 月参加乌克兰苏维埃政府。1918 年 10 月起是俄罗斯联邦粮食人民委员部特派员。1919—1921 年在劳动国防委员会和最高国民经济委员会工作。——69、71、73。

卢科亚诺夫,Ф.Н.(Лукоянов,Ф.Н.)——当时是苏俄乌拉尔州肃反委员会主席。——206。

卢那察尔斯基,阿纳托利·瓦西里耶维奇(Луначарский,Анатолий Васильевич 1875—1933)——19 世纪 90 年代初参加俄国社会民主主义运动。俄国社会民主工党第二次代表大会后是布尔什维克。曾先后参加布尔什维克的《前进报》、《无产者报》和《新生活报》编辑部。斯托雷平反动时期脱离布尔什维克,参加"前进"集团;在哲学上宣扬造神说和马赫主义。第一次世界大战期间持国际主义立场。1917 年二月革命后参加区联派,在俄国社会民主工党(布)第六次代表大会上随区联派集体加入布尔什维克党。十月革命后任教育人民委员、苏联中央执行委员会学术委员会主席等职。——133、216、217、317、549、557。

卢森堡,罗莎(尤尼乌斯)(Luxemburg,Rosa(Junius)1871—1919)——德国、波兰和国际工人运动活动家,德国社会民主党和第二国际左翼领袖和理论家之一。生于波兰。1893 年参与创建波兰王国社会民主党,为党的领袖之一。1898 年移居德国,积极参加德国社会民主党的活动,反对伯恩施坦主义和米勒兰主义。曾参加俄国第一次革命(在华沙)。1907 年在伦敦参加俄国社会民主工党第五次(伦敦)代表大会,在会上支持布尔什维克。斯托雷平反动时期和新的革命高涨年代对取消派采取调和主义态度。1912 年波兰王国和立陶宛社会民主党分裂后,曾谴责最接近布尔什维克的所谓分裂派。第一次世界大战期间持国际主义立场,是建立国际派(后改称斯巴达克派和斯巴达克联盟)的发起人之一。参加领导了德国1918年十一月革命,同年底参与领导德国共产党成立大会,作了党纲报告。1919年1月柏林工人斗争被镇压后,于15日被反革命军队逮捕和杀害。——185、283、335、459。

卢托维诺夫,尤里·赫里桑福维奇(Лутовинов, Юрий Хрисанфович 1887—1924)——1904年加入俄国社会民主工党。十月革命后在顿河流域和乌克兰积极参加国内战争。1920年起任五金工会中央委员会委员和全俄中央执行委员会主席团委员;是全俄工会中央理事会主席团委员。1920—1921年工会问题争论期间是工人反对派的骨干分子。1921年被撤销工会负责职务,任命为俄罗斯联邦驻德国副商务代表。——547。

卢泽尔,列昂尼德·伊萨科维奇(Рузер, Леонид Иссакович 1881—1959)——1899年加入俄国社会民主工党。1917年12月任罗马尼亚战线、黑海舰队和敖德萨地区苏维埃中央执行委员会副主席。1918年1月是敖德萨武装起义领导人之一。1918—1919年任粮食人民委员部产品分配总管理局局务委员会主席。1921—1923年任工农检查人民委员部部务委员和副人民委员、小人民委员会委员。——570。

鲁卡维什尼科夫(Рукавишников)——俄共(布)党员。——456。

鲁勉采夫,伊万·彼得罗维奇(Румянцев, Иван Петрович 1886—1937)——1905年加入俄国社会民主工党。1918年在东方面军做政治工作。——294。

鲁祖塔克,扬·埃内斯托维奇(Рудзутак, Ян Эрнестович 1887—1938)——1905年加入俄国社会民主工党。十月革命后担任工会领导工作,后任最高国民经济委员会主席团委员、水运总管理局局长、中央纺织工业委员会主席、运输工会中央委员会主席、全俄工会中央理事会总书记、全俄中央执行委员会和俄罗斯联邦人民委员会土耳其斯坦事务委员会主席、俄共(布)中央委员会土耳其斯坦局主席。1922—1924年任俄共(布)中央委员会中亚局主席。1920年起为俄共(布)中央委员。——308、530。

吕贝尔萨克,让(Lubersac, Jean)——法国军官,伯爵,君主派分子;1917—1918年法国驻俄国军事使团的成员。——110。

吕勒,奥托(Rühle, Otto 1874—1943)——德国左派社会民主党人,政论家和教育家。1912 年起为帝国国会议员。第一次世界大战期间持国际主义立场,在国会中投票反对军事拨款。1919 年加入德国共产党。德共分裂后,1920 年初参与创建德国共产主义工人党,后因进行破坏党的统一的活动,被开除出德国共产主义工人党,重新回到社会民主党。——185。

吕特兰,巴伦德(Luteraan, Barend 生于 1878 年)——荷兰社会民主党人,新闻工作者。第一次世界大战期间持国际主义立场。1911—1916 年参加荷兰社会民主党中央执行委员会。后为荷兰独立社会党和共产主义工人党党员。第二次世界大战后为劳动党党员。——52。

伦克维斯特(Renqvist)——358。

罗宾斯,雷蒙德(Robins, Raymond 1873—1954)——美国社会活动家,上校;职业是律师。1917—1918 年是美国红十字会驻俄国代表团的领导人,作为红十字会的代表会见了列宁。——34—35、119、136。

罗尔巴赫,保尔(Rohrbach, Paul 生于 1869 年)——德国政治活动家和政论家,德国帝国主义兼并意图最露骨的表达者之一。1914—1918 年进行复仇主义的军国主义宣传。——123。

罗季昂诺夫,Г.Г.(Родионов, Г.Г.)——当时是苏俄下诺夫哥罗德省谢尔加奇县苏维埃主席。——119。

罗加乔夫(Рогачев)——691。

罗曼诺夫(Романов)——尼古拉二世的亲属。——343。

罗曼诺夫,伊万·罗曼诺维奇(Романов, Иван Романович 1881—1919)——俄国工人,布尔什维克。1898 年参加俄国革命运动,后加入俄国社会民主工党。1907 年当选为第二届国家杜马代表。杜马解散后侨居比利时,后住在法国。1917 年 6 月回国。十月革命期间任下诺夫哥罗德军事革命委员会主席。十月革命后任下诺夫哥罗德工兵农代表苏维埃执行委员会主席。——253、497、660。

罗普(Ропп)——波兰天主教会驻彼得格勒代表,莫吉廖夫的大主教。——447。

罗日柯夫,尼古拉·亚历山德罗维奇(Рожков, Николай Александрович 1868—1927)——俄国历史学家和政论家。1905 年初加入俄国社会民主工党,布尔什维克。1905—1907 年革命失败后成为取消派的思想领袖之一,为《我们的曙光》杂志撰稿,编辑孟什维克取消派的《新西伯利亚报》。1917 年二月革命后加入孟什维克党,当选为该党中央委员。敌视十月革命,在外国武装干涉和国内战争时期反对苏维埃政权。20 年代初因与孟什维克的反苏维埃活动有关而两次被捕。1922 年同孟什维克决裂。后来在一些高等院校和科研机关工作。——439——440。

罗森费尔德,尼古拉·Б.(Розенфельд,Николай Б.)——俄国画家。——133。

罗森霍尔茨,阿尔卡季·巴甫洛维奇(Розенгольц,Аркадий Павлович 1889——1938)——1905 年加入俄国社会民主工党。国内战争时期担任一些集团军和方面军的革命军事委员会委员。1920——1921 年工会问题争论期间支持托洛茨基的纲领。1921——1922 年任财政人民委员部部务委员。——437、585、612。

罗休普金,基里尔(Рощупкин,Кирилл)——85。

罗泽,Я.Я.(Розе,Я.Я.)——当时是全俄中央执行委员会委员。——113。

洛蒂,皮埃尔(Loti,Pierre 1850——1923)——法国作家,海军军官。——334。

洛里欧,斐迪南(Loriot,Ferdinand 1870——1930)——法国社会党人。第一次世界大战期间是国际主义者,在昆塔尔代表会议上加入齐美尔瓦尔德左派。1920——1927 年是法国共产党党员。共产国际第三次代表大会代表。——8、398。

洛伦茨,И.Л.(Лоренц,И.Л. 1890——1941)——1919 年加入俄共(布)。1918 年任俄罗斯联邦驻柏林全权代表处秘书。1919 年参加共产国际第一次代表大会秘书处的工作。1919——1920 年在西方面军任第 15 集团军炮兵副政委和政委。后在外交部门担任负责工作。——468。

洛莫夫,阿·(奥波科夫,格奥尔吉·伊波利托维奇)(Ломов,А.(Оппоков,Георгий Ипполитович)1888——1938)——1903 年加入俄国社会民主工党。1918——1921 年任最高国民经济委员会主席团委员和副主席,林业总委员会主席。——486、570。

M

马尔赫列夫斯基,尤利安·约瑟福维奇(Marchlewski,Julian(Мархлевский,Юлиан Юзефович)1866——1925)——波兰和国际工人运动活动家。波兰王

国和立陶宛社会民主党的组织者和领导人之一。曾帮助列宁组织出版《火星报》。在华沙积极参加俄国 1905—1907 年革命。1907 年在俄国社会民主工党第五次（伦敦）代表大会上当选为候补中央委员。1909 年起主要在德国社会民主党内工作。第一次世界大战期间参与创建斯巴达克联盟。1918 年来到苏俄，担任全俄中央执行委员会委员直到逝世。执行过许多重要的外交使命。1919 年当选为德国共产党中央委员。参与创建共产国际。1920 年为俄共（布）中央委员会波兰局成员、波兰临时革命委员会主席。——638。

马尔金，尼古拉·格里戈里耶维奇（Маркин，Николай Григорьевич 1893—1918）——1916 年加入俄国布尔什维克党。积极参加彼得格勒十月武装起义。1917 年 11 月任外交人民委员部秘书和检查员。1918 年 6 月在下诺夫哥罗德领导组建伏尔加河区舰队，8 月起任区舰队司令助理。在战斗中牺牲。——253。

马尔科夫，帕维尔·德米特里耶维奇（Мальков，Павел Дмитриевич 1887—1965）——1904 年加入俄国社会民主工党。1917 年二月革命后任党的赫尔辛福斯委员会委员和波罗的海舰队中央委员会委员。曾指挥攻打冬宫的水兵部队。1917 年 10 月 29 日（11 月 11 日）起任斯莫尔尼宫警卫长，1918 年 3 月—1920 年任莫斯科克里姆林宫警卫长。1920 年应征上前线，在第 15 集团军工作。——312、468。

马尔托夫，尔·（策杰尔包姆，尤利·奥西波维奇）（Мартов，Л.（Цедербаум，Юлий Осипович）1873—1923）——俄国孟什维克领袖之一。1895 年参与组织彼得堡工人阶级解放斗争协会。1900 年参与创办《火星报》，为该报编辑部成员。在俄国社会民主工党第二次代表大会上领导机会主义少数派，反对列宁的建党原则；会后成为孟什维克领袖之一。斯托雷平反动时期和新的革命高涨年代是取消派分子，编辑《社会民主党人呼声报》。参与组织"八月联盟"。第一次世界大战期间是中派分子。1917 年二月革命后领导孟什维克国际主义派。十月革命后反对镇压反革命和解散立宪会议。1919 年当选为全俄中央执行委员会委员，1919—1920 年为莫斯科苏维埃代表。1920 年 9 月侨居德国，在柏林创办和编辑孟什维克杂志《社会主义通报》。——338。

马赫罗夫斯基，К.А.（Махровский，К.А.）——当时任俄罗斯联邦石油总委员会会务委员。——219—220。

马赫诺，涅斯托尔·伊万诺维奇（Махно，Нестор Иванович 1889—1934）——乌克兰无政府主义农民武装队伍的首领。这支队伍根据政治和军事形势的变化随风转舵，时而打击白卫军，时而打击红军。1919年上半年，乌克兰重建苏维埃政权后，反对无产阶级专政。1921年春马赫诺的队伍被苏维埃军队彻底歼灭，马赫诺本人逃往国外。——506、547。

马卡里（Макарий）——曾任莫斯科都主教。——675。

马克思，卡尔（Marx，Karl 1818—1883）——科学共产主义的创始人，世界无产阶级的领袖和导师。——317、318、319、396、687。

马雷舍夫，谢尔盖·瓦西里耶维奇（Малышев，Сергей Васильевич 1877—1938）——1902年加入俄国社会民主工党。十月革命后在劳动人民委员部和粮食人民委员部工作。1918年曾以北方区域公社联盟特派员的身份领导伏尔加河流域以商品交换粮食的流动驳船商队。1920—1921年为土耳其斯坦方面军革命军事委员会特派员。——271、304。

马林诺夫斯基，帕维尔·彼得罗维奇（Малиновский，Павел Петрович 1869—1943）——1904年加入俄国社会民主工党。十月革命后任莫斯科苏维埃文物保护委员会主席、克里姆林宫民政委员。1918年3月起代理共和国国有产业人民委员的职务。1921年起先后在国家计划委员会和建筑部门工作。——132、133。

玛丽亚·费多罗夫娜——见安德列耶娃，玛丽亚·费多罗夫娜。

迈尔（Mayer）——德国共产党党员。——369。

迈纳，罗伯特（巴利斯特，J.）（Minor，Robert（Ballister，J.）1884—1952）——美国社会主义者，新闻工作者和画家。拥护俄国十月革命，到过莫斯科。曾参加在莫斯科出版的在英美武装干涉军中散发的《呼声报》编辑工作。1920年返回美国，加入美国共产党，为该党领导人之一。曾任美共中央机关报《工人日报》编辑。——278。

曼，汤姆（Mann，Tom 1856—1941）——英国工人运动活动家。第一次世界大战期间持国际主义立场。1916年加入英国社会党。俄国十月革命后是"不准干涉苏俄！"运动的领导人之一。1920年是英国共产党的创建人之一。──8。

曼纳,库勒沃(Manner,Kullervo 1880—1936)──1905 年加入芬兰社会民主党,1917—1918 年任党的主席。1918 年芬兰革命时期领导革命政府──人民代表委员会。──59、68。

曼努伊尔斯基,德米特里·扎哈罗维奇(Мануильский,Дмитрий Захарович 1883—1959)──1903 年加入俄国社会民主工党。1907 年底流亡法国。斯托雷平反动时期参加"前进"集团。第一次世界大战期间持国际主义立场,但向中派动摇。1917 年 5 月回国后加入布尔什维克党。1918 年布列斯特和约缔结后,参加了同乌克兰中央拉达的和平谈判。1919 年领导俄罗斯联邦驻法国的红十字会代表团。1919—1922 年任全乌克兰革命委员会委员、乌克兰苏维埃社会主义共和国农业人民委员、乌克兰共产党(布)中央委员会书记等职。──117、118、683。

梅德维捷夫,谢尔盖·巴甫洛维奇(Медведев,Сергей Павлович 1885—1937)──1900 年加入俄国社会民主工党。1918 年 7 月起在东方面军任职。1918 年 9 月—1919 年 1 月任第 1 集团军革命军事委员会委员。──287。

梅霍诺申,康斯坦丁·亚历山德罗维奇(Мехоношин,Константин Александрович 1889—1938)──1913 年加入俄国布尔什维克党。十月革命期间任彼得格勒军事革命委员会委员。1917 年 12 月被任命为副陆军人民委员。1918 年 1 月起任全俄工农红军建军委员会委员,后任东方面军、南方面军和里海—高加索方面军革命军事委员会委员,共和国革命军事委员会委员,第 11 独立集团军革命军事委员会委员。1921 年任鱼品工业总管理局局务委员。──43、48、210、212、239、344、515、522、571、588。

梅江采夫,И.Ф.(Медянцев,И.Ф.生于 1889 年)──俄罗斯联邦共和国革命军事委员会副主席埃·马·斯克良斯基的处理特别事务的秘书。──515、635。

梅捷列夫,亚历山大·杰尼索维奇(Метелев,Александр Денисович 1893—1937)──1912 年加入俄国布尔什维克党。1918 年 6 月—8 月初任阿尔汉格尔斯克省执行委员会委员,后为第 6 集团军政治工作人员、奔萨省执行委员会委员。1921 年为全俄中央执行委员会房屋管理处主任。

——254。

梅利尼昌斯基,格里戈里·纳坦诺维奇(Мельничанский, Григорий Натанович 1886—1937)——1902 年加入俄国社会民主工党。十月革命期间任莫斯科军事革命委员会委员。十月革命后任莫斯科省工会理事会主席和全俄工会中央理事会主席团委员,1918—1920 年代表全俄工会中央理事会任工农国防委员会委员。——592、593、598、611。

梅林,弗兰茨(Mehring, Franz 1846—1919)——德国工人运动活动家,德国社会民主党左翼领袖和理论家之一,历史学家和政论家,德国共产党创建人之一。1891 年加入德国社会民主党,担任党的理论刊物《新时代》杂志撰稿人和编辑,1902—1907 年任《莱比锡人民报》主编,反对第二国际的机会主义和修正主义,批判考茨基主义。第一次世界大战爆发后是国际派的组织者和领导人之一。欢迎俄国十月革命,撰文驳斥对十月革命的攻击,维护苏维埃政权。在整理出版马克思、恩格斯和拉萨尔的遗著方面做了大量工作。——232、318。

梅日劳克,瓦列里·伊万诺维奇(Межлаук, Валерий Иванович 1893—1938)——1907 年参加俄国革命运动。1917 年 3—6 月为孟什维克国际主义者,同年 7 月加入俄国社会民主工党(布)。在哈尔科夫积极参加十月革命。1918—1920 年任乌克兰副财政人民委员,顿涅茨-克里沃罗格共和国财政人民委员,喀山省军事委员,第 5、第 10、第 14 和第 2 集团军革命军事委员会委员,南方面军革命军事委员会委员,乌克兰陆军人民委员,图拉筑垒地域革命军事委员会委员。1920 年起担任行政和经济领导工作。——84、442、547、564、579、584、587、592、593、605。

梅什金,П.П.(Мышкин, П.П. 1887—约 1924)——1917 年加入俄国社会民主工党(布)。1917—1918 年是察里津苏维埃委员,后为察里津执行委员会委员。1919 年任察里津肃反委员会主席。——474。

美列涅夫斯基,马里安·伊万诺维奇(巴索克)(Меленевский, Мариан Иванович (Басок) 1879—1938)——乌克兰小资产阶级民族主义者,孟什维克,乌克兰社会民主联盟("斯皮尔卡")的领导人之一。1912 年曾参加在维也纳召开的反布尔什维克的八月代表会议。第一次世界大战期间是资产阶级民族主义组织"乌克兰解放协会"的骨干分子。十月革命后从事经济工作。

缅齐科夫斯基，А.Л.（Менциковский，А.Л.）——当时是俄罗斯联邦战俘事务委员。——62。

敏金，亚历山大·叶列梅耶维奇（Минкин，Александр Еремеевич 1887—1955）——1903 年加入俄国社会民主工党。十月革命后任党的奔萨省委书记和奔萨省执行委员会主席、国家有价证券印刷厂奔萨分厂政治委员、国家纸币印刷厂管理局所属彼尔姆厂政治委员、彼尔姆省委书记和省执行委员会主席等职。——152、183、187、262、263—264、275、282、290、662。

明仁斯基，维亚切斯拉夫·鲁道福维奇（Менжинский，Вячеслав Рудольфович 1874—1934）——1902 年加入俄国社会民主工党。十月革命后任财政人民委员。1918—1919 年任俄罗斯联邦驻柏林总领事。1919 年起在全俄肃反委员会工作。——143—145。

莫克耶夫（Мокеев）——301。

莫里斯——见莱特伊仁，莫里斯·加甫里洛维奇。

莫罗佐夫（Морозов）——383。

莫纳斯特尔斯基，Б.И.（Монастырский，Б.И. 1892—1964）——1919 年加入俄共（布）。1918 年是粮食人民委员部驻乌拉尔和维亚特卡省特派员。1919 年 3 月起先后任乌克兰粮食人民委员部部务委员和鄂木斯克省粮食委员会主席。后担任经济领导工作。——284。

穆尔，卡尔（Moor，Karl 生于 1853 年）——德国社会民主党人。第一次世界大战期间曾协助政治流亡者取得在瑞士的"居住权"。1917 年住在斯德哥尔摩。俄国十月革命后住在莫斯科。——372。

穆克列维奇，Р.А.（Муклевич，Р.А.）——当时是苏俄边防特派员。——325。

穆拉洛夫，尼古拉·伊万诺维奇（Муралов，Николай Иванович 1877—1937）——1903 年加入俄国社会民主工党。十月革命期间是莫斯科军事革命委员会委员和革命司令部成员。1919—1920 年任东方面军、第 3 和第 12 集团军革命军事委员会委员。1920 年 8 月起任农业人民委员部部务委员。1921 年 3 月起任莫斯科军区司令。——47、244、272、304、585、610、612。

穆拉维约夫，米哈伊尔·阿尔捷米耶维奇（Муравьев，Михаил Артемьевич 1880—1918）——沙俄中校（1917）。1917 年起为左派社会革命党人。十月革命期间转为苏维埃政权服务。1918 年初指挥同乌克兰中央拉达和卡列金作战的部队,同年6月被任命为东方面军总司令。左派社会革命党人发动叛乱后背叛苏维埃政权,于7月10日在辛比尔斯克发动叛乱。武装拒捕时被击毙。——67、84、210、212、655。

穆拉温(Муравин)——626。

穆什凯托夫,伊万·瓦西里耶维奇(Мушкетов, Иван Васильевич 1850—1902)——俄国地质学家和地理学家,彼得堡矿业学院院长。——694。

穆欣,Н.(Мухин, Н.)——1918年是俄罗斯联邦石油总委员会的职员。——326。

N

纳察列努斯,谢尔盖·巴甫洛维奇(Нацаренус, Сергей Павлович 1883—1938)——1904年加入俄国社会民主工党。1918年先后为摩尔曼斯克—白海边疆区和彼得格勒军区军事特派员。历任第7、第14和第15集团军革命军事委员会委员。1919年7月被任命为哈尔科夫军区军事委员。后在苏维埃和经济部门担任领导工作。1921年任俄罗斯联邦驻土耳其代表。——192、211、231、248—249、259、601、604、605、609。

娜捷施达·康斯坦丁诺夫娜——见克鲁普斯卡娅,娜捷施达·康斯坦丁诺夫娜。

南森,弗里特奥夫(Nansen, Fridtjof 1861—1930)——挪威海洋地理学家,北极考察家,社会活动家。第一次世界大战期间曾从事改善各国战俘状况的工作。战后任国际联盟战俘事务高级专员。同情苏俄。1921年苏维埃俄国饥荒时期参与组织国际赈济饥民委员会。——536、541—543。

瑙莫维奇,格里戈里(Наумович, Григорий)——313。

尼尔森,玛丽·索菲(Nielsen, Marie Sophie 1875—1951)——丹麦工人运动女活动家。1916—1918年任丹麦社会民主党总执行委员会委员,后积极参与创建社会主义工人党,该党党员后来加入1919年11月成立的丹麦共产党。曾参加共产国际的工作。——398。

尼基福罗夫,彼得·米哈伊洛维奇(Никифоров, Петр Михайлович 1882—1974)——1904年加入俄国社会民主工党。1917年8月起任符拉迪沃斯托克苏维埃执行委员会副主席、俄国社会民主工党(布)远东边疆区局成员。1918年4月起任符拉迪沃斯托克政治委员。1918—1920年被关在高尔察克监狱中。1920—1922年任俄共(布)远东边疆区委员会主席、中央委员会远东局成员、远东共和国部长会议主席。——658。

尼基京，В.Ф.(Никитин，В.Ф.生于1889年)——1918年是苏俄维亚特卡省科捷利尼奇执行委员会委员和肃反委员会主席。——272。

尼姆维茨基，波里斯·尼古拉耶维奇(Нимвицкий，Борис Николаевич 生于 1885年)——1905年加入俄国社会民主工党。1917年是彼得格勒苏维埃委员、党的彼得堡委员会委员、科尔皮诺革命委员会主席。1918年2月起在乌法担任党、苏维埃和经济领导工作，曾任乌法省革命委员会主席。——446。

涅夫斯基，弗拉基米尔·伊万诺维奇(**克里沃博科夫，费奥多西·伊万诺维奇**)(Невский，Владимир Иванович(Кривобоков，Феодосий Иванович) 1876—1937)——1897年参加俄国社会民主主义运动，布尔什维克。曾在顿河畔罗斯托夫、莫斯科、彼得堡、沃罗涅日和哈尔科夫等城市做党的工作。积极参加1905—1907年革命，屡遭沙皇政府迫害。1913年被增补为候补中央委员。参加了第四届国家杜马的竞选运动。十月革命后担任苏维埃和党的负责工作以及科研教学工作，历任副交通人民委员、交通人民委员、全俄中央执行委员会主席团委员和副主席、斯维尔德洛夫共产主义大学校长等职。——56、172、173、251、257、314、390、404、433、466、640、681。

诺根，维克多·巴甫洛维奇(Ногин，Виктор Павлович 1878—1924)——1898年加入俄国社会民主工党，布尔什维克。曾在国内外做党的工作，是《火星报》代办员。积极参加1905—1907年革命。1907年在党的第五次(伦敦)代表大会上当选为中央委员。斯托雷平反动时期对孟什维克取消派采取调和主义态度。第一次世界大战期间在莫斯科和萨拉托夫的地方自治机关工作，为《莫斯科合作社》等杂志撰稿。1917年二月革命后先后任莫斯科苏维埃副主席和主席。十月革命后历任工商业人民委员、副劳动人民委员、最高国民经济委员会主席团委员、纺织企业总管理委员会主席、全俄纺织辛迪加管理委员会主席、红色工会国际国际执行局成员、全俄中央执行委员会土耳其斯坦事务委员会委员等职。曾任苏联中央执行委员会主席团委员。——240。

P

帕尔姆费尔特,保尔(Palmfelt,Paul)——芬兰共产党老战士胡尔杜尔·海科年的同事。——206。

帕尔钦斯基,彼得·伊阿基莫维奇(Пальчинский, Петр Иакимович 1875—1929)——俄国工程师。1917年二月革命后任临时政府工商业部副部长。十月革命后在工业部门组织破坏活动。——372。

帕尔乌斯(**格尔方德,亚历山大·李沃维奇**)(Парвус(Гельфанд, Александр Львович)1869—1924)——生于俄国,19世纪80年代移居国外。90年代末起在德国社会民主党内工作,属该党左翼;曾任《萨克森工人报》编辑。写有一些世界经济问题的著作。20世纪初参加俄国社会民主工党的工作,为《火星报》撰稿。俄国社会民主工党第二次代表大会后支持孟什维克的组织路线。1905年回到俄国,曾担任彼得堡工人代表苏维埃执行委员会委员,为孟什维克的《开端报》撰稿;同托洛茨基一起提出"不断革命论",主张参加布里根杜马,坚持同立宪民主党人搞交易。斯托雷平反动时期脱离俄国社会民主工党,后移居德国。第一次世界大战期间是社会沙文主义者和德国帝国主义的代理人。从事投机买卖,靠供应军需品发了财。1915年起在柏林出版《钟声》杂志。1918年脱离政治活动。——21。

帕林斯基,斯坦尼斯拉夫(Palinski,Stanislaw 1874—1921)——波兰工人运动活动家,波兰社会党党员。1917—1918年在苏俄彼尔姆省别列兹尼基制碱厂当车间主任,后返回波兰。——220。

帕纽什金,瓦西里·卢基奇(Панюшкин, Василий Лукич 1888—1960)——1907年加入俄国社会民主工党。1918年4月被派往图拉省担任镇压反革命的军事特派员,指挥武装工人和水兵部队,曾在东方战线工作,后被任命为驻伏尔加河流域和乌拉尔镇压反革命的军事特派员。1919—1920年在党中央机关任责任组织员和指导员。1921年因不理解新经济政策而退党,不久又回到党内。后在顿巴斯和最高国民经济委员会做经济工作。——159、173、199—200、229—230、245、247、248、493、498。

帕什科夫,И.В.(Пашков, И.В.)——1919年4月—1920年3月任苏俄图拉

省塞兹兰—维亚济马铁路和梁赞—乌拉尔铁路民警局局长。——420。

帕维尔·瓦西里耶维奇——见别尔津,扬·安东诺维奇。

派克斯,A.K.(Пайкес,A.K.1873—1958)——1917 年以前是孟什维克,1918
　　年加入俄共(布)。1918—1920 年任粮食人民委员部驻萨拉托夫省特派
　　员、国家监察人民委员部部务委员和工农检查院院务委员、西伯利亚革命
　　委员会委员。1921—1922 年先后任俄罗斯联邦驻中国和立陶宛全权代
　　表。——267、289、296、297。

佩尔希科娃,瓦连廷娜·B.(Першикова,Валентина B.约生于 1900 年)——
　　1919 年是苏俄察里津房管局的女职员。——474。

佩京,K.Г.(Петин,K.Г.生于 1887 年)——1918 年加入俄共(布)。1918 年
　　4—10 月为伏尔加河流域德意志人事务委员部委员,后任伏尔加河流域德
　　意志人居住区劳动公社执行委员会委员兼某部主任。——221。

佩列亚斯拉夫采夫(佩列斯拉夫斯基),M.A.(Переяславцев(Переславский),
　　M.A.生于 1888 年)——1905 年加入俄国社会民主工党。1918 年任奥廖
　　尔省执行委员会委员和党的奥廖尔省委员会主席团委员。曾领导镇压奥
　　廖尔省利夫内县富农和社会革命党人的暴动。后担任党和经济部门的领
　　导工作。——273。

佩卢索,埃德蒙多(Peluso,Edmondo 1882—1942)——意大利社会主义者,
　　侨民;1898—1913 年分别参加过一些国家的社会党和社会民主党。1916
　　年作为葡萄牙社会党的代表出席了昆塔尔代表会议。1918—1919 年参加
　　斯巴达克联盟,后加入巴伐利亚共产党。1921 年起为意大利共产党党员。
　　1923—1924 年是意大利共产党驻共产国际执行委员会的代表。1927 年
　　起作为政治侨民住在苏联。从事教学工作。——334—335。

佩斯特科夫斯基,斯坦尼斯拉夫·斯坦尼斯拉沃维奇(Пестковский,
　　Станислав Станиславович 1882—1937)——1902 年加入俄国社会民主工
　　党。1917 年 11 月—1919 年 6 月任民族事务人民委员部部务委员、副民族
　　事务人民委员。——653。

佩图霍夫(Петухов)——当时是苏俄卡卢加省莫萨利斯克县拉津基村的政
　　治委员。——496。

皮达可夫,格奥尔吉·列昂尼多维奇(Пятаков,Георгий Леонидович 1890—

1937)——1910 年加入俄国社会民主工党。1914—1917 年先后侨居瑞士和瑞典;曾参加伯尔尼代表会议,为《共产党人》杂志撰稿。1917 年二月革命后任党的基辅委员会主席和基辅工人代表苏维埃执行委员会委员。十月革命后任国家银行总委员。1918 年 12 月任乌克兰临时工农政府主席。1919 年任第 13 集团军革命军事委员会委员,1920 年曾在乌拉尔任第 1 劳动军革命军事委员会委员。1920 年起历任顿巴斯中央煤炭工业管理局局长、国家计划委员会和最高国民经济委员会副主席、驻法国商务代表、苏联国家银行管理委员会主席、副重工业人民委员、租让总委员会主席等职。1920—1921 年工会问题争论期间支持托洛茨基的纲领。——58、173—174、361、442、582、584。

皮雄,斯特凡·让·玛丽(Pichon,Stephan Jean Marie 1857—1933)——法国政治活动家和外交家。1917—1920 年任外交部长。——683。

皮尤里亚伊年,П.П.(Пюрияйнен,П.П.)——当时在苏俄图拉省劳动委员部工作。——260。

平松,Б.Д.(Пинсон,Б.Д.)——当时是苏俄格罗兹尼中央苏维埃代表。——375、376。

普尔温,П.Г.(Пурвин(Пурвинь),П.Г.死于 1918 年)——俄国水兵。1917 年 12 月被派往拉脱维亚组织武装部队。1918 年初是同卡列金作战的部队政委,同年 2 月在塔甘罗格牺牲。——34。

普拉夫金,亚历山大·格奥尔吉耶维奇(Правдин,Александр Георгиевич 1879—1938)——1899 年加入俄国社会民主工党。十月革命后至 1923 年任副内务人民委员。——172、192、246。

普拉滕,弗里德里希(弗里茨)(Platten,Friedrich(Fritz)1883—1942)——瑞士左派社会民主党人,后为共产党人;瑞士共产党的组织者之一。1912—1918 年任瑞士社会民主党书记。第一次世界大战期间是国际主义者,曾出席齐美尔瓦尔德代表会议和昆塔尔代表会议,参加齐美尔瓦尔德左派。1917 年 4 月是护送列宁从瑞士返回俄国的主要组织者。1919 年参加共产国际第一次代表大会,为大会主席团成员,曾为《共产国际》杂志撰稿。1921—1923 年任瑞士共产党书记。1923 年移居苏联。—— 53、158、265、471。

普赖斯，M.菲力浦斯（Price，M.Philips）——英国新闻工作者。1917年以《曼
　　彻斯特卫报》记者身份来到俄国。回国后写了一本回忆俄国革命的书。后
　　加入英国共产党，但不久退出该党，加入工党。——278。

普雷舍夫（Пурышев）——彼得格勒工人。——503—504。

普里戈罗夫斯基，М.В.（Пригоровский，М.В.）——当时是苏俄塔夫利达宫的
　　警卫长。——28。

普列奥布拉任斯基，帕维尔·亚历山德罗维奇（Преображенский，Павел
　　Александрович 生于1858年）——俄国教育工作者，1905—1916年先后在
　　萨马拉正教中学、萨马拉商业学校、哈尔金娜女子中学任教。是萨马拉国
　　民大学协会创建人之一（1908）。1917—1918年参加萨马拉特设临时安全
　　委员会。——366—367。

普罗科菲耶夫，安德列·尼基托维奇（Прокофьев，Андрей Никитович 1886—
　　1949）——1917年加入俄国社会民主工党（布）。1918年任伊万诺沃-沃兹
　　涅先斯克省罗德尼基肃反委员会秘书。1919—1926年在全俄肃反委员
　　会—国家政治保卫总局机关工作。1926年起在建筑部门担任领导工作。
　　——399、406—407。

普罗科皮耶夫（Прокопьев）——112、129。

Q

齐夫齐瓦泽，伊里亚·韦涅季克托维奇（伊里亚）（Цивцивадзе，Илья Венедиктович
　　（Илья）1881—1938）——1903年加入俄国社会民主工党。1917—1920年任
　　党的莫斯科委员会委员。十月革命后任莫斯科革命法庭侦查委员会主席
　　和副庭长。1917—1921年是莫斯科苏维埃委员和苏维埃主席团委员。
　　——540。

齐甘科夫，М.Д.（Цыганков，М.Д.）——苏俄红军战士。——504。

契切林，格奥尔吉·瓦西里耶维奇（Чичерин，Георгий Васильевич 1872—
　　1936）——1904年参加俄国革命运动，1905年在柏林加入俄国社会民主工
　　党。长期在国外从事革命活动。斯托雷平反动时期是孟什维主义的拥护
　　者，第一次世界大战期间是国际主义者，1917年底转向布尔什维主义立
　　场，1918年加入俄共（布）。1918年初回国，先后任副外交人民委员、外交

468、492、528、554、558、642、662、681、693。

R

饶尔丹尼亚，诺伊·尼古拉耶维奇（Жордания, Ной Николаевич 1869—1953）
——俄国社会民主党人，俄国社会民主工党第二次代表大会后为高加索孟
什维克的领袖。1905年编辑孟什维克的《社会民主党人报》（格鲁吉亚
文）。1906年是第一届国家杜马代表。在俄国社会民主工党第五次（伦
敦）代表大会上代表孟什维克当选为中央委员。斯托雷平反动时期和新的
革命高涨年代形式上参加孟什维克护党派，实际上支持取消派。1914年
为托洛茨基的《斗争》杂志撰稿。第一次世界大战期间是社会沙文主义者。
1918—1921年是格鲁吉亚孟什维克政府主席。1921年格鲁吉亚建立苏
维埃政权后成为白俄流亡分子。——146。

茹霍维茨基，Л.Г.（Жуховицкий, Л.Г. 1891—1954）——1917年加入俄国社
会民主工党（布）。十月革命后在俄罗斯联邦卫生人民委员部工作，后在红
军中做政治工作。——353。

茹柯夫，Н.А.（Жуков, Н.А.）——当时是全俄肃反委员会会务委员。
——480。

S

萨德科夫（Садков）——1918年是芬兰共产主义俱乐部和芬兰铁路员工的代
表。——358。

萨法罗夫，格奥尔吉·伊万诺维奇（Сафаров, Георгий Иванович 1891—
1942）——1908年加入俄国社会民主工党。曾在彼得堡和国外做党的工
作。第一次世界大战期间参加齐美尔瓦尔德左派，先在法国工作，1916年
1月起在瑞士工作。1917年二月革命后任俄国社会民主工党（布）彼得堡
委员会委员。1917年9月起任乌拉尔州工兵代表苏维埃副主席，后任州
劳动委员。1921年起为俄共（布）中央委员会土耳其斯坦局成员，1921—
1922年为共产国际执行委员会委员、共产国际东方部负责人。在党的第
十次和第十一次代表大会上当选为候补中央委员。——206。

萨哈罗夫，谢尔盖（Сахаров, Сергей）——337。

党中央机关报《前进报》社长。第一次世界大战期间是国际主义者。共产
国际成立后,坚决主张意大利社会党参加共产国际。1920年率领意大利
社会党代表团出席共产国际第二次代表大会;在讨论加入共产国际的条件
时,反对同改良主义者无条件决裂。他的错误立场受到列宁的批评,不久
即改正了错误。1924年带领社会党内的第三国际派加入意大利共产党。
——374。

瑟京,帕维尔·巴甫洛维奇(Сытин,Павел Павлович 1870—1938)——沙俄
将军,十月革命后转向苏维埃政权。1918年起先后任屏障军西线防区布
良斯克集群军事指导员、南方面军司令、共和国革命军事委员会办公厅军
事行政处处长。——137、344、346。

瑟京,伊万·德米特里耶维奇(Сытин,Иван Дмитриевич 1851—1934)——
俄国出版印刷业和图书贸易大企业家,十月革命后参加了苏维埃的出版事
业,是国家出版社的专家。——657。

沙杜尔,雅克(Sadoul,Jacques 1881—1956)——法国军官。1903年加入法国
社会党。1917年9月作为法国军事使团的成员被派往俄国。在十月革命
的影响下成为共产主义思想的拥护者,加入俄共(布)法国支部;在报刊上
发表文章,强烈抗议协约国帝国主义者对苏维埃俄国的武装干涉,在占领
乌克兰南部的法国军队中进行革命宣传。曾代表俄共(布)法国支部出席
共产国际第一次和第二次代表大会。1919年11月参加红军,因此被法国
军事法庭缺席判处死刑。1924年回到法国后被宣告无罪,后成为法国共
产党活动家。——447—448。

沙尔斯卡娅,卓娅·列昂尼多夫娜(Шадурская,Зоя Леонидовна 生于1873
年)——俄国新闻工作者。1905年参加革命运动,曾在彼得格勒五金工会
理事会工作。1918年在彼得格勒粮食委员会工作,后在其他苏维埃机关
和共产国际工作。——416。

邵武勉,斯捷潘·格奥尔吉耶维奇(Шаумян,Степан Георгиевич 1878—
1918)——1900年加入俄国社会民主工党。1905—1907年积极反对孟什
维克和达什纳克党人,斯托雷平反动时期同取消派和托洛茨基派进行了斗
争。1912年由党的第六次(布拉格)全国代表会议选出的中央委员会增补
为候补中央委员。1911—1914年在阿斯特拉罕流放期间,受列宁委托写

施利希特尔，亚历山大·格里戈里耶维奇（Шлихтер, Александр Григорьевич 1868—1940）——1891年参加俄国社会民主主义运动。1917年二月革命后任克拉斯诺亚尔斯克工兵代表苏维埃执行委员会委员和俄国社会民主工党中西伯利亚区域局成员。十月革命后任俄罗斯联邦农业人民委员、粮食人民委员、驻西伯利亚粮食特派员。1919年任乌克兰粮食人民委员，1920年任坦波夫省执行委员会主席。1921年任国家珍品保管工作调查委员会委员；同年起从事外交工作。——5、56、192—193、293、410、425、471、480—481、599、618、625、642、672。

施略普尼柯夫，亚历山大·加甫里洛维奇（Шляпников, Александр Гаврилович 1885—1937）——1901年加入俄国社会民主工党。第一次世界大战期间在彼得堡和国外做党的工作，负责在党中央委员会国外局同俄国局和彼得堡委员会之间建立联系。1917年二月革命后任党的彼得堡委员会委员、彼得格勒工兵代表苏维埃执行委员会委员和彼得格勒五金工会主席。十月革命后参加第一届人民委员会，任劳动人民委员，后领导工商业人民委员部。1918年先后任南方面军革命军事委员会委员和里海—高加索方面军革命军事委员会主席。1919—1922年任全俄五金工会中央委员会主席，1921年5月起任最高国民经济委员会主席团委员。1920—1922年是工人反对派的组织者和领袖。1921年在党的第十次代表大会上当选为中央委员。——23、31、92、131、139、148—149、164、165、168—169、174、183、356、364、370、371、379、382、450、652、682。

施米特，奥托·尤利耶维奇（Шмидт, Отто Юльевич 1891—1956）——苏联学者，1918年加入俄共（布）。1918—1920年任粮食人民委员部部务委员，1920年任中央消费合作总社理事会理事，1920—1921年任教育人民委员部部务委员。——468。

施米特，瓦西里·弗拉基米罗维奇（Шмидт, Василий Владимирович 1886—1940）——1905年加入俄国社会民主工党。1918—1928年先后任全俄工会中央理事会书记和劳动人民委员。在党的第八次和第十次代表大会上当选为候补中央委员。——379、477。

施泰因贝格，伊萨克·扎哈罗维奇（Штейнберг, Исаак Захарович）——俄国左派社会革命党领袖之一；职业是律师。1918年任司法人民委员。——42。

党的第二次代表大会后是布尔什维克。曾在梯弗利斯、巴统、巴库和彼得
堡做党的工作。多次被捕和流放。1912 年 1 月在党的第六次（布拉格）全
国代表会议选出的中央委员会会议上，被缺席增补为中央委员并被选入中
央委员会俄国局；积极参加布尔什维克《真理报》的编辑工作。在十月革命
的准备和进行期间参加领导武装起义的彼得格勒军事革命委员会和党总
部。在全俄苏维埃第二次代表大会上当选为全俄中央执行委员会委员；参
加第一届人民委员会，任民族事务人民委员。1919 年 3 月起兼任国家监
察人民委员，1920 年起为工农检查人民委员。国内战争时期任全俄中央
执行委员会驻国防委员会代表、人民委员会驻南俄粮食特派员、共和国革
命军事委员会委员和一些方面军的革命军事委员会委员。1919 年起为党
中央政治局委员。1922 年 4 月起任党中央总书记。——117、118、122—
124、149、163、164、165、168—169、174、182—183、195、197、207、219—
220、230—231、252、326、344、345、421、437、476、538、558、563、564、580、
586、590、594、596、601、603、604、605、611、614、619、621、629、646、653、
656、658、659、660、678、692、693。

斯科罗帕茨基，帕维尔·彼得罗维奇（Скоропадский，Павел Петрович 1873—
　　1945）——沙俄将军，切尔尼戈夫省和波尔塔瓦省大地主。1918 年 4—12
　　月是乌克兰盖特曼（统领），与德国帝国主义合作。——123、445。

斯克雷普尼克，玛丽亚·尼古拉耶夫娜（Скрыпник，Мария Николаевна）——
　　当时是俄罗斯联邦人民委员会秘书。——74。

斯克雷普尼克，尼古拉·阿列克谢耶维奇（Скрыпник，Николай Алексеевич
　　1872—1933）——1897 年参加俄国社会民主主义运动，曾在彼得堡、莫斯
　　科、里加、敖德萨、叶卡捷琳诺斯拉夫等城市做党的工作，屡遭沙皇政府迫
　　害。1918 年 12 月起任乌克兰苏维埃政府主席和外交人民委员、国家监察
　　人民委员、内务人民委员、司法人民委员和共和国总检察长等职，是全乌中
　　央执行委员会主席团委员。乌克兰共产党（布）组织者之一，该党中央委员
　　和政治局委员。——73。

斯克良斯基，埃夫拉伊姆·马尔科维奇（Склянский，Эфраим Маркович 1892—
　　1925）——1913 年加入俄国布尔什维克党。1918 年 1 月起任副陆军人民
　　委员，1918 年 10 月—1924 年 3 月任共和国革命军事委员会副主席。

人民委员、农业人民委员、俄罗斯联邦人民委员会副主席和联共(布)中央委员会书记等职。——194、214、237、257、296、297、314。

斯米尔诺夫,亚历山大·米哈伊洛维奇(Смирнов, Александр Михайлович 生于1887年)——俄国社会革命党人。1917—1918年任萨马拉市杜马民防委员会和司法委员会委员。1918年6月当选为萨马拉市长。——435。

斯米尔诺夫,伊万·尼基季奇(Смирнов, Иван Никитич 1881—1936)——1899年加入俄国社会民主工党。十月革命后任东方面军第5集团军革命军事委员会委员。1919—1921年任西伯利亚革命委员会主席。1921—1922年在最高国民经济委员会工作,主管军事工业。1922年任彼得格勒委员会和俄共(布)中央委员会西北局书记。在党的第八次和第十次代表大会上当选为候补中央委员,第九次代表大会上当选为中央委员。——550、585、612。

斯蓬德,亚历山大·彼得罗维奇(Спунде, Александр Петрович 1892—1962)——1909年加入俄国社会民主工党。十月革命后任国家银行总委员助理。——66、99、173。

斯皮里多诺娃,玛丽亚·亚历山德罗夫娜(Спиридонова, Мария Александровна 1884—1941)——俄国左派社会革命党的组织者和领袖之一。十月革命后为全俄中央执行委员会委员。反对签订布列斯特和约,参加1918年7月左派社会革命党人的叛乱。被捕后由全俄中央执行委员会赦免。后脱离政治活动。——49、86、125、386。

斯皮罗,В.Б.(Спиро, В.Б.)——俄国左派社会革命党人,全俄苏维埃第二次代表大会代表。1918年春任驻罗马尼亚方面军特别政委。——99。

斯切克洛夫,尤里·米哈伊洛维奇(Стеклов, Юрий Михайлович 1873—1941)——1893年参加俄国社会民主主义运动,是敖德萨第一批社会民主主义小组的组织者之一。1903年俄国社会民主工党第二次代表大会后是布尔什维克。斯托雷平反动时期和新的革命高涨年代为布尔什维克的一些报纸和杂志撰稿。1917年二月革命后当选为彼得格勒苏维埃执行委员会委员;最初持"革命护国主义"立场,后转向布尔什维克。十月革命后任全俄中央执行委员会和苏联中央执行委员会主席团委员、《全俄中央执行委员会消息报》和《苏维埃建设》杂志的编辑。——220、501。

斯塔尔克，列昂尼德·尼古拉耶维奇（Старк，Леонид Николаевич 1889—1943）——1905 年加入俄国社会民主工党。曾在彼得堡、塞瓦斯托波尔从事革命工作，遭到沙皇政府迫害。1912 年被驱逐出境，追随托洛茨基集团；在维也纳居住一段时间后移居卡普里岛。曾为布尔什维克的《明星报》、《真理报》、《启蒙》杂志和孟什维克的《同时代人》杂志撰稿。第一次世界大战期间进入俄国社会民主工党彼得堡委员会执行委员会（1915—1916），为《真理报》、《年鉴》杂志撰稿，任火花出版社秘书。十月革命后先后在人民委员会报刊局、彼得格勒通讯社和罗斯塔社工作。1920—1937 年从事外交工作。——46。

斯塔索娃，叶列娜·德米特里耶夫娜（Стасова，Елена Дмитриевна 1873—1966）——1898 年加入俄国社会民主工党，1901 年起为《火星报》代办员。曾在彼得堡、莫斯科做党的工作，1904—1906 年任党中央委员会北方局、彼得堡委员会和中央委员会俄国局书记。1907—1912 年为党中央驻梯弗利斯的代表。1912 年在党的第六次（布拉格）全国代表会议上当选为候补中央委员。1917 年 2 月—1920 年 3 月任党中央书记。1920—1921 年先后在彼得格勒和巴库担任党的负责工作。1921—1926 年在共产国际工作。——226、502、603。

斯坦格，埃米尔（Stang，Emil）——挪威社会民主党出席共产国际第一次代表大会的代表。——471。

斯特里耶夫斯基，康斯坦丁·康斯坦丁诺维奇（Стриевский，Константин Константинович 1885—1938）——1902 年加入俄国社会民主工党。十月革命的积极参加者。1918—1919 年任彼得格勒粮食委员，1919—1921 年任东南方面军、西方面军、彼得格勒方面军和高加索方面军粮食供给部长。后在工会和经济管理机关担任负责工作。——371。

斯图契卡，彼得·伊万诺维奇（Стучка，Петр Иванович 1865—1932）——19 世纪 80 年代末参加俄国革命运动，是拉脱维亚社会民主工党的创建人和领袖之一。曾被捕和流放。十月革命后任俄罗斯联邦司法人民委员、拉脱维亚苏维埃政府主席、俄罗斯联邦副司法人民委员、俄罗斯联邦最高法院院长等职；是拉脱维亚共产党中央委员和该党驻共产国际的代表。写有论述国家和法的著作。——19、459。

斯维尔德洛夫,雅柯夫·米哈伊洛维奇(Свердлов, Яков Михайлович 1885—
　　1919)——1901年加入俄国社会民主工党。1912年俄国社会民主工党第
　　六次(布拉格)全国代表会议后被增补为中央委员,参加中央委员会俄国
　　局。曾参加《真理报》编辑部,是《真理报》领导人之一。第四届国家杜马布
　　尔什维克党团领导人之一。屡遭沙皇政府迫害,在狱中和流放地度过十二
　　年。党的第六次代表大会后领导中央书记处的工作。积极参加十月革命
　　的准备和组织工作,任彼得格勒军事革命委员会委员和领导武装起义的党
　　总部成员。1917年11月8日(21日)当选为全俄中央执行委员会主席。
　　——6、27—28、35—36、44、75、86、100、114、120—121、165、173、182、243、
　　255、279、320、322、326、332、334、341、342、345、368、384、386、414、436、
　　442、466、664、667、668、671、682。

斯维杰尔斯基,阿列克谢·伊万诺维奇(Свидерский, Алексей Иванович
　　1878—1933)——1899年加入俄国社会民主工党。1918年起任粮食人民
　　委员部部务委员,1922年起任工农检查人民委员部部务委员。——167、
　　177、295、299、367、468、471、491、642。

苏尔科夫,彼得·伊里奇(Сурков, Петр Ильич 1876—1946)——俄国社会民
　　主党人,布尔什维克;职业是织布工人。第三届国家杜马科斯特罗马省工
　　人代表。曾为在彼得堡出版的布尔什维克合法报纸《明星报》撰稿。十月
　　革命后是无党派人士,在苏维埃机关工作。——393、399、400、406—407。

苏霍帕罗夫,В.И.(Сухопаров, В.И.)——368。

苏里茨,雅柯夫·扎哈罗维奇(Суриц, Яков Захарович 1882—1952)——
　　1917年加入俄国社会民主工党(布)。十月革命后从事外交工作。1919—
　　1921年任俄罗斯联邦驻阿富汗全权代表。——637。

苏马罗科夫,Н.(Сумароков, Н.)——6。

苏沃洛夫,А.И.(Суворов, А.И.)——当时是苏俄乌拉尔苏维埃区域委员会的
　　代表。——48。

索博列夫(Соболев)——当时是爆破教官。——304。

索柯里尼柯夫(**布里利安特**),格里戈里·雅柯夫列维奇(Сокольников (Бриллиант), Григорий Яковлевич 1888—1939)——1905年加入俄国社会民主工
　　党。1909—1917年住在国外。第一次世界大战期间为托洛茨基的《我们

的言论报》撰稿。十月革命后从事苏维埃、军事和外交工作。是缔结布列斯特和约的苏俄代表团成员，后来又参加了同德国进行的经济问题谈判。1918年12月—1919年10月任南方面军革命军事委员会委员，1920年8月—1921年3月任土耳其斯坦方面军革命军事委员会委员和方面军司令、全俄中央执行委员会和俄罗斯联邦人民委员会土耳其斯坦事务委员会主席。1921年11月起先后任财政人民委员部部务委员、副财政人民委员、财政人民委员。在党的第六、第七和第十一次代表大会上当选为中央委员。——77、156、157、508、517、544、555、556、559、560、561、562、569、571、576、577、608、609。

索罗金（Сорокин）——496。

索洛维约夫（Соловьев）——31。

索洛维约夫，Н.И.（Соловьев，Н.И.1870—1947）——1900年加入俄国社会民主工党。十月革命后任燃料特别会议主席，后任最高国民经济委员会燃料局局长。1919年任石油总委员会主席。1921年任俄共（布）中央统计局局长。——159。

索莫夫，奥西普·伊万诺维奇（Сомов，Осип Иванович 1869—1923）——俄国医生。1904年加入俄国社会民主工党；红军卫生工作的组织者之一。1918年8月—1919年10月任第10和第13集团军革命军事委员会委员。1919年底—1920年4月领导彼尔姆省卫生局。——622。

索斯诺夫斯基，列夫·谢苗诺维奇（Сосновский，Лев Семенович 1886—1937）——1904年加入俄国社会民主工党，新闻工作者。1918—1924年（有间断）任《贫苦农民报》编辑。1921年任党中央委员会鼓动宣传部长。——640。

T

塔尔冈斯卡娅-奥克连特，伊丽莎白·К.（Таргонская-Окрент，Елизавета К.）——454—455。

塔尔维德，斯坦尼斯拉夫·阿道福维奇（Тарвид，Станислав Адольфович 生于1889年）——苏联电气工程师。1918年任石油总委员会会务委员。——669。

塔涅耶夫，弗拉基米尔·伊万诺维奇（Танеев，Владимир Иванович 1840—
　　1921）——俄国社会活动家，空想社会主义者；职业是律师。1866年起在
　　一系列政治诉讼案中当辩护人。拥护1905—1907年革命和十月革命。
　　——686—687。

特鲁什，А.（Труш，А.）——1918年5月起任苏俄图拉省叶夫列莫夫县军事特
　　派员。——229。

特鲁托夫斯基，弗拉基米尔·叶夫格拉福维奇（Трутовский，Владимир
　　Евграфович 1889—1937）——俄国左派社会革命党党员，该党中央委员。
　　1917年12月进入人民委员会，任城市和地方自治人民委员。——113。

图尔洛，斯坦尼斯拉夫·斯捷潘诺维奇（Турло，Станислав Степанович 1889—
　　1942）——1905年加入俄国社会民主工党。十月革命后任党的罗斯托夫-
　　纳希切万委员会主席、顿河州执行委员会委员。1918年7月起任党的奔
　　萨省委副主席和奔萨省执行委员会主席。——290。

托尔尼艾年，爱德华（Torniainen，Eduard 1886—1953）——芬兰社会民主党
　　人，新闻工作者。曾参加芬兰1918年革命，革命失败后侨居苏联。
　　——548。

托克马科夫，Н.Д.（Токмаков，Н.Д.1889—1956）——1917年加入俄国社会
　　民主工党（布）。莫斯科十月武装起义的参加者。十月革命后任德米特罗
　　夫县革命委员会委员和县民政委员。曾领导镇压德米特罗夫县罗加乔沃
　　的富农和社会革命党人叛乱。1918年底起在东方面军工作。——291。

托洛茨基（**勃朗施坦**），列夫·达维多维奇（Троцкий（Бронштейн），Лев
　　Давидович 1879—1940）——1897年参加俄国社会民主主义运动。在俄
　　国社会民主工党第二次代表大会上是西伯利亚联合会的代表，属火星派少
　　数派。1905年同亚·帕尔乌斯一起提出和鼓吹"不断革命论"。斯托雷平
　　反动时期和新的革命高涨年代，打着"非派别性"的幌子，实际上采取取消
　　派立场。1912年组织"八月联盟"。第一次世界大战期间持中派立场，先
　　后任孟什维克取消派的《我们的言论报》的撰稿人和编辑。1917年二月革
　　命后参加区联派，在党的第六次代表大会上随区联派集体加入布尔什维克
　　党，当选为中央委员。参加十月武装起义的领导工作。十月革命后任外交
　　人民委员、陆海军人民委员、共和国革命军事委员会主席和交通人民委员

Бруевич），Вера Михайловна 1868—1918）——弗·德·邦契-布鲁耶维奇的妻子。19 世纪 90 年代开始革命活动。1902 年侨居国外，参加俄国革命社会民主党人国外同盟的工作。1903 年加入俄国社会民主工党。党的第二次代表大会后是布尔什维克；为《前进报》和《无产者报》撰稿，翻译马克思和恩格斯的著作；把党的出版物运往俄国。1905 年是布尔什维克驻日内瓦政治红十字会的代表。斯托雷平反动时期参加第三届国家杜马社会民主党党团的工作。十月革命后在教育人民委员部和卫生人民委员部工作。——109、324。

维克，卡尔·哈拉德（Wiik, Karl Harald 1883—1946）——芬兰社会民主党党员。芬兰 1918 年革命时期参加革命政府——人民代表委员会。——59。

维拉·米哈伊洛夫娜——见韦利奇金娜，维拉·米哈伊洛夫娜。

维诺格拉多夫，尼古拉·德米特里耶维奇（Виноградов, Николай Дмитриевич 生于 1885 年）——俄国建筑师。1918 年 5 月起任俄罗斯联邦国有产业人民委员助理，负责监督人民委员会 1918 年 4 月 12 日通过的《关于共和国纪念碑》法令的贯彻执行。1918 年 8 月起在莫斯科苏维埃担任文物保护工作，后在俄罗斯建筑博物馆工作。——216、217、317、331。

维诺格拉多夫，帕夫林·费多罗维奇（Виноградов, Павлин Федорович 1890—1918）——彼得格勒谢斯特罗列茨克兵工厂工人。1905 年参加革命运动，1917 年参加攻打冬宫。1918 年 2 月被派往阿尔汉格尔斯克，负责调拨粮食支援彼得格勒；当选为阿尔汉格尔斯克省执行委员会副主席。1918 年 8 月建立并领导北德文斯克区舰队。在科特拉斯保卫战中牺牲。——126。

维诺库罗夫，亚历山大·尼古拉耶维奇（Винокуров, Александр Николаевич 1869—1944）——1893 年参加俄国社会民主主义运动。莫斯科首批社会民主主义小组的组织者之一。1918—1921 年任社会保障人民委员，1921 年起任中央赈济饥民委员会主席团委员，1924 年起任苏联最高法院院长。——449。

维什涅夫斯基，Ф.Н.（Вишневский, Ф.Н.）——1918 年是苏俄雅罗斯拉夫尔省罗斯托夫工农兵代表苏维埃联合主席团主席、罗斯托夫苏维埃负责行政管理和司法事务的委员。1919 年为罗斯托夫县粮食委员。——484。

魏恩贝尔格，加甫里尔·达威多维奇（Вейнберг, Гавриил Давыдович 1891—

任莫斯科河南岸区军事革命委员会主席。1918—1921 年先后任奥廖尔、
科斯特罗马和哈尔科夫省执行委员会主席,俄共(布)布良斯克省委书记,
乌克兰社会主义苏维埃共和国副内务人民委员。1921 年秋—1924 年任
《莫斯科工人报》编辑。——369—370。

沃罗比约夫,维肯蒂·А.(Воробьев, Викентий А. 1896—1937)——1914 年加
入俄国布尔什维克党。1917 年二月革命后任涅维扬斯克布尔什维克委员
会书记和工人代表苏维埃秘书。1917 年 9 月起任《乌拉尔工人报》编辑;
党的乌拉尔区域委员会委员和乌拉尔州苏维埃执行委员会委员。
——23。

沃罗夫斯基,瓦茨拉夫·瓦茨拉沃维奇(Воровский, Вацлав Вацлавович
1871—1923)——1890 年在大学生小组中开始革命活动。1902 年侨居国
外,成为列宁《火星报》的撰稿人。俄国社会民主工党第二次代表大会后是
布尔什维克。1904 年初受列宁委派,在敖德萨建立俄国社会民主工党中
央委员会南方局;8 月底出国,赞同 22 个布尔什维克的宣言。1905 年同列
宁等人一起参加《前进报》和《无产者报》编辑部,后在布尔什维克的《新生
活报》编辑部工作。1907—1912 年领导敖德萨的布尔什维克组织。第一
次世界大战初期在彼得格勒做党的工作,1915 年去斯德哥尔摩,1917 年 4
月根据列宁提议进入党中央委员会国外局。1917—1919 年任俄罗斯联邦
驻斯堪的纳维亚国家的全权代表,1919—1920 年领导国家出版社,1921—
1923 年任驻意大利全权代表。1923 年 5 月 10 日在洛桑被白卫分子杀害。
——78、268、318、326、328、338、650。

沃罗诺夫(Воронов)——575。

沃洛达尔斯基,弗·(戈尔德施泰因,莫伊塞·马尔科维奇)(Володарский, В.
(Гольдштейн, Моисей Маркович)1891—1918)——1917 年加入俄国社会
民主工党(布)。十月革命后任出版、宣传和鼓动事务委员,彼得格勒《红色
日报》编辑。1918 年 6 月 20 日被社会革命党人杀害。——190。

沃洛琴科,Н.Г.(Володченко, Н.Г. 生于 1862 年)——沙俄中将。1917 年 9 月
起任西南方面军司令。——11。

沃耶沃金,彼得·伊万诺维奇(Воеводин, Петр Иванович 1884—1964)——
1899 年加入俄国社会民主工党。1919 年是俄共(布)中央委员会特派员和

"十月革命"号鼓动宣传列车的政委。1921年在俄罗斯联邦教育人民委员部政治教育总委员会工作,领导全俄摄影和电影局。——554。

乌尔班,Л.Б.(Урбан,Л.Б.)——苏俄德里萨市苏维埃主席。——74。

乌里茨基,米哈伊尔(莫伊塞)·索洛蒙诺维奇(Урицкий,Михаил(Моисей) Соломонович 1873—1918)——1898年加入俄国社会民主工党,党的第二次代表大会后是孟什维克。1917年在党的第六次代表大会上随区联派集体加入布尔什维克党,当选为中央委员。积极参加十月革命,是领导武装起义的党总部成员和彼得格勒军事革命委员会委员。1917年11月23日(12月6日)被任命为驻全俄立宪会议选举委员会(1917年8月1日(14日)成立)特派员。1918年8月在彼得格勒被社会革命党人杀害。——18—19、41、42。

乌里扬诺夫,弗·伊·——即列宁,弗拉基米尔·伊里奇。

乌里扬诺夫,伊万·伊万诺维奇(Ульянов,Иван Иванович 1884—1946)——1907年加入俄国社会民主工党。十月革命后为全俄中央执行委员会委员。1919年5月以前任乌拉尔州革命委员会主席。1919—1921年任全俄中央执行委员会哥萨克部秘书和主席团委员。1921年起从事经济工作。——629—630。

乌里扬诺娃,娜·康·——见克鲁普斯卡娅,娜捷施达·康斯坦丁诺夫娜。

乌西耶维奇,格里戈里·亚历山德罗维奇(Усиевич,Григорий Александрович 1890—1918)——1907年加入俄国社会民主工党,布尔什维克。1914年从流放地逃往国外。先到奥地利,1916年起住在瑞士。1917年4月同列宁一起回国,在莫斯科担任党的组织员、莫斯科苏维埃执行委员会委员,是莫斯科建立苏维埃政权斗争的领导人之一。1918年3月起是粮食人民委员部驻西西伯利亚的代表,负责组织莫斯科的粮食供应。被白卫分子杀害。——88。

武尔弗松,С.Д.(Вульфсон,С.Д.1879—1932)——1902年加入俄国社会民主工党。国内战争时期在前线担任红军的供给工作;曾任克里木人民委员会委员。战后从事经济工作。1921—1924年先后任莫斯科消费合作社副主席和主席,是莫斯科苏维埃主席团委员、党的莫斯科委员会委员。——693。

X

西多连科,C.M.(Сидоренко,C.M.)——俄国水兵。1917 年 11 月被派往叶尼塞斯克省散发宣传鼓动书刊。——80—81。

西尼岑(Синицын)——1919 年是苏俄卡卢加省莫萨利斯克县拉津基村的政治委员。——496、686。

希尔温特,马克西姆·拉扎列维奇(Ширвиндт,Максим Лазаревич)——1917 年 12 月被任命为俄亚银行的政治委员。——29—30。

谢尔戈——见奥尔忠尼启则,格里戈里·康斯坦丁诺维奇。

谢列布里亚科夫,列昂尼德·彼得罗维奇(Серебряков, Леонид Петрович 1888—1937)——1905 年加入俄国社会民主工党。十月革命后任党的莫斯科区域委员会委员、全俄中央执行委员会秘书。1919—1920 年任党中央委员、中央委员会书记、全俄工会中央理事会南方局主席、南方面军革命军事委员会委员、工农红军政治部主任。1921 年起在交通人民委员部系统担任领导职务。——558、603。

谢列布罗夫斯基,亚历山大·巴甫洛维奇(Серебровский, Александр Павлович 1884—1938)——1903 年加入俄国社会民主工党。1918 年起任红军供给非常委员会副主席、乌克兰方面军军需部长、副交通人民委员等职。1920—1926 年任阿塞拜疆中央石油管理局局长。——689。

谢列达,谢苗·帕夫努季耶维奇(Середа,Семен Пафнутьевич 1871—1933)——1903 年加入俄国社会民主工党。1918—1921 年任俄罗斯联邦农业人民委员,1921 年起任最高国民经济委员会和国家计划委员会主席团委员。——100、105、224、269、272、274、295、298、299、309—310、401、491、492、557、568、574、575、684。

谢马什柯,尼古拉·亚历山德罗维奇(Семашко,Николай Александрович 1874—1949)——1893 年参加俄国社会民主主义运动,布尔什维克。1905 年参加下诺夫哥罗德武装起义被捕,获释后流亡国外。曾任俄国社会民主工党中央委员会国外局书记兼财务干事。1913 年参加塞尔维亚和保加利亚的社会民主主义运动。1917 年 9 月回国。积极参加莫斯科十月武装起义,为起义战士组织医疗救护。十月革命后任莫斯科苏维埃医疗卫生局局长。1918—1930年任俄罗斯联邦卫生人民委员。——376、685。

谢马什柯，А.Я.（Семашко，А.Я.）——1918年是苏俄奥廖尔军区的军事委员。
　　——280—281。

谢缅尼克（Семенник）——17。

谢苗诺夫（Семенов）——496。

欣丘克，列夫·米哈伊洛维奇（Хинчук，Лев Михайлович 1868—1944）——
　　1890年参加俄国社会民主主义运动。1919年以前是孟什维克，曾任孟什
　　维克中央委员。1920年加入俄共（布）。1917—1920年任莫斯科工人合
　　作社理事会理事。1921年起历任中央消费合作总社理事会主席、苏联驻
　　英国商务代表和驻德国全权代表、俄罗斯联邦国内商业人民委员。
　　——372。

Y

雅柯夫，米哈伊尔·彼得罗维奇（Жаков，Михаил Петрович 1893—1936）——
　　1911年加入俄国社会民主工党。1918年初参加顿涅茨-克里沃罗格共和
　　国政府和顿涅茨-克里沃罗格煤田党的区域委员会。1921—1922年任俄
　　共（布）顿河区委委员和书记。——84。

雅柯夫列夫，尼古拉·尼古拉耶维奇（Яковлев，Николай Николаевич 1886—
　　1918）——1904年加入俄国社会民主工党。是建立西伯利亚苏维埃政权
　　斗争的领导人之一。1917年12月起任西西伯利亚边疆区苏维埃主席。
　　1918年2月起任西伯利亚苏维埃中央执行委员会主席。被白卫军杀害。
　　——98。

雅柯夫列夫，伊万·雅柯夫列维奇（Яковлев，Иван Яковлевич 1848—
　　1930）——俄国楚瓦什的启蒙教育家，作家和翻译家，楚瓦什文字母和楚瓦
　　什人识字课本及读物的编撰者。1868年在辛比尔斯克（现乌里扬诺夫斯
　　克）创办了第一所楚瓦什人学校。1875年起担任喀山学区楚瓦什学校的
　　督学，并主持楚瓦什中心学校的工作，在该校一直工作到1922年。
　　——108。

雅库波夫，阿尔沙克·斯捷潘诺维奇（Якубов，Аршак Степанович 1882—
　　1923）——1900年加入俄国社会民主工党。十月革命后任俄罗斯联邦粮

食人民委员部部务委员、共和国革命军事委员会委员、乌克兰工农检查人民委员。1920 年作为工农检查人民委员部部务委员，被派到雷瓦尔去检查俄罗斯联邦驻爱沙尼亚政府代表团的情况。——168。

雅罗申科，尼古拉·亚历山德罗维奇（Ярошенко, Николай Александрович 1846—1898）——俄国现实主义画家。——420。

雅罗斯拉夫斯基，叶梅利扬·米哈伊洛维奇（**古别尔曼，米奈·伊兹拉伊列维奇**）（Ярославский, Емельян Михайлович（Губельман, Миней Израилевич）1878—1943）——1898 年加入俄国社会民主工党。十月革命期间是莫斯科领导起义的党总部成员、莫斯科军事革命委员会委员。1919—1920 年先后任全俄中央执行委员会驻喀山省和萨拉托夫省特派员、党的彼尔姆省委主席、党中央委员会西伯利亚局成员。1921 年任党中央委员会书记。——386。

亚历山德罗维奇，弗拉基米尔·亚历山德罗维奇（Александрович, Владимир Александрович 1884—1918）——俄国左派社会革命党人。第一次世界大战期间持国际主义立场。1917 年二月革命后是彼得格勒苏维埃执行委员会委员。十月革命后，当左派社会革命党人参加苏维埃政府时，被任命为全俄肃反委员会副主席。1918 年 7 月参加了左派社会革命党人叛乱；被捕后被处决。——665。

亚沃尔斯基，М.И.（Яворский, М.И.）——1918 年 6 月被任命为苏俄乌拉尔州肃反委员会委员，担任委员会秘书。——206。

扬松，雅柯夫·达维多维奇（Янсон, Яков Давыдович 1886—1939）——1904 年加入俄国社会民主工党。1917 年 9 月起任党的伊尔库茨克委员会委员。十月革命期间任伊尔库茨克革命委员会委员、伊尔库茨克苏维埃财政委员和伊尔库茨克苏维埃主席。后担任苏维埃的负责工作。——658。

叶菲莫娃，叶夫罗西尼娅·安德列耶夫娜（Ефимова, Ефросинья Андреевна）——485。

叶弗列莫夫，多米尼克·伊万诺维奇（**施泰因曼，米哈伊尔·叶弗列莫维奇**）（Ефремов, Доминик Иванович（Штейман, Михаил Ефремович）1881—1925）——1902 年加入俄国社会民主工党。1918 年 5—9 月任党的莫斯科委员会书记，1918 年 9 月—1919 年 10 月任第 10 集团军革命军事委员会委员。——586、607、622。

叶戈罗夫，尼古拉·马克西莫维奇（Егоров，Николай Максимович 生于 1871 年）——俄国工人，第三届国家杜马彼尔姆省代表，参加社会民主党党团。曾为布尔什维克合法报纸《明星报》撰稿，后加入托洛茨基派。1913 年是取消派《光线报》撰稿人。1917 年加入区联派。后任俄罗斯联邦金矿总委员会主席。——154。

叶梅利亚诺夫，尼古拉·亚历山德罗维奇（Емельянов，Николай Александрович 1872—1958）——1904 年加入俄国社会民主工党，工人。1905—1907 年革命和 1917 年二月革命的积极参加者。按照党的指示，1917 年 7—8 月在拉兹利夫曾掩护列宁躲避临时政府的追捕。参加了攻打冬宫的战斗。1918 年任谢斯特罗列茨克苏维埃军事委员，1919 年任谢斯特罗列茨克苏维埃执行委员会主席。从 1921 年底起在俄罗斯联邦驻爱沙尼亚商务代表处做经济工作。——178、482、525、537。

叶梅利亚诺娃，Н.К.（Емельянова，Н.К.）——尼·亚·叶梅利亚诺夫的妻子。——537—538。

伊布拉吉莫夫，Ю.И.（Ибрагимов，Ю.И.1895—1961）——俄国十月革命的积极参加者。1918 年任土耳其斯坦中央执行委员会委员和土耳其斯坦共和国军事政治司令部成员。——110—111。

伊里亚——见齐夫齐瓦泽，伊里亚·韦涅季克托维奇。

伊林，费多尔·尼古拉耶维奇（Ильин，Федор Николаевич 1876—1944）——1897 年参加俄国社会民主主义运动，职业革命家，布尔什维克。1905 年罗斯托夫武装起义的组织者之一。1907 年从流放地逃往法国，后到瑞士。积极参加党的工作。十月革命后回国，在莫斯科苏维埃、革命法庭、最高法院和俄罗斯联邦国家计划委员会工作。——336。

伊斯波拉托夫（Исполатов）——俄国老布尔什维克。当时任坦波夫省乌斯曼县苏维埃主席。——301。

伊瓦先科，Д.Е.（Иващенко，Д.Е.1892—1947）——1918 年加入俄共（布）。1918 年任奥尔沙车站政治委员。1920 年起在白俄罗斯肃反委员会、边防部队、国家政治保卫局和内务人民委员部工作。——204。

伊万诺夫（Иванов）——1918 年任俄共（布）切尔尼戈夫省乌涅恰组织的主

席。——356。

伊万诺夫，安德列·瓦西里耶维奇（Иванов，Андрей Васильевич 1888—
1963）——1907年起为彼得格勒普梯洛夫工厂工人。1918年4月被选为
该厂粮食采购委员会主席。1924年起为电站建设工程师。——131。

伊万诺夫（卡夫卡兹斯基），В.Г.（Иванов（Кавказский），В.Г.1888—1937）——
1907年加入俄国社会民主工党。1917—1918年历任党的梯弗利斯委员
会委员、高加索集团军边疆区苏维埃执行委员会委员、海军中央执行委员
会东方部主席团委员、莫斯科军区机动队队长。1921年以前在国内战争
各条战线工作。后担任经济和行政管理方面的负责工作。——217—
219、309。

伊万诺夫，В.И.——1918年是苏俄沃罗涅日区的政治委员。——212。

伊万诺夫，Н.И.（Иванов，Н.И.1883—1937）——工人。1905年加入俄国社
会民主工党。十月革命后先后任彼得格勒五金工会副主席和主席、全俄工
会中央理事会主席团委员。1918年中被任命为北方公社劳动委员，后任
彼得格勒省劳动局局长。——443。

伊万诺娃，В.С.（Иванова，В.С.生于1880年）——1917—1918年在苏俄特维
尔省特维尔县佩尔维京斯卡亚乡当教员，1920年5月起为佩尔维京斯卡
亚区图书阅览室的图书管理员。——390、391。

尤多夫斯基，弗拉基米尔·格里戈里耶维奇（Юдовский，Владимир Григорьевич
1880—1949）——1903年加入俄国社会民主工党。1917年10月起任党的
敖德萨区域委员会委员，12月起任敖德萨军事革命委员会主席。在罗、
黑、敖苏维埃中央执行委员会第二次代表大会（1917年12月—1918年1
月）上当选为罗、黑、敖苏维埃中央执行委员会主席。1918年1月是在敖
德萨为建立苏维埃政权而发动的武装起义的领导人之一。后来担任党的
负责工作和教学工作。——655。

尤金，Н.М.（Юдин，Н.М.）——当时是苏俄彼得格勒肃反委员会侦查员。
——626。

尤里耶夫，А.М.（阿列克谢耶夫）（Юрьев，А.М.（Алексеев））——1918年是孟
什维克—社会革命党人把持的摩尔曼斯克边疆区苏维埃执行委员会主席。
——89—90、191—192、681。

尤列涅夫(**克罗托夫斯基**),康斯坦丁·康斯坦丁诺维奇(Юренев(Кротовский),
　　Константин Константинович 1888—1938)——1905 年加入俄国社会民主工
　　党。1913 年—1917 年 7 月是彼得格勒区联组织领导人之一。在俄国社会
　　民主工党(布)第六次代表大会上随区联派集体加入布尔什维克党。1919
　　年 4—8 月任东方面军革命军事委员会委员,1919 年 10 月—1920 年 1 月
　　任西方面军革命军事委员会委员。——585、597、612、638、644。

尤尼乌斯——见卢森堡,罗莎。

约诺夫,伊里亚·约诺维奇(Ионов, Илья Ионович 1887—1942)——1904 年
　　加入俄国社会民主工党。1918—1926 年先后任彼得格勒苏维埃出版社社
　　长、国家出版社彼得格勒分社社长。——500。

越飞,阿道夫·阿布拉莫维奇(Иоффе, Адольф Абрамович 1883—1927)——
　　1917 年加入俄国社会民主工党(布)。十月革命后在外交部门担任负责工
　　作。1918 年 4—11 月任俄罗斯联邦驻柏林全权代表,领导同德国进行和
　　平谈判和经济谈判的苏俄代表团。1920 年 9 月 1 日被任命为在里加同波
　　兰进行和平谈判的俄罗斯—乌克兰代表团团长,后曾任全俄中央执行委员
　　会和俄罗斯联邦人民委员会土耳其斯坦事务委员会主席和俄共(布)中央
　　委员会土耳其斯坦局主席。1922—1924 年任驻中国大使。——77、143—
　　145、156—157、181、183、184—185、196、197—198、202—203、205、208、
　　223、241、318、326、328、337、339、345、524、546、584、667。

Z

扎东斯基,弗拉基米尔·彼得罗维奇(Затонский, Владимир Петрович 1888—
　　1938)——1917 年 3 月加入俄国社会民主工党(布)。1917 年 5 月起任党
　　的基辅委员会委员,是基辅十月武装起义的领导人之一。1917 年 11 月任
　　党的基辅委员会主席,同年 12 月参加乌克兰苏维埃政府,领导教育书记处
　　(人民委员部)。1918 年 3 月起任乌克兰中央执行委员会主席。1919—
　　1920 年任第 12、第 13、第 14 集团军革命军事委员会委员,1920 年 7—8 月
　　兼任加利西亚革命委员会主席。1920 年底被任命为西南方面军(后来是
　　基辅军区)革命军事委员会委员。领导了第聂伯河西岸地区镇压土匪活动
　　的斗争。作为俄共(布)第十次代表大会的代表参与平定喀琅施塔得叛乱。

——55、73。

扎尔金德，И.А.（Залкинд，И.А.1885—1928）——1903 年加入俄国社会民主工党。1917 年 11 月底起在俄罗斯联邦外交人民委员部工作。1918 年 5—11 月在苏俄驻瑞士公使馆工作。——350。

扎尔科，А.М.（Жарко，А.М.1889—1939）——1904 年加入俄国社会民主工党。1907—1917 年在波尔塔瓦机车修理厂做党的工作。1917 年为波尔塔瓦苏维埃委员。1918 年任全俄铁路工会中央执行委员会委员，1919 年任乌克兰交通人民委员。后在经济部门担任负责工作。——401。

扎戈尔斯基（**卢博茨基**），弗拉基米尔·米哈伊洛维奇（Загорский（Лубоцкий），Владимир Михайлович 1883—1919）——1905 年加入俄国社会民主工党，在莫斯科做党的工作。1908 年流亡国外，在伦敦住了两年后回国。不久被迫再次出国，住在莱比锡，执行布尔什维克中央部署的任务。十月革命后在俄罗斯联邦驻德国大使馆工作。1918 年 7 月回到莫斯科，当选为党的莫斯科委员会书记。1919 年 9 月 25 日在左派社会革命党人向莫斯科市委大楼投掷的炸弹爆炸时殉难。——540。

扎哈罗夫（Захаров）——伊列茨克苏维埃哥萨克分部主席。——130。

扎克斯，贝尔纳德·亨利霍维奇（Закс，Бернард Генрихович 生于 1886 年）——1918 年在俄罗斯联邦财政人民委员部工作，1921—1922 年任劳动国防委员会办公厅主任助理。——188、213。

扎克斯，Г.Д.（Закс，Г.Д.1882—1937）——俄国社会革命党人，左派社会革命党的组织者之一。1917 年 12 月起任副教育人民委员、全俄肃反委员会副主席。1918 年 7 月左派社会革命党人叛乱和该党分裂后，是"民粹派共产党"的组织者之一。1918 年 11 月加入俄共（布）。——665。

扎斯拉夫斯基，达维德·约瑟福维奇（Заславский，Давид Иосифович 1880—1965）——苏联新闻工作者，著作家。1900 年参加革命运动，1903 年加入崩得。第一次世界大战期间是社会沙文主义者。1917 年被选入崩得中央委员会。1917—1918 年激烈反对布尔什维克。1919 年改变了自己的政治观点，站到拥护苏维埃政权的立场上。——21、22。

扎伊采夫，П.А.（Зайцев，П.А.）——660。

泽米特，Ф.А.（Земит，Ф.А.）——根据列宁提议，1918 年 4 月被派到财政人民委员部工作,任部务委员。——113、266。

兹纳缅斯基(Знаменский)——507。

祖拉博夫,阿尔沙克·格拉西莫维奇(Зурабов,Аршак Герасимович 1873—
　　1920)——1892年参加俄国革命运动。1896年加入彼得堡工人阶级解放
　　斗争协会。1902年是亚美尼亚社会民主党人联合会及其机关报《无产阶
　　级报》的组织者之一。1903年加入俄国社会民主工党高加索联合会委员
　　会。党的第二次代表大会后是布尔什维克,1906年参加孟什维克。1917
　　年二月革命后被选入彼得格勒工兵代表苏维埃执行委员会。十月革命后
　　在外高加索工作,反对孟什维克和达什纳克党人,为建立苏维埃政权并与
　　苏维埃俄罗斯建立密切联系而积极斗争。——21。

佐林,C.(Зорин,C.)——当时是俄罗斯联邦革命法庭庭长。——325。

————

П.——264。

————

N.N.——264。

文 献 索 引

［阿列克谢耶夫，米·瓦·《给法国使团的信》(1918 年 1 月 27 日 (2 月 9 日))］(［Алексеев, М. В. Письмо во французскую миссию. 27 января (9 февраля) 1918 г.].—«Известия ЦИК Советов Крестьянских, Рабочих и Солдатских Депутатов и Петроградского Совета Рабочих и Солдатских Депутатов», 1918, №28 (292), 19 (6) февраля, стр. 2, в отд.: Предатели революции. Под загл.: Связь ген. М. В. Алексеева с французской миссией)
——72。

安东诺夫-奥弗申柯，弗·亚·《1918 年 2 月 26 日的电报》(Антонов-Овсеенко, В. А. Телеграмма от 26 февраля 1918 г.)——658。

巴比塞，昂·《火线》(Barbusse, H. Le Feu)——283。

［勃朗斯基，美·亨·］《恢复我国同德国的贸易关系的条件》(［Бронский, М. Г.］Условия возобновления наших торговых сношений с Германией (Речь тов. народного комиссара торговли и промышленности М. Г. Бронского, произнесенная 15 мая на заседании русско-германской комиссии в Москве по возобновлению экономических отношений между Россией и Германией).—«Вестник Народного Комиссариата Торговли и Промышленности», М., 1918, №1, 1 июня, стр. 3 — 7)——135。

弗拉皮埃，莱·《战争的故事》(Frapié, L. Les contes de la guerre. Paris Flammarion, 1915. 334 p.)——334。

哥伊赫巴尔格，亚·格·《执行苏维埃共和国的法律！》(Гойхбарг, А. Г. Исполняйте законы Советской республики! М.—Пг., «Коммунист» 1919. 15 стр. (РКП (б)))——380。

考茨基，卡·《民主和专政》(Kautsky, K. Demokratie und Diktatur.—«Sozialistische Auslandspolitik. Korrespondenz», Berlin, 1918, Nr. 1, 3. Januar, S. 1—

Lehre des Marxismus vom Staat und die Aufgaben des Proletariats in der Revolution. Belp-Bern, Promachos, 1918. 190 S. Перед загл. авт.：N. Lenin)——350、351。

——《[〈国家与革命〉一书的]跋》[1917 年 11 月 30 日]（Nachwort [zur Arbeit：Staat und Revolution. 30. November 1917].—In：[Lenin, W. I.] Staat und Revolution. Die Lehre des Marxismus vom Staat und die Aufgaben des Proletariats in der Revolution. Belp-Bern, Promachos, 1918, S. 187. Перед загл. кн. авт.：N. Lenin)——350。

龙格，让·《马克思主义的国际政策。卡尔·马克思与法兰西》（Longuet, J. La politique internationale du marxisme. Karl Marx et la France. Paris, 1918. 295 p.)——334。

[卢森堡，罗·]《社会民主党的危机》（[Luxemburg, R.] Die Krise der Sozialdemokratie. Anhang. Leitsätze über die Aufgaben der internationalen Sozialdemokratie. Zürich, Verlagsdruckerei Union, 1916. 109 S. После загл. авт.：Junius)——185、283。

吕勒，奥·《论党的分裂》（Rühle, O. Zur Parteispaltung. — «Vorwärts», Berlin, 1916, Nr. 11, 12. Januar. Beilage zu Nr. 11 des «Vorwärts», S. 2)——185。

洛蒂，皮·《全世界晕头转向的若干方面》（Loti, P. Quelques aspects du vertige mondial. Paris, Flammarion, 1917. 278 p.)——334。

马尔托夫，尔·《马克思和无产阶级专政问题》（Martoff, L. Marx und das Problem der Diktatur des Proletariats. — «Sozialistische Auslandspolitik. Korrespondenz», Berlin, 1918, Nr. 29, 18. Juli, S. 4 — 5；Nr. 30, 25. Juli, S. 4—7)——338。

马克思，卡·《给马·马·柯瓦列夫斯基的信》（1877 年 1 月 9 日）（Маркс, К. Письмо М. М. Ковалевскому. 9 января 1877 г.)——687。

诺维茨基，К.《英国工人的最后通牒》（Новицкий, К. Ультиматум английских рабочих. — «Вечерние Известия Московского Совета Рабочих и Красноармейских Депутатов», 1919, №256, 3 июня, стр. 1)——600。

佩卢索，埃·《反革命分子们》（Peluso, E. Contre-revolutionnaires. — «Le Droit du Peuple», Lausanne, 1918, N 39, 27 septembre, p. 1)——335。

沙杜尔,雅·《苏维埃共和国万岁!》(Sadoul, J. Vive la République des Soviets! M., Ed.du groupe Communiste Français, 1918.71 p.)——447。

斯大林,约·维·《给弗·伊·列宁的电报》(1918 年 6 月 7 日)(Сталин, И. В. Телеграмма В. И. Ленину. 7 июня 1918 г.)——164。

——《给弗·伊·列宁的电报》(1918 年 6 月 7 日)(Телеграмма В. И. Ленину. 7 июня 1918 г.)——164。

——[《给斯·格·邵武勉的电报》](1918 年 7 月 20 日)([Телеграмма С. Г. Шаумяну].20 июля 1918 г.—«Бакинский Рабочий», 1918, №143(259), 22 (9) июля, стр. 2, в отд.: Телеграммы. Под загл.: Отношение Центрального правительства к приглашению англичан)——228。

斯米尔诺夫,亚·彼·《1918 年 9 月 16 日的电报》(Смирнов, А. П. Телеграмма от 16 сентября 1918 г.)——314。

王德威尔得,埃·《被占领的比利时和国际社会主义》(Vandervelde, É. La Belgique envahie et le socialisme international. Préface de M. Sembat. Paris-Nancy, Berger—Levrault, 1917.234 p.)——347。

——《俄国革命的三个方面》(Trois aspects de la révolution russe. 7 mai—25 juin 1917. Paris-Nancy, Berger—Levrault, 1918.202p.)——347。

——《社会主义反对国家》(Le socialisme contre l'Etat. Paris-Nancy, Berger—Levrault, 1918.174 p.(Problèmes d'après-guerre))——334、347、351。

[威尔逊,伍·]《威尔逊总统[1917 年]12 月 26 日在国会的演说》([Вильсон, В.] Речь президента Вильсона 26 декабря [1917 г.] на конгрессе.—«Известия ЦИК Советов Крестьянских, Рабочих и Солдатских Депутатов и Петроградского Совета Рабочих и Солдатских Депутатов», 1917, №263, 30 декабря, стр.4)——34。

尤尼乌斯——见卢森堡,罗·。

*　　　*　　　*

《巴库工人报》(«Бакинский Рабочий», 1918, №143(259), 22 (9)июля, стр.2)——228。

[《彼得格勒工兵代表苏维埃关于法院的决议(1917 年 11 月 24 日(12 月 7

日）通过)》〗(〔Резолюция Петроградского Совета рабочих и солдатских депутатов о суде, принятая 24 ноября (7 декабря) 1917 г.〕.—«Известия ЦИК и Петроградского Совета Рабочих и Солдатских Депутатов», 1917, №235, 25 ноября, стр. 5, в отд.: Хроника. Под загл.: О суде)——14。

《伯尔尼哨兵报》(«Berner Tagwacht»)——185。

《德国政府的声明》——见《在基辅同乌克兰进行谈判的建议》。

《俄罗斯社会主义联邦苏维埃共和国宪法(根本法)》(Конституция (Основной закон) Российской Социалистической Федеративной Советской Республики. Опубликована в №151 «Известий Всерос. Центр. Исп. Комитета» от 19 июля 1918 г. М., Гиз., 1919. 16 стр. (РСФСР))——413、464。

《给弗·伊·列宁的致敬电》(1918年11月13日)(Приветственная телеграмма В. И. Ленину. Унеча, 13 ноября 1918 г.)——356。

《给各工人、农民和红军代表苏维埃的电报草稿》(1918年4月6日)(Проект телеграммы Совдепам. 6 апреля 1918 г. Рукопись)——96。

《工农临时政府报》(彼得格勒)(«Газета Временного Рабочего и Крестьянского Правительства», Пг., 1917, №16, 23 ноября (6 декабря), стр. 1)——142。
　—1918, №5(50), 9(22) января, стр. 1.——126。

《工农政府法令汇编》(莫斯科)(«Собрание Узаконений и Распоряжений Рабочего и Крестьянского Правительства», М.)——104。

《工人、农民、哥萨克和红军代表苏维埃全俄中央执行委员会及莫斯科工人和红军代表苏维埃消息报》(«Известия ВЦИК Советов Рабочих, Крестьянск., Казачьих и Красноарм. Депутатов и Московского Совета Рабочнх и Красноарм. Депутатов», 1919, №24(576), 2 февраля, стр. 2)——445。
　—1919, №60(612), 20 марта, стр. 3.——509。
　—1919, №77(629), 10 апреля, стр. 3.——490。
　—1919, №78(630), 11 апреля, стр. 3.——505、688。

《工人政治》杂志(不来梅)(«Arbeiterpolitik», Bremen)——145。

《工商业人民委员部通报》杂志(莫斯科)(«Вестник Народного Комиссариата Торговли и Промышленности», М., 1918, №1, 1 июня, стр. 3—7)

Центр. Исполнит. Комитетом Советов рабоч., солд., крест. и каз. депутатов в заседании от 11-го июня 1918 года.—« Известия ВЦИК Советов Крестьянских, Рабочих, Солдатских и Казачьих Депутатов », М., 1918, № 119 (383), 12 июня, стр. 3, в отд.: Действия и распоряжения правительства)——163.

《解散莫斯科市杜马》[1917 年莫斯科军事革命委员会的决定](Роспуск Московской городской думы. [Постановление Московского военно-революционного комитета. 1917 г.].—«Правда», Пг., 1917, № 182(113), 20(7) ноября, стр. 2, в отд.: Москва)——10.

《卡尔·考茨基和罕丽达·罗兰-霍尔斯特论布尔什维克》(Карл Каутский и Генриетта Роланд-Гольст о большевиках.—«Правда», М., 1918, № 202, 20 сентября, стр. 2)——318.

《劳动公社旗帜报》(莫斯科)(«Знамя Трудовой Коммуны», М.)——334.

《劳动意志报》(莫斯科)(«Воля Труда», М.)——334.

《立宪会议选举条例》(Положение о выборах в Учредительное собрание.—«Вестник Временного Правительства», Пг., 1917, № 111(157), 22 июля(4 августа), стр. 1—2; № 155(201), 17(30) сентября стр. 1—3)——14、19.

《临时政府通报》(彼得格勒)(«Вестник Временного Правительства», Пг., 1917, № 111(157), 22 июля(4 августа), стр. 1—2; № 155(201), 17(30) сентября, стр. 1—3)——14、19.

《明日》杂志(日内瓦—莫斯科)(«Demain», Genève—Moscou)——283.

《莫斯科工人和红军代表苏维埃消息晚报》(«Вечерние Известия Московского Совета Рабочих и Красноармейских Депутатов», 1919, № 256, 3 июня, стр. 1)——600.

《农民、工人和士兵代表苏维埃中央执行委员会及彼得格勒工兵代表苏维埃消息报》(«Известия ЦИК Советов Крестьянских, Рабочих и Солдатских Депутатов и Петроградского Совета Рабочих и Солдатских Депутатов»)——150.

—1917, № 263, 30 декабря, стр. 4.——34—35.

—1918, № 28(292), 19(6) февраля, стр. 2, 3.——49、72.

《农民、工人、士兵和哥萨克代表苏维埃全俄中央执行委员会及莫斯科工人和
　　红军代表苏维埃消息报》(«Известия ВЦИК Советов Крестьянских,
　　Рабочих, Солдатских и Казачьих Депутатов и Московского Совета
　　Рабочих и Красноармейских Депутатов»)——334。

　　——1918, №127(391), 22 июня, стр. 4.——186。

　　——1918, №161(425), 31 июля, стр. 4.——472。

　　——1918, №166(430), 6 августа, стр. 3.——249。

　　——1918, №175(439), 16 августа, стр. 5.——671。

　　——1918, №195(459), 10 сентября, стр. 4—5.——400。

　　——1918, №244(508), 9 ноября, стр. 2.——372。

　　——1918, №257(521), 24 ноября, стр. 4.——372、388、392。

《农民、工人、士兵和哥萨克代表苏维埃全俄中央执行委员会消息报》
　　(«Известия ВЦИК Советов Крестьянских, Рабочих, Солдатских и
　　Казачьих Депутатов», М., 1918, №74 (338), 14 апреля, стр. 3)——
　　132、179。

　　——1918, №78(342), 20 апреля, стр. 4.——106。

　　——1918, №90(354), 9 мая, стр. 3.——128。

　　——1918, №94(358), 14 мая, стр. 3.——670。

　　——1918, №119(383), 12 июня, стр. 3.——165。

《前进报》(柏林)(«Vorwärts», Berlin, 1916, Nr. 11, 12. Januar. Beilage zu Nr. 11
　　des «Vorwärts», S. 2)——185。

《[全俄苏维埃第五次代表大会关于对外政策和与外国资本代理人坚决斗争
　　的]决议》[1918 年 7 月 4 日](Резолюция [V Всероссийского съезда
　　Советов о внешней политике и решительной борьбе с агентами иноземного
　　капитала. 4 июля 1918 г.].—В кн.: Пятый Всероссийский съезд Советов
　　рабочих, крестьянских, солдатских и казачьих депутатов. Стенографический
　　отчет. Москва, 4 — 10 июля 1918 г. М., изд-во ВЦИК, 1918, стр. 36.
　　(РСФСР))——228、234。

《[全俄中央执行委员会关于粮食人民委员特别权力的]法令》(1918 年 5 月
　　13 日)(Декрет [ВЦИК о чрезвычайных полномочиях народного

комиссара по продовольствию. 13 мая 1918 г.].—«Известия ВЦИК Советов Крестьянских, Рабочих, Солдатских и Казачьих Депутатов», М., 1918, №94(358), 14 мая, стр. 3, в отд.: Действия и распоряжения правительства)——670。

《全俄中央执行委员会关于在征收一次性特别革命税方面对中农实行优待的办法的法令(1919 年 4 月 9 日会议通过)》(Декрет Всероссийского Центрального Исполнительного Комитета о льготах крестьянам-середнякам в отношении взимания единовременного чрезвычайного революционного налога, принятый в заседании от 9 апреля 1919 г.—«Известия ВЦИК Советов Рабочих, Крестьянских, Казачьих и Красноарм. Депутатов и Моск. Совета Рабоч. и Красноарм. Депутатов», 1919, №77(629), 10 апреля, стр. 3. Под загл.: Заседание Всерос. ЦИК)——490。

《人民权利报》(洛桑)(«Le Droit du Peuple», Lausanne, 1918, N 39, 27 septembre, p. 1)——335。

《人民委员会给乌克兰苏维埃政权的贺电》(1917 年 12 月 16 日(29 日))(Приветствие Совнаркома Советской власти на Украине. 16(29) декабря 1917 г. Рукопись)——35。

《[人民委员会]关于把红十字会和全俄城市联合会的财产和资金移交国家所有的法令》[1918 年 1 月 4 日(17 日)](Декрет [СНК] о передаче имущества и капиталов учреждений Красного Креста и Всероссийского союза городов в государственную собственность. [4(17) января 1918 г.].—«Газета Временного Рабочего и Крестьянского Правительства», Пг., 1918, №5(50), 9(22) января, стр. 1)——109。

《[人民委员会]关于不准亲属同在一个苏维埃机关中工作的法令》[1918 年 7 月 27 日](Декрет [СНК] о недопустимости совместной службы родственников в советских учреждениях. [27 июля 1918 г.].—«Известия ВЦИК Советов Крестьянских, Рабочих, Солдатских и Казачьих Депутатов и Московского Совета Рабочих и Красноармейских Депутатов», 1918, №161(425), 31 июля, стр. 4, в отд.: Действия и распоряжения правительства)——472。

《［人民委员会］关于登记股票、债券和其他有价证券的法令》［1918 年 4 月 18 日］（Декрет［СНК］о регистрации акций，облигаций и прочих процентных бумаг.［18 апреля 1918 г.］.—«Известия ВЦИК Советов Крестьянских，Рабочих，Солдатских и Казачьих Депутатов»，1918，№78（342），20 апреля，стр.4，в отд.：Действия и распоряжения правительства）——106。

《人民委员会［关于动员］的法令》［1919 年 4 月 10 日］（Декрет Совета Народных Комиссаров［о мобилизации. 10 апреля 1919 г.］.—«Известия ВЦИК Советов Рабочих，Крестьянских，Казачьих и Красноарм. Депутатов и Моск. Совета Рабоч. и Красноарм. Депутатов»，1919，№78（630），11 апреля，стр. 3，в отд.：Действия и распоряжения правительства）—— 505、688。

《［人民委员会］关于发行原"自由公债券"作为货币的法令》［1918 年 1 月 30 日（2 月 12 日）］（Декрет［СНК］о выпуске облигаций бывшего «Займа свободы» в качестве денежных знаков.［30 января（12 февраля）1918 г.］.—«Правда»，М.，1918，№25（252），1（14）февраля，стр. 2，в отд.：Действия правительства）——66。

《人民委员会关于给予弗·伊·塔涅耶夫物质帮助的决定》（1919 年 3 月 25 日）（Постановление Совета Народных Комиссаров об оказании материальной помощи В. И. Танееву. 25 марта 1919 г. Рукопись）——686。

《人民委员会关于粮食人民委员特别权力的法令》（1918 年 5 月 9 日）（Декрет Совета Народных Комиссаров о чрезвычайных полномочиях народного комиссара по продовольствию. 9 мая 1918 г.）——131。

《人民委员会关于农机制造业拨款总额核定委员会报告的决定》（1918 年 6 月 20 日）（Постановление Совета Народных Комиссаров по докладу комиссии о фонде финансирования сельскохозяйственного машиностроения. 20 июня 1918 г. Рукопись）——665。

《人民委员会关于人民委员、高级职员和官员薪金额的决定》［1917 年 11 月 18 日（12 月 1 日）］（Постановление Совета Народных Комиссаров о размерах вознаграждения народных комиссаров и высших служащих и чиновников.［18 ноября（1 декабря）1917 г.］.—« Газета Временного

Рабочего и Крестьянского Правительства», Пг., 1917, №16, 23 ноября (6 декабря), стр. 1, в отд. : Действия правительства)——142。

《[人民委员会]关于石油工业国有化法令》(1918 年 6 月 20 日）(Декрет [СНК] о национализации нефтяной промышленности. 20 июня 1918 г.—« Известия ВЦИК Советов Крестьянских, Рабочих, Солдатских и Казачьих Депутатов и Московского Совета Рабочих и Красноармейских Депутатов», 1918, №127 (391), 22 июня, стр. 4, в отд. : Действия и распоряжения правительства)——186。

《[人民委员会]关于收割队和收割征购队的法令》[1918 年 8 月 4 日]（Декрет [СНК] об уборочных и уборочно-реквизиционных отрядах. [4 августа 1918 г.].—« Известия ВЦИК Советов Крестьянских, Рабочих, Солдатских и Казачьих Депутатов и Московского Совета Рабочих и Красноармейских Депутатов», 1918, №166(430), 6 августа, стр. 3 в отд. : Действия и распоряжения правительства)——249。

《[人民委员会]关于吸收工人组织参加粮食收购工作的法令》[1918 年 8 月 3 日]（Декрет[СНК] о привлечении к заготовке хлеба рабочих организаций. [3 августа 1918 г.].—« Известия ВЦИК Советов Крестьянских, Рабочих, Солдатских и Казачьих Депутатов и Московского Совета Рабочих и Красноармейских Депутатов», 1918, №166 (430) 6 августа, стр. 3, в отд. : Действия и распоряжения правительства)——249。

《人民委员会关于消费公社的法令》[1919 年 3 月 16 日]（Декрет Совета Народных Комиссаров о потребительских коммунах. [16 марта 1919 г.].—«Известия ВЦИК Советов Рабочих, Крестьянск., Казачьих и Красноарм. Депутатов и Московского Совета Рабочих и Красноарм. Депутатов», 1919, №60 (612), 20 марта, стр. 3, в отд. : Действия и распоряжения правительства)——509。

《人民委员会关于组织供应[居民个人消费及家庭所需的一切食物及用品]工作的法令》[1918 年 11 月 21 日]（Декрет Совета Народных Комиссаров об организации снабжения [населения всеми продуктами и предметами личного потребления и домашнего хозяйства. 21 ноября 1918 г.].—

—1917，№182（113），20（7）ноября，стр.2.——10。

—1918，№25（252），1（14）февраля，стр.2.——66。

—1918，№65，6 апреля（24 марта），стр.1.——96。

—1918，№202，20 сентября，стр.2.——318。

—1918，№213，4 октября，стр.3.——339。

—1918，№219，11 октября，стр.2.——326。

《中央执行委员会和彼得格勒工兵代表苏维埃消息报》（«Известия ЦИК и Петроградского Совета Рабочих и Солдатских Депутатов»，1917，№235，25 ноября，стр.5）——14。

《［最高国民经济委员会］镭提炼试验厂筹建和经营委员会条例》（Положение ［ВСНХ］о коллегии по организации и эксплуатации пробного завода для извлечения радия.—«Известия ВЦИК Советов Крестьянских，Рабочих，Солдатских и Казачьих Депутатов и Московского Совета Рабочих и Красноармейских Депутатов»，1918，№175（439），16 августа，стр. 5，в отд.：Действия и распоряжения правительства）——671。

《最近新书：〈社会主义俄国〉》（1918 年七月事件）（Vient de paraître：La Russie socialiste.（Événements de juillet 1918).—«La Feuille»，Genève，1918，N 31，3 octobre，p.3）——334。

编入本版相应时期著作卷的
信件和电报的索引

（1917 年 10 月—1919 年 6 月）

《列宁全集》第二版第 48 卷编译人员

项目统筹：崔继新
责任编辑：毕于慧
装帧设计：石笑梦
版式设计：周方亚
责任校对：胡　佳

图书在版编目(CIP)数据

列宁全集.第 48 卷/(苏)列宁著；中共中央马克思恩格斯列宁斯大林著作编译局编译.
　—2 版(增订版)-北京：人民出版社，2017.3
ISBN 978 - 7 - 01 - 017133 - 3

Ⅰ.①列…　　Ⅱ.①列…　②中…　　Ⅲ.①列宁著作-全集　　Ⅳ.①A2

中国版本图书馆 CIP 数据核字(2016)第 316457 号

书　　名	**列宁全集**	
	LIENING QUANJI	
	第四十八卷	
编 译 者	中共中央马克思恩格斯列宁斯大林著作编译局	
出版发行	人民大版社	
	(北京市东城区隆福寺街 99 号　邮编 100706)	
邮购电话	(010)65250042　65289539	
经　　销	新华书店	
印　　刷	北京新华印刷有限公司	
版　　次	2017 年 3 月第 2 版增订版　2017 年 3 月北京第 1 次印刷	
开　　本	880 毫米×1230 毫米 1/32	
印　　张	31	
插　　页	3	
字　　数	775 千字	
印　　数	0,001—3,000 册	
书　　号	ISBN 978 - 7 - 01 - 017133 - 3	
定　　价	74.00 元	

ISBN 978-7-01-017133-3

5)——319。

—《是民主还是专政》(Demokratie oder Diktatur.—«Sozialistische Ausland-spolitik. Korrespondenz», Berlin, 1918, Nr. 34, 22. August, S. 2 — 3)——318、319。

—《无产阶级专政》(Die Diktatur des Proletariats. Wien, Brand, 1918. 63 S.)——319、340。

[列金，卡·]《为什么工会的官员应当更多地参加党内生活?》([Legien, C.] Warum müssen die Gewerkschaftsfunktionäre sich mehr am inneren Parteileben beteiligen? (Ein Vortrag von C. Legien in der Versammlung der Gewerkschaftskommission Berlins und Umgegend am 27. Januar 1915). Berlin, 1915. 47 S.)——185。

列宁，弗·伊·《党纲草案草稿》(不晚于 1918 年 3 月 8 日)(Ленин, В. И. Черновой набросок проекта программы. Не позднее 8 марта 1918 г.)——395。

—《给北方区国民经济委员会技术委员会的电报》(1918 年 11 月 21 日)(Телеграмма техническому комитету совнархоза Северного района. 21 ноября 1918 г.)——363。

—《给格·瓦·契切林或列·米·卡拉汉的便条》(1918 年 10 月 10 日)(Записка Г. В. Чичерину или Л. М. Карахану. 10 октября 1918 г.)——328。

—《给多·伊·叶弗列莫夫的电报》(1919 年 5 月 30 日)(Телеграмма Д. И. Ефремову. 30 мая 1919 г.)——607。

—《给米·瓦·伏龙芝的电报》(1919 年 5 月 12 日)(Телеграмма М. В. Фрунзе. 12 мая 1919 г.)——572。

—《给斯·格·邵武勉的电报》(1918 年 7 月 29 日)(Телеграмма С. Г. Шаумяну. 29 июля 1918 г.)——235。

—《给西伯利亚苏维埃中央执行委员会的电报》(1918 年 4 月 23 日)(Телеграмма ЦИК'у Советов Сибири. 23 апреля 1918 г.)——130。

—《给亚·彼·斯米尔诺夫的电报》(1918 年 8 月 26 日)(Телеграмма А. П. Смирнову. 26 августа 1918 г.)——297。

——《给亚·叶·敏金的电报》(1918 年 8 月 12 日）（Телеграмма А. Е. Минкину. 12 августа 1918 г.）——263。

——《给叶·波·博什的电报》(1918 年 8 月 12 日)（Телеграмма Е. Б. Бош. 12 августа 1918 г.）——263。

——《给 И. В. 利托林的电报》(1919 年 5 月 13 日)（Телеграмма И. В. Литорину. 13 мая 1919 г.）——566。

——《关于动员工人同饥荒作斗争》（О мобилизации рабочих на борьбу с голодом. Проект постановления СИК. 9 мая 1918 г.）——131。

——《国家与革命》（Государство и революция. Учение марксизма о государстве и задачи пролетариата в революции. Август—сентябрь 1917 г.）——319、336、351。

——《列宁同志的信[1918 年 10 月 3 日在有工厂委员会和工会代表参加的全俄中央执行委员会、莫斯科苏维埃联席会议上宣读]》（Письмо тов. Ленина, прочитанное [на объединенном заседании ВЦИК, Московского Совета с представителями фабрично-заводских комитетов и профессиональных союзов 3 октября 1918 г.]. —«Правда», М., 1918, №213, 4 октября, стр. 3. Под загл. : Соединенное засед. Центр. Исполн. Ком. Моск. Сов., район. сов., представителей фабр.-зав. ком. и профес. союзов）——339。

——《无产阶级革命和叛徒考茨基》（Пролетарская революция и ренегат Каутский. 9 октября 1918 г. —«Правда», М., 1918, №219, 11 октября, стр. 2. Подпись: Н. Ленин）——326。

——《修改党纲的材料》(1917 年 4—5 月)（Материалы по пересмотру партийной программы. Апрель—май 1917 г.）——395。

——《致斯·格·邵武勉》(1918 年 5 月 14 日)（Письмо С. Г. Шаумяну. 14 мая 1918 г.）——146。

——《致亚·加·施略普尼柯夫》(1918 年 5 月 28 日)（Письмо А. Г. Шляпникову. 28 мая 1918 г.）——149。

——《中央关于军事统一的指示草案》(1919 年 5 月)（Проект директивы ЦК о военном единстве. Май 1919 г.）——514。

[列宁, 弗·伊·]《国家与革命》（[Lenin, W. I.] Staat und Revolution. Die

《土地社会化基本法》[1918 年 1 月 27 日（2 月 9 日）]（Основной закон о социализации земли.[27 января（9 февраля）1918 г.].—«Известия ЦИК Советов Крестьянских, Рабочих и Солдатских Депутатов и Петроградского Совета Рабочих и Солдатских Депутатов», 1918, №28（292）, 19（6）февраля, стр. 3, в отд.: Действия и распоряжения правительства）——49。

《西伯利亚苏维埃中央执行委员会对日本海军陆战队登陆的抗议书》[1918 年 4 月 5 日西伯利亚苏维埃中央执行委员会通过的决议]（Протест Центросибири против высадки японского десанта.[Резолюция, принятая Центральным Исполнительным Комитетом Советов Сибири 5 апреля 1918 г.].—«Правда», М., 1918, №65, 6 апреля（24 марта）, стр. 1）——96。

《西伯利亚苏维埃中央执行委员会决议》——见《西伯利亚苏维埃中央执行委员会对日本海军陆战队登陆的抗议书》。

《小报》（日内瓦）（«La Feuille», Genève, 1918, N 31, 3 octobre, p.3）——334。

《1918 年 10 月 7 日莫斯科苏维埃主席团会议记录摘要》（Выписка из протокола заседания президиума Московского Совета от 7 октября 1918 г. Рукопись）——331。

《1918 年土地改革资料》（Материалы по земельной реформе 1918 года. Вып. VI. Отчуждение и использование сельскохозяйственного инвентаря. М., Наркомзем, 1918. 16 стр.（РСФСР））——401。

《用阶级斗争反对战争！关于"李卜克内西案件"的材料》（Klassenkampf gegen den Krieg! Material zum «Fall» Liebknecht. Б. м., [1915]. 88 S. （Als Manuskript gedruckt））——185。

《在基辅同乌克兰进行谈判的建议》[1918 年 5 月 8 日德国政府的声明]（Предложение вести переговоры с Украиной в Киеве.[Заявление германского правительства от 8 мая 1918 г.].—«Известия ВЦИК Советов Крестьянских, Рабочих, Солдатских и Казачьих Депутатов», М., 1918, №90（354）, 9 мая, стр. 3, в отд.: Последние сообщения）——128。

《真理报》（彼得格勒—莫斯科）（«Правда», Пг.—М.）——316、334。